PEUR

TRUMP À LA MAISON BLANCHE

DU MÊME AUTEUR

Avec Carl Bernstein
Watergate. Les Hommes du président
Robert Laffont, 1974

Avec Carl Bernstein
Les Derniers Jours de Nixon
Robert Laffont, 1976

CIA
Guerres secrètes 1981-1987
Stock, 1987

Chefs de guerre
Calmann-Lévy, 1991

Bush s'en va-t'en guerre
Denoël, 2003
et Folio, 2004

Plan d'attaque
Denoël, 2004
et Folio, 2005

Avec Carl Bernstein
Les fous du président
Folio, 2005

Gorge profonde
La véritable histoire de l'homme du Watergate
Denoël, 2005
et Folio 2007

Mensonges d'État
Comment Bush a perdu la guerre
Denoël, 2007
et Folio, 2008

Les Guerres d'Obama
Denoël, 2011
et Folio, 2012

PEUR

TRUMP À LA MAISON BLANCHE

BOB WOODWARD

TRADUIT DE L'AMÉRICAIN
PAR CÉCILE DUTHEIL DE LA ROCHÈRE ET MARC SAINT-UPÉRY

SEUIL

CET OUVRAGE EST PUBLIÉ SOUS LA RESPONSABILITÉ ÉDITORIALE
DE NATHALIE FISZMAN

Titre original : *Fear. Trump in the White House*
ISBN original : 978-1-5011-7551-0
© original : 2018 by Bob Woodward

This edition published by arrangement with the original publisher
Simon & Schuster, Inc., New York.

ISBN 978-2-02-141772-2

© Éditions du Seuil, novembre 2018, pour la traduction française.

www.seuil.com

Pour Elsa

SOMMAIRE

NOTE PERSONNELLE DE L'AUTEUR

Je remercie du fond du cœur Evelyn M. Duffy, qui fut mon assistante pour mes cinq livres consacrés à quatre présidents en tout. Le président Trump est un cas particulier dans la mesure où il provoque des passions et des émotions violentes chez ses partisans et ses critiques. Evelyn a tout de suite compris que le défi était d'obtenir de nouvelles informations, de les authentifier et de les contextualiser tout en rendant compte le plus précisément possible de ce qui se passait à la Maison Blanche.

Elle savait qu'il était question d'histoire et qu'il nous fallait réunir le plus de matière possible tant que les souvenirs étaient frais et que la documentation et les notes des uns et des autres étaient disponibles. À certains moments, nous avons fait des recherches, interviewé, transcrit et réécrit en un ou deux jours des sections du livre qui couvraient à la fois la politique étrangère en Corée du Nord, en Afghanistan et au Moyen-Orient, et plusieurs sujets de politique intérieure – commerce, immigration et impôts.

C'est elle qui a fait en sorte que le récit soit construit autour de scènes précises ayant eu lieu à une date précise, nommant les participants et ajustant le compte-rendu de ce qui s'était passé. Evelyn est une femme qui possède une éthique de travail remarquable, un grand sens de la justice, de la curiosité et de l'honnêteté. Les recherches qu'elle a fournies sont considérables, qu'il s'agisse du contexte et de la chronologie, de coupures de presse, de réflexions, de questions essentielles restées sans réponse et d'entretiens complémentaires à mener.

Evelyn est une source infinie de bon sens et de sagesse, une collaboratrice au sens fort, qui a l'esprit – et le niveau d'implication – d'un co-auteur.

« *Le vrai pouvoir, c'est – je ne suis même pas sûr d'avoir
envie de prononcer le mot – la peur.* »

Donald Trump,
candidat aux élections présidentielles,
entretien avec Bob Woodward et Robert Costa,
Trump International Hotel, Washington,
31 mars 2016.

NOTE AUX LECTEURS

Les entretiens qui sont à la source de cet ouvrage ont eu lieu suivant la règle journalistique dite du « *deep background* », autrement dit, à titre officieux. Cela signifie que toutes les informations obtenues peuvent être exploitées, mais sans que la source soit révélée. Ce livre est fondé sur des centaines d'heures d'entretiens avec des participants et des témoins de première main des événements rapportés. Presque tous m'ont autorisé à enregistrer ces échanges pour que le récit soit plus précis. Quand j'attribue les citations exactes, les pensées ou les conclusions à tel ou tel participant, c'est que l'information vient de la personne, d'un collègue l'ayant appris directement, ou de notes prises en réunion, de journaux personnels, de dossiers, de documents officiels ou privés.

Le président Trump a refusé d'être interviewé pour cet ouvrage.

PROLOGUE*

Début septembre 2017, au huitième mois de la présidence de Trump, Gary Cohn, ancien président de Goldman Sachs et principal conseiller économique de la présidence des États-Unis, s'approcha précautionneusement du *Resolute desk*, le bureau présidentiel qui trône au cœur de la Maison Blanche.

Cohn était un colosse chauve d'1 m 90 et un homme excessivement sûr de lui. Pendant ses vingt-sept années chez Goldman Sachs, il avait fait gagner des milliards de dollars à ses clients et en avait lui-même amassé plusieurs centaines de millions. Il s'était octroyé d'office un accès privilégié au fameux Bureau ovale, avec l'assentiment de Trump.

Sur le bureau était posé un brouillon de lettre, une page adressée par Trump au président de la Corée du Sud qui mettait fin à l'accord de libre-échange entre Washington et Séoul connu sous l'acronyme de KORUS.

* L'information contenue dans ce chapitre repose essentiellement sur une série d'interviews approfondies avec des sources primaires.

Cohn était atterré. Cela faisait plusieurs mois que Trump menaçait d'en finir avec cet accord, vital non seulement pour les échanges économiques entre les deux pays et pour leur alliance militaire, mais surtout pour une série d'infrastructures et d'opérations de renseignement classées top secret.

En vertu d'un traité qui remontait aux années 1950, les États-Unis maintenaient un contingent de 28 500 hommes en Corée du Sud et pilotaient le *Special Access Program* (SAP), un programme ultrasecret et hypersensible grâce auquel Washington pouvait obtenir des informations codées complexes et contrôlait une série d'installations militaires. Les missiles ICBM nord-coréens étaient désormais capables de transporter une arme nucléaire et peut-être d'atteindre le territoire américain. Leur durée de vol jusqu'à Los Angeles n'était que de trente-huit minutes.

Grâce au SAP, les militaires américains étaient en mesure de détecter le lancement d'un ICBM nord-coréen en sept secondes. Depuis leurs installations en Alaska, cela leur aurait pris quinze minutes – la différence était stupéfiante.

Cette capacité de détection ultrarapide laissait à l'armée américaine le temps d'abattre n'importe quel missile nord-coréen. Il s'agissait peut-être là de l'opération la plus importante et la plus secrète du gouvernement des États-Unis. La présence américaine en Corée du Sud incarnait l'essence de la sécurité nationale.

En mettant fin à l'accord KORUS, que Séoul jugeait essentiel pour son économie, on risquait de remettre en cause l'ensemble de ces relations stratégiques. Cohn n'arrivait pas à croire que Trump soit disposé à perdre une source de renseignements absolument vitale pour la sécurité nationale des États-Unis.

Et ce pour une seule raison : Trump était absolument furieux à l'idée que les États-Unis enregistrent un déficit commercial annuel de 18 milliards de dollars avec la Corée du Sud et que

Washington dépense 3,5 milliards de dollars par an pour le maintien de ses troupes en territoire coréen.

Malgré les rumeurs presque quotidiennes décrivant les conflits destructeurs qui faisaient rage à la Maison Blanche, le grand public n'avait pas la moindre idée du degré de chaos qui y régnait. Trump était constamment d'humeur instable, erratique, rarement capable de se concentrer. À la moindre saute d'humeur, dès qu'un problème, petit ou grand, déclenchait sa colère, il s'en prenait bille en tête à l'accord de libre-échange avec la Corée : « On arrête ça tout de suite. »

Et maintenant, il y avait cette lettre datée du 5 septembre 2017[1], source potentielle d'une véritable catastrophe pour la sécurité nationale. Cohn craignait que Trump ne la signe s'il la voyait posée sur son bureau. Il s'empara donc du brouillon de lettre et le rangea dans un classeur bleu portant l'inscription « À CONSERVER ».

« Je l'ai subtilisée de son bureau, racontera plus tard Cohn à un collègue. Pas question qu'il tombe dessus. Il ne verra jamais ce document. C'est pour le bien du pays. »

Dans l'ambiance de confusion anarchique qui régnait tant à la Maison Blanche que dans l'esprit de Trump, la lettre volée passa effectivement inaperçue.

D'ordinaire, c'était le secrétaire de la présidence Rob Porter, chargé de gérer le flux de documents destinés au chef de l'État, qui était responsable de la rédaction de missives officielles de cette nature. Sauf que cette fois, ledit brouillon était parvenu à Trump par un canal inconnu, ce qui était très inquiétant. La fonction de secrétaire de la présidence est discrète mais essentielle pour n'importe quelle administration présidentielle. Cela faisait plusieurs mois que Porter était chargé de communiquer à Trump des notes exécutives et autres documents présidentiels,

1. Document obtenu par l'auteur.

y compris ceux relevant de la sécurité nationale, comme les ordres de mission ultrasecrets autorisant des opérations militaires ou des actions clandestines de la CIA.

Âgé de 40 ans, Porter était un grand échalas d'1,93 mètre, élevé dans la religion mormone, un homme gris – le parfait bureaucrate sans éclat ayant fait son droit à Harvard et bénéficié d'une bourse Rhodes.

Porter découvrit par la suite qu'il existait plusieurs copies du brouillon de la lettre et tout fut mis en œuvre, par lui ou par Cohn, pour qu'aucune autre n'atterrisse sur le bureau du président.

Cohn et Porter collaboraient constamment pour neutraliser ce qu'ils estimaient être les ordres les plus impulsifs et dangereux de Trump. D'autres documents semblables à la lettre dénonçant l'accord KORUS connurent le même sort. Lorsque Trump devait relire un brouillon ayant atterri sur son bureau, il arrivait que Cohn le subtilise et le président l'oubliait. Mais si le document restait sur son bureau, il risquait de le signer. « La question n'est pas de savoir ce que nous avons fait pour notre pays, affirma Cohn en privé, mais ce que nous l'avons empêché de faire. »

Il ne s'agissait rien de moins que d'un véritable coup d'État administratif, une atteinte à la volonté du président des États-Unis et à son autorité constitutionnelle.

Porter ne se contentait pas de coordonner l'agenda exécutif et de gérer les documents destinés au président. Comme il l'expliqua à un collègue, « un tiers de mon boulot consistait à essayer de contrer certaines de ses idées les plus dangereuses et à lui donner des raisons de croire qu'elles n'étaient peut-être pas si bonnes que ça ».

Une autre stratégie consistait à faire traîner les choses, à les remettre à plus tard ou à invoquer des contraintes juridiques. Porter n'était pas juriste pour rien : « Ralentir les procédures, éviter de lui présenter les choses directement, ou bien lui expliquer – avec de vrais arguments, et pas seulement comme une excuse – que telle ou telle décision devait passer par un processus de validation, que telle autre devait être analysée avec plus de soin, ou que nous n'avions pas le feu vert de notre conseil juridique – tout cela était dix fois plus fréquent que le fait d'escamoter des documents de son bureau. On avait constamment l'impression d'être au bord du précipice. »

Parfois, tout semblait être sous contrôle et on s'éloignait du bord du vide. « Mais à certains moments, c'était vraiment limite et il fallait intervenir. On était toujours sur le fil du rasoir. »

Si Trump ne fit jamais mention de la lettre manquante du 5 septembre, il n'avait pas oublié ses idées sur l'accord de libre-échange avec la Corée. « Il existait plusieurs versions de cette lettre », expliqua Porter à un collègue.

Plus tard, lors d'une réunion dans le Bureau ovale, l'accord avec Séoul fit l'objet de vifs débats. « Je m'en fous, déclara alors Trump. J'en ai marre de discuter de ça ! Je ne veux plus en entendre parler. KORUS, c'est fini. » Et de commencer à dicter une nouvelle missive adressée au gouvernement coréen.

Jared Kushner, le gendre du président, prenait très au sérieux les propos de son beau-père. À 36 ans, il occupait la fonction de haut conseiller à la Maison Blanche et exhibait une assurance presque aristocratique. Il était marié avec Ivanka, la fille de Trump, depuis 2009.

Comme il était assis juste à côté du président, Jared se mit à retranscrire fidèlement ses propos.

Trump lui ordonna de finir de rédiger la lettre et de la lui transmettre pour signature.

Jared était donc en train de transformer ses notes en missive formelle lorsque Porter en eut vent.

« Faites-moi voir le premier jet, lui dit-il. On ne peut pas improviser un truc comme ça. Il faut parvenir à une formulation qui ne nous crée pas de problèmes. »

Kushner lui transmit une copie papier de son texte. Il ne valait pas grand-chose. Porter et Cohn avaient imprimé leur propre texte pour montrer qu'ils faisaient ce que le président demandait. Trump attendait une réponse immédiate et il n'était pas question d'arriver les mains vides. Leur brouillon faisait partie du subterfuge.

Lors d'une nouvelle réunion, les défenseurs de KORUS avancèrent toutes sortes d'arguments : il n'existait pas de précédent de rupture unilatérale d'un accord de libre-échange par Washington ; cela soulevait des problèmes juridiques et géopolitiques, des questions vitales de sécurité nationale et de renseignement ; la lettre n'était pas prête. Ils bombardèrent le président de faits et de logique.

« Bon, eh bien continuons à travailler sur cette lettre, dit Trump. Montrez-moi le prochain brouillon. »

Il n'y eut pas de prochain brouillon, rien à montrer au président – Cohen et Porter s'en assurèrent. Le thème disparut provisoirement dans le brouillard du processus de prise de décision présidentiel. Trump avait d'autres problèmes en tête.

Sauf que KORUS revenait régulièrement à l'ordre du jour. Cohn en discuta avec le secrétaire à la Défense, James Mattis, un général à la retraite dont la voix était peut-être la plus influente du cabinet et de la Maison Blanche. Mattis avait servi quarante ans dans le Corps des Marines et avait connu le feu à plusieurs reprises. Raide comme un piquet, il mesurait 1,75 mètre et arborait en permanence une mine désabusée.

« On est au bord de la catastrophe, lui expliqua Cohn. Un peu de renfort ne serait pas mal venu. »

Mattis s'efforçait de limiter ses visites à la Maison Blanche et de s'en tenir autant que possible aux affaires militaires mais cette fois, il comprit qu'il était urgent qu'il se rende au Bureau ovale.

« Monsieur le président, expliqua-t-il à Trump, Kim Jong-un

incarne la menace la plus immédiate pour notre sécurité nationale. La Corée du Sud est un allié indispensable. Le rapport avec le libre-échange n'est peut-être pas évident, mais il est crucial en réalité. »

Tant du point de vue militaire que sous l'angle du renseignement, les ressources américaines en Corée du Sud étaient au cœur de la capacité des États-Unis à se défendre face à la Corée du Nord. Il ne fallait surtout pas dénoncer l'accord.

Trump n'était pas convaincu. Pourquoi les États-Unis dépensaient-ils un milliard de dollars par an pour un système de missiles antibalistique installé en Corée du Sud, le *Terminal High Altitude Area Defense* (THAAD) ? Cette histoire avait le don de l'exaspérer et il avait menacé de retirer le THAAD de Corée du Sud et de l'installer à Portland, dans l'Oregon.

« Ce n'est pas pour les beaux yeux de Séoul que nous faisons ça, lui dit Mattis. Si nous aidons la Corée du Sud, c'est dans notre propre intérêt. »

Le président sembla acquiescer, mais ce n'était qu'un répit provisoire.

En 2016, alors qu'il n'était encore que candidat, Trump offrit à Bob Costa et à moi-même sa définition de la mission d'un président : « Ce qui compte avant tout, c'est la sécurité de notre pays [...]. C'est la priorité numéro un, et aussi la numéro deux et la numéro trois [...]. Il faut que l'armée soit forte, qu'elle puisse protéger notre pays des menaces extérieures. Si vous voulez une définition, je pense que c'est ce que je mettrai toujours au premier plan[1]. »

La réalité, c'est qu'en 2017, le destin des États-Unis était suspendu aux mots et aux actes d'un leader imprévisible à l'humeur instable et prisonnier de ses émotions. Au sein de la Maison Blanche, plusieurs de ses collaborateurs faisaient front

1. Interview enregistrée avec Donald J. Trump, 31 mars 2016.

pour endiguer ce qu'ils percevaient comme ses impulsions les plus dangereuses. Le pouvoir exécutif de la première puissance mondiale était au bord de la crise de nerfs.

C'est cette histoire que je me propose de raconter maintenant.

Pre-decisional/Deliberative

September 5, 2017

His Excellency Moon Jae-in
President of the Republic of Korea
The Blue House
Seoul
Republic of Korea

His Excellency Kim Hyun-chong
Minister for Trade
Ministry of Trade, Industry and Energy
402 Hannuri-daero
Sejong-si 30118
Republic of Korea

Dear Sirs:

The United States-Korea Free Trade Agreement (Agreement), in its current form, is not in the overall best interests of the United States economy. Thus, in accordance with Article 24.5 of the Agreement, the United States hereby provides notice that it wishes to terminate the Agreement. As prescribed by the terms of Article 24.5, the Agreement shall terminate 180 days after the date of this notice. During this period, the United States is prepared to negotiate with the Republic of Korea on economic issues of concern to both countries.

Respectfully,

Donald J. Trump
President of the United States

Robert E. Lighthizer
United States Trade Representative

KEEP

5 septembre 2017. Brouillon de la lettre au président sud-coréen mettant fin à l'accord de libre-échange entre Washington et Séoul et subtilisée par Gary Cohn sur le bureau du président pour éviter qu'elle ne soit signée et envoyée.

PEUR

CHAPITRE 1*

En août 2010, six ans avant de prendre en charge la campagne présidentielle victorieuse de Donald Trump, Steve Bannon, un producteur de documentaires conservateurs âgé de 57 ans, reçut un appel téléphonique.

« Qu'est-ce que tu fais demain ? » lui demanda son interlocuteur David Bossie. Militant conservateur de longue date, ce dernier avait travaillé pour le Parti républicain à la Chambre des représentants et cherchait à déterrer des scandales liés à Bill et Hillary Clinton depuis près de vingt ans.

« Écoute, mec, lui répondit Bannon, je suis en train de bosser pour toi, à monter ces putains de films. »

Les élections législatives de mi-mandat approchaient. Le mouvement du Tea Party était à son apogée et les républicains avaient le vent en poupe.

* L'information contenue dans ce chapitre repose essentiellement sur une série d'interviews approfondies avec des sources primaires. Voir aussi Corey Lewandowski et David Bossie, *Let Trump Be Trump*, Hachette Book, New York, 2017.

« Dave, on va carrément sortir deux autres films. Je suis en plein montage. Je bosse vingt heures par jour. » Bannon travaillait sur une série de films de propagande anti-Clinton pour Citizens United, le comité d'action politique conservateur dirigé par Bossie.

« Tu peux pas m'accompagner à New York ? »

« Pour quoi faire ? »

« Rencontrer Donald Trump », lui répondit Bossie.

« Pour parler de quoi ? »

« Il envisage de se présenter aux élections présidentielles. »

« De quel pays ? » lui demanda Bannon.

Non, sérieusement, insista Bossie. Cela faisait des mois qu'il multipliait les réunions de travail avec Trump. Et Trump avait demandé à rencontrer Bannon.

« J'ai pas le temps pour ce genre de conneries, mon vieux, dit Bannon. Donald Trump ne sera jamais candidat, laisse tomber. Contre Obama ? Laisse tomber. J'ai vraiment autre chose à foutre. »

« T'as pas envie de le rencontrer ? »

« Non, ça ne m'intéresse absolument pas. » Bannon avait déjà accordé une interview de trente minutes à Trump dans son émission de radio du dimanche après-midi, *The Victory Sessions*[1], un programme basé à Los Angeles qu'il décrivait comme « une émission pour les gens qui réfléchissent ».

« Ce type est pas sérieux », affirma Bannon.

« Eh ben moi je te dis qu'il est sérieux », rétorqua Bossie. Trump était une star de la télé qui animait une émission célèbre, *The Apprentice*, un des programmes les plus populaires de la chaîne NBC. « Qu'est-ce que ça nous coûte d'aller le voir ? »

Bannon finit par accepter de se rendre à la Trump Tower, à New York.

---

1. « Bannon's "Victory Sessions" Goes National », *Breitbart*, 23 février 2012.

La salle de conférences se trouvait au 25ᵉ étage. Trump accueillit chaleureusement les deux hommes et Bossie lui annonça qu'il avait un exposé détaillé à lui présenter, une sorte de tutoriel.

La première partie expliquait comment gagner une primaire républicaine. La deuxième décrivait la stratégie à suivre pour gagner la présidentielle contre Barack Obama. Bossie décrivit les principales stratégies électorales et aborda à la fois les questions de méthode et les thèmes de fond. Bossie était un conservateur traditionnel, favorable au libéralisme économique, et il avait été pris au dépourvu par l'essor du Tea Party.

La scène politique américaine traversait un moment important, expliqua Bossie, et le populisme du Tea Party se propageait dans tout le pays. C'était la revanche du citoyen lambda. Le populisme était un mouvement qui venait de la base et aspirait à secouer le *statu quo* politique au profit des gens ordinaires.

« Je suis un homme d'affaires, leur rappela Trump. Pas un politicien carriériste. »

« Si vous voulez vous présenter, lui dit Bossie, vous devez connaître un tas de choses, des choses importantes et plein de petits détails. » Les petits détails, c'étaient les délais de dépôt de candidature, les règles d'organisation des primaires dans chaque État, etc. « Il faut à la fois connaître le programme politique et savoir conquérir des délégués. » Mais avant tout, ajouta Bossie, « il faut comprendre le mouvement conservateur ».

Trump opina du chef.

« Et vous avez des positions qui posent problème », lui dit Bossie.

« Moi ? Des positions qui posent problème ? » rétorqua Trump. « De quoi vous parlez ? »

« D'abord, impossible de gagner une primaire républicaine si on n'est pas anti-avortement », expliqua Bossie. « Et malheureusement, vous êtes très marqué pro-IVG. »

« Dans quel sens ? »

« Vous faites souvent des donations à des candidats pro-avortement. Vous avez vous-même tenu des propos favorables à l'IVG. Il faut que vous preniez position contre l'avortement, que vous soyez pour la vie. »

« Mais je suis contre l'avortement, dit Trump. Je suis pour la vie. »

« Oui, mais vous avez des antécédents. »

« Ça peut s'arranger, dit Trump. Dites-moi juste comment on fait pour régler le problème. Moi je suis, comment vous dites déjà ? Pour la vie. Je suis contre l'avortement, à 100 % »

Bannon était impressionné par la performance de Trump. Plus ce dernier parlait, plus il était séduit. Trump avait l'esprit vif et se montrait attentif. Physiquement, il avait l'air en pleine forme. Sa présence était imposante et il émanait de lui une puissante aura d'autorité. Il avait vraiment quelque chose. Mais il ressemblait aussi à un quidam interviewé à la télé dans un bar, le genre de dur du Queens à qui on ne la fait pas. Pour Bannon, c'était clair : Trump était Archie Bunker, le beauf réac au grand cœur de la très populaire série télévisée des années 1970 *All in the Family*. Mais un Archie Bunker très concentré sur ses objectifs.

« La deuxième chose importante, dit Bossie, c'est votre histoire électorale. »

« Comment ça, mon histoire électorale ? »

« Le nombre de fois que vous êtes allé voter. »

« C'est-à-dire ? »

« C'est-à-dire que c'est une primaire républicaine », dit Bossie.

« Je vote à toutes les élections, dit Trump avec aplomb. J'ai voté à toutes les élections depuis mes 18 ou mes 20 ans. »

« C'est inexact. Vous savez bien que ce sont des informations accessibles au public. » Bossie, l'enquêteur du Congrès, connaissait ses dossiers.

« Le public ne peut pas savoir pour qui je vote. »

« Non, non, pas pour qui vous votez, mais le nombre de fois que vous avez voté. »

Bannon réalisa que Trump ne connaissait visiblement pas les rouages les plus élémentaires de la politique.

« Je vote à chaque élection », insista Trump.

« En réalité, vous n'avez jamais voté aux primaires, sauf une seule fois dans votre vie », dit Bossie en citant ses dossiers.

« C'est complètement faux, dit Trump. C'est un pur mensonge. À chaque fois que je peux voter, je vote. »

« Vous n'avez voté qu'une seule fois aux primaires, continua Bossie. En 1988 je crois, aux primaires républicaines. »

Trump changea aussitôt de ton, il avait parfaitement compris le message : « Vous avez raison. C'était pour Rudy. » Rudy Giuliani avait présenté sa candidature au poste de maire de New York lors d'une primaire républicaine en 1989. « C'est dans votre dossier ? »

« Oui. »

« Bon, mais ce n'est pas un drame », dit Trump.

« Peut-être que rien de tout cela n'a d'importance, commenta Bossie, mais peut-être que si. Si vous voulez avoir une chance, il faut travailler avec méthode. »

La parole était à Bannon. Il aborda la principale motivation du Tea Party, à savoir la détestation des élites. Le populisme, c'était l'idéologie des hommes ordinaires, de ceux qui estiment que le système est truqué. C'était une protestation contre le capitalisme de connivence et les délits d'initiés qui saignaient les travailleurs.

« Excellent, c'est tout moi, dit Trump, moi aussi je suis un populariste. » Il déforma le mot.

« Non, non, corrigea Bannon. On dit "populiste". »

« Oui, oui, c'est ça, insista Trump. Un populariste. »

Bannon laissa tomber. Au début, il pensait que Trump ne comprenait pas le mot « populiste ». Mais peut-être qu'il l'interprétait seulement à sa façon, que pour lui, ça voulait dire être quelqu'un de populaire, de bien vu par les gens. Bannon savait que «*popularist*» était une forme britannique ancienne du mot «populiste» en usage dans le grand public peu cultivé.

Au bout d'une heure de réunion, Bossie annonça qu'il y avait un autre gros problème.

«Quel gros problème?» demanda Trump, qui semblait à nouveau sur ses gardes.

«Eh bien, 80 % de vos donations à des campagnes électorales vont à des démocrates.» Pour Bossie, c'était le plus gros handicap politique de Trump, même s'il se gardait bien de le dire.

«N'importe quoi!»

«Ça aussi, c'est une information accessible au public», affirma Bossie.

«C'est accessible au public?» Trump n'en revenait pas.

«Toutes les donations que vous avez faites.» Aucune donation ne pouvait échapper à l'obligation de transparence prévue par la loi, c'était bien connu.

«Je suis totalement impartial», dit Trump, affirmant qu'il avait toujours divisé ses donations entre les candidats des deux partis.

«C'est vrai que vous donnez pas mal d'argent. Mais 80 % de cet argent va aux démocrates. À Chicago, à Atlantic City…»

«Je suis bien obligé, dit Trump. Ce sont des putains de démocrates qui dirigent toutes ces villes. Moi, je construis des hôtels, alors il faut leur graisser la patte. C'est eux qui viennent me voir.»

«Écoutez, dit Bannon, ce que Dave essaie de vous expliquer, c'est que si vous voulez être soutenu par le Tea Party, c'est un vrai problème, parce que c'est justement ce dont ils se plaignent. Que c'est toujours des types comme vous qui raflent la mise.»

«Je vais régler ça», dit Trump. «Le système est pourri, c'est une véritable arnaque. Ça fait des années que tous ces types me font les poches. Vous croyez que ça m'amuse, de donner mon fric? Je les ai sans arrêt sur le dos. Et si vous ne leur faites pas un chèque…»

Trump mentionna un politicien du Queens, «un vieux type avec une batte de base-ball. Quand vous allez le voir, il faut lui donner quelque chose, généralement en liquide. Si vous ne lui donnez rien, vous ne pouvez rien faire. Impossible de construire quoi que ce soit. Mais si vous rapportez du cash et que vous lui laissez sa petite enveloppe, alors tout marche comme sur des roulettes. C'est comme ça que ça fonctionne, c'est tout. Mais je peux arranger ça.»

Bossie avait une stratégie. «L'essentiel, c'est le mouvement conservateur. Demain, le Tea Party aura disparu. Les vagues populistes, ça passe. Mais le mouvement conservateur, c'est du solide, ça existe depuis [Barry] Goldwater[1].»

Deuxièmement, expliqua Bossie, il faut miser sur trois États, l'Iowa, le New Hampshire et la Caroline du Sud, et y faire campagne comme si vous postuliez au poste de gouverneur. Ce sont les trois premiers États à voter dans le calendrier des primaires. «Faites une campagne sur les thèmes locaux, comme si vous vouliez être gouverneur.» Beaucoup de candidats commettaient la grave erreur d'essayer de faire campagne dans 27 États à la fois. «Faites trois campagnes de gouverneur et vous augmenterez vos chances. Concentrez-vous sur trois États et faites un bon score dans les trois. Le reste suivra.»

«J'ai tout ce qu'il faut pour être candidat, dit Trump. Je suis capable de battre tous ces types, peu importe qui ils sont. J'assure. Et le reste, je m'en occupe.»

Il était prêt à tout réexaminer, tout renégocier.

«Je suis contre l'avortement, dit Trump. Je suis prêt à me lancer.»

«Bon, alors voilà ce que vous allez faire, expliqua Bossie. Il va

---

1. Barry Goldwater (1909-1998) était un homme politique américain membre du Parti républicain, et considéré comme le fondateur du mouvement conservateur. (NdT.)

falloir signer des chèques pour un montant total de 250 000 à 500 000 dollars à l'intention de chaque congressiste et sénateur qui viendra vous rendre visite. Regardez-les droit dans les yeux, serrez-leur la main et faites-leur un chèque. On a besoin de références. Rencontrez-les en tête à tête pour bien qu'ils comprennent. Plus tard, ils vous serviront de point d'entrée pour construire des relations. »

Bossie poursuivit : « Vous leur dites : voilà un chèque pour votre campagne, 2 400 dollars » – le montant maximal autorisé. « Il faut que ça soit des chèques individuels, encaissables immédiatement, qu'ils sachent que ça vient de vous personnellement. Après ça, les républicains seront convaincus que votre candidature est sérieuse. »

Tout cet argent, expliquait Bossie, jouait un rôle crucial dans une campagne présidentielle. « Au final, ça vous rapportera gros. » Il faudra donner aux candidats républicains dans une poignée d'États décisifs comme l'Ohio, la Pennsylvanie, la Virginie et la Floride.

« Et puis il faudra écrire un livre pour promouvoir vos idées politiques, ajouta Bossie. Un livre sur votre conception de l'Amérique et sur votre programme. »

Bannon fit alors un exposé détaillé sur la Chine : comment sa stratégie commerciale faisait perdre beaucoup d'argent et d'emplois aux États-Unis. Cette menace l'obsédait.

« Qu'est-ce que t'en penses ? » lui demanda Bossie à la sortie de la réunion.

« Je suis plutôt impressionné par le type », répondit Bannon. Mais pour ce qui est de sa candidature à la présidence, « j'y crois pas un seul instant. Ne serait-ce que pour deux raisons. Ce mec ne signera pas un seul chèque. C'est pas le genre de type qui fait des chèques, plutôt le genre à signer au dos des chèques » – ceux qu'on lui fait à lui. « T'as bien fait de lui en parler parce que jamais il ne voudra faire de chèques. »

« Et le bouquin ? »

« Il écrira jamais de livre politique. Franchement, laisse tomber. Déjà, personne n'achètera un livre de Trump. Je t'avais dit qu'on perdait notre temps, même si je me suis vraiment bien amusé. »

Ce que Bossie essayait de faire, c'était, disait-il, de préparer Trump au cas où il décidait de se présenter. Trump avait un atout unique : il était totalement étranger à la politique politicienne.

Tandis qu'ils poursuivaient leur chemin, Bossie se mit à réfléchir. Son raisonnement intime, la majorité des Américains l'auraient six ans plus tard. Trump ne se présentera jamais. Il ne déposera jamais sa candidature. Il ne l'annoncera pas. Pas question pour lui de faire une déclaration de patrimoine. Non, il ne fera rien de tout ça. Il ne peut pas gagner.

Il se tourna de nouveau vers Bannon : « Tu crois qu'il va finir par se présenter ? »

« Pas un seul instant, réitéra Bannon. Il n'y a aucune chance, pas l'ombre de la moindre chance. T'as vu la putain de vie qu'il mène ? Laisse tomber, il va pas entrer en politique. Il s'en prendrait plein la gueule. »

CHAPITRE 2*

Six ans plus tard

S ans la séquence incohérente d'événements improbables
et aléatoires qui suivit, le monde serait certainement très
différent aujourd'hui. Le 21 juillet 2016, Donald Trump
accepta l'investiture républicaine et dans la matinée du samedi
13 août 2016, son aspiration à la présidence connut un tournant
important.

Steve Bannon était désormais le principal animateur de
Breitbart News, un média ultraconservateur. Ce jour-là, assis
sur un banc de Bryant Park, à New York, il était plongé dans son
rituel du samedi, la lecture des journaux. Après avoir feuilleté
le *Financial Times*, il passa au *New York Times*.

« Brider le verbe de Trump : mission impossible pour ses
collaborateurs », titrait le grand quotidien new-yorkais en
une[1]. L'élection présidentielle avait lieu dans trois mois.

---

* L'information contenue dans ce chapitre repose essentiellement sur une
série d'interviews approfondies avec des sources primaires.

1. Alexander Burns et Maggie Haberman, « The Failing Inside Mission to
Tame Trump's Tongue », *The New York Times*, 14 août 2016, p. A1 (accessible en

« Nom de Dieu ! » se dit Bannon.

La première caractéristique du personnage Bannon était son look vestimentaire – un vieux parka militaire enfilé sur plusieurs couches de polos de tennis –, la deuxième, son attitude : agressif, très sûr de lui et peu porté à la discrétion.

Les auteurs de l'article du *New York Times* affirmaient avoir eu accès à vingt informateurs républicains anonymes proches de Trump ou en contact avec sa campagne. Ils dépeignaient le candidat comme un individu confus, épuisé, d'humeur maussade, enclin à accumuler les gaffes et ayant des problèmes pour financer sa campagne. Il était dans une situation précaire en Floride, en Ohio, en Pennsylvanie et en Caroline du Nord, des États décisifs pour faire pencher la balance électorale. La réalité de sa campagne n'était pas belle à voir et Bannon savait qu'il s'agissait là d'un portrait réaliste. D'après lui, Trump risquait de perdre contre la candidate démocrate Hillary Clinton avec peut-être jusqu'à 20 points d'écart, en tout cas un nombre à deux chiffres.

Sur le plan médiatique, bien sûr, Trump était un spectacle à lui tout seul, mais sa campagne n'avait toujours pas d'autres ressources que celles que lui octroyait le Comité national républicain. Bannon savait que l'équipe de Trump se réduisait à une poignée d'individus qui tenaient tous dans la même pièce : un type qui lui écrivait ses discours et environ six personnes chargées de planifier ses meetings et de trouver les endroits les moins chers possibles pour les accueillir, souvent dans de vieux stades délabrés.

Malgré tout, Trump avait remporté l'investiture républicaine contre seize autres candidats. Son irruption fracassante sur la scène politique avait un côté spectaculaire et subversif qui captait l'attention du pays tout entier.

---

ligne à l'adresse https://www.nytimes.com/2016/08/14/us/politics/donald-trump-campaign-gop.html).

Bannon avait désormais 63 ans. Il était diplômé de la Harvard Business School et professait un nationalisme fervent, presque chauviniste. Il appela Rebekah Mercer.

La famille Mercer était l'une des principales sources de financement du Parti républicain – et l'une des plus controversées – dans un pays où l'argent est le moteur de la politique, surtout dans le camp conservateur. Les vues des Mercer étaient passablement extrémistes mais leur argent leur garantissait une place à la table de l'establishment républicain. Ils détenaient également des parts dans *Breitbart News*.

« C'est très mauvais pour nous parce qu'on va être tenus pour coresponsables », expliqua Bannon à Mercer. *Breitbart News* était resté fidèle à Trump jusque dans ses heures les plus sombres. « C'en sera fini de *Breitbart*. »

« Et si vous vous lanciez ? » lui suggéra Rebekah.

« Je n'ai jamais mené de campagne de ma vie », répondit Bannon. Il était très éloigné de tout ça et l'idée lui paraissait absurde.

« Ce Paul Manafort est un vrai désastre, rétorqua Rebekah à propos du directeur de campagne de Trump. La campagne est en roue libre. Trump vous écoute. Il a toujours eu besoin d'un mentor plus adulte. »

« Écoutez, dit Bannon, je n'hésiterais pas une seconde à m'engager. Mais pourquoi aurait-il recours à mes services ? »

« Trump a toujours été un outsider », dit Rebekah avant de mentionner l'article du *New York Times*. « C'est la panique à bord. » En bref, Trump était susceptible d'embaucher Bannon parce qu'il était désespéré.

Les Mercer contactèrent Trump qui devait se rendre à East Hampton, Long Island, pour une collecte de fonds au domicile de Woody Johnson, le propriétaire de l'équipe de football des Jets de New York. En général, les Mercer signaient des chèques et affirmaient ne pas avoir besoin de rencontrer le candidat. Mais cette fois, ils exigèrent dix minutes avec Trump.

La réunion eut lieu dans un petit solarium et Rebekah, une grande rousse, n'y alla pas par quatre chemins. Son père, Bob Mercer, un mathématicien surdoué, ne prononça pratiquement pas un mot. C'était l'un des cerveaux à l'origine d'un fonds spéculatif incroyablement prospère, Renaissance Technologies, qui gérait un volume de 50 milliards de dollars.

« Il faut virer Manafort », lâcha-t-elle à Trump. La campagne était trop chaotique.

« Qu'est-ce que vous me conseillez de faire ? » lui demanda Trump.

« Il faut recruter Steve Bannon. »

« Il n'acceptera jamais. »

« Bien sûr que si », répondit-elle.

Bannon appela Trump le soir même.

« Cet article est vraiment embarrassant », dit Bannon à propos du reportage du *New York Times*. « Vous valez mieux que ça. On peut gagner la partie, il n'y a pas de raisons. C'est vrai, quoi, c'est Hillary Clinton en face. »

Trump se lâcha à propos de Manafort. « C'est un blaireau », dit-il, incapable d'assurer à la télé.

« Voyons-nous demain pour discuter de tout ça. On peut y arriver, exulta Bannon. Mais motus et bouche cousue. »

Trump accepta un rendez-vous le lendemain matin, un dimanche.

Une autre personnalité politique qui n'en menait pas large ce jour-là était Reince Priebus, un juriste de 44 ans originaire du Wisconsin et président du Comité national républicain. À la tête de cet organisme depuis cinq ans, Priebus était le grand spécialiste des relations publiques et du réseautage. Sous son allure débonnaire, l'homme était un bâtisseur d'empire. Il prenait les décisions financières du Parti, était chargé de recruter les 6 500 salariés qui animaient la campagne sur le terrain, passait régulièrement à la télévision et dirigeait sa propre agence de communication. Il se retrouvait dans une position assez délicate.

Pour Priebus, le mois d'août avait été catastrophique. « C'est comme si vous aviez à supporter en permanence une lampe à infrarouge qui ne s'éteint jamais. » Et le responsable du désastre n'était autre que le candidat Donald Trump.

Depuis le début, Priebus avait essayé de diriger la campagne. Lorsque Trump avait traité les Mexicains de « violeurs » dans le discours annonçant sa candidature le 16 juin 2015, Priebus l'avait aussitôt rappelé à l'ordre : « Vous ne pouvez pas dire des choses pareilles. On a travaillé dur pour conquérir le vote hispanique. »

Trump refusait de baisser le ton et agressait tous ceux qui l'attaquaient. C'était la première fois qu'un président du Comité national républicain se trouvait confronté à un tel casse-tête.

Mitch McConnell, vieux politicien roublard et chef de la majorité républicaine au Sénat, avait eu une conversation téléphonique confidentielle avec Priebus. Son message : laissez tomber Trump, redirigez les fonds républicains vers nous, les candidats au Sénat ; coupez-lui les vivres.

Mais Priebus souhaitait préserver sa relation avec Trump et il décida d'occuper le terrain intermédiaire entre Trump et McConnell. C'était une bonne tactique, pensa-t-il, qui conciliait les intérêts vitaux du Parti et les siens propres. « Je suis 100 % avec vous, avait-il déclaré à Trump. Je vous apprécie beaucoup et je vais continuer à travailler pour vous. Mais je dois aussi protéger le Parti. Mes responsabilités ne se limitent pas à votre candidature. »

Priebus avait accepté de s'engager, de faire campagne avec Trump et de l'introduire dans les meetings. Dans son esprit, c'était tendre la main à un homme en train de se noyer.

L'article du *New York Times* sur l'impossibilité de contrôler Trump[1] avait agi sur Priebus comme un coup de fouet. « Merde alors ! Ça commence vraiment à sentir mauvais. » La campagne était en train de s'écrouler. « Ce n'est pas une vraie campagne, ces types-là sont des charlots », en avait conclu Priebus.

Priebus ne voyait que deux explications au nombre de fuites qui émaillaient le papier du *New York Times* : soit les fameux vingt informateurs essayaient de saboter la campagne, soit ils voulaient juste se faire mousser, comme c'est souvent le cas.

L'heure était grave. C'était peut-être le pire moment pour Trump et le Parti, pensa Priebus. Il n'y avait qu'une seule issue : l'escalade sur tous les fronts. Redoubler d'agressivité pour dissimuler sa faiblesse.

Le lendemain matin, Steve Bannon se présenta à l'entrée de la Trump Tower à Manhattan et annonça à l'agent de sécurité qu'il avait rendez-vous avec M. Trump.

« Formidable, lui répondit celui-ci. Il n'est jamais là le week-end. »

Bannon appela Trump.

« Salut, je suis à Bedminster », lui expliqua le candidat. C'était là que se trouvait le siège du Trump National Golf Club. « Vu que vous n'êtes pas là, je vais aller jouer au golf. Rejoignez-nous, on déjeunera ici. Soyez là disons pour 13 heures. »

Ce sur quoi il lui donna des instructions détaillées sur le trajet entre New York et Bedminster, à une soixantaine de kilomètres à l'ouest de New York.

« Je trouverai », dit Bannon.

Non, il faut tourner à droite sur Rattlesnake Bridge Road, puis encore à droite et continuer pendant près de deux kilomètres.

« Je trouverai, c'est le Trump National Golf Club. »

1. *Ibid.*

Non, insistait Trump, laissez-moi vous expliquer. Et de l'abreuver d'instructions avec un luxe de détails impressionnant. Bannon ne l'avait jamais entendu offrir des explications aussi précises sur quoi que ce soit.

Bannon se fit conduire par un chauffeur à Bedminster en s'assurant d'arriver à midi pile. Pas question d'être en retard. À l'intérieur du club, on le dirigea vers une table dressée pour cinq personnes.

Vous êtes en avance, lui annonça un membre du personnel. Les autres ne seront pas là avant 13 heures.

Les autres ?, demanda Bannon.

Le fondateur et directeur de Fox News Roger Ailes, le gouverneur du New Jersey Chris Christie et l'ancien maire de New York Rudy Giuliani étaient également invités.

Bannon était furieux. Il n'était pas venu pour passer une audition. Lui et Trump s'étaient pourtant bien mis d'accord, pas question de revenir sur ce qui était convenu.

Roger Ailes arriva le premier. Il jouait un rôle actif dans la politique républicaine depuis l'époque de Richard Nixon et était une sorte de mentor pour Bannon.

« C'est quoi ce bordel ? » jura Ailes avant de se lancer dans une diatribe contre la campagne.

« Les chiffres sont si mauvais que ça ? » demanda Bannon.

« On va droit dans le mur. »

« J'ai parlé avec Trump hier soir, dit Bannon. Les Mercer aussi. Je suis censé intervenir et prendre en charge la campagne mais il ne faut pas le dire aux autres. »

« Bordel de merde !, insista Ailes. Tu n'y connais rien en matière de campagnes électorales. » C'était hors de question.

« Je sais, mais n'importe qui peut faire mieux que ça. »

Même si Bannon connaissait Ailes depuis de longues années, il n'avait jamais voulu passer sur Fox News.

Il s'en était expliqué une fois : « Je ne suis jamais passé sur

Fox parce que je ne veux pas lui être redevable. […] Si tu dois quelque chose à Roger, t'es foutu, tu lui appartiens. »

Rien à voir avec sa relation avec Trump : d'après lui, dans ce cas, c'était Trump qui était demandeur. Entre novembre 2015 et juin 2016, Bannon avait fait une série d'interviews radiophoniques avec Trump pour le programme *Breitbart News Daily* sur SiriusXM[1].

Ailes lui expliqua que ce déjeuner était en fait leur réunion hebdomadaire de préparation aux débats de la campagne. Le premier débat présidentiel avec Hillary Clinton avait lieu dans un mois et demi, le 26 septembre.

« Préparation aux débats ?, s'étonna Bannon. Avec toi, Christie et Rudy ? »

« C'est la deuxième fois qu'on fait ça. »

« Il se prépare vraiment aux débats ? » demanda Bannon, soudainement impressionné.

« Non, il vient jouer au golf et puis on parle de la campagne à bâtons rompus. On essaye de lui faire prendre des habitudes. »

Paul Manafort, le directeur de la campagne, fit son entrée dans la salle.

Bannon, qui aimait bien se définir comme un « populiste furibond », était dégoûté. Manafort était attifé d'une espèce de tenue de yachting, foulard à la clé. Il avait l'air de sortir tout droit d'une marina de luxe de Southampton !

Trump arriva et se mit à table tandis que les serveurs apportaient hot-dogs et hamburgers. Le menu de rêve d'un enfant de 11 ans, pensa Bannon tandis que Trump ingurgitait deux hot-dogs.

Mentionnant le reportage du *New York Times* sur sa loquacité incontrôlable, Trump demanda à Manafort comment la publi-

---

1. David A. Fahrenthold et Frances Stead Sellers, « How Bannon Flattered and Coaxed Trump on Policies Key to the Alt-Right », *The Washington Post*, 15 novembre 2016.

cation d'un tel article avait été possible. Voilà bien un des paradoxes de Trump : il se plaisait à attaquer constamment les grands médias, en particulier le *New York Times*, mais malgré l'agressivité de ses diatribes, il considérait le *Times* comme le journal de référence et lui faisait largement confiance.

« Dites-moi, Paul, est-ce que je suis un bébé ? » demanda Trump à Manafort. « Est-ce que c'est ce que vous pensez ? Que je suis un bébé ? Vous êtes nul à la télé. Vous n'avez aucune énergie. Vous ne faites pas honneur à la campagne. Je vous l'ai déjà dit gentiment. Plus de télé, c'est fini. »

« Mais, Donald… », essaya de répondre Manafort.

Bannon eut l'impression qu'appeler Trump par son prénom, comme si les deux hommes étaient sur un pied d'égalité, avait le don d'énerver le candidat républicain.

« Il y a quelque chose que vous devez comprendre, monsieur Trump, dit Bannon. Il y a beaucoup de sources anonymes dans cet article, nous ne pouvons pas savoir à quel point il est fiable. »

« Mais moi je sais, répondit Trump, s'en prenant de nouveau à Manafort. Il y a des traîtres parmi nous. » Il savait que les citations étaient authentiques.

« Il y a plein de citations non sourcées », insista Bannon. Pas un seul nom, tout le monde se cachait. « Les pages du *New York Times,* c'est… C'est un tissu de mensonges. Vous savez bien que c'est de la connerie totale. » Bannon s'entêta dans sa diatribe enflammée de chef de l'opposition tout en sachant fort bien que l'article disait vrai.

Trump ne s'en laissait pas conter. Pour lui, l'article était pure vérité et la campagne était remplie de traîtres. Il continua à taper sur Manafort pendant un bon moment, après quoi il passa une demi-heure à raconter des histoires de guerre. Manafort se retira.

« Ne partez pas, dit Trump à Bannon. Cette campagne va vraiment très très mal. Elle est totalement hors de contrôle.

Ce type est un vrai loser. Il ne sait pas diriger une campagne. Je ne l'ai embauché que pour m'aider à négocier la convention républicaine. »

« Ne vous inquiétez pas pour les chiffres, dit Bannon. Ne vous inquiétez pas pour les 12 à 16 points d'écart dans les sondages. Ne vous inquiétez pas pour le scrutin des États décisifs. En fait, les choses sont très simples. » Et d'expliquer à Trump que les deux tiers des Américains pensaient que les États-Unis étaient sur la mauvaise voie et que 75 % d'entre eux déploraient le déclin du pays. C'était un terrain fertile pour une personnalité capable d'incarner le changement. Hillary, c'était le passé. Il n'y avait aucun doute là-dessus.

Au fond, pendant toute sa vie d'adulte, Bannon avait attendu ce moment. « C'est ici que se situe notre différence : l'important, c'est de nous distinguer systématiquement de Clinton. » Bannon avait un mantra dont il fit aussitôt part à Trump : « Une chose qu'il ne faut jamais oublier : les élites de ce pays se satisfont parfaitement de gérer le déclin. Vrai ou faux ? »

Trump acquiesça d'un signe de tête.

« Mais les travailleurs américains ne sont pas d'accord. Ils veulent que l'Amérique retrouve sa grandeur [NdT. : *Make America Great Again*, le slogan de la campagne de Trump]. On va simplifier les enjeux de cette campagne. Hillary représente le *statu quo*, la corruption et l'incompétence d'élites qui se contentent de gérer le déclin. Vous représentez la grande masse des oubliés qui veulent que l'Amérique retrouve sa grandeur. Et pour cela, nous allons juste décliner quelques thèmes. »

« Premièrement, poursuivit Bannon, il faut mettre fin à l'immigration clandestine massive et commencer à limiter l'immigration légale pour récupérer notre souveraineté. Deuxièmement, il faut rapatrier les emplois industriels aux États-Unis. Et troisièmement, il faut en finir avec toutes ces guerres inutiles. »

Ces idées n'étaient pas nouvelles pour Trump. Dans un discours prononcé devant le Detroit Economic Club[1] une semaine auparavant, le 8 août, il avait déjà testé tous ces thèmes et attaqué férocement Clinton. « Elle est la candidate du passé. Notre campagne incarne l'avenir. »

« Ce sont les trois grands thèmes sur lesquels elle n'a rien à dire, poursuivit Bannon. Elle est complice de la politique d'ouverture des frontières, elle est complice des accords de libre-échange néfastes qui ont délocalisé les emplois en Chine et en politique internationale, elle partage l'agenda interventionniste des néoconservateurs. Vrai ou faux ? »

Trump semblait convenir qu'Hillary était en fait une néo-conservatrice.

« Elle a soutenu toutes les guerres, dit Bannon. On ne va pas arrêter de marteler ces thèmes. C'est ça la ligne, et il faut s'en tenir à ça. »

Bannon ajouta que Trump avait un autre avantage : il n'avait pas un discours de politicien. C'était la même caractéristique qui avait joué en faveur de Barack Obama lors des primaires de 2008 contre Hillary Clinton, qui s'exprimait comme la politicienne professionnelle qu'elle était. Ses propos semblaient inauthentiques. Même quand elle disait la vérité, elle avait l'air de mentir.

Les politiciens dans le genre d'Hillary ne savaient pas parler naturellement, dit Bannon. Leur discours était mécanique, un pur artefact du marketing électoral et des enquêtes d'opinion. Ils répondaient aux questions dans un jargon politicien. C'était

1. Donald J. Trump, « Remarks to the Detroit Economic Club », 8 août 2016. Accessible en ligne *in* Gerhard Peters et John T. Woolley, *The American Presidency Project*. http://www.presidency.ucsb.edu/ws/?pid=119744. À la suite de la refonte du site *The American Presidency Project*, certains des liens indiqués dans cet ouvrage ne sont plus actifs. Les articles peuvent être retrouvés à l'adresse https://www.presidency.ucsb.edu/advanced-search.

consensuel, pas assez tranchant, ça ne venait pas du cœur ou de convictions profondes mais de consultants copieusement rémunérés qui pondaient des arguments préfabriqués – et il n'y avait jamais la moindre expression de *colère*.

C'est bon, dit Trump, à partir d'aujourd'hui, vous êtes mon nouveau directeur exécutif de campagne.

« OK, mais il ne faut pas donner prise aux rumeurs ou laisser l'impression qu'il s'agit d'une intrigue de palais, dit Bannon. Gardons Manafort au poste de directeur de la campagne. Il n'aura aucune autorité. Je m'en occupe. »

Ils convinrent de nommer comme directrice adjointe de campagne Kellyanne Conway, une fougueuse républicaine qui n'avait pas sa langue dans sa poche et mettait déjà son expérience professionnelle des sondages au service de la campagne.

« On va la faire passer à la télé tous les jours pour attirer l'électorat féminin, suggéra Bannon. Kellyanne est une vraie guerrière. Elle se contentera de répondre aux questions des journalistes, mais les gens l'aiment bien et c'est ça qu'il nous faut, quelqu'un qui suscite la sympathie. »

Dans un éclair de lucidité, il ajouta : « Quant à moi, pas question de passer à la télé. »

Conway non plus n'avait jamais géré une campagne électorale. Ça faisait trois néophytes : le candidat flambant neuf, le directeur de campagne et la directrice adjointe de campagne.

Pendant ce mois d'août, Kellyanne Conway était chargée de superviser le tournage de spots publicitaires de campagne.

« Me dites pas que je paie pour ces charlots », se plaignit Trump.

Il n'aimait pas la disposition des caméras. Le matériel lui paraissait vétuste et l'éclairage lui déplaisait. Il aurait souhaité de la haute définition et l'équipe de tournage ne lui revenait pas. « Pas question que je les paye, vous pouvez leur dire. » Des propos coutumiers chez lui.

« Je veux que tout le monde sorte exceptée Kellyanne », demanda-t-il un peu plus tard.

« Tout le monde me dit que je suis un bien meilleur candidat qu'Hillary Clinton », lui confia-t-il. Il avait vaguement l'air d'attendre une confirmation de sa part.

« Absolument, monsieur Trump. Pas besoin de sondage pour ça. » Mais certaines choses pouvaient être améliorées. « Votre adversaire est la candidate la plus sinistre de l'histoire présidentielle. Sauf que nous aussi, on commence à passer pour des rabat-joie. »

« Mais non, pas du tout. »

« C'est l'impression qu'on donne. Pendant les primaires, vous aviez l'air de bien plus vous amuser. »

« Oui, je regrette l'époque où on était juste une petite équipe qui sillonnait le pays d'aéroport en aéroport pour participer aux meetings et aller à la rencontre des électeurs », soupira Trump.

« Tout ça, c'est du passé, admit-elle. Mais je vais être honnête avec vous, on devrait essayer de reproduire cette ambiance au niveau de la présidentielle, on devrait avoir une stratégie qui optimise vos talents et réinjecte du plaisir dans la campagne. »

Elle décida de jouer la sincérité. « Vous savez que vous êtes en train de perdre, non ? Mais il n'y a là aucune fatalité. J'ai regardé les sondages. » Ce jour-là, CNN lui attribuait une chute de 5 à 10 points. « Il y a moyen de remonter la pente. »

« Comment ça ? »

Elle était convaincue que, sans le savoir, Trump avait réussi à changer la donne. « Il y avait cette fiction de l'éligibilité qui plombait le Parti républicain », comme quoi d'une manière ou d'une autre, Trump ne pouvait pas gagner, qu'il était inéligible.

Les électeurs en avaient assez des candidats que leur imposait le Parti. C'était toujours le même refrain : « Il faut soutenir

Mitt Romney, c'est le seul qui peut gagner. Il faut soutenir John McCain parce qu'il a le profil. Ou Jeb Bush. Ou Marco Rubio. Etc. ». Trump, lui, était soi-disant « inéligible. Mais le peuple en avait décidé autrement. Plus question de se laisser avoir. » Et Trump avait remporté l'investiture républicaine.

« Vous avez réussi à attirer les foules sans faire une campagne politique traditionnelle. Vous avez construit un mouvement. Et les gens ont l'impression d'en faire partie, sans avoir à payer de droit d'entrée. Je vais vous dire comment j'interprète les sondages. Nous avons deux obstacles principaux à surmonter. » Pour Kellyanne, pas question de se baser sur des sondages au niveau national. Les sondages nationaux, « c'[était] une obsession idiote des médias ». Le vrai enjeu, c'étaient les collèges électoraux, il fallait obtenir les 270 votes électoraux (sur 538) nécessaires pour être élu. Il fallait se concentrer sur les États décisifs, en gros les huit États où ça allait se jouer.

« Les gens veulent des éléments de programme », dit Conway. En juillet, quand Trump avait rendu public son plan de réforme du Secrétariat aux anciens combattants en dix points[1], ou bien son plan de réforme fiscale en cinq points, ils avaient vraiment aimé ça. « C'est ce genre de détails qu'ils veulent connaître mais ils ont besoin qu'on les leur répète constamment. »

« Le deuxième problème que je vois, c'est que les gens veulent être sûrs que vous allez vraiment tenir vos promesses. Parce que si vous décevez leurs attentes, si le grand businessman ne se montre pas à la hauteur, alors vous êtes juste un politicien comme un autre. Mais vous n'êtes pas comme ça, justement. »

C'était un sacré argument de vente et Trump semblait prêt à s'engager sur la voie qu'elle lui traçait.

---

1. Louis Nelson, « Trump Outlines 10-Point Plan to Reform Veterans Affairs Department », *Politico*, 11 juillet 2016.

« Est-ce que vous pensez être capable de gérer toute cette affaire ? » lui demanda-t-il.

« Quelle affaire ? Pour l'instant je gère un tournage. »

« Toute la campagne. De A à Z. Vous êtes prête à ne pas voir vos enfants pendant plusieurs mois ? »

Elle accepta sur-le-champ. « Monsieur Trump, je suis à votre service. Vous allez gagner cette élection. Et sachez que je ne me considère nullement comme votre égale. Pas question que je vous appelle par votre prénom. »

CHAPITRE 3*

Ce même dimanche dans la soirée, Bannon se mit au travail. Ce qui impliquait de se rendre à la Trump Tower, à New York, où était installé le quartier général de la campagne. C'était la première fois qu'il visitait la tour et on était à quatre-vingt-cinq jours de l'élection présidentielle.

Il monta au quatorzième étage. Comme on était en août, il faisait encore jour. Il s'attendait à ce que son apparition déclenche un millier de questions : « Mais qu'est-ce que fait Bannon ici ? » Il avait besoin d'un alibi.

Il pénétra dans le centre de crise, le saint des saints de la campagne, aux murs couverts d'écrans de télévision.

Il y avait juste une personne dans la salle, un type qui avait l'air d'un adolescent. « Vous êtes qui ? » demanda Bannon.

« Andy Surabian. »

« Et les autres, ils sont où ? »

« Je ne sais pas, répondit Surabian. C'est comme ça tous les dimanches. »

* L'information contenue dans ce chapitre repose essentiellement sur une série d'interviews approfondies avec des sources primaires.

« Alors comme ça, c'est le QG de la campagne ? »

« Ouais. »

« Et tout est censé être dirigé d'ici ? »

Ouais. Surabian lui montra du doigt le bureau de Jason Miller, le directeur de la communication, et celui de Hope Hicks, une jeune femme ex-mannequin qui était devenue la principale attachée de presse de la campagne et peut-être la personne la plus proche de Trump au sein de l'équipe. Quant à Surabian, il était directeur du centre de crise.

« Vous travaillez le week-end ? »

Surabian le lui confirma. Certains membres de l'équipe travaillaient à Washington, d'autres restaient en contact par téléphone.

Bannon essaya de nouveau de comprendre. « Y a du monde ici le week-end ? »

« En général, c'est comme aujourd'hui. »

« Mais putain, où est Jared ? Il faut absolument que je parle à Jared et Ivanka. » Jared Kushner, le gendre de Trump, était censé être le cerveau de l'opération. C'est du moins ce qu'on avait raconté à Bannon.

Jared et Ivanka étaient en croisière le long du littoral croate avec Wendi Deng, femme d'affaires et ex-épouse de Rupert Murdoch, sur le yacht de David Geffen, l'un des plus gros bateaux de plaisance du monde.

Manafort appela Bannon. Il proposait un rendez-vous.

« Montez si vous voulez », lui dit Manafort.

Où ça ?

« En haut de la tour. »

Bannon dut redescendre dans le hall d'entrée pour prendre un ascenseur jusqu'aux étages résidentiels. C'était donc ça, l'accord que Trump avait passé avec son chef de campagne ? « Bon, un penthouse dans la Tour Trump Tower, je dis pas non. » Ça serait toujours mieux que son petit appartement de Bryant Park.

En fait, Manafort était propriétaire du lieu.

Pauvre Manafort, pensa Bannon. Bluffé par le succès et l'audience du compte Twitter de Trump, le directeur de campagne avait voulu lui aussi avoir le sien. Mais il s'était fait piéger en avril par un article du *New York Daily News* intitulé « Make America Kinky Again [1] » qui révélait que Manafort, peut-être ignorant du fait que Twitter était un forum public, suivait le compte d'un club d'échangistes et de bondage de Manhattan au nom suggestif de Decadence. « Abonné aux fessées chic, Manafort suit le club échangiste le plus exclusif de New York. »

L'appartement de Manafort était splendide. Son épouse Kathleen, une avocate d'une soixantaine d'années mais qui en faisait selon Bannon 40, était entièrement vêtue de blanc et se prélassait telle Joan Collins, l'actrice principale de la série *Dynastie*.

« Je vous remercie vraiment d'avoir essayé de me défendre, dit Manafort. C'est typique de Donald. Il fait ça tout le temps. »

« Je trouve qu'il exagérait vraiment », dit Bannon.

Manafort fit un geste pour changer de sujet. « Bon, écoutez, tout le monde me dit que vous êtes un grand spécialiste des médias. »

« Je dirige un site web conservateur. Je m'y connais en journalisme d'opinion. »

« J'ai besoin de votre avis sur ça », expliqua Manafort en lui remettant une copie d'un article à paraître dans le *New*

---

1. Jennifer Fermino, « Senior Donald Trump Adviser Appears to Be Fan of NYC Bondage, Swinger's Club », *New York Daily News*, 12 avril 2016. « Kinky » signifie « coquin », « sexy », « émoustillant » ; le titre ironique « Make America Kinky Again » fait écho sur un ton moqueur au slogan officiel de la campagne de Trump « *Make America Great Again* », qui exhorte à récupérer la grandeur de l'Amérique. (NdT.)

York Times et intitulé « Du cash pour le chef de campagne de Donald Trump sur un cahier de comptabilité secret en Ukraine[1] ».

Bannon parcourut l'article : « Des registres manuscrits indiquent une somme de 12,7 millions de dollars en espèces à destination de M. Manafort. » Le généreux donateur était un parti politique pro-russe d'Ukraine.

Bannon s'écria : « Putain, 12 millions de dollars en liquide, et en Ukraine avec ça ! »

Mme Manafort eut un mouvement de surprise : « Qu'est-ce qui se passe ? »

« Ce n'est rien, chérie, la rassura son mari. Tout va bien. »

« Ça va sortir quand ? » demanda Bannon.

« Peut-être dès ce soir. »

« Trump est au courant ? »

Non, dit Manafort.

« Vous le savez depuis quand ? »

Deux mois, dit Manafort, depuis que le *New York Times* a commencé son enquête.

Bannon lut une dizaine de paragraphes. C'était une bombe. Manafort était complètement grillé.

« Mon avocat m'a dit de ne pas coopérer, dit Manafort. D'après lui, c'est juste une attaque gratuite. »

« Vous devriez virer votre avocat. »

« J'y pense. »

« Il faut appeler Trump… Demander un rendez-vous en tête à tête. Si c'est publié sans qu'il soit au courant, vous êtes foutu. Mais 12,7 millions de dollars en liquide, franchement, comment c'est possible ? »

1. Andrew E. Kramer, Mike McIntire et Barry Meier, « Secret Ledger in Ukraine Lists Cash for Donald Trump's Campaign Chief », *The New York Times*, 14 août 2016.

« C'est un tissu de mensonges, répliqua Manafort. J'ai eu des frais. »

« Des frais ? C'est-à-dire ? »

« Je suis juste consultant en chef. J'ai des collaborateurs à payer. » Il avait toute une équipe en Ukraine. « C'est eux qui ont tout reçu. Je ne me suis même pas fait 500 000 dollars. »

« Ouais, mais ce n'est pas la conclusion qu'on tire de l'article. Tout ce qu'on en retient, c'est "12,7 millions de dollars en liquide". »

Bannon appela Jared.

« On a besoin de vous à New York. »

L'article du *New York Times* sur Manafort[1] sortit en ligne le soir même et fut publié dans l'édition imprimée du lendemain matin. Comme Bannon l'avait prédit, Trump était apoplectique. Personne ne l'avait prévenu.

Trump appela Reince Priebus pour lui dire que Steve Bannon allait désormais diriger la campagne. Priebus s'étonna que Trump nomme à nouveau quelqu'un qui n'avait pratiquement aucune expérience en la matière mais il se garda de faire des commentaires. Il avait révisé son opinion sur *Breitbart News* et Bannon. Après deux ans de pilonnage pendant lesquels *Breitbart* n'avait cessé de l'accuser d'être un membre privilégié de l'élite républicaine, il avait changé de stratégie : mieux valait coopérer avec *Breitbart* et éviter de se faire pilonner.

D'après les sondages, seuls 70 % des électeurs républicains appuyaient Trump. Il lui en fallait 90 %. Autrement dit, il fallait essayer de rallier l'appareil du Parti à la cause de Trump.

« Je sais que vous ne me connaissez pas », expliqua Bannon à Priebus. Il ne l'avait croisé brièvement qu'une fois quelques années

1. *Ibid.*

auparavant. « J'ai besoin de vous voir cet après-midi. Venez avec Katie Walsh, dont tout le monde me dit des merveilles. » Priebus et Walsh, la cheffe de cabinet du Comité national républicain (RNC), détenaient une base de données sur tous les électeurs potentiels du pays.

Bannon voulait s'assurer que le Comité national républicain n'allait pas lâcher Trump. La rumeur parlait d'une fuite des donateurs et on disait aussi que les républicains commençaient à se demander comment quitter le navire.

C'est faux, le rassura Priebus. Ici, personne ne pense à déserter.

« Il faut qu'on travaille en équipe », dit Bannon.

« Vous vous sentez à la hauteur de la tâche ? »

« Le problème, c'est que Trump ne s'intéresse pas aux détails », dit Bannon. C'était à eux de s'en occuper.

Bannon devait plus tard résumer la chose en termes crus, comme à son habitude : « Dans un esprit de conciliation, le 15 août, j'ai taillé une pipe à Reince Priebus et j'ai fait savoir aux huiles de l'establishment qu'on ne pouvait pas gagner sans eux. »

Trump et son équipe de campagne n'en étaient peut-être pas conscients, mais Priebus savait que Trump avait besoin du soutien du Comité national républicain. Trump n'avait presque personne pour travailler les électeurs sur le terrain et il était ignorant des rouages élémentaires de la politique.

Cela faisait plusieurs années que Priebus redoublait d'efforts pour transformer le Comité national républicain en vaste machine de traitement des données. S'inspirant de la stratégie de campagne d'Obama en 2008, le Comité national avait commencé à investir des sommes considérables – plus de 175 millions de dollars au total – dans la collecte et l'analyse de mégadonnées, le suivi individualisé des électeurs des primaires et l'utilisation de cette information sur une base territoriale au service d'une armée de bénévoles travaillant par secteur.

Depuis le début, tout le monde s'attendait à ce qu'une fois défini le candidat républicain, le Comité attelle cette énorme infrastructure high-tech à un appareil de campagne d'envergure déjà appréciable. Malgré tous les affronts que cet organisme avait subis de la part de Trump pendant les primaires – le futur président était allé jusqu'à le qualifier d'«escroquerie pathétique» et à affirmer que Priebus «devrait avoir honte»[1] –, le Comité national républicain constituait de fait la véritable équipe de campagne de Trump.

Pour les activistes de terrain, la première étape de la campagne consistait à aller à la chasse au vote par correspondance des électeurs jugés favorables à Trump parce que la base de données nationale leur attribuait un score de fiabilité de 90 points sur 100. Dans l'Ohio, sur environ 6 millions d'électeurs, on en comptait à peu près un million ayant un score de 90 points ou plus. Ces électeurs étaient alors encouragés à exprimer leur vote anticipé plusieurs jours avant la date officielle du scrutin, et les équipes de terrain de la campagne devaient pratiquement les harceler jusqu'au jour où ils enverraient leur bulletin par correspondance.

Après quoi elles devaient passer à la tranche d'électeurs ayant un score de 60 ou 70 points et s'efforcer de les convaincre de voter pour Trump. Ce système était conçu pour réduire le caractère aléatoire des contacts avec les électeurs et s'assurer que les bénévoles et les animateurs de la campagne concentrent leurs efforts sur les personnes les plus susceptibles de voter pour Trump.

L'annonce officielle de la promotion de Bannon à la tête de la campagne fut faite le 17 août. Le *New York Times* commenta la chose comme suit: «En décidant de nommer Stephen K. Bannon, le président du site web *Breitbart News*, directeur général de sa campagne, Trump défie l'establishment républicain

1. Bob Cusack, «Trump Slams RNC Chairman, Calls 2016 Process "A Disgrace"», *The Hill*, 12 avril 2016.

occupé à le convaincre de rompre avec les discours de matamore et les sous-entendus racistes qui ont contribué à lui faire gagner les primaires mais menacent désormais sa candidature. [...] Mais pour M. Trump, le choix de M. Bannon est un peu l'équivalent politique de sa prédilection pour les hamburgers[1]. »

Bannon essaya de capter l'attention de Trump et de lui expliquer les subtilités de la stratégie électorale et la nécessité de se concentrer sur un petit nombre d'États. Le candidat ne semblait pas du tout intéressé.

Bannon était formel : j'ai « la certitude métaphysique que vous pouvez gagner si vous respectez ce scénario et que vous vous distinguez systématiquement » d'Hillary Clinton. « Potentiellement, nous avons tous les chiffres pour nous. »

« Je me suis alors rendu compte, expliqua Bannon par la suite, que j'étais le réalisateur et qu'il était l'acteur. »

En juillet, Kellyanne Conway avait assisté aux quatre journées de la convention démocrate à Philadelphie. Elle avait écouté les discours, parlé avec les délégués et on l'avait interviewée à la télé. Elle entendait fonder sa stratégie sur ses observations d'alors. « Leur message, c'est : Donald Trump est le diable et nous ne sommes pas Donald Trump. Le reste tourne autour des questions raciales, des questions de genre et des droits des LGBT. »

C'est Conway qui avait inventé l'expression « les électeurs cachés de Trump ». Il s'agissait d'électeurs passablement désorientés face au scrutin et qui se faisaient la réflexion suivante : « Dans la famille, on est syndiqués de père en fils et je vais voter pour Donald Trump ? » C'était un vrai dilemme. « Je vais voter pour un milliardaire républicain ? » Leur perplexité était infinie.

« Et puis vous avez des femmes qui disent : moi, vous savez,

1. Jonathan Martin, Jim Rutenberg et Maggie Haberman, « Donald Trump Appoints Media Firebrand to Run Campaign », *New York Times*, 17 août 2016.

je suis pour l'avortement [...] et je ne pense pas que les républicains vont changer la loi. Mais ce que je ne comprends pas, c'est pourquoi on n'arrive plus à joindre les deux bouts, alors c'est sur ça que je vais voter. »

La plupart des médias ne croyaient pas à l'existence de ces « électeurs cachés de Trump ». Mais la base de données de Priebus et Walsh offrait au Comité national républicain et à la campagne un aperçu très complet du profil de chaque électeur potentiel : la marque de bière qu'ils consommaient, la marque et la couleur de leur voiture, l'âge de leurs enfants et l'école qu'ils fréquentaient, la marque de cigarettes qu'ils fumaient, s'ils avaient contracté un crédit immobilier, etc. Renouvelaient-ils leur permis de chasse tous les ans ? Que lisaient-ils, un magazine sur les armes à feu ou une publication plutôt marquée à gauche comme *The New Republic* ?

À quoi Conway ajoutait : « Hillary, elle, n'a aucun électeur caché. On sait déjà exactement qui vote pour elle. »

Elle avait un avis très tranché sur la candidate démocrate : « On ne voit pas quel est son message. Si j'étais à sa place, je chercherais à profiler un message et je m'empresserais de l'adopter. Et il faudrait que ce soit un message très positif, optimiste, mobilisateur. Sauf que pour l'instant, je ne vois pas beaucoup d'optimisme chez elle. »

Hillary Clinton ne réussissait pas à passer le seuil des 50 % des voix dans huit États clés qu'Obama avait remportés à deux reprises avec plus de la moitié des électeurs. Conway était d'accord avec Bannon : si la campagne de Trump arrivait à se centrer sur Hillary et contre elle, et pas sur Trump, ces fameux électeurs cachés se décideraient pour le candidat républicain. Mais si Trump restait au centre du débat, « la défaite [était] probable ».

Bannon n'avait pas modifié l'opinion qu'il s'était faite de Trump six ans auparavant lorsqu'il l'avait rencontré pour la première fois : « C'est Archie Bunker tout craché. […] Il me fait penser à Tiberius Gracchus » – ce tribun de la plèbe du IIᵉ siècle avant J.-C. qui prônait une réforme agraire au profit des pauvres et au détriment des riches propriétaires terriens du patriciat romain.

Bannon examina le calendrier : la semaine qui venait était censée être consacrée à l'éducation, la suivante à l'émancipation féminine, la troisième aux PME. Un agenda électoral à la George Bush père dans les années 1980, typique de l'establishment républicain bien-pensant. « On laisse tomber ces conneries. »

Bannon proposa un nouveau plan à Jared Kushner. Trump était à la traîne dans tous les États décisifs, avec plus de dix points d'écart. Il envisageait trois étapes : les premières six semaines, de la mi-août au 26 septembre, date du premier débat avec Hillary, il fallait « gagner entre cinq et sept points et construire une première tête de pont vers la victoire ».

Ensuite, il y avait trois semaines de débats. C'était une période de danger extrême. « Il n'est pas du tout préparé pour les débats. Elle va le massacrer parce qu'elle est bien meilleure » dès qu'il s'agit d'argumenter sur des points de programme. Pour Bannon, la solution, c'était la spontanéité. La force de Trump, c'était qu'il était imprévisible. « Il nous faut des petites phrases chocs. C'est le seul truc qu'on a […], des trucs qui lui permettent d'assurer et de se connecter à son public. » Cela ne l'empêchait pas d'être pessimiste. « C'est clair qu'on va se faire rétamer. […] On va perdre du terrain. »

Et puis il y avait les trois dernières semaines avant le scrutin, entre le dernier débat et le 8 novembre. Pour Bannon, le travail de collecte de fonds de Steve Mnuchin, ancien de Goldman Sachs et directeur financier de la campagne, était une vaste blague. Il allait falloir se tourner vers Trump lui-même. Il n'y avait pas de plafond de dépenses pour les candidats si c'était leur propre argent qui était en jeu.

D'après Bannon, au vu des chiffres, Trump pouvait gagner dans l'Ohio et dans l'Iowa. Il fallait aussi l'emporter en Floride et en Caroline du Nord, ce qui ouvrirait la voie à des victoires républicaines en Pennsylvanie, dans le Michigan, le Wisconsin et le Minnesota. On pouvait toujours rêver.

«C'est le crépuscule des dieux», la bataille finale, dit Bannon. Le départ de Manafort fut annoncé le 19 août.

Le 22 août, l'hebdomadaire *Time* publiait en couverture un portrait retouché qui montrait le visage de Trump en état de décomposition et titrait: «La déconfiture[1]».

1. On peut voir cette couverture en ligne à l'adresse suivante: www.time.com/magazine/us/4447970/august-22nd-2016-vol-188-no-7-u-s.

CHAPITRE 4 *

C'est pendant l'été 2015 qu'apparurent les premiers indices d'une « intrusion numérique » russe – selon la désignation utilisée par l'Agence de sécurité nationale, la NSA – dans le système électoral américain[1]. Des signes d'ingérence furent repérés sur les registres électoraux informatisés – qui contiennent les noms et les adresses des électeurs – des collectivités locales et des États, d'abord dans l'Illinois puis dans 21 autres États.

Tandis que la NSA et le FBI s'efforçaient de recueillir plus d'informations sur ces « cyber-intrusions », le directeur national du renseignement, James Clapper, s'inquiétait que la Russie puisse utiliser ces données pour modifier ou manipuler les scrutins. La Russie était-elle seule en cause ? Les Russes étaient toujours en train de manigancer quelque chose.

---

* L'information contenue dans ce chapitre repose essentiellement sur une série d'interviews approfondies avec des sources primaires.
1. Pam Fessler, « 10 Months After Election Day, Feds Tell States More About Russian Hacking », NPR, 22 septembre 2017.

Clapper s'assura que les premiers comptes rendus de cette affaire soient transmis à Obama dans le cadre du *President's Daily Brief* (PDB), le briefing présidentiel quotidien sur les thèmes de sécurité hautement prioritaires. Obama lisait chaque jour ces informations sur un iPad préprogrammé qu'il restituait ensuite. Des iPads du même type étaient également distribués par des fonctionnaires du renseignement au secrétaire d'État, au secrétaire à la Défense, au conseiller à la sécurité nationale et au directeur de la CIA. Dans leur cas, en revanche, les fonctionnaires chargés du PDB restaient dans la pièce pendant la lecture et récupéraient directement les iPads à la fin.

En juillet 2016, WikiLeaks et DC Leaks, un autre site connu pour la publication de documents officiels et militaires piratés, commencèrent à publier des mails récupérés sur un serveur du Comité national démocratique par deux groupes de hackers russes identifiés comme « Cozy Bear » et « Fancy Bear »[1].

Tout ce qu'on savait désormais sur cette ingérence russe suscitait de vives inquiétudes au sein du Conseil de sécurité national (NSC) d'Obama. Plus le temps passait, plus ces informations étaient précises et crédibles.

Le président Obama devrait-il avertir le pays de ce danger à la télévision ? S'il faisait le lien entre la campagne de Trump et la Russie, risquait-il de donner l'impression d'attaquer le candidat républicain ? Cela ne pouvait-il pas jouer contre les démocrates en suggérant que le président s'immisçait dans le processus électoral et essayait de faire pencher la balance en faveur de son camp ?

Mais ne rien dire posait aussi problème : vous êtes au courant de cette ingérence russe et vous ne faites rien, vous préférez

1. Eric Lipton, David E. Sanger et Scott Shane, « The Perfect Weapon : How Russian Cyberpower Invaded the U.S. », *The New York Times*, 13 décembre 2016 ; Ellen Nakashima, « Cybersecurity Firm Finds Evidence That Russian Military Unit Was Behind DNC Hack », *The Washington Post*, 22 décembre 2016.

maintenir les citoyens dans l'ignorance ? Au lendemain du scrutin, il risquait d'y avoir un retour de bâton contre Obama et son équipe de sécurité nationale.

Au cas très improbable, presque inconcevable, où Trump gagnerait et où ces informations seraient rendues publiques, on ne manquerait pas de leur demander ce que l'administration démocrate savait, depuis quand elle le savait et ce qu'elle avait fait pour y remédier.

Le directeur de la CIA, John O. Brennan, défendit farouchement le maintien du secret. Il souhaitait protéger les sources de ses agents. «Vous comprenez mon dilemme», expliquait-il en faisant allusion tout à la fois à sa responsabilité personnelle et à celle de la CIA en tant qu'institution. Son mantra avait toujours été : PROTÉGER LES SOURCES. Pourtant, il savait bien qu'il fallait faire quelque chose.

Brennan avait prévu de parler avec son homologue, Alexandre Bortnikov, le chef du FSB, le service de renseignements russe, au sujet de la Syrie et du harcèlement des diplomates américains. Il demanda à Obama s'il était autorisé à en profiter pour soulever la question de l'ingérence électorale.

Obama approuva cette forme discrète de traitement du problème.

Le 4 août, Brennan communiqua à Bortnikov ce qu'il savait : vous interférez dans notre processus électoral, nous sommes au courant de tous les détails.

Bortnikov nia sur toute la ligne.

Le lendemain, le 5 août, Mike Morell, ancien directeur adjoint de la CIA de 2010 à 2013 et directeur par intérim à deux reprises, publia dans le *New York Times* un éditorial titré : « J'ai dirigé la CIA. Aujourd'hui, je soutiens Hillary Clinton[1]. » Morell

1. Michael J. Morell, « I Ran the C.I.A. Now I'm Endorsing Hillary Clinton », *The New York Times*, 5 août 2016.

accusait Trump d'être « à son insu un agent de la Fédération de Russie ».

Clapper fut chargé d'informer la « bande des huit », à savoir les quatre leaders républicains et démocrates du Sénat et de la Chambre des représentants, ainsi que les quatre présidents et vice-présidents des commissions parlementaires traitant des questions de renseignement.

Le directeur national du renseignement fut stupéfait de constater à quel point ces parlementaires étaient polarisés idéologiquement. Les républicains reçurent avec hostilité les informations qu'il leur communiquait tandis que les démocrates les savouraient, le bombardant de questions sur les détails et les sources. Consterné, il en tira la conclusion que les problèmes de renseignement étaient eux aussi de plus en plus ravalés au statut de munitions au service de tel ou tel agenda partisan.

À l'automne, les rapports des services de renseignements montraient que Moscou – comme presque tout le monde – était convaincu qu'Hillary avait toutes les chances de l'emporter. Le président russe Vladimir Poutine changea de stratégie et consacra ses efforts à tenter d'affaiblir la future présidente.

Les plus désireux d'alerter le public sur l'ingérence russe étaient Clapper et Jeh Johnson, le secrétaire à la Sécurité intérieure. Le vendredi 7 octobre à 15 heures, ils publièrent une déclaration conjointe accusant officiellement la Russie d'essayer d'interférer dans les élections américaines, mais sans citer nommément Poutine.

« Nos services de renseignements sont convaincus que le récent détournement de courriers électroniques provenant de personnalités et d'institutions américaines est une action du gouvernement russe. Ce vol de correspondance et sa divulgation visent à interférer dans notre processus électoral. Seuls des fonctionnaires russes du plus haut niveau ont pu autoriser de telles initiatives[1]. »

Pour Clapper, Johnson et l'équipe de campagne d'Hillary, tout comme pour les journalistes qui avaient commencé à enquêter sur cette affaire, ce communiqué allait être la sensation du week-end.

Mais une heure plus tard, à 16 h 05, le *Washington Post* publia un article signé David Fahrenthold et intitulé : « Des propos extrêmement salaces de Trump sur les femmes enregistrés en 2005[2] ».

Le quotidien accompagnait son article d'un enregistrement audio de l'émission de NBC *Access Hollywood* dans lequel Trump se vantait assez crûment de ses prouesses sexuelles, déclarant pouvoir se permettre de peloter et d'embrasser n'importe quelle femme qui lui plaisait : « Quand vous êtes une star, vous pouvez tout faire, tout ce que vous voulez, même les attraper par la chatte. »

L'enregistrement d'*Access Hollywood* était un véritable tremblement de terre politique. L'ingérence russe disparut pratiquement de l'actualité.

« Je pensais que ça allait capter l'attention des médias pendant plusieurs jours, devait plus tard confesser Jeh Johnson. Que les journalistes poseraient un tas de questions et qu'on n'arrêterait pas d'en parler. » Mais la presse avait « complètement déserté le terrain pour des histoires de fric, de sexe et de main baladeuse[3] ».

Trump fit une brève déclaration au *Washington Post* : « C'était une simple blague de vestiaire, une conversation privée datant

---

1. « Joint Statement from the Department of Homeland Security and Office of the Director of National Intelligence on Election Security », département de la Sécurité intérieure [archives], 7 octobre 2016.
2. David A. Fahrenthold, « Trump Recorded Having Extremely Lewd Conversation About Women in 2005 », *The Washington Post*, 8 octobre 2016.
3. Équipe de *Yahoo News*, « 64 Hours in October : How One Weekend Blew Up the Rules of American Politics », *Yahoo News / Huffington Post*, 6 octobre 2017.

d'il y a longtemps déjà. J'ai entendu bien pire de la bouche de Bill Clinton quand nous jouions au golf ensemble – vraiment bien pire. Si quelqu'un s'est senti offensé, je m'en excuse[1]. »

Moins d'une demi-heure plus tard, à 16 h 30, WikiLeaks conclut la journée en mettant en ligne des milliers de messages piratés sur le compte personnel du directeur de campagne d'Hillary Clinton, John Podesta. On y trouvait des extraits des discours rémunérés prononcés par Hillary Clinton devant un auditoire de financiers de Wall Street – qu'elle s'était toujours refusée à rendre publics –, les échanges de Podesta avec l'équipe de campagne et la correspondance entre la campagne Clinton et la présidente du Comité national démocrate Donna Brazile concernant les thèmes à mettre en valeur lors des prochains débats et meetings.

Passé minuit – et après des heures de réactions outragées venant de tous les bords –, Trump diffusa une vidéo où il présentait ses excuses à propos de l'enregistrement d'*Access Hollywood* : « Je n'ai jamais dit que j'étais parfait [...] ces propos ne reflètent pas ma personnalité. Je les ai tenus, j'avais tort et je m'en excuse. [...] Je promets de m'amender et de ne plus jamais décevoir vos attentes. Soyons francs et faisons face à la réalité : cette histoire n'est qu'une diversion. [...] Bill Clinton a maltraité de nombreuses femmes et Hillary a intimidé, attaqué, humilié et harcelé les victimes de son mari. [...] Je vous donne rendez-vous dimanche prochain pour le débat[2]. »

Le lendemain matin, le samedi 8 octobre, l'état-major de campagne de Trump se réunit dans le penthouse de la Trump Tower.

1. David A. Fahrenthold, « Trump Recorded Having Extremely Lewd Conversation About Women in 2005 », art. cit.
2. « Transcript of Donald Trump's Videotaped Apology », *The New York Times*, 8 octobre 2016.

Priebus s'adressa à Bannon : « Les donateurs nous ont tous abandonnés. Tout le monde quitte le navire. Paul Ryan va nous lâcher cet après-midi. » Plus de financements, plus de soutien du porte-parole du groupe républicain à la Chambre : c'était plié. « C'est fini », dit Priebus.

Bannon réagit violemment : « Comment ça, c'est fini ? »

« Tout le monde nous retire son soutien. Je ne sais même pas si Pence va rester avec nous. » Le fidèle Mike Pence, coéquipier de Trump, avait des doutes.

« Vous vous foutez du monde, répondit Bannon. C'est juste un enregistrement. »

« Vous n'avez pas l'air de comprendre, dit Priebus. C'est fini. »

L'équipe se réunit dans l'appartement de Trump. Ce dernier était assis sur son grand fauteuil doré. « Bon, où en sont les chiffres ? demanda-t-il. Et puis faisons un tour de table parce que j'ai vraiment envie de savoir : qu'est-ce que vous me recommandez ? Qu'est-ce que vous suggérez ? »

Priebus prit la parole : « Vous avez deux options. Soit vous vous retirez tout de suite de la course, soit vous subissez la plus grande défaite électorale de l'histoire des États-Unis et vous êtes humiliés pour le reste de votre vie. Moi, je subis une pression infernale. J'ai sur le dos tous les dirigeants, tous les congressistes, tous les sénateurs, tous ceux à qui je tiens au sein du Comité national républicain – ils sont tous en train de péter les plombs. Et tous me disent que soit vous abandonnez la course, soit vous allez à une défaite massive, spectaculaire. Je n'ai rien de mieux à vous offrir. »

« Bon, commenta Trump, je suis content qu'on commence sur une note positive. »

« Faut arrêter avec vos conneries, lança Bannon à Priebus. Tout ça, c'est des conneries. »

« Si vous abandonnez maintenant, poursuivit Priebus, Pence est prêt à entrer dans la course, avec Condi Rice comme coéquipière. » Condoleezza Rice avait été conseillère à la sécurité nationale et secrétaire d'État sous George W. Bush.

Bannon haussa le ton : « Pas question. C'est ridicule. Complètement absurde. » Cela faisait moins de deux mois qu'il était directeur de campagne et son équipe, à coups de grands meetings, avait réduit de moitié l'écart entre les deux candidats. Trump était désormais une rock star.

Chris Christie, le gouverneur du New Jersey, était venu en survêtement et portait une casquette de base-ball.

« Le problème, ce n'est pas la campagne, dit-il d'un ton très convaincu. Ça, c'est plié. Le problème, c'est votre marque. Vous avez travaillé toute votre vie pour la consolider. Il faut penser à vos enfants – il pointa du doigt Don Jr., le fils de Trump, et Jared Kushner. Vous devez préserver la marque pour eux, sinon elle est finie. »

Rudy Giuliani intervint à son tour pour expliquer que Trump avait désormais moins de 50 % de chances de gagner. « En gros, vous avez 40 %. »

« Et si on appelait *60 minutes* ? » proposa Kellyanne. L'idée, c'était de faire une confession publique dans un programme d'actualité de grande écoute. « On ne peut pas faire ça dimanche parce que dimanche, on a le débat. [...] Ou alors on appelle ABC ou NBC et on la joue séance de contrition sur le canapé, les larmes aux yeux, avec Ivanka d'un côté et Melania de l'autre. »

Melania Trump était descendue et déambulait justement derrière le canapé où Conway proposait cette mise en scène. Elle avait l'air absolument excédée.

« Ne comptez pas sur moi, asséna-t-elle avec son accent slovène en faisant un signe négatif de la main. Pas question. C'est non, non, et non. »

Pour Bannon, c'est elle qui avait le plus d'influence sur Trump. Elle savait très bien distinguer dans l'entourage de son mari les vils flatteurs de ceux qui disaient la vérité. «En coulisses, c'est elle qui mène la barque.»

Trump interrogea Bannon : «Qu'en pensez-vous?»

«J'y crois à 100 %.»

«Ça veut dire quoi, 100 %?» demanda Trump.

«Ça veut dire à 100 %. J'ai la certitude métaphysique que vous allez gagner.» Il aimait bien proclamer ses certitudes à 100 %.

Trump haussa le ton : «Arrêtez vos conneries. J'en ai marre de cette histoire de 100 %. J'ai besoin de savoir ce que vous pensez vraiment!»

Priebus, lui, n'y croyait pas, et il était convaincu que personne dans la pièce n'y croyait. Il voyait bien que Trump se sentait en faute.

«Je répète : 100 %», insista Bannon. Trump avait eu raison de parler de «blague de vestiaire». Ses partisans ne le lâcheraient jamais. «Ce qui les préoccupe, c'est de sauver leur pays.» La comparaison avec Bill Clinton tombait à pic. «Ce qu'on va faire, c'est comparer des mots, les vôtres, avec des actes, les siens.» L'adversaire de Trump était tout autant Bill qu'Hillary, et aujourd'hui sans doute plus que jamais.

«Et comment on va y arriver?» demanda Trump.

«Jared et moi avons réservé la grande salle de bal de l'hôtel Hilton pour 20 heures ce soir. On va l'annoncer sur Facebook et faire venir un millier de supporters inconditionnels coiffés de casquettes de base-ball rouges. Et on va faire un putain de meeting où vous allez attaquer les médias. On double la mise et on les emmerde! D'accord?»

Trump avait l'air ravi.

Les autres étaient contre. Le débat fut très vif mais un compromis finit par émerger.

Conway appela ABC et demanda au présentateur David Muir de venir en hélicoptère. Giuliani et Christie allaient rédiger quelques mots d'introduction pour Trump et Muir serait autorisé à faire une interview de dix minutes.

Un vrai suicide politique, pensa Bannon. Pour le coup, cela signerait vraiment la mort de la campagne et Trump perdrait avec vingt points d'écart.

Il signala qu'il fallait informer le Hilton de leur décision parce qu'en cas de meeting, on devait payer comptant.

Priebus insista pour que Trump se retire. «Vous ne savez vraiment pas ce que vous faites. Vous allez droit dans le mur.»

D'éminents républicains commençaient à demander officiellement que Trump cède la place à Mike Pence, qui avait fait des meetings de campagne dans l'Ohio. Depuis qu'il avait appris la nouvelle de l'enregistrement d'*Access Hollywood*, il avait maintenu un silence total.

Juste avant 13 heures, Pence finit par publier un communiqué : «En tant que mari et père, j'ai été choqué par les propos et les actions décrites par Donald Trump dans la vidéo vieille de onze ans qui a été diffusée hier. Je n'approuve pas ses remarques et je ne peux pas les défendre. Je lui suis reconnaissant d'avoir exprimé des remords et de s'être excusé auprès du peuple américain. Nous prions pour sa famille et nous nous réjouissons de l'opportunité qui lui est offerte de parler du fond du cœur lorsqu'il s'adressera à la nation demain soir[1].»

D'après certaines rumeurs, Pence aurait transmis à Bannon une lettre scellée demandant à Trump d'abandonner la course.

Deux heures plus tard, Melania Trump publia elle aussi un communiqué : «Les mots utilisés par mon mari sont inacceptables et je les trouve personnellement choquants. Ils ne reflètent pas le caractère de l'homme que je connais. Il a le cœur et

---

1. Équipe de *Yahoo News*, «64 Hours in October : How One Weekend Blew Up the Rules of American Politics», art. cit.

l'esprit d'un leader. J'espère que les gens accepteront ses excuses, comme je l'ai fait moi-même, et qu'ils donneront la priorité aux questions fondamentales auxquelles notre pays et le monde sont confrontés[1]. »

À 15 h 40, Trump tweetait : « Les médias et l'establishment meurent d'envie que je me retire – JE N'ABANDONNERAI JAMAIS LA COURSE, JE NE LAISSERAI JAMAIS TOMBER MES PARTISANS ! #MAGA [*Make America Great Again*][2] »

Trump s'installa pour se préparer à l'interview d'ABC. Elle briserait probablement tous les records d'audience. Giuliani et Christie lui tendirent une feuille sur laquelle ils avaient rédigé leurs suggestions.

Trump en fit la lecture : « Mon langage était déplacé, inacceptable pour un président. » C'était un discours politicien, typique de Giuliani et Christie, pas de Trump. Ce dernier n'appréciait pas du tout.

« Pas question de dire un truc pareil. C'est vraiment des conneries. C'est faiblard. Ça reflète votre faiblesse. »

Bannon comprit que son moment était venu. Il lui suffisait de se taire.

« Donald, vous ne comprenez pas », dit Christie.

« Donald, Donald, Donald, renchérit Giuliani. Il faut absolument le faire. Pensez aux mères de famille de la classe moyenne. »

Le temps pressait.

Bannon se tourna vers Conway. « On fait comment pour annuler l'interview ? »

« Impossible, ils sont déjà là. » ABC et David Muir étaient dans la tour.

« On fait comment pour annuler ? » insista Bannon.

« C'est toute ma crédibilité qui est en jeu. On ne peut pas

---

1. *Ibid.*
2. *Ibid.*

annuler. C'est déjà en route et l'interview aura lieu », répondit Conway.

« Elle n'aura pas lieu, dit Bannon. Il ne va pas la faire. S'il récite une introduction, on ne peut pas lui laisser faire une interview en direct. Il va se faire massacrer. » Ce n'était pas le genre de Trump de s'excuser, et si après ça on lui posait des questions, il allait faire marche arrière et se contredire.

Ils essayèrent de reformuler l'introduction.

Trump lut de nouveau deux lignes.

« Pas question que je dise ça. »

Malgré l'épaisseur des vitres, ils entendaient les cris de la foule des partisans de Trump rassemblés devant la Trump Tower – une manifestation de « déplorables » qui avaient adopté le terme moqueur lancé à leur encontre par Hillary Clinton.

« Mes supporters ! déclara Trump. Je vais descendre les voir. Ne vous inquiétez pas pour le meeting. Je vais le faire ici. »

« Il n'en est pas question, intervint un agent des services secrets. Pas question de sortir. »

« Je descends », dit Trump. Il se dirigea vers la sortie. « C'est génial. »

Conway essaya de le dissuader. « On ne peut pas les planter », dit-elle en parlant d'ABC.

« Je m'en fous. Pas question de faire cette interview. C'était une idée débile. Je ne voulais pas le faire. »

Bannon s'apprêtait à suivre Trump dans l'ascenseur lorsque Christie l'interpella : « Hé, attends une minute. »

Bannon resta à l'étage pendant que Trump descendait au rez-de-chaussée accompagné de Conway, Don Jr. et plusieurs agents des services secrets.

« C'est toi le putain de problème, dit Christie à Bannon. Et c'est comme ça depuis le début. »

« Pardon ? »

« C'est toi qui lui montes la tête. Tu encourages ses pires instincts. Cette campagne est foutue, et ça sera de ta faute. Chaque fois qu'il y a ce genre de problèmes, il est à côté de la plaque, et tout ce que tu fais, c'est l'exciter encore plus. On va se faire complètement humilier. »

Christie faisait face à Bannon d'un air menaçant. Bannon avait presque envie de lui dire : Dis donc, gros lard, si tu veux la bagarre, je suis prêt.

Mais il se retint : « Monsieur le gouverneur, l'avion décolle demain. » Ils allaient à Saint-Louis pour le deuxième débat présidentiel. « Si vous montez dans cet avion, vous faites partie de l'équipe. »

Au pied de la tour, les types des services secrets avaient cédé : Trump pourrait sortir, mais seulement pour un bref moment. Une foule de partisans et de protestataires s'invectivaient mutuellement, il pouvait y avoir des armes.

À 16 h 30, Trump sortit de la tour. Il passa quelques minutes à échanger des *high fives* et à serrer les mains de ses partisans, accompagné par un petit groupe d'agents des services secrets et de policiers.

Vous restez dans la course ? demanda un journaliste.

« À 100 % », répondit Trump[1].

Aucun membre de l'équipe de campagne de Trump n'accepta de passer dans les *talk-shows* du dimanche matin, à l'exception de Rudy Giuliani. Priebus, Christie, et même l'ultrafiable et très solide Kellyanne Conway, qui ne disait jamais non, annulèrent toutes les interviews prévues[2].

---

1. *Ibid.*
2. Brent Griffiths, « Trump Campaign Manager Reemerges to Show Support for GOP Nominee », *Politico*, 9 octobre 2016 ; transcription *State of the Union*, CNN, 10 septembre 2016.

En revanche, Giuliani visita cinq plateaux dans la même matinée – ce qu'on appelle en jargon politique américain un « Ginsburg complet », en hommage à William H. Ginsburg, l'avocat de Monica Lewinsky qui avait accompli le même exploit le dimanche 1er février 1998.

Giuliani servit à peu près le même baratin dans chacun des *talk-shows* : les propos de Trump étaient « répréhensibles, terribles et de très mauvais goût », et il s'était excusé[1]. Aujourd'hui, Trump n'était plus le même individu que celui qu'on entendait sur cet enregistrement datant de 2005. Le caractère « transformationnel » de la campagne présidentielle avait fait de lui un autre homme[2]. Et par ailleurs, les discours d'Hillary Clinton devant les cadres de Goldman Sachs – diffusés par WikiLeaks grâce au piratage du courrier électronique de John Podesta – révélaient une connivence avec Wall Street qui démentait ses positions publiques censément progressistes. L'opinion jugerait sans doute cette contradiction avec beaucoup plus de sévérité.

Bannon n'avait pas l'habitude de regarder les *talk-shows* du dimanche mais cette fois, il les suivit tous. La matinée était rude. Lorsque Jake Tapper, de CNN, caractérisa les propos de Trump comme exprimant une forme d'agression sexuelle « vraiment choquante sur le plan humain », Giuliani dut reconnaître que c'était bien le cas[3].

L'ancien maire de New York était épuisé, presque exsangue, mais il avait prouvé son dévouement et son amitié envers Trump. Il avait tout essayé, y compris en insistant lourdement et à plusieurs reprises sur sa foi catholique : « Vous confessez vos péchés et vous prenez la ferme résolution de ne pas récidiver. Alors le prêtre vous donne l'absolution et, avec un peu de

1. Transcription du programme *Meet the Press*, NBC, 9 octobre 2016.
2. Transcription du programme *Fox News Sunday*, Fox News, 9 octobre 2016.
3. Transcription du programme *State of the Union*, CNN, 9 octobre 2016.

chance, vous vous transformez en quelqu'un d'autre. Parce qu'aux États-Unis, nous sommes convaincus que les gens sont capables de changer[1]. »

L'air passablement sonné, Giuliani réussit quand même à prendre l'avion pour Saint-Louis pour assister au débat suivant. Il s'assit à côté de Trump, qui portait ses lunettes de lecture et se tourna vers lui.

« Rudy, t'es vraiment un bébé !, s'écria Trump. Je n'ai jamais vu quelqu'un me défendre aussi mal. Ils t'ont changé ta couche en direct, t'es juste un petit chiard qui avait besoin d'être changé. C'est quand que tu vas devenir adulte ? »

Trump s'adressa aux autres membres de l'équipe, en particulier à Bannon.

« Pourquoi vous l'avez laissé passer à la télé ? Il est incapable de me défendre. J'ai besoin de quelqu'un capable de me défendre. Où sont mes défenseurs ? »

Bannon essaya de défendre Giulani : « N'exagérez pas, il est le seul à être monté en ligne. »

« Je ne veux pas le savoir, répondit Trump. C'était une erreur. Il n'aurait pas dû passer à l'antenne. C'est un faible. T'es un faible, Rudy. T'as rien dans le ventre. »

Giuliani le regarda d'un air absent.

L'heure du départ était déjà passée. Pas de nouvelles de Chris Christie. « Qu'il aille se faire foutre », dit Bannon. L'avion décolla.

1. Transcription du programme *This Week*, ABC, 9 octobre 2016.

CHAPITRE 5*

À deux reprises, sur CNN et NBC, Giuliani avait affirmé qu'il ne pensait pas que Trump s'en prendrait à Bill Clinton ou à la vie privée d'Hillary au cours du débat[1]. Mais Bannon avait préparé un événement surprise grâce auquel il pensait pouvoir asséner un coup mortel aux Clinton.

Il avait invité à assister au débat quatre des femmes qui prétendaient avoir été agressées sexuellement par Bill Clinton ou discréditées par Hillary. Il s'agissait de Paula Jones, qui accusait Clinton de s'être dénudé devant elle et de lui avoir fait des avances obscènes, et à qui ce dernier avait fini par verser 850 000 dollars pour éviter un procès pour harcèlement ; de Juanita Broaddrick, qui accusait Clinton de viol ; de Kathleen Willey, qui l'accusait d'agression sexuelle à la Maison Blanche ;

---

* L'information contenue dans ce chapitre repose essentiellement sur une série d'interviews approfondies avec des sources primaires.

1. Transcription du programme *State of the Union*, CNN, 9 octobre 2016 ; transcription du programme *Meet the Press*, NBC, 9 octobre 2016.

et de Kathy Shelton, qui dénonçait Hillary, alors avocate de son violeur, pour l'avoir traînée dans la boue alors qu'elle n'avait que 12 ans.

C'était une sorte de *best of* du passé de chaud lapin de Clinton, lorsqu'il était gouverneur de l'Arkansas puis locataire de la Maison Blanche.

Juste avant le débat, expliqua Bannon à Trump, on organiserait une conférence de presse avec les quatre victimes des Clinton.

« Ces connards de journalistes croiront qu'ils sont convoqués pour une dernière mise au point d'avant débat et au moment d'entrer dans la salle, boum, ils se retrouveront face à ces quatre femmes, tout ça en direct ! »

C'était la stratégie favorite de Bannon : la politique de la terre brûlée.

Tout au long de la journée, Trump avait tweeté des liens renvoyant aux articles de *Breitbart News* sur les accusatrices des Clinton.

Le candidat se pavanait et jubilait : « J'adore ça, vraiment j'adore ! »

Un peu avant 19 h 30, les journalistes pénétrèrent dans la salle de conférences de l'hôtel Four Seasons de Saint-Louis. Trump et les quatre femmes les y attendaient. Bannon et Kushner étaient au fond de la salle, goguenards[1].

À 19 h 26, Trump tweeta : « Rejoignez-moi sur #FacebookLive pour les derniers préparatifs du #débat[2]. » CNN se brancha en direct sur l'événement.

Les quatre accusatrices des Clinton ne firent pas de quartiers.

---

1. Équipe de *Yahoo News*, « 64 Hours in October : How One Weekend Blew Up the Rules of American Politics », *Yahoo News / Huffington Post*, 6 octobre 2017.
2. *Ibid.*

« Il y a les mots et puis les actes, asséna Juanita Broaddrick. M. Trump a peut-être été grossier, mais Bill Clinton m'a violée et Hillary Clinton m'a menacée. »

Les organisateurs du débat empêchèrent les quatre femmes de s'asseoir dans la loge familiale VIP qui faisait face au plateau, comme Bannon l'avait prévu. Elles firent donc leur entrée au dernier moment et s'installèrent au premier rang du public.

Dès les premières minutes du débat, Anderson Cooper, présentateur vedette de CNN et co-animateur du débat, évoqua l'enregistrement d'*Access Hollywood* : « C'est d'agression sexuelle qu'il s'agit. Est-ce que vous réalisez que vous vous vantez d'avoir agressé sexuellement des femmes[1] ? »

Trump avait une réponse toute prête : « Dans un monde où l'État islamique coupe des têtes [...] un monde de guerres et d'événements atroces, de toutes ces choses horribles qui se passent un peu partout [...] oui, je n'en suis pas fier, je n'aime pas du tout ça, mais c'était une blague de vestiaire, un truc en l'air. Et moi, je vais pulvériser Daech. »

Un peu plus tard, il déclara : « Prenez Bill Clinton, son cas est bien pire que le mien. Moi j'ai juste prononcé des mots, lui, c'étaient des actes. [...] Dans l'histoire politique de ce pays, personne n'a jamais traité les femmes aussi mal. »

Après quoi, Trump annonça que Kathy Shelton et Paula Jones étaient dans la salle et ajouta : « Quand Hillary [...] cite des propos que j'ai tenus il y a onze ans, c'est vraiment pathétique, elle devrait avoir honte. »

La journaliste d'ABC Martha Raddatz, l'autre modératrice du débat, dut alors exiger du public qu'il arrête d'applaudir Trump pour laisser parler Hillary Clinton.

---

1. Débat présidentiel à la Washington University, Saint-Louis, Missouri, transcription, Commission sur les débats présidentiels, 9 octobre 2016.

Bossie était désormais adjoint de Bannon. Il participait au suivi de la campagne au jour le jour et était impliqué dans des centaines de décisions quotidiennes. Il comprit assez rapidement qui menait vraiment la barque. S'il participait à une réunion avec Bannon, Conway et Kushner pour décider de la diffusion des trois prochains spots télévisés, par exemple, il avait beau transmettre la décision au responsable de la publicité numérique, rien ne se passait.

« C'est quoi ce bordel ? Je suis venu vous voir et je vous ai dit ce qu'il fallait faire. Ça a été décidé en réunion. »

« Ah mais non, lui répondait-on. Jared est passé nous voir après vous et nous a donné un contre-ordre. »

L'explication était simple : si Kushner n'était pas d'accord à 100 %, les choses ne se faisaient pas. Désormais, à la fin des réunions, Bossie consultait Jared pour sonder ses intentions. Sans occuper aucune fonction officielle, c'était en réalité Kushner qui dirigeait la campagne, en particulier dès qu'il était question d'argent. Il savait que son beau-père surveillait de très près les dépenses et Jared devait tout contresigner.

Kushner n'était pas d'accord avec l'idée que Trump investisse 50 millions de dollars de sa propre poche dans la campagne présidentielle. Il l'avait signifié à Bannon au mois d'août : « Il ne signera jamais un chèque de 50 millions de dollars. »

« On va être au coude à coude, mon vieux », rétorqua Bannon. Les sondages donnaient les deux candidats pratiquement à égalité. « Il va falloir qu'on fasse un gros effort à la télé. » Il fallait aussi alimenter la campagne sur le terrain. « On va avoir besoin d'au moins 50 millions de dollars. Il va devoir le faire, ce chèque. »

La législation électorale autorisait les candidats à financer leur campagne sans aucun plafond de dépenses s'ils utilisaient leurs fonds propres.

« Il ne le fera jamais », insista Kushner.

« Il est candidat à la présidence des États-Unis ! »

« La seule possibilité, c'est que vous arriviez à lui démontrer que sa victoire est absolument garantie. Et quand je dis garantie, ça veut dire avec trois à cinq points d'avance. Sinon, il ne lâchera jamais une somme pareille. »

Bannon reconnut que Kushner avait raison sur ce point.

« On peut peut-être lui soutirer 25 millions de dollars, dit Kushner. Mais il n'a pas beaucoup de liquidités disponibles. »

Au lendemain du dernier débat présidentiel, qui eut lieu à Las Vegas le 19 octobre, Trump rentra à New York. C'était le sprint final, on n'était plus qu'à trois semaines du scrutin.

Bannon, Kushner et Mnuchin, un ancien cadre dirigeant de Goldman Sachs, présentèrent à Trump une proposition lui demandant de faire don de 25 millions de dollars à la campagne.

« Merde alors, il n'en est pas question, réagit Trump. Je débourserai pas un centime. » Où étaient les fameux gros donateurs républicains ? « Il est où le fric ? Ces types sont censés être pleins aux as, et c'est toi, Jared, qui est censé récupérer la thune. Moi, je débourse pas un centime. »

Le lendemain, pendant le retour en avion, ils firent une nouvelle proposition à Trump : 10 millions de dollars. Il ne s'agirait même pas d'un prêt mais d'une avance sur le cash des petits donateurs, les « hobbits », comme les appelait ironiquement Bannon. Et la date limite, toujours selon Bannon, c'était le jour même.

L'argent des petits donateurs « va continuer à rentrer quelles que soient nos chances, expliqua Bannon. Mais je suis certain qu'on va gagner ».

« Comment ça, certain ?, demanda Trump. On a trois points d'écart. »

Il était clair que Trump n'y croyait guère, se dit Bannon.

Au bout de deux jours de pression, Trump finit par céder : « Bon, OK, foutez-moi la paix. Je vais vous les filer, vos 10 millions de dollars. »

Steve Mnuchin demanda à Trump de contresigner deux documents. Le premier listait les termes et les conditions du remboursement progressif de Trump au fur et à mesure des rentrées de donations.

Trump interrogea Mnuchin sur la nature du deuxième document.

« Ce sont les modalités de virement. » Mnuchin savait que chaque décision de Trump était provisoire et qu'il pouvait changer d'avis. Avec lui, tout pouvait toujours être remis en question.

« C'est quoi ce bordel ? » demanda Trump. L'ordre de virement devait être visé par un responsable financier de la Trump Organization.

Pas question, dit Mnuchin, ça ne pouvait pas attendre.

Trump signa les deux documents.

Les questions d'argent avaient le don de mettre Trump dans tous ses états. Lorsqu'il apprit que Christie, qui était censé diriger son équipe de transition en cas de victoire, était en train de recueillir des fonds à cette fin, il le convoqua aussitôt à la Trump Tower, accompagné de Bannon.

« Il est où le fric, putain ? J'ai besoin de fric pour ma campagne, j'y vais de ma propre poche et vous, vous me rançonnez. » D'après lui, c'était son argent.

Christie se défendit. Il avait besoin de pouvoir financer l'équipe de transition en cas de victoire de Trump.

Mais Trump rétorqua que Mitt Romney, le candidat républicain de 2012, avait consacré beaucoup trop de temps aux réunions de son équipe de transition et négligé la campagne électorale. Il tança Christie : « C'est pour ça qu'il a perdu. Vous me portez la poisse avec ça. J'ai pas besoin d'une équipe de transition, on arrête ça tout de suite. L'équipe de transition, c'est juste un truc honorifique, je vous le dis depuis le début. Vous voulez vraiment me porter la poisse. La transition, j'en ai rien à cirer. »

« Ouh la, ouh la ! » intervint Bannon. Pour lui, la formation d'une équipe de transition pouvait être utile.

« C'est un truc qui porte la poisse, dit Trump. Je veux pas d'équipe de transition. »

« Bon, dit Bannon. Mettons qu'on supprime l'équipe de transition. Qu'est-ce que vous croyez qu'ils vont dire dans un *talk-show* comme *Morning Joe*, par exemple ? "Ah, on voit que Trump a confiance en sa victoire"… »

Finalement, Trump accepta à contrecœur une version très réduite de l'équipe de transition. Mais Christie devait cesser de collecter des fonds.

« Qu'il fasse son équipe de transition si ça lui chante, dit Trump, mais moi je veux rien avoir à faire avec cette histoire. »

Deux semaines avant les élections, le 25 octobre 2016, j'étais à Fort Worth, au Texas, où je prononçais une conférence devant près de quatre cents cadres supérieurs de KEY2ACT, une entreprise de logiciels de gestion de chantiers et d'équipements. Mon sujet : « Le moment présidentiel : que nous réserve 2016 ? » Presque tous les membres de l'auditoire étaient blancs et ils venaient des quatre coins du pays.

Je leur proposai un vote à main levée. Combien d'électeurs potentiels d'Hillary ? Une dizaine de mains se levèrent. Combien pour Trump ? La moitié de l'auditoire leva la main, deux cents personnes environ. J'étais bluffé : ça faisait vraiment beaucoup d'électeurs de Trump.

À la fin de la conférence, le PDG de l'entreprise vint me voir. « J'ai vraiment besoin de m'asseoir un moment », dit-il en s'installant sur une chaise tandis que je restais debout. Il soupira : « Je suis sidéré. Ça fait plus d'un an que je travaille au quotidien avec ces gens. Je les connais, je connais leur famille. Vous m'auriez dit qu'ils étaient deux cents à vouloir voter pour Trump contre dix pour Clinton, je vous aurais garanti que c'était impossible. »

Moitié-moitié, ça lui aurait paru normal, mais deux cents pour Trump, il n'en revenait pas. Il ne savait vraiment pas comment l'expliquer, et moi non plus.

Dix jours avant les élections, Trump prit son avion pour la Caroline du Nord, un des États clés pour s'assurer la victoire. Il avait perdu plusieurs points dans la plupart des enquêtes au niveau national – six points dans le sondage NBC / *Wall Street Journal.*

Bannon s'entretint avec Mark Meadows, représentant du 11ᵉ district au Congrès. Meadows était un des congressistes préférés du Tea Party et le président du puissant Freedom Caucus, un groupe d'une trentaine de républicains ultraconservateurs et libertariens. Il soutenait Trump avec enthousiasme. Pendant l'été, il avait scandé avec le public le slogan anti-Clinton préféré des meetings de Trump, « Foutez-la en taule ! ».

De tous les États décisifs, Bannon confia à Meadows que c'était la Caroline du Nord qui l'inquiétait le plus. La campagne semblait y patiner.

Meadows n'était pas d'accord. « Les évangéliques sont mobilisés. Ils font du porte-à-porte. Je vous assure, vous n'avez pas besoin de revenir ici. On gère. » Après que l'enregistrement d'*Access Hollywood* fut rendu public, l'épouse de Meadows et d'autres activistes conservatrices avaient affrété un bus et sillonné tout l'État pour convaincre les électrices de voter Trump. Les choses étaient sous contrôle et allaient dans le bon sens, affirma Meadows.

Meadows conspirait contre le porte-parole de la Chambre, Paul Ryan. Il donna à Bannon un dossier : « Lisez-le. Vingt-quatre heures après la victoire de Trump, on lance une offensive contre Ryan et on le vire. La Chambre des représentants est à nous, et on commence une vraie révolution. »

Bannon nourrissait toujours quelques inquiétudes même s'il percevait des avantages à la stratégie Trump-Pence. Pence était bien utilisé, on concentrait ses interventions sur une demi-douzaine d'États, avec au moins vingt-trois événements de campagne en Pennsylvanie, vingt-cinq dans l'Ohio, vingt-deux en Caroline du Nord, quinze dans l'Iowa, treize en Floride, huit dans le Michigan et sept dans le Wisconsin [1]. L'idée, c'était qu'il fasse campagne comme s'il était candidat au poste de gouverneur, en se concentrant sur les questions locales et sur ce que Trump pouvait faire pour chacun de ces État une fois installé à la Maison Blanche. «Et de temps en temps, on l'envoie faire un tour chez les fans de Jésus», disait Bannon par allusion aux États religieux conservateurs de la *Bible Belt*.

Quant à Trump, il menait une campagne d'allure municipale dans 41 gros centres démographiques.

Bannon était surpris que la campagne d'Hillary Clinton ne fasse pas un usage plus stratégique de la figure du président Obama. En 2008 et 2012, Obama avait remporté l'Iowa avec six à dix points d'avance. «Il n'y met même pas les pieds.» Clinton n'avait pas visité une seule fois le Wisconsin. Elle ne parlait pas assez de l'économie.

«Quand j'ai vu qu'elle allait faire campagne en Arizona, je me suis dit qu'ils étaient complètement à côté de leurs pompes, dit Bannon. C'est quoi, leur stratégie?»

Les historiens se pencheront demain sur cette question et sur d'autres énigmes de la campagne de 2016. Moi-même, j'avais dans l'idée d'écrire un livre sur la première année ou les deux premières années du mandat du prochain président. Au départ, j'imaginais plutôt que ce serait Hillary Clinton mais la conférence de Fort Worth m'avait fait réfléchir.

Deux jours avant le scrutin, le 6 novembre, j'étais l'invité de

1. Les événements de campagne de Pence ont été enregistrés par le groupe non partisan P2016: *Race for the White House*, www.p2016.org/trump/pencecal1116.html.

Chris Wallace sur le plateau de *Fox News Sunday*. On y discutait de la possibilité que Trump puisse gagner.

Si l'on en croit la transcription, voilà les propos que j'y ai tenus : « Si Trump gagne, il faudra essayer de comprendre comment ça a été possible. Qu'est-ce qu'on n'a pas vu venir ? Ce que je retiens de mes voyages et de mes échanges à travers le pays, du Texas à New York en passant par la Floride, c'est que les gens n'ont pas confiance dans les sondages. Et pour eux, le vote, c'est quelque chose de beaucoup plus personnel. L'idée qu'ils doivent voter comme ci ou comme ça parce qu'ils font partie de tel ou tel groupe démographique, ça ne leur plaît pas du tout. Ils veulent décider par eux-mêmes[1]. »

Cela voulait-il dire que les gens mentaient aux enquêteurs ?, me demanda Wallace.

« C'est tout à fait possible. » Mais je n'avais aucun indice en la matière, ni aucune information d'initié. J'étais loin de bien comprendre ce qui se passait.

La veille du scrutin, Trump visita cinq États, y compris la Caroline du Nord. Il était épuisé.

« Si nous ne gagnons pas, déclara-t-il lors d'un meeting à Raleigh, je considérerai tout ça comme un énorme gaspillage […] de temps, d'énergie et d'argent. […] Si nous ne gagnons pas, je parle de nous tous, franchement nous aurons tous perdu notre temps[2]. »

Ce n'était probablement pas le meilleur slogan pour mobiliser les foules mais ça plaisait apparemment aux participants du meeting qui se sentaient motivés par de tels propos.

1. Transcription du programme *Fox News Sunday*, Fox News, 6 novembre 2016.
2. Donald J. Trump, « Remarks at J. S. Dorton Arena in Raleigh, North Carolina », 7 novembre 2016. Accessible en ligne *in* Gerhard Peters et John T. Woolley, *The American Presidency Project*. www.presidency.ucsb.edu/ws/?pid=122536.

L'un des derniers meetings d'Hillary Clinton eut lieu dans l'Independence Hall de Philadelphie, où des dizaines de milliers de personnes affluèrent le 7 novembre. Obama était présent. D'après ce que raconte Clinton dans son livre[1], il l'aurait serrée dans ses bras en lui soufflant à l'oreille : « Vous allez gagner. Je suis vraiment fier de vous. »

Le jour du scrutin, vers 17 heures, Trump consulta les derniers sondages de sortie des urnes. Ce n'était pas brillant. *Ex aequo* dans l'Ohio et l'Iowa, neuf points d'écart en faveur d'Hillary en Pennsylvanie, sept en Caroline du Nord.

« On a fait tout ce qu'on a pu, dit Trump à Bannon. On s'est donné à fond sur le terrain. »

Le soir de l'élection, le site Web du *New York Times* arborait un cadran de prévisions avec une aiguille qui se déplaçait en fonction de l'évolution des chances des deux candidats. L'image était frappante : au début, l'aiguille attribuait 85 % de probabilité de victoire à Hillary mais peu à peu, elle se mit à osciller en faveur de Trump. La Caroline du Nord était un bon signe pour Trump, avec une faible participation des Africains-Américains et des Hispaniques. À 23 h 11, il sut qu'il l'avait remporté dans cet État[2], tandis que sa victoire dans l'Ohio était annoncée à 22 h 36, celle en Floride à 22 h 50 et celle dans l'Iowa à 00 h 02[3].

Obama envoya un message à Hillary Clinton lui expliquant qu'un résultat incertain et contesté, comme cela avait été le cas entre George Bush et Al Gore en 2000, aurait sans doute des effets délétères pour le pays. Si les urnes ne lui étaient pas favorables, elle devait reconnaître sa défaite rapidement et avec élégance.

1. Hillary Clinton, *What Happened*, Simon & Schuster, New York, 2017, p. 378.
2. Lauren Easton, « Calling the Presidential Race State by State », AP, https://blog.ap.org/behind-the-news/calling-the-presidential-race-state-by-state.
3. *Ibid.*

À 2 h 29, l'agence Associated Press annonça que Trump avait remporté le Wisconsin et le déclara vainqueur [1]. Clinton appela Trump pour le féliciter de sa victoire peu de temps après.

Trump se rendit devant le New York Hilton de Manhattan, à quelques blocs de la Trump Tower, pour s'adresser à la foule.

Son discours avait l'air de sortir tout droit du manuel de bonnes manières du politicien consensuel : « Il est désormais temps pour l'Amérique de panser les blessures de la division. Je promets à tous les citoyens de notre pays que je serai le président de tous les Américains. »

« Comme je l'ai annoncé dès le début, notre campagne n'était pas une simple campagne politique mais plutôt un vaste mouvement, un mouvement incroyable [...] rassemblant des Américains de toutes les races, de toutes les religions, de toutes les origines et croyances. »

« Nous devons nous saisir du destin de notre pays et ne pas avoir peur de rêver en grand, de faire des rêves intrépides et audacieux. »

« Nous aspirons au consensus, pas à l'hostilité, au partenariat, pas au conflit. » [2]

Il remercia sa famille, Kellyanne Conway, Steve Bannon, le sénateur républicain de l'Alabama Jeff Sessions (« un grand homme ») qui avait été un des premiers à le soutenir, et le général Michael Flynn, un officier à la retraite qui avait servi de conseiller à la sécurité nationale de la campagne. Flynn avait noué une relation extrêmement étroite avec Trump.

Le président à peine élu mentionna aussi Reince Priebus. « Reince est une superstar. Mais comme je lui disais, "On ne

1. *Ibid.*
2. Donald J. Trump, « Remarks in New York City Accepting Election as the 45th President of the United States », 9 novembre 2016. Accessible en ligne *in* Gerhard Peters et John T. Woolley, *The American Presidency Project*. www.presidency.ucsb.edu/ws/?pid=119495.

peut pas dire que vous êtes une superstar tant que vous ne gagnez pas". Allez, Reince, montrez-vous. » Il repéra Priebus dans l'assistance et l'invita à le rejoindre.

Priebus fendit la foule et se hissa maladroitement sur le podium.

« Allez, un discours, lui dit Trump. Non, sérieusement, dites quelque chose. » « Mesdames et messieurs, déclara Priebus, je vous présente le prochain président des États-Unis, Donald Trump. »

« Un type incroyable », commenta Trump. Et comme s'il comprenait vraiment tout ce que le Comité national républicain avait fait pour lui – l'argent, le personnel, les bénévoles, le quadrillage du terrain –, il ajouta : « Notre partenariat avec le RNC a été essentiel dans notre réussite. »

Sa conclusion fut brève : « Je viens de vivre deux années absolument incroyables. J'aime mon pays[1]. »

Bannon était convaincu que Trump lui-même n'en revenait pas : « Il n'avait pas la moindre idée qu'il allait gagner, devait-il expliquer ultérieurement. Et il n'était pas du tout préparé. Pour lui, il n'était pas question de perdre, mais ça ne veut pas dire qu'il réalisait qu'il pouvait gagner. Il y a une différence entre les deux. Et n'oubliez pas : aucune préparation, pas d'équipe de transition. »

Vladimir Poutine l'appela de Moscou pour le féliciter, de même que le président chinois Xi Jinping et de nombreux autres chefs d'État. « C'est alors qu'il s'est vraiment rendu compte de l'énormité de la chose, se souvint Bannon. Et il n'y est absolument pas préparé. Hillary Clinton a passé toute sa vie à se préparer en vue d'un moment pareil. Trump n'y a pas consacré une seconde. »

Après quelques heures de sommeil, Bannon se mit à feuilleter les documents concernant l'équipe de transition. Bons pour la

1. *Ibid.*

poubelle, pensa-t-il. On avait nommé secrétaire à la Défense un gros donateur du New Hampshire. À peine croyable. Il y avait désormais 4 000 postes à pourvoir, et il se rendait bien compte qu'il allait falloir, au moins provisoirement, faire un compromis avec l'establishment républicain. Ou du moins savoir l'exploiter pour tirer profit de l'expertise d'un certain nombre de gens.

« J'ai besoin de voir d'urgence le directeur exécutif de ce machin », ordonna Bannon. S'il existait la moindre trace d'une véritable équipe de transition, il lui fallait entrer en contact avec ses responsables. « Dites-lui de se présenter dans mon bureau immédiatement. » Il ne se souvenait pas de son nom.

Bannon appela le bureau du directeur exécutif. Il est disponible tout de suite ?, demanda-t-il.

« Ça va être difficile. »

Pourquoi ?

« Il est aux Bahamas. »

« C'est vraiment le club des bras cassés, ici, réagit Bannon. Vous voulez m'expliquer comment on va faire pour former un putain de gouvernement ? Le changement de la garde a lieu dans dix semaines à midi pile. Il faut qu'on soit opérationnels. »

Priebus et Bannon allaient devoir partager le travail de gestion du cabinet. Ils se mirent d'accord sur un arrangement inédit. Bannon serait nommé « stratège en chef » (*chief strategist*), un poste et un concept jusque-là inexistants, tandis que Priebus serait chef de cabinet de la Maison Blanche. Le communiqué de presse mentionnait Bannon en premier, ce que Priebus accepta afin d'empêcher que son rival soit nommé chef de cabinet, une fonction qui occupait traditionnellement le sommet de l'organigramme[1].

---

1. Donald J. Trump, « Press release – President-Elect Donald J. Trump Announces Senior White House Leadership Team », 13 novembre 2016. Accessible en ligne *in* Gerhard Peters et John T. Woolley, *The American Presidency Project*. www.presidency.ucsb.edu/ws/index.php?pid=119641.

CHAPITRE 6 *

Une semaine après l'élection, Trump invita Jack Keane à la Trump Tower. Keane était un général quatre étoiles à la retraite auquel le nouvel élu proposait de confier le poste de secrétaire à la Défense.

« Vous êtes mon choix numéro un », lui dit Trump.

Keane avait 73 ans et était un habitué des plateaux de Fox News. Il avait été conseiller de l'ancien vice-président Dick Cheney. Il refusa. Il ne pouvait pas accepter à cause des dettes qu'il avait contractées en s'occupant de la santé de son épouse récemment décédée. Il conversa avec Trump pendant une heure, lui faisant faire un véritable tour du monde et lui donnant quelques conseils.

Monsieur le président, lui expliqua-t-il, ce qui intéresse le Congrès, l'opinion publique et les membres de votre cabinet, c'est avant tout la politique intérieure. « En matière de sécurité nationale et de politique étrangère, vous avez le champ libre.

---

* L'information contenue dans ce chapitre repose essentiellement sur une série d'interviews approfondies avec des sources primaires.

Et de toute façon, les problèmes du monde entier trouveront le moyen de frapper à la porte du 1 600 Pennsylvania Avenue, que ça vous plaise ou non. »

« En politique intérieure, on peut toujours corriger les erreurs. On peut reprendre les choses à zéro. » Mais dans le domaine de la sécurité nationale, « il n'y a pas de "nouveau départ". Quand on fait des erreurs, ça a des conséquences énormes. »

À son avis, le président Obama n'avait pas été assez audacieux face à un monde devenu très dangereux.

« Nos actions ou notre inaction sont capables de déstabiliser des régions entières du globe et de provoquer d'énormes problèmes », l'avertit Keane.

Trump lui demanda qui il recommanderait pour le poste de secrétaire à la Défense.

D'après Keane, le candidat idéal était Jim Mattis, un général quatre étoiles retraité qu'Obama avait limogé en 2013 de son poste de commandement au Moyen-Orient. L'ancien président était convaincu que ce vétéran du Corps des Marines était un faucon qui ne songeait qu'à affronter l'Iran sur le champ de bataille.

« C'est un sacré bonhomme, ce Mattis, pas vrai ? » dit Trump. Il avait entendu parler du général, connu sous les sobriquets de « Chien fou » et de « Monsieur Chaos ».

« Oui, Monsieur le président. C'est un sacré bonhomme. » Et Mattis avait d'autres qualités : « Il est très à jour sur tout. Donc, si nous sommes confrontés à des problèmes majeurs, vous avez là un type capable de se retrousser les manches dès le premier jour et de s'attaquer aux problèmes. Ça, c'est sa première qualité. »

« La deuxième, c'est qu'il a beaucoup d'expérience, en particulier dans la région la plus instable du monde, le Moyen-Orient. Et il a une grande expérience du combat » en Afghanistan et en Irak. « Il est très apprécié dans les rangs de l'armée, mais aussi à l'extérieur. »

« Et ce qui est moins évident, c'est que c'est un homme très réfléchi, dit Keane. Et qui sait ce qu'il veut. »

« C'est-à-dire ? » demanda Trump.

« Il analyse tout avec soin. Il passe beaucoup de temps à analyser les problèmes. » Mattis était célibataire et lisait beaucoup de livres. Sa bibliothèque comptait 7 000 ouvrages. Il était aussi surnommé « le moine guerrier », et avec plus de quarante ans de service, son dévouement à l'armée était total. Son tempérament était déterminé mais calme. « J'ai beaucoup de respect pour lui, dit Keane. Il se distingue par son courage et son intégrité. »

Une fois dans sa voiture, Keane appela Mattis. Il lui expliqua que Trump l'avait convoqué et qu'il avait dit non à sa proposition. Mattis voulait des assurances.

« Tu ne veux pas accepter ce poste, Jack ? »

« Non, je ne peux pas, dit Keane. Mais toi, Jim, tu peux le faire, pas vrai ? »

« Oui, Jack », répondit Mattis.

« Ils ont l'air de vraiment vouloir un militaire à ce poste à cause des défis auxquels ils sont confrontés. »

Plus tard dans le courant du mois de novembre, Trump invita Mattis à Bedminster. L'ancien Marine avait 66 ans et sa présence placide était imposante.

Il va falloir s'occuper de Daech, souligna Trump. L'État islamique s'était développé à partir des survivants d'Al-Qaïda en Irak et avait brutalement conquis des régions entières de la Syrie avec l'ambition d'instaurer un califat. Pendant sa campagne, Trump avait promis de vaincre Daech, et la menace ne cessait de croître.

Mattis fixa Trump droit dans les yeux : « Nous devons modifier notre approche. On ne peut pas mener une guerre d'usure. Il faut viser l'anéantissement de l'ennemi. »

Trump était enthousiaste. C'était parfait. Il offrit le poste à

Mattis, mais ils tombèrent tous les deux d'accord pour ne pas l'annoncer immédiatement.

Bannon considérait Mattis comme trop libéral sur les questions de société et trop lié à l'agenda mondialiste, mais il appréciait le lien qui s'était créé entre lui et Trump. Mattis était tout à la fois un guerrier et un mentor rassurant. Bannon le surnomma bientôt « le secrétaire au réconfort » et « le centre de gravité moral de notre administration ».

À Bedminster, Bannon organisait les séances photos des candidats convoqués dans le style des visites au 10 Downing Street, en posant devant la grande porte.

« Ça va être super, expliquait-il à Trump. Les journalistes seront de l'autre côté de la rue et vous les saluerez comme un Premier ministre britannique. »

La photographie publiée dans de nombreux journaux montrait Trump et Mattis devant la porte – Trump saluant de la main, Mattis droit comme un i, impassible, le parfait Marine.

Du temps où il était colonel, Mattis avait commandé une unité de Marines en Afghanistan après les attaques terroristes du 11 septembre 2001. Bob Harward, qui était alors capitaine, avait aussi combattu en Afghanistan dans les rangs des forces spéciales de la marine, les Navy SEALs, dont il était membre depuis dix-sept ans. Mattis l'avait pris sous son aile et, dans les années qui suivirent, Harward avait occupé des fonctions importantes sous ses ordres.

Au cours de l'été 2013, Harward, qui était désormais vice-amiral, fut nommé adjoint direct de Mattis sur la base aérienne de MacDill, en Floride. Une fois arrivé sur place, il s'installa dans la résidence réservée aux officiers célibataires et passa la journée au bureau. Lorsqu'il retourna dans ses quartiers ce soir-là, toutes ses affaires avaient disparu. On lui dit qu'elles étaient chez le général Mattis.

Harward se rendit au domicile de Mattis. Il entra dans la cuisine et y vit le général en train de plier ses sous-vêtements.

« Mon général, dit Harward, mais qu'est-ce que vous fabriquez ? »

« Je viens de faire ma lessive, répondit Mattis, alors je me suis dit que je pouvais faire la vôtre aussi. »

Pour Harward, Mattis était l'officier le plus prévenant et le plus humble sous lequel il ait jamais servi. Plutôt que de présenter Harward comme son « adjoint », Mattis disait toujours : « Je vous présente mon co-commandant. »

Lorsque Harward avait pris sa retraite et s'était installé au Moyen-Orient en tant que directeur général de Lockheed Martin dans les Émirats arabes unis, il était resté en contact avec Mattis.

Mattis était préoccupé par les conséquences de l'incapacité de l'administration Obama à contenir l'Iran.

Mais « si vous connaissez Jim Mattis, expliquait Harward, vous savez que ce n'est pas un va-t-en-guerre ».

Le Corps des Marines nourrissait un fort ressentiment à l'encontre de l'Iran, qui lui avait infligé une blessure toujours à vif sans qu'il y ait jamais eu de riposte adéquate. C'était en effet Téhéran qui était derrière l'attentat terroriste à la bombe perpétré à Beyrouth en 1983 contre des baraquements militaires américains, dans lequel 220 Marines avaient perdu la vie – une des plus grandes hécatombes de leur histoire. Vingt et un autres militaires américains avaient péri dans cette attaque, et avec un total de 241 victimes, il s'agissait de l'attentat terroriste le plus meurtrier perpétré contre les États-Unis avant le 11 septembre 2001. À l'époque, Mattis était major et servait dans les rangs des Marines depuis onze ans.

Un de ses collaborateurs raconte que lorsqu'il était à la tête du CentCom – le « commandement central » responsable des opérations militaires des États-Unis au Moyen-Orient, en Asie centrale et en Asie du Sud – entre 2010 et 2013, Mattis continuait à penser que l'Iran «constituait la plus grande menace à l'encontre des intérêts des États-Unis au Moyen-Orient». Il craignait que les Israéliens ne frappent les installations nucléaires iraniennes et n'entraînent les États-Unis dans le conflit.

Mattis pensait également que les États-Unis n'avaient pas assez de troupes dans la région et que les règles d'un engagement éventuel étaient trop floues. Il fit transmettre par le secrétaire à la Défense, Leon Panetta, une note qu'il avait rédigée à l'intention du président Obama et qui demandait plus de marge de manœuvre pour répondre aux provocations iraniennes. Il craignait que les Iraniens ne minent les eaux internationales, y déclenchant un incident susceptible de dégénérer.

Ce fut Tom Donilon, le conseiller à la sécurité nationale, qui répondit à Mattis. Cette note, qu'on appela bientôt «la directive Donilon», stipulait qu'en aucun cas Mattis ne devait prendre de mesures contre l'Iran en raison du minage des eaux internationales, sauf si une mine était spécifiquement larguée sur la route d'un navire de guerre américain et présentait un danger imminent pour ledit bâtiment. La directive Donilon serait l'un des premiers ordres annulés par Mattis lorsqu'il devint secrétaire à la Défense.

Mattis continuait à être obsédé par l'Iran. À ses yeux, le plan de guerre contre Téhéran laissait à désirer. Tout reposait sur l'aviation, sur la capacité de frappe aérienne. Il n'y avait pas de stratégie interforces conjointe. Le plan comportait cinq options de frappe : contre des navires iraniens de petite taille, contre des missiles balistiques, contre d'autres systèmes d'armement, un plan d'invasion, et l'«option 5», qui prévoyait la destruction du programme nucléaire iranien.

Mattis adressa au chef des opérations navales un rapport cinglant lui expliquant que la marine n'était pas du tout préparée à un conflit dans le golfe Persique.

Panetta fit savoir à Mattis que sa position sur l'Iran l'avait mis dans le collimateur de la Maison Blanche. Il lui demanda de faire des propositions permettant de démentir cette perception.

« Je suis payé pour donner le meilleur avis possible sur le plan militaire, répondit Mattis. Ce sont eux qui prennent les décisions politiques. Je ne vais pas changer d'opinion pour leur faire plaisir. Si je n'ai pas la confiance des autorités, alors il vaut mieux que je m'en aille. »

Et c'est ce qu'il fit. Mattis fut relevé de ses fonctions cinq mois avant sa retraite, et lorsqu'il quitta l'armée en mars 2013, il détruisit un gros classeur de près de trente centimètres d'épaisseur contenant tous ses principaux rapports, documents, notes de synthèse et aide-mémoire. Pour un passionné d'histoire, il n'était guère généreux avec les futurs historiens.

Mattis joignit à son rapport de fin de mission un document de quinze pages exposant les grandes lignes d'une stratégie pour l'Iran, convaincu qu'il était que l'administration Obama n'en avait aucune. Certes, il s'était bien rendu compte qu'Obama avait fait plusieurs déclarations à ce sujet, mais de son point de vue, « les discours présidentiels ne font pas une politique ».

Son plan était axé sur une politique de type zéro tolérance envers les actions déstabilisatrices menées par Téhéran qui visaient à saper la position des Américains en Irak, que ce soit par le biais du Hezbollah ou des opérations des forces spéciales des Gardiens de la Révolution. Il s'agissait de restaurer la crédibilité militaire des États-Unis. La deuxième partie proposait une action à long terme visant à influencer l'opinion publique iranienne.

Mais une fois Mattis hors jeu, plus personne ne se soucia de ses opinions sur l'Iran. Lorsqu'il fut nommé secrétaire à la Défense[1], tout le monde se précipita soudain sur ce fameux

1. C'est lors d'un meeting à Cincinnati, le 1er décembre 2016, que Trump annonça qu'il nommerait Mattis à la Défense.

plan et il n'y avait pas assez de copies pour satisfaire la demande. La question était de savoir si, avec Mattis à la Défense et dans le cadre d'une présidence plutôt belliqueuse, la probabilité d'un conflit militaire avec l'Iran augmentait.

À l'incitation de l'ancien secrétaire d'État James A. Baker III et de l'ancien secrétaire à la Défense Robert Gates, Trump rencontra Rex Tillerson, PDG d'Exxon depuis dix ans.

Trump fut impressionné par l'assurance et la présence de ce Texan de 64 ans. Tillerson avait travaillé quarante ans chez Exxon et n'avait aucune expérience des affaires publiques. C'était avant tout un businessman, un homme qui percevait le monde à travers le prisme des gros contrats pétroliers négociés aux quatre coins du globe, dont certains avec la Russie pour des montants de plusieurs milliards de dollars. En 2013, Poutine avait décerné à Tillerson la médaille de l'Ordre de l'amitié russe.

Au mois de décembre, Trump fit un pied de nez à l'establishment politique de Washington et un clin d'œil au monde des affaires en nommant Tillerson secrétaire d'État, le poste le plus prestigieux du cabinet. Trump expliqua à ses collaborateurs que Tillerson était taillé sur mesure pour le rôle qu'il devait jouer sur la scène mondiale. « Un choix très inspiré et très trumpien », déclara Kellyanne Conway à la télévision, promettant qu'il aurait un « grand impact »[1].

---

1. Chris Cillizza, « Here's Why Donald Trump Picked Rex Tillerson as Secretary of State », *The Washington Post*, 13 décembre 2016. Les propos de Conway furent prononcés le 12 décembre 2016 sur le plateau du programme *Andrea Mitchell Reports*, sur la chaîne MSNBC.

CHAPITRE 7 *

Jared Kushner invita Gary Cohn, le président de Goldman Sachs, à venir parler d'économie à son beau-père le 30 novembre. La réunion devait avoir lieu dans la Trump Tower. À la tête de la première banque d'investissement mondiale, Cohn était un vrai casse-cou de la finance, un homme qui savait prendre des risques. Son ego et son assurance rivalisaient avec ceux de Trump. On l'avait prévenu que les réunions avec Trump ne duraient généralement pas plus de dix minutes.

Dans le bureau du candidat fraîchement élu étaient réunis Bannon, Priebus, Kushner et Steve Mnuchin, lui aussi ancien cadre dirigeant de Goldman Sachs et gestionnaire de fonds spéculatifs. Mnuchin avait été le principal responsable de la collecte de fonds pendant les six derniers mois de la campagne et en avait été récompensé par le poste de secrétaire au Trésor, même si sa nomination n'avait pas été encore annoncée.

* L'information contenue dans ce chapitre repose essentiellement sur une série d'interviews approfondies avec des sources primaires.

Dans l'ensemble, l'économie américaine allait bien, expliqua Cohn à Trump, et elle était même prête à entrer dans une phase de croissance explosive si certaines mesures adéquates étaient prises. Pour ce faire, il fallait engager une réforme fiscale et se débarrasser des excès de la réglementation gouvernementale.

Cohn, un New-Yorkais de sensibilité démocrate, savait que c'était là exactement ce que Trump voulait entendre. Mais il lui expliqua aussi quelque chose qu'il ne voulait pas entendre : nous sommes une économie axée sur les échanges ; nous ne pouvons pas nous passer d'un commerce libre, équitable et ouvert. Trump avait fait campagne contre les accords commerciaux internationaux.

Par ailleurs, les États-Unis attiraient les immigrants du monde entier. « On doit continuer à avoir des frontières ouvertes », dit Cohn. La situation de l'emploi était tellement bonne que les États-Unis allaient bientôt manquer de bras. Il fallait donc continuer à accueillir des migrants. « Il y a des tas de jobs que les Américains ne veulent plus faire. »

Cohn réaffirma ensuite ce que tout le monde disait : les taux d'intérêt allaient augmenter dans un avenir proche.

Je suis d'accord, dit Trump. « On devrait emprunter plein d'argent maintenant, le garder un certain temps, et puis le vendre et empocher les bénéfices. »

Cohn était stupéfait de l'analphabétisme économique de Trump. Il essaya de lui expliquer. En tant que gouvernement fédéral, si vous empruntez de l'argent en émettant des obligations, vous augmentez le déficit.

Et alors ?, demanda Trump. Il suffit de faire marcher la planche à billets.

On ne peut pas faire les choses comme ça, dit Cohn. Il faut tenir compte de nos déficits, qui sont énormes. Les comptes de la nation ne fonctionnent pas comme ça : « Si on veut faire quelque chose de malin – et c'est quelque chose qu'on contrôle réellement –, on peut émettre des obligations du Trésor à cinquante et cent ans.»

Du fait de la baisse des taux d'intérêt au cours des dernières années, le Trésor s'était efforcé, dans la mesure du possible, de ramener la durée des obligations à dix ans. C'était une mesure tout à fait sensée, dit Cohn, mais avec l'augmentation des taux, les compagnies d'assurances et les fonds de pension étaient disposés à prêter de l'argent au gouvernement pour cinquante ou cent ans. On pourrait sans doute obtenir ces prêts à un taux de 3,75 %, et ça ferait vraiment de l'argent bon marché pour les cinquante ou cent années à venir.

«Woah!, s'exclama Trump. C'est une idée géniale.» Il se tourna vers Mnuchin. «On peut vraiment faire ça?»

«Certainement, répondit le secrétaire au Trésor. On peut tout à fait faire ça.»

«Vous êtes d'accord avec Cohn?»

«Oui, je suis d'accord avec lui.»

«Ça fait six mois que vous travaillez pour moi, lui dit alors Trump. Merde, pourquoi vous ne m'avez jamais parlé de ça? Pourquoi est-ce qu'il est le premier à me le dire?»

Un taux d'intérêt à 3,75 % sans risque, c'était vraiment une affaire, dit Cohn, il n'y avait rien de comparable dans le monde. Les gens allaient se ruer sur ces obligations et il y aurait pléthore d'acheteurs. Les obligations à cinquante ans du secteur privé se vendaient comme des petits pains. C'est ce que voulaient les investisseurs : un rendement élevé et sans risque.

Abordant le thème de la Réserve fédérale, Cohn observa que les États-Unis pratiquaient depuis des années un taux d'intérêt effectif nul. Mais les taux d'intérêt allaient forcément augmenter, c'était la seule option, et ce pour deux raisons : l'économie était beaucoup plus forte et des taux plus élevés freineraient l'inflation.

« Si j'étais à la tête de la Réserve fédérale, j'augmenterais les taux », ajouta Cohn.

Trump savait qu'en général, les présidents préféraient des taux peu élevés pour stimuler l'économie : « Sauf qu'il n'est pas question que je vous nomme à la tête de la Réserve fédérale. »

« Je n'ai pas de problème avec ça, dit Cohn. C'est le pire boulot du pays. »

En matière fiscale, continua Cohn, « pendant la dernière décennie, dans mon secteur, l'impôt sur les sociétés à 35 % s'est avéré très avantageux. Nous avons orienté nos clients vers des juridictions fiscales à 10 % et ils nous paient grassement pour ce service. » C'était le président de Goldman Sachs qui parlait. Cette pratique consistait à transférer la domiciliation légale d'une entreprise dans un pays à faible taux d'imposition, comme l'Irlande ou les Bermudes, en créant une nouvelle société mère et en confiant ses activités à une filiale dans le pays à taux d'imposition plus élevé.

Goldman Sachs avait ainsi facilité l'exode de dizaines d'entreprises. Les actionnaires exigeaient des dirigeants et des conseils d'administration qu'ils maximisent les profits, et les délocalisations faisaient exploser les bénéfices. Presque toutes les firmes pharmaceutiques et les compagnies d'assurances avaient déménagé.

Cohn était fier de ses résultats : « Citez-moi un cas de boîte qui fait tel chiffre à tel moment, le même chiffre le lendemain, mais qui augmente ses revenus de 20 % rien qu'en déménageant son siège social ? »

Changeant complètement de point de vue, Cohn poursuivit : « Eh bien, ce qu'a pu faire Goldman Sachs, nous ne pouvons pas nous permettre que cela se reproduise. Nous devons aligner l'impôt sur les sociétés sur la moyenne mondiale, qui est d'environ 21 ou 22 %. »

Bien que le Congrès ait imposé une série de restrictions, il y avait toujours moyen de contourner les nouvelles lois. « On ne peut pas continuer à laisser les entreprises délocaliser. Ça nous fait du tort. C'est mauvais pour les affaires et c'est mauvais pour l'emploi. Et je parle contre mes propres intérêts, parce que Goldman Sachs s'est fait plein de fric avec ça. »

Trump retourna à son obsession de la planche à billets. « On n'a qu'à emprunter, tout simplement », dit-il. Il adorait l'idée d'être à la tête d'un gouvernement qui avait la meilleure cote de crédit au monde et qui pouvait ainsi emprunter aux taux les plus bas.

Cohn s'abstint de mentionner un rapport publié pendant la campagne qui indiquait que la cote de crédit du conglomérat de Trump était de 19 sur 100, soit 30 points en dessous de la moyenne nationale, et qu'il risquait d'avoir des difficultés à emprunter de l'argent[1].

On ne peut tout simplement pas faire marcher la planche à billets comme ça, dit Cohn.

« Mais pourquoi ? Pourquoi pas ? »

Le Congrès avait édicté un plafond d'endettement qui limitait le montant des sommes que le gouvernement fédéral pouvait emprunter. Ce plafond était juridiquement contraignant. Visiblement, Trump ne comprenait pas le fonctionnement de la comptabilité nationale en matière de dette publique.

L'inflation resterait probablement stable. On entre dans l'ère de l'automation, dit Cohn – intelligence artificielle, apprentissage automatique et robotique. Nous allons pouvoir gérer l'offre de main-d'œuvre avec une efficacité inédite dans l'histoire de l'humanité. Donc, au niveau du chômage technologique, on entre dans une période très difficile, parce que nous pouvons remplacer une bonne partie de la main-d'œuvre par des machines.

1. Christine Giordano, « Trump's Business Credit Score Is 19 Out of a Possible 100 », Fox Business, 20 octobre 2016.

« Si vous êtes réélu en 2020, vous allez assister à la généralisation des véhicules sans chauffeur. Près de 25 % de la population des États-Unis gagne sa vie au volant. Il faut y réfléchir. »

« Expliquez-moi ça », dit Trump.

L'introduction de véhicules autonomes, sans chauffeur, allait obliger des millions de personnes à chercher un autre emploi. C'était un changement énorme qui risquait de créer de gros problèmes.

« Venez travailler pour moi », lui dit Trump.

« À quel poste ? »

Trump suggéra celui de secrétaire adjoint à la Défense.

« Alors moi, d'abord, secrétaire adjoint de quoi que ce soit, ça ne m'intéresse pas », rétorqua Cohn.

Directeur national du renseignement ?

Cohn répondit par la négative. Il ne savait pas exactement ce que cela impliquait. Il apprit par la suite que c'était le fonctionnaire en charge de superviser la CIA et toutes les autres agences gouvernementales de renseignements.

« Vous êtes aussi dans le business des matières premières, dit Trump. Pourquoi pas secrétaire à l'Énergie ? »

Ça ne l'intéressait pas non plus.

Trump essaya de convaincre Cohn de devenir directeur du Bureau de la gestion et du budget.

Non. Cohn savait que c'était un poste très peu gratifiant.

La réunion durait désormais depuis près d'une heure. « Bon, vous savez quoi ?, dit Trump, Je n'ai pas fait le bon choix pour le poste de secrétaire au Trésor. C'est vous qui devriez être secrétaire au Trésor. Vous avez le profil idéal. »

Mnuchin était toujours là et resta impassible.

« La prochaine fois que vous venez, vous me dites ce qui vous intéresse, continua Trump. Ça serait génial de vous avoir dans l'équipe. Ça serait vraiment fantastique. »

Cinq minutes plus tard, alors que Cohn était encore dans la

tour, il vit un flash d'information : Trump venait de nommer Steve Mnuchin secrétaire au Trésor[1].

« C'est dingue, dit Jared. C'est Mnuchin qui a accéléré les choses. Vous lui avez complètement foutu les jetons. »

Cohn fit quelques recherches et s'entretint avec d'autres anciens dirigeants de Goldman Sachs qui avaient travaillé pour le gouvernement. Robert Rubin avait dirigé le Conseil économique national de la Maison Blanche sous l'administration Clinton avant d'être secrétaire au Trésor. Il suggéra à Cohn d'essayer d'obtenir ce poste en demandant au président de s'engager à faire de lui le grand patron du cabinet économique. Si ça marchait, il ne devait pas hésiter. Sur la base d'un tel accord, sa présence à la Maison Blanche lui octroierait une influence considérable.

L'épouse de Cohn, Lisa, l'incita à poser sa candidature parce qu'il avait une dette envers son pays. « Et aujourd'hui, tu es trop lent, trop gros et trop vieux pour servir sous l'uniforme. »

Cohn retourna voir Trump et exprima son intérêt pour la direction du Conseil économique national, pour autant qu'on le laisse superviser toute la gestion économique. C'était un peu l'équivalent en la matière du poste de conseiller à la sécurité nationale en matière de politique étrangère.

« Pas de problème, dit Trump, vous avez carte blanche. On va faire de grandes choses ensemble. »

Priebus était présent lors de cette réunion et s'inquiéta de ce type d'embauches improvisées. Il s'en confia à Trump : « On va mettre un démocrate qui a voté pour Hillary Clinton à la tête

---

1. Donald J. Trump, « Press release – President-Elect Donald J. Trump to Nominate Steven Mnuchin as Secretary of the Treasury, Wilbur Ross as Secretary of Commerce and Todd Ricketts as Deputy Secretary of Commerce », 30 novembre 2016. Accessible en ligne *in* Gerhard Peters et John T. Woolley, *The American Presidency Project*. www.presidency.ucsb.edu/ws/?pid=119711.

du Conseil économique ? Au nom de quoi ? Vous ne croyez pas qu'il faudrait en parler ? Je ne doute pas de son intelligence, mais on devrait peut-être avoir une petite discussion avant de lui offrir un poste de ce genre. »

« Oh, dit Trump, pas besoin d'en discuter. » Et puis la proposition avait déjà été acceptée. « Je suis sûr qu'il va faire un super boulot. »

Le lendemain de Noël 2016, j'appelai Michael Flynn, le nouveau conseiller à la sécurité nationale de Trump[1]. Il était en Floride, en visite chez ses petits-enfants. Flynn était une figure controversée, un général trois étoiles à la retraite, spécialiste du renseignement, qui avait servi de conseiller en politique étrangère pendant la campagne de Trump. Lors de la convention nationale républicaine, il avait allègrement incité la foule à scander « Foutez-la en taule » contre Hillary Clinton. Il s'en était excusé ultérieurement.

En 2014, Obama avait démis Flynn de ses fonctions à la tête de l'Agence de renseignements de la défense pour gestion défaillante. Une fois élu, Trump avait ignoré le conseil d'Obama de ne pas nommer Flynn au poste de conseiller à la sécurité nationale.

Je voulais savoir ce que pensait Flynn du potentiel militaire russe. Plusieurs fonctionnaires des services de renseignements et du Pentagone m'avaient raconté qu'au cours des dernières années, Moscou avait entrepris de moderniser et d'améliorer son arsenal nucléaire avec un nouveau missile mer-sol balistique stratégique et deux nouveaux missiles balistiques intercontinentaux.

« C'est exact », commenta Flynn, qui me dit que je pouvais le citer. Sous la direction de Poutine, au cours des sept ou huit années précédentes, la Russie n'avait pas « surpassé les États-Unis, mais elle a[vait] été plus intelligente que nous ».

1. Entretien téléphonique avec Michael Flynn, 26 décembre 2016.

Il avait commencé à parler à Trump du renforcement de l'arsenal russe en 2015, dix-huit mois auparavant, lorsqu'ils s'étaient vus pour la première fois. Ils étaient tous deux tombés d'accord sur l'idée que les États-Unis avaient perdu trop de terrain en termes d'arsenal, de formation, de préparation et de modernisation.

Poutine, en revanche, avait amélioré « de manière systématique » non seulement ses forces nucléaires mais aussi ses forces tactiques et conventionnelles et ses forces spéciales. « Si nous avions à affronter la Russie, nous aurions à faire face à la réalité d'un Poutine qui a misé à fond sur l'innovation, la technologie et la force pure. »

Flynn me parla ensuite ouvertement de la possibilité que les États-Unis recommencent à tester des armes nucléaires. Le dernier essai nucléaire avait eu lieu en 1992. « Nous allons devoir décider si nous en faisons d'autres », m'expliqua-t-il. Les simulations informatiques risquaient de ne pas suffire et il était important de pouvoir vérifier si ces armes fonctionnaient bien.

« Ce que j'ai conseillé au patron, c'est d'investir du temps, de l'énergie et des ressources dans cette affaire. » D'après lui, Trump avait l'intention de hausser le ton et de prendre des mesures agressives – il fallait envoyer un signal de fermeté à Poutine. Il ajouta : « L'idée, c'est d'appliquer la méthode Reagan. » Mettre la pression puis négocier. « En même temps, il faut clairement faire passer le message que nous allons parler aux Russes. On ne peut pas avoir une vision unilatérale de la Russie. »

Flynn avait été très critiqué pour s'être rendu à Moscou en 2015 et avoir empoché 33 750 dollars pour son intervention sur la chaîne de télévision publique russe[1]. Il se défendait en disant

1. Rosalind S. Helderman et Tom Hamburger, « Trump Adviser Flynn Paid by Multiple Russia-Related Entities, New Records Show », *The Washington Post*, 16 mars 2017.

que c'était une occasion unique et qu'il avait pu rencontrer Poutine : « N'importe qui aurait fait la même chose à ma place. ».

Lors d'une conférence de presse pendant son séjour, Flynn avait plaidé en faveur de l'amélioration des relations entre Washington et Moscou dans le but de lutter contre l'État islamique. Il était important de définir ce dernier comme un ennemi au lieu de se contenter de le contenir comme l'avait fait Obama. Globalement, en matière de politique étrangère, m'expliqua Flynn, « le nouveau président sait qu'il a à faire face à un vaste merdier partout dans le monde. C'est vraiment le bordel. Il y a du ménage à faire. »

CHAPITRE 8*

Au lendemain du scrutin, le président Obama demanda aux chefs des services de renseignements d'élaborer un rapport définitif et hautement confidentiel sur l'ingérence de la Russie dans les élections, avec toutes les sources et les détails nécessaires. Ce texte devait être transmis à la « bande des huit », au Congrès et à Donald Trump.

Une version abrégée et non classifiée exposant les mêmes conclusions mais ne citant pas ses sources devait être rendue publique avant le départ d'Obama le 20 janvier[1].

James Clapper, directeur national du renseignement, John Brennan, directeur de la CIA, James Comey, directeur du FBI, et Mike Rogers, directeur de l'Agence nationale de sécurité (NSA), organisèrent une réunion de travail conjointe pour mettre au point leurs arguments en vue de briefer le nouveau

---

* L'information contenue dans ce chapitre repose essentiellement sur une série d'interviews approfondies avec des sources primaires.

1. La version non classifiée du rapport du 6 janvier 2017 est accessible sur le site du directeur national du renseignement à l'adresse suivante : www.dni. gov/files/documents/ICA_2017_01.pdf.

président. Ils savaient que Trump percevrait le rapport comme une remise en cause de la légitimité de sa victoire. Il fallait donc qu'ils parlent d'une seule voix.

« C'est notre version des faits et nous la défendons à fond », expliqua Clapper en appelant ses collègues à être solidaires. Ce serait surtout lui qui prendrait la parole. La bête allait se sentir attaquée, et il fallait absolument faire preuve d'assurance.

———————

En décembre, Brennan avait déjà appelé Clapper. Il avait reçu une copie d'un dossier de trente-cinq pages qui reprenait une série de rapports d'un ancien fonctionnaire de haut rang du MI6 britannique, Christopher Steele. Ce dernier y décrivait en détail les efforts présumés de la Russie pour interférer dans l'élection présidentielle et l'influencer. Il s'agissait pour Moscou de semer le chaos, de nuire à Hillary Clinton et d'aider Trump. Le dossier contenait également des propos salaces sur Trump, les prostituées russes et les « douches dorées ».

« Il faut que vous lisiez ça », dit Brennan à Clapper. Le FBI menait déjà une enquête de contre-espionnage top secret examinant la possibilité d'une collusion entre Moscou et la campagne de Trump. « Cela ne peut que valider notre travail. » Ce n'était pas une preuve, mais ça semblait aller dans le même sens.

Clapper consulta le FBI : comment gérer la question avec Trump ?

Le FBI connaissait déjà le document en question. Steele leur en avait communiqué une partie et, le 9 décembre, le sénateur John McCain en avait partagé une copie avec le directeur du FBI James Comey[1].

1. Max Greenwood, « McCain Gave Dossier Containing "Sensitive Information" to FBI », *The Hill*, 11 janvier, 2017.

Le numéro deux du FBI, Andrew McCabe, était préoccupé. D'après lui, s'ils ne mentionnaient pas ce dossier à Trump pendant leur briefing sur l'ingérence russe, ils auraient l'air de revenir à l'époque de J. Edgar Hoover, lorsque le FBI accumulait des dossiers compromettants sur des politiciens pour pouvoir s'en servir au moment voulu. Comey était d'accord. L'ombre néfaste de Hoover planait toujours sur son organisation.

Clapper souhaitait que la fusion des informations respectives dans un seul rapport offre un récit cohérent. Les normes de travail du FBI et de la CIA sont en effet différentes.

Outre la collecte de renseignements, le FBI mène des investigations criminelles. Il a tendance à être plus rigoureux en matière de sources et de vérification. Ce qui commence comme une pure enquête de contre-espionnage peut se transformer en investigation criminelle, et l'information recueillie est susceptible de servir de preuve devant un tribunal.

La CIA, quant à elle, est chargée de recueillir des renseignements et de les diffuser au sein de la Maison Blanche et du gouvernement en général. Ses informations n'ont pas besoin d'être corroborées aussi fortement car elles ne sont généralement pas utilisées dans l'instruction d'une procédure judiciaire.

De même que le FBI était hanté par Hoover, la CIA avait ses propres fantômes. Dans la période qui avait précédé l'invasion de l'Irak en 2003, sur la base de mensonges rapportés par une source clé prétendant avoir travaillé dans un laboratoire mobile d'armes chimiques en Irak – et dont le pseudonyme, curieusement, était « Curveball », qui désigne une balle difficile à attraper au base-ball –, la CIA avait tiré la conclusion que Saddam Hussein possédait des armes de destruction massive. Comme l'avait expliqué le directeur de la CIA George Tenet au président George W. Bush, l'affaire était pliée. Cette présence présumée d'armes de destruction massive fut la principale justification de l'invasion de l'Irak. Sauf qu'aucune arme de destruction massive n'y fut jamais trouvée, ce qui était très embarrassant pour le président et la CIA.

Clapper savait que cette erreur planait comme une épée de Damoclès sur toutes les analyses et les actions de la CIA. Pour se protéger, l'agence de renseignements soumettait désormais le plus souvent possible ses informateurs au détecteur de mensonges. Même si ça ne pouvait pas faire faire office de preuve intégrale, c'était un bon indicateur de la véracité de leurs propos.

Les informateurs consultés par Steele n'avaient pas été soumis au détecteur de mensonges et les informations qu'ils apportaient n'étaient pas corroborées, et s'avéraient donc potentiellement suspectes. Mais d'après Brennan, le dossier de Steele confirmait les propos des sources de la CIA, en lesquelles il avait toute confiance.

Le dossier de Steele circulait déjà parmi les journalistes et son auteur avait accordé des interviews *off the record* à certains d'entre eux. Il n'avait pas encore été rendu public.

À la deuxième page, on pouvait lire ceci : « D'après notre informateur/informatrice D, qui était présent(e) sur place, le comportement (pervers) de TRUMP à Moscou inclut la location de la suite présidentielle de l'hôtel Ritz Carlton, où il savait que le président et Mme OBAMA (qu'il détestait) avaient séjourné lors d'un de leurs voyages officiels en Russie. TRUMP avait engagé un petit nombre de prostituées pour souiller le lit où le couple présidentiel avait dormi en se livrant à la pratique dite de la « douche dorée » (miction). Le Ritz Carlton était connu pour être étroitement contrôlé par le FSB, via des micros et des caméras cachées dans toutes les pièces principales qui enregistraient tout ce qui se passait[1]. »

---

1. Ken Bensinger, Miriam Elder and Mark Schoofs, « These Reports Allege Trump Has Deep Ties to Russia », BuzzFeed News, 10 janvier 2017.

D'après le dossier de Steele, il s'agissait d'obtenir un « "*kompromat*" (matériel compromettant) » sur Trump[1].

C'était une allégation incroyable. Rien n'indiquait qui pouvait être l'informateur ou l'informatrice surnommé D.

Comme le FBI était en possession de ce dossier, Comey suggéra qu'on le présente brièvement à Trump en annexe du rapport des quatre agences de renseignements. Une simple note de bas de page, en quelque sorte.

Les trente-cinq pages de Steele furent réduites à une page trois quarts axée sur l'allégation de collusion entre Moscou et la campagne de Trump.

Un nombre croissant d'articles de presse rapportaient les soupçons des services de renseignements sur l'ingérence électorale russe et Trump n'appréciait pas du tout.

Le 9 décembre, il déclara que les fonctionnaires du renseignement qui sonnaient l'alarme à ce sujet étaient « les mêmes qui avaient prétendu que Saddam Hussein possédait des armes de destruction massive[2] ». Il affirma plus tard sur Fox News : « Ils ne savent pas du tout si c'est la Russie, la Chine ou un type qui fait ça quelque part depuis son lit[3]. » Et de tweeter : « À moins de prendre les "hackers" la main dans le sac, il est très difficile de déterminer qui est coupable. Pourquoi n'a-t-on pas parlé de tout ça avant les élections[4] ? »

1. *Ibid.*

2. Nahal Toosi, « Trump Team Rejects Intel Agencies' Claims of Russian Meddling », *Politico*, 9 décembre 2016.

3. « Trump : Claims of Russian Interference in 2016 Race "Ridiculous", Dems Making Excuses », Fox News, 11 décembre 2016.

4. Voir le tweet de Trump sur www.twitter.com/realdonaldtrump/status/808300706914594816.

Le 5 janvier, la commission sur les questions militaires du Sénat tint une audition sur le piratage informatique russe. Clapper, qui devait briefer Trump le lendemain, y présenta son témoignage. Il était furieux des critiques que Trump adressait aux services de renseignements : « Il y a une différence entre le scepticisme et le dénigrement. Le public doit absolument pouvoir avoir confiance en nos agences de renseignements. Et j'ai reçu de nombreux témoignages de mes homologues étrangers qui s'inquiètent [...] du dénigrement des agences de renseignements américaines[1]. »

Le lendemain, Kellyanne Conway, invitée sur le plateau de l'émission *CBS This Morning*, déclara : « Pourquoi la Russie voudrait-elle la victoire de Donald Trump ? Il a promis de moderniser notre arsenal nucléaire[2]. »

Dans une interview téléphonique avec le *New York Times*, Trump affirma qu'il s'agissait d'une « chasse aux sorcières politique[3] ».

––––––––––

Début janvier 2017, pendant la période de transition, Hope Hicks, la spécialiste des relations publiques qui avait rempli le rôle d'attachée de presse de la campagne, travaillait dans une petite salle de conférences au 13e étage de la Trump Tower. Cette jeune femme de 28 ans avait deux qualités importantes aux yeux de Trump : la loyauté et la beauté. Elle avait été mannequin dans son adolescence et, avec son maquillage impeccable et sa

1. Martin Matishak et Connor O'Brien, « Clapper : Trump Rhetoric on Intel Agencies Alarming U.S. Allies », *Politico*, 5 janvier 2017.
2. Louis Nelson, « Conway "Disappointed" in Media Leaks Before Intel Briefing », *Politico*, 6 janvier 2017.
3. Michael D. Shear et David E. Sanger, « Putin Led a Complex Cyberattack Scheme to Aid Trump, Report Finds », *The New York Times*, 6 janvier 2017.

longue chevelure brune, elle avait une apparence élégante et glamour que Trump appréciait. Elle était aussi très douée en relations publiques.

Trump lui avait demandé quel poste elle voulait occuper à la Maison Blanche. Ne souhaitant pas avoir à gérer l'affrontement quotidien avec la presse, elle s'était portée candidate au poste de directrice de la communication stratégique, qui consistait à administrer l'agenda médiatique du président – lequel offrait bien sûr désormais une gamme d'opportunités presque infinie. C'était elle qui filtrait les demandes d'interview. Tout le monde voulait avoir accès à Trump et elle avait le sentiment qu'il avait perdu un peu de son aura médiatique en étant surexposé pendant la campagne. Pour exploiter les opportunités, il fallait désormais procéder à un calibrage minutieux. Comme le reste de l'entourage de Trump, elle savait fort bien que cela risquait d'être impossible avec le nouveau président.

Hicks était convaincue que les médias souffraient d'un « syndrome oppositionnel d'insubordination », un terme de la psychologie clinique généralement appliqué aux enfants rebelles. Le syndrome en question se caractérisait par une agressivité excessive à l'encontre de l'autorité, un fort ressentiment et des crises de rage. D'après elle, c'était une parfaite description du comportement de la presse.

Hicks était déjà en train d'élaborer une série de réponses aux informations sur l'ingérence électorale de Moscou. De son point de vue, la pléthore d'articles sur ce qu'elle appelait le « présumé piratage russe » communiquait une impression de faiblesse des États-Unis et accordait à la Russie plus d'influence qu'elle n'en avait en réalité.

Le 6 janvier, les quatre directeurs du renseignement se présentèrent au rendez-vous de la Trump Tower. C'était la première fois que Comey rencontrait Trump. Dans son livre, Comey offre une description détaillée de cette rencontre, peut-être pour faire étalage de son sens de l'observation : «Comme d'habitude, sa veste était déboutonnée et sa cravate trop longue. Son visage avait un teint vaguement orangé, avec une surface de peau blanche en demi-lune sous les yeux qui trahissait sans doute l'usage de lunettes de bronzage, et une chevelure impeccablement coiffée et d'un blond vif qui, après un examen attentif, semblait être naturelle. Je me souviens m'être demandé combien il lui fallait passer de temps le matin pour arriver à ce résultat. Lorsqu'il me tendit la main, je n'oubliai pas d'en évaluer la taille. Elle était plus petite que la mienne, mais pas beaucoup plus petite[1]. »

Pendant la séance de briefing de la Trump Tower, Clapper résuma ce que les fonctionnaires du renseignement appellent les «*Key Judgements*», les conclusions fondamentales qui sont au cœur de leur travail d'évaluation :

- Il y a longtemps que Moscou aspire à déstabiliser «l'ordre démocratique libéral existant sous l'égide des États-Unis» mais lors des élections présidentielles de 2016, il y a eu «une escalade significative en termes de frontalité, de niveau d'activité et d'ampleur des efforts mis en œuvre[2]».
- En 2016, Poutine a « ordonné une campagne visant à influencer l'élection présidentielle américaine […] afin de miner la confiance du public dans le fonctionnement de la démocratie américaine, de discréditer la secrétaire d'État Clinton, de réduire ses chances d'être élue et de saboter sa potentielle présidence. En outre, Poutine et le

---

1. James Comey, *A Higher Loyalty*, Flatiron Books, New York, 2018, p. 218.
2. La version non classifiée du rapport du 6 janvier 2017 est accessible sur le site du directeur national du renseignement à l'adresse suivante : www.dni.gov/files/documents/ICA_2017_01.pdf.

gouvernement russe ont développé une nette préférence pour le candidat Trump[1]. »

- Lorsque Moscou s'est rendu compte que la secrétaire d'État Clinton allait sans doute gagner les élections, la campagne d'influence russe a commencé à se concentrer davantage sur la déstabilisation de sa future présidence.

La formulation était mesurée. Les Russes avaient une « nette préférence » pour Trump et leurs efforts visaient avant tout à « discréditer » et à « miner » la position de Clinton. Rien n'indiquait que Trump ou ses associés aient été passivement ou activement complices de ces efforts.

Clapper continua son exposé en expliquant qu'en recoupant toutes les sources, on obtenait un récit cohérent composé à partir de différents points de vue internes au Kremlin. Les informateurs étaient décrits comme des « sources pérennes » car la validité de leurs renseignements et de leurs analyses s'était confirmée au fil des ans, et l'un d'entre eux au moins fournissait des informations fiables depuis une génération.

Mais la position d'un autre informateur était désormais extrêmement menacée, au point que la CIA avait voulu l'exfiltrer pour le mettre à l'abri à l'étranger ou aux États-Unis. Il avait toutefois refusé de partir, sans doute parce qu'il craignait des représailles contre sa famille s'il quittait soudainement la Russie ou disparaissait.

Clapper ne donna pas le nom de la personne en question à Trump, même si ce dernier aurait eu le droit de le lui demander.

« Je ne crois pas aux sources humaines, commenta Trump. Ce sont des gens qui ont vendu leur âme et trahi leur pays. Le renseignement humain, les espions, moi, je n'ai pas confiance. »

Le travail de la CIA reposait presque entièrement sur des sources humaines, et Brennan en conclut qu'il valait mieux ne

1. *Ibid.*

pas mentionner ce commentaire de Trump à ses collaborateurs et subordonnés.

Un autre aspect de l'exposé de Clapper était inédit : la CIA estimait qu'au moins six sources humaines corroboraient ses conclusions. Un fonctionnaire ayant eu accès à l'intégralité du rapport top secret m'affirma plus tard que selon lui, seuls deux de ces informateurs étaient vraiment complètement fiables.

Trump demanda s'ils avaient autre chose à lui dire.

« Euh, oui, il y a d'autres documents sensibles », dit Clapper.

Vous préférez peut-être qu'on vous laisse seuls ?, demanda Priebus à Trump.

« Ça serait mieux qu'on soit tous les deux seuls », suggéra Comey.

« OK, juste nous deux », confirma Trump.

Comey savait jouer les durs quand il le fallait mais il fut assez prudent dans sa présentation du résumé du rapport de Steele. Il expliqua à Trump qu'il allait lui transmettre un dossier contenant certaines allégations. Le nouveau président devait être conscient de son existence parce que ces informations circulaient déjà et les médias en feraient certainement état, en tout ou en partie.

Le dossier alléguait qu'en 2013, les Russes avaient filmé Trump avec des prostituées dans un hôtel de Moscou. Comey s'abstint de mentionner la douche dorée sur le lit jadis utilisé par Barack et Michelle Obama.

Dans son livre *A Higher Loyalty*, Comey revint sur son expérience : « Je me suis dit que ce détail n'était pas nécessaire pour qu'il comprenne ce qui se passait. La situation était suffisamment bizarre comme ça. Pendant que je lui parlais, j'eus la sensation étrange de vivre une expérience extracorporelle, comme si je m'observais de l'extérieur en train de parler de prostituées russes au nouveau président[1]. »

1. James Comey, *A Higher Loyalty*, *op. cit.*, p. 224.

Trump nia tout. Est-ce qu'il avait l'air d'un type qui a besoin de prostituées ?

D'après Comey, « le FBI n'avait pas d'enquête en cours sur Trump. C'était vrai. Nous n'avions aucun dossier de renseignements sur lui. Qu'il s'envoie en l'air avec des prostituées à Moscou, ce n'était pas notre problème tant que les Russes n'essayaient pas de le coincer d'une façon ou d'une autre[1]. »

À ce propos, Comey décrit comme suit la fin de leur échange privé : « Il était de plus en plus sur la défensive et la conversation risquait vraiment de mal tourner, alors j'ai sorti la carte maîtresse de ma manche : "Nous ne menons pas d'enquête sur vous, Monsieur le président." Cela sembla le tranquilliser[2]. »

La conversation avait duré cinq minutes.

Trump confia plus tard à son avocat qu'il s'était senti très secoué par les révélations de Comey sur les supposées prostituées de Moscou. « J'ai assez de problèmes avec Melania à cause des femmes, alors je n'ai pas besoin de ça. Je ne veux pas que ma femme entende parler de cette histoire. »

Après le briefing, Trump diffusa un communiqué le qualifiant de « constructif » mais visiblement, il ne mesurait pas l'impact potentiel de ces informations. D'après lui, les tentatives d'ingérence « de la Russie, de la Chine ou d'autres pays » n'avaient eu « absolument aucun effet sur le résultat des élections, entre autres parce qu'il n'y avait eu aucune manipulation des machines à voter »[3].

Quatre jours plus tard, le 10 janvier, BuzzFeed publia le dossier de Steele en ligne[4].

C'est à ce moment-là que j'en pris connaissance. Page 27,

1. *Ibid.*, p. 216.
2. *Ibid.*, p. 225.
3. Louis Nelson, « Trump Says Hacking Had "No Effect on the Outcome of the Election" », *Politico*, 6 janvier 2017.
4. Ken Bensinger, Miriam Elder and Mark Schoofs, « These Reports Allege Trump Has Deep Ties to Russia », BuzzFeed News, 10 janvier 2017.

Steele écrivait : « Deux sources bien informées de Saint-Pétersbourg affirment que le candidat républicain TRUMP a versé des pots-de-vin et s'est livré à des activités sexuelles dans cette ville, mais qu'on a fait taire les témoins clés et qu'il est difficile d'obtenir des preuves. […] Tous les témoins directs de cette affaire ont été récemment réduits au silence en étant soit soudoyés, soit forcés à disparaître. »

D'après le rapport, il n'y avait apparemment aucun moyen de vérifier ces informations.

Ce qui me surprit ne furent pas les allégations en elles-mêmes, qui pouvaient être vraies ou fausses, mais le fait que les patrons du renseignement américain, en particulier le directeur du FBI, les aient communiquées à Trump.

Le cœur de leur exposé du 6 janvier reposait sur l'analyse par leurs services de l'ingérence électorale russe. Ils étaient convaincus qu'il s'agissait d'un des rapports les plus importants, les mieux documentés et les plus convaincants des dernières années. Dans son livre *Facts and Fears*, Clapper le qualifie de « document historique – parmi les plus importants jamais produits par les services de renseignements américains[1] ». La CIA, la NSA, le FBI et les autres agences de renseignements avaient investi des ressources massives dans la collecte de ces informations. Elles avaient aussi pris un risque en rassemblant dans un seul texte autant de données sensibles qui pouvaient donner lieu à des fuites ou être citées indirectement.

Et puis, l'air de rien, Comey avait présenté le dossier de Steele comme pour dire en passant : au fait, il y a aussi cette note diffamatoire, non vérifiée, non étayée, qui contient certaines des allégations les plus choquantes à votre sujet.

S'ils voulaient que l'analyse officielle de leurs services convainque le nouveau président, pourquoi la laisser contaminer

---

1. James R. Clapper, *Facts and Fears,* Penguin New York, 2018, p. 4.

par la mention du dossier de Steele ? Ils connaissaient suffisamment Trump pour savoir que ça risquait de le braquer. D'ailleurs, n'importe qui aurait sans doute réagi négativement. Dès lors, pourquoi adjoindre à une de leurs investigations les plus sérieuses un document non vérifié ?

Le contenu du dossier de Steele était le genre de matériel sur lequel un journaliste ou le FBI lui-même pouvait logiquement enquêter en essayant de retracer ses origines, voire de localiser certaines de ses sources en vue d'une possible confirmation. De toute évidence, le FBI avait l'obligation d'entreprendre une telle enquête, comme il le fit d'ailleurs ultérieurement.

Mais je ne comprenais vraiment pas pourquoi ils l'avaient inclus, même sous la forme d'un bref résumé, dans l'un des échanges les plus importants que les patrons du renseignement puissent avoir avec un futur président. C'était un peu comme si je menais et rédigeais l'un des reportages les plus critiques et les plus complexes de ma carrière au *Washington Post* et que je le faisais suivre d'une annexe contenant des allégations non vérifiées : ah oui, au fait, nous publions aussi une liste de faits hypothétiques sur lesquels il faudra enquêter.

Dans *A Higher Loyalty*, qui sortit un an plus tard, Comey expose longuement ses doutes sur la façon de traiter le dossier de Steele en vue de sa réunion avec Trump : « J'étais toujours à la direction du FBI. Nous étions au fait de ces informations, et il fallait bien les lui transmettre – ça me paraissait logique, parfaitement sensé, si l'on peut user de cette épithète lorsqu'il s'agit de discuter de prostituées russes avec un président fraîchement élu[1]. »

Toute cette histoire était peut-être vraie, mais imaginez que vous l'appreniez de la bouche du directeur du FBI.

Comey était toutefois hésitant : « N'empêche que cette histoire me mettait profondément mal à l'aise. [...] Il y avait de fortes

1. James Comey, *A Higher Loyalty*, *op. cit.*, p. 216.

chances que Donald Trump, en tant que politicien et négociateur expérimenté, présume que j'agitais cette histoire de prostituées pour le coincer, pour pouvoir exercer une pression sur lui. Il pouvait fort bien faire l'hypothèse que je lui faisais un coup monté à la J. Edgar Hoover, parce que c'est ce que Hoover aurait fait à ma place. On ne pouvait pas se contenter de hausser les sourcils, ça allait vraiment être très emmerdant. »

Le 15 janvier, cinq jours avant la cérémonie d'investiture, j'étais invité sur le plateau de *Fox News Sunday*. Voilà ce que j'y déclarai : «Cela fait quarante-cinq ans que je vis dans cet univers de rumeurs et d'allégations non vérifiées. Ce dossier ne vaut rien. Il n'aurait jamais dû être présenté dans le cadre d'un briefing officiel. Trump a raison d'être furieux. » Les fonctionnaires du renseignement, «qui sont des gens formidables et qui ont fait un excellent travail, ont commis dans ce cas une erreur, et lorsque les gens font des erreurs, ils devraient s'en excuser». D'après moi, le canal approprié pour ce type d'informations, comme dans les administrations précédentes, c'était de les transmettre à l'avocat de la Maison Blanche. C'était à l'avocat du nouveau président de s'occuper d'un thème aussi épineux.

Plus tard dans l'après-midi, Trump tweeta le message suivant : « Merci à Bob Woodward qui a dit : "Ce dossier ne vaut rien… Il n'aurait jamais dû être présenté… Trump a raison d'être furieux[1]…" »

Ça ne me réjouissait nullement d'avoir l'air de prendre parti, mais j'étais vraiment convaincu qu'un tel document, même sous une forme abrégée, ne valait rien et aurait dû être géré autrement.

Cet épisode joua un rôle important dans le déclenchement de la guerre entre Trump et les services du renseignement, en particulier le FBI et Comey.

---

1. Voir le tweet de Trump sur www.twitter.com/realdonaldtrump/status/820723387995717632.

CHAPITRE 9 *

Le 25 janvier, cinq jours après avoir prêté serment, le nouveau président invita ses principaux conseillers et son équipe de sécurité nationale à dîner à la Maison Blanche. Mattis, le secrétaire à la Défense, présenta à Trump les plans d'une opération des forces spéciales de la marine contre un collaborateur d'Al-Qaïda au Yémen.

Il lui expliqua les modalités d'intervention d'un commando de plusieurs dizaines de combattants qui avait pour objectif de récupérer des renseignements, des téléphones et des ordinateurs portables, et d'éliminer l'un des rares dirigeants d'Al-Qaïda encore en vie.

C'était la première opération effectuée au Yémen depuis deux ans. Le plan avait déjà été soumis à Obama mais ce dernier avait renvoyé sa réalisation à plus tard. Il fallait une nuit sans lune pour passer à l'attaque et la météo en annonçait justement une pour bientôt.

* L'information contenue dans ce chapitre repose essentiellement sur une série d'interviews approfondies avec des sources primaires.

Bannon, lui-même ancien lieutenant de marine, avait des questions plus générales sur le conflit au Yémen. Il se demandait pourquoi la flotte américaine ne pouvait pas interrompre l'approvisionnement en armes des rebelles houthis. L'Iran était le seul allié des Houthis.

« Vous contrôlez l'espace aérien, dit Bannon. L'U.S. Navy, vous pouvez contrôler la mer. C'est si difficile que ça ? »

« Il y a des centaines de kilomètres de littoral », répondit Mattis.

Trump montra des signes d'impatience : « Steve, ces hommes savent ce qu'ils font. Laissez-les travailler en paix. » Autrement dit, ferme-la.

Trump signa l'ordre de mission le lendemain et le raid eut lieu le dimanche 29 janvier avant l'aube. Les choses se passèrent assez mal[1]. Au cours d'un échange de tirs de cinquante minutes, un membre du commando fut tué et trois autres blessés. Il y eut aussi des victimes parmi les civils, y compris des enfants. Un appareil de la marine, un V-22 Osprey à 75 millions de dollars, fit un atterrissage brutal qui le laissa endommagé. Il fallut le détruire pour l'empêcher de tomber entre les mains de l'ennemi.

Le premier maître William « Ryan » Owens, un sous-officier de 36 ans originaire de Peoria, dans l'Illinois, fut le premier soldat à tomber au champ d'honneur sous le mandat de Donald Trump. Le président décida de se rendre à Dover, dans le Delaware, pour assister à la cérémonie de rapatriement de sa dépouille en compagnie d'Ivanka.

À son arrivée, d'après le récit qu'il en fit plus tard à ses collaborateurs, l'officier responsable prit à part le président et lui

1. Parmi les meilleurs comptes rendus des événements, voir Eric Schmitt et David E. Sanger, « Raid in Yemen : Risky from the Start et Costly in the End », *The New York Times*, 1er février 2017, et Thomas Gibbons-Neff et Missy Ryan, « In Deadly Yemen Raid, a Lesson for Trump's National Security Team », *The Washington Post*, 31 janvier 2017.

dit : Monsieur le président, il faut que vous soyez préparé à ce qui va se passer. À votre arrivée, la famille du mort va venir à votre rencontre. C'est une expérience presque indescriptible. Vous êtes le commandant en chef. Le respect qu'ils vous témoigneront sera tout aussi profond que la douleur qu'ils éprouvent. Vous devrez les réconforter. Lorsque l'avion atterrira et que le cercueil couvert de drapeaux sera débarqué, certains membres de la famille deviendront fous de douleur, et ça sera un spectacle difficile à supporter. Par ailleurs, il faut aussi que vous soyez prêt à entendre des propos agressifs, voire blessants.

Personne ne dit rien de blessant, mais Trump sentit une froideur certaine.

« C'est dur, comme expérience. » Le président était visiblement secoué. Il fit savoir qu'il n'irait plus à ce genre de cérémonies.

Le père du premier maître Owens, Bill Owens, était présent, mais lui et son épouse ne souhaitèrent pas rencontrer Trump.

« Je suis désolé, expliqua Owens à l'aumônier militaire. Je ne souhaite pas rencontrer le président. Je ne veux pas faire un scandale, mais ma conscience me l'interdit[1]. »

À quoi il ajouta ensuite : « Pendant deux ans, il n'y avait aucune troupe au sol au Yémen, rien que des missiles et des drones, parce qu'aucune cible n'était censée valoir le sacrifice de vies américaines. Et puis voilà que tout d'un coup, il a fallu organiser ce grand spectacle[2]. »

Au lieu de le dénigrer – comme il l'avait fait pour les époux Khan, parents d'un capitaine de l'armée décédé en Irak qui avaient assisté à la convention démocrate en 2016 –, Trump exprima sa compréhension pour le père d'Owens.

« Je peux comprendre ce genre de réaction, devait-il commenter

1. Julie K. Brown, « Slain SEALs Dad Wants Answers : "Don't Hide Behind My Son's Death" », *Miami Herald*, 26 février 2017.
2. *Ibid.*

plus tard. À leur place, je me sentirais… parce que qu'est-ce qu'il y a de pire? Il n'y a rien de pire[1]. »

Plusieurs fonctionnaires de l'administration Obama expliquèrent que l'opération avait été planifiée plusieurs mois auparavant, mais dégagèrent l'ancien président de toute responsabilité en affirmant qu'il ne l'avait jamais approuvée.

Dans une interview accordée à Fox le matin de son premier discours devant le Congrès, Trump déclara que le raid effectué au Yémen était quelque chose que ses généraux, « des officiers très respectés », « entendaient faire depuis longtemps ».

« Et ils ont perdu Ryan », ajouta-t-il[2].

Trump invita Carryn Owens, veuve de Ryan et mère de ses trois jeunes enfants, à assister à son allocution devant les membres du Congrès le 28 février. La jeune femme était assise à côté d'Ivanka.

Sous les yeux de 47 millions de téléspectateurs, le président déclara : « Nous avons l'honneur d'être accompagnés ce soir par Carryn Owens. Ryan est mort comme il a vécu, en combattant et en héros – en luttant contre le terrorisme pour protéger notre pays. »

Trump fit aussi allusion aux critiques de l'opération : « Je viens de parler au général Mattis, qui me l'a confirmé une fois de plus, je le cite : "Ryan a participé à un raid largement couronné de succès qui nous a permis de recueillir quantité de renseignements vitaux, lesquels entraîneront demain de nombreuses autres victoires contre nos ennemis." L'héritage de Ryan est gravé dans l'éternité. »

Le président se tourna alors vers la veuve d'Owens et lui dit : « Merci. »

Un tonnerre d'applaudissements se fit entendre.

1. Nolan D. McCaskill, « Trump Deflects Responsibility on Yemen Raid : "They Lost Ryan" », *Politico*, 28 février 2017.
2. *Ibid.*

Carryn Owens essaya de lutter contre ses larmes, poussa un grand soupir et murmura : « Je t'aime, mon chéri. » Les applaudissements continuèrent et elle commença à sangloter. Elle se mit debout, joignit les mains comme pour prier, leva les yeux au ciel et répéta : « Je t'aime. »

Trump poursuivit son discours : « Comme la Bible nous l'enseigne, il n'y a pas de plus grand acte d'amour que de donner sa vie pour ceux qu'on aime. Ryan a donné sa vie pour ceux qu'il aimait, pour son pays et pour notre liberté – nous ne l'oublierons jamais. »

Les congressistes se levèrent tous de leur siège. Leurs applaudissements et ceux du public durèrent près de deux minutes.

« Ryan est en train de nous regarder depuis là-haut, dit Trump, n'en doutez pas. Et il est très heureux parce que je crois qu'il vient de battre un record[1]. »

Carryn Owens sourit et applaudit elle aussi. Après son discours, le président la salua et la prit dans ses bras dans le hall d'entrée.

Par la suite, lorsque Trump eut à converser au téléphone avec les familles d'autres militaires tombés au combat, le personnel de la Maison Blanche put se rendre compte à quel point il s'agissait d'une tâche pénible pour lui.

« Ce n'est pas son genre, dit Bannon. Il est très peu familiarisé avec l'armée, il ne connaît pas les familles de militaires, il n'a jamais côtoyé la mort. » Et quand les victimes étaient « parents de jeunes enfants », il était particulièrement affecté. « Ça le secouait énormément, et ça se répercutait dans tout ce qu'il faisait. »

Un fonctionnaire de la Maison Blanche ayant assisté à plusieurs appels de Trump visant à réconforter les familles de militaires

---

1. Donald J. Trump, « Address Before a Joint Session of the Congress », 28 février 2017. Mis en ligne par Gerhard Peters et John T. Woolley, *The American Presidency Project*. www.presidency.ucsb.edu/ws/index.php?pid=123408.

tombés au combat raconte avoir été frappé par le temps et l'énergie émotionnelle que le président y consacrait. Il avait toujours une copie du dossier personnel du soldat concerné.

« J'ai sa photo sous les yeux – c'est un très beau gars, dit-il lors d'un appel à une famille. Où est-ce qu'il a grandi ? Où est-il allé à l'école ? Pourquoi est-il entré dans l'armée ? »

« J'ai consulté son dossier. On y voit à quel point il était apprécié. C'était un vrai leader. »

Certains des collaborateurs de Trump possédaient eux aussi des copies de ces états de service. On n'y trouvait rien de ce que le président mentionnait. C'était une pure invention de sa part. Il savait ce que les familles voulaient entendre.

La question de savoir si l'administration Trump respecterait l'ordre international existant se posa dès le premier mois.

Au cours de sa campagne, Trump avait dénigré l'Organisation du traité de l'Atlantique nord (OTAN). Cette alliance vieille de soixante-huit ans entre les États-Unis et l'Europe est souvent considérée comme le principal succès des Occidentaux dans la lutte contre l'Union soviétique pendant la guerre froide et comme le fondement de leur unité. Dans le cadre de ce système de défense collectif, une attaque contre l'un des pays membres était considérée comme une attaque contre tous.

Mais Trump avait soutenu l'idée que l'OTAN était probablement obsolète. Ses critiques portaient en particulier sur des questions d'argent. L'objectif de l'OTAN était que chaque pays membre consacre 2 % de son PIB à la défense. Les États-Unis dépensaient 3,5 % de leur PIB à cet effet, contre seulement 1,2 % pour l'Allemagne.

À la mi-février, le nouveau secrétaire à la Défense, Jim Mattis, devait prononcer un discours à Munich et d'ici là il fallait bien définir une ligne officielle sur la question. Quelle était au juste la position de Trump ?

En tant que simple citoyen, Mattis avait qualifié les idées anti-OTAN de Trump d'« excentriques [1] ». La majorité de l'establishment diplomatique, de même que les alliés européens, avait été troublée par les propos de Trump.

Le mercredi 8 février, à 18 h 30, Priebus organisa un dîner dans le salon rouge de la Maison Blanche afin que Trump puisse entendre les arguments de Mattis, du chef de l'état-major interarmées, le général Joseph Dunford, et de plusieurs autres personnes. Il invita également un pilier de l'establishment républicain de Washington, C. Boyden Gray. Gray, alors âgé de 73 ans, avait été pendant deux ans ambassadeur des États-Unis auprès de l'Union européenne sous l'administration du président George W. Bush. Il avait aussi été conseiller juridique de son père George H. W. Bush pendant les huit années de son mandat de vice-président et les quatre années de son mandat de président.

Les invités prirent place à table. Trump souhaitait commenter à bâtons rompus l'actualité du jour. Le sénateur John McCain, fidèle à sa réputation d'anticonformiste, avait critiqué publiquement le raid militaire au Yémen [2].

Trump passa à l'attaque, suggérant que pendant la guerre du Vietnam, McCain, qui était pilote de la marine (son père était l'amiral John McCain), avait manqué de courage durant sa captivité. Il avait accepté l'offre d'une libération anticipée, abandonnant ses camarades prisonniers.

Mattis intervint aussitôt : « Non, Monsieur le président, c'est l'inverse qui s'est passé. » McCain avait refusé sa libération anticipée et avait été brutalement torturé et détenu pendant

1. Carla Marinucci, « Ex-Military Leaders at Hoover Institution Say Trump Statements Threaten America's Interests », *Politico*, 15 juillet 2016.

2. Emma Loop, « John McCain Says the Recent Yemen Raid Was a "Failure" », BuzzFeed News, 7 février 2017.

cinq ans dans la prison de Hoa Lo, surnommée par les Américains « le Hilton de Hanoï ».

« Ah, bon… », dit Trump.

Gray, qui avait servi pendant cinq ans dans les Marines, fut frappé de voir le secrétaire à la Défense corriger le président de façon aussi peu diplomatique et de constater que Trump, connu pour sa faible tolérance aux critiques, l'acceptait sans broncher.

Ce n'est qu'au moment du dessert que Priebus aborda finalement la question de l'OTAN : « Il faut vraiment qu'on en discute. »

Le général à la retraite Keith Kellogg, vétéran du Vietnam et de la première guerre du Golfe, plusieurs fois décoré pour son courage au combat, représentait le Conseil national de sécurité (NSC), dont il était chef de cabinet. Kellogg se lança dans une diatribe contre l'OTAN qui faisait écho à certaines des critiques de Trump. D'après lui, l'OTAN était « obsolète » ; sa création remontait en effet au lendemain de la Seconde Guerre mondiale, lorsque les États-Unis étaient plus riches et faisaient face à un adversaire agressif, l'Union soviétique. Mais désormais, les Américains supportaient une part disproportionnée du coût de l'alliance par rapport aux Européens. Les États-Unis se faisaient avoir.

Le général Joseph Dunford intervint à son tour : « Je ne suis pas d'accord avec cette analyse, Monsieur le président. »

« Ah oui, vraiment ?, dit Trump. Et quelle est votre analyse ? »

Dunford, qui occupait le poste le plus élevé de toute la hiérarchie militaire, offrit une vigoureuse défense de l'OTAN. L'alliance devait être préservée, et il serait difficile de la reconstituer si elle était dissoute. Des pays d'Europe de l'Est comme la Pologne se sentaient menacés par les invasions russes de la Crimée et de l'Ukraine orientale, et il était important de maintenir solidarité et unité. « Il est extrêmement important de préserver l'unité politique, stratégique et économique de l'Europe. »

Dunford convint toutefois que les pays membres devaient faire l'effort de respecter leur engagement de dépenser 2 % de leur PIB annuel pour leur défense.

Mattis ajouta qu'à son avis, l'Allemagne, l'allié le plus important de Washington, respecterait sans doute cet engagement.

Jared Kushner intervint : « En pourcentage de notre propre budget de défense, le manque à gagner est très faible. Ce sont des broutilles. »

Priebus signala que les 2 % du PIB n'étaient pas une obligation mais un objectif consensuel auquel tous les pays de l'OTAN étaient censés s'efforcer de parvenir d'ici 2024. Ce n'était pas une cotisation due à l'OTAN mais un engagement concernant le budget de la défense des pays membres.

« Sauf que quand vos alliés ne paient pas leur juste part, c'est un problème politique », observa Trump. Il tenait à présenter les choses comme une question d'équité et n'arrêtait pas de mentionner le thème. Pourquoi les États-Unis devraient-ils financer la défense des Européens ?

Priebus réalisa alors qu'il importait peu à Trump que les 2 % du PIB soient un objectif et pas une obligation. Le président voulait en faire un argument pour gagner des points auprès de l'opinion publique.

« Cette histoire d'objectif, je m'en moque, asséna finalement Trump. C'est leur devoir de payer. »

Boyden Gray souligna que les pays européens connaissaient une série de difficultés économiques. « Je ne dis pas que nous n'avons pas nos propres problèmes, mais les leurs sont pires. » Leur économie était à la traîne. « Une des raisons pour lesquelles ils ne paient pas, c'est que leur croissance n'est pas assez forte. »

« Vous voulez dire qu'ils ne peuvent pas payer ? » demanda Trump.

« Non », dit Gray. Mais les États-Unis devraient aider l'Europe à surmonter son taux de croissance anémique. La culture d'entreprise européenne était trop frileuse et tendait à éviter le risque.

« Quel est le prochain pays qui va lâcher Bruxelles ? » demanda Trump. Suite au référendum dit du Brexit[1], les électeurs britanniques avaient approuvé la sortie de la Grande-Bretagne de l'Union européenne.

« Je ne crois pas qu'il y aura d'autre sortie de l'UE », répondit Gray.

Trump acquiesça.

« Si l'OTAN n'existait pas, il faudrait l'inventer, poursuivit Mattis. La Russie est incapable de gagner une guerre contre l'OTAN. » À la fin du dîner, Trump semblait convaincu. « Bon, je vous la laisse, votre OTAN », dit-il à Mattis. Son administration soutiendrait l'alliance, « mais vous êtes chargé de leur faire payer le loyer ».

Cela fit rire Mattis, qui hocha la tête en signe d'approbation.

Dans son discours du 15 février à Munich, le secrétaire d'État trouva un juste milieu : « L'Amérique assumera[it] ses responsabilités », mais pourrait réviser ses engagements à la baisse si les autres pays de l'OTAN ne respectaient pas les leurs[2]. Il n'en déclara pas moins que l'alliance atlantique constituait un « socle fondamental » de la politique américaine[3].

Deux mois plus tard, lors d'une conférence de presse aux côtés du secrétaire général de l'OTAN, Trump précisa sa pensée : « J'ai dit que l'OTAN était obsolète. Elle ne l'est plus[4]. »

---

1. Organisé le 23 juin 2016.

2. « Intervention by Secretary of Defense Jim Mattis, Session One of the North Atlantic Council », NATO Defense Ministerial, 15 février 2017.

3. « U.S. Defense Chief Says NATO Is "Fundamental Bedrock" », Reuters, 15 février 2017.

4. Donald J. Trump, « The President's News Conference with Secretary General Jens Stoltenberg of the North Atlantic Treaty Organization », 12 avril 2017. Mis en ligne par Gerhard Peters et John T. Woolley, *The*

Lorsque Trump se réunit avec les chefs d'État européens en mai à Bruxelles, il fustigea les nations de l'OTAN pour leur « mesquinerie chronique ». D'après lui, « 23 des 28 pays membres ne payaient toujours pas leur dû, ce qu'ils étaient censés payer pour leur défense ».

Il ne chercha pas à dissimuler que ce message avait pour cible son audience nationale. « Ce n'est pas juste pour les citoyens et les contribuables des États-Unis[1]. »

American Presidency Project. www.presidency.ucsb.edu/ws/index.php?pid= 123739.

1. Donald J. Trump, « Remarks at the Dedication Ceremony for the Berlin Wall Memorial and the 9/11 and Article 5 Memorial in Brussels, Belgium », 25 mai 2017. Mis en ligne par Gerhard Peters et John T. Woolley, *The American Presidency Project*. www.presidency.ucsb.edu/ws/?pid=125840.

CHAPITRE 10 *

Mais c'est quoi, ce bordel? Priebus n'en revenait pas: un article paru le 9 février dans le *Washington Post* rapportait que le conseiller à la sécurité nationale Michael Flynn avait discuté du thème des sanctions contre la Russie avec l'ambassadeur russe avant même que Trump ne prenne ses fonctions[1].

L'une des dernières mesures qu'Obama avait prises sous son mandat, le 29 décembre 2016, était l'imposition de sanctions à la Russie en représailles contre l'ingérence de Moscou dans le processus électoral. Il avait expulsé trente-cinq espions russes présumés et ordonné la fermeture de deux grosses propriétés appartenant à des Russes dans le Maryland et à New York, dont on soupçonnait qu'elles servaient de base à des activités d'espionnage.

* L'information contenue dans ce chapitre repose essentiellement sur une série d'interviews approfondies avec des sources primaires.
1. Greg Miller, Adam Entous et Ellen Nakashima, « National Security Adviser Flynn Discussed Sanctions with Russian Ambassador, Despite Denials, Officials Say », *The Washington Post*, 9 février 2017.

Priebus avait demandé plusieurs fois à Flynn s'il avait mené de telles discussions avec les Russes, et ce dernier avait fermement nié avoir eu des conversations à ce sujet avec l'ambassadeur Sergueï Kisliak, un homme convivial et fort bien connecté.

Deux semaines plus tôt, le 26 janvier, la procureure générale adjointe, Sally Yates, s'était rendue à la Maison Blanche. Elle avait expliqué au conseiller juridique de la présidence, Donald McGahn, que des écoutes téléphoniques montraient que Flynn avait menti sur ses contacts avec les Russes et qu'elle craignait qu'il ne puisse être la cible d'un chantage.

Priebus fit un petit calcul : Flynn avait nié au moins dix fois avoir discuté des sanctions avec les Russes.

L'article du *Washington Post*, signé par trois journalistes chevronnés experts en matière de renseignements et de sécurité nationale, citait comme source de ses affirmations catégoriques « neuf fonctionnaires de l'administration actuelle et de la précédente ». Ses auteurs avaient aussi interrogé Flynn, qui avait démenti catégoriquement par deux fois les allégations avant de faire marche arrière et d'offrir une réponse plus floue. Le porte-parole du conseiller à la sécurité nationale était aussi cité : Flynn « n'était pas absolument certain que le sujet [des sanctions] n'ait jamais été abordé » avec les Russes[1].

Priebus contacta aussitôt McGahn, un juriste de 48 ans, expert en droit du financement des campagnes électorales, qui avait travaillé pendant cinq ans au sein de la Commission électorale fédérale pour le compte du Parti républicain. Priebus lui demanda s'il pouvait lui fournir les transcriptions des conversations de Flynn avec l'ambassadeur russe, ce à quoi McGahn répondit par l'affirmative.

Priebus obtint donc rapidement les transcriptions hautement

1. *Ibid.*

confidentielles de trois conversations téléphoniques entre Flynn et Kisliak que le FBI avait interceptées lors d'une surveillance de routine de l'ambassadeur russe.

McGahn et Priebus furent rejoints par le vice-président Pence dans la salle de crise pour examiner le contenu de ces transcriptions. Pence avait soutenu publiquement Flynn. Selon une note de service interne de six pages provenant du bureau juridique de la Maison Blanche, Flynn avait affirmé que si lui et Kisliak avaient parlé des sanctions, « c'était uniquement parce que Kisliak avait introduit le sujet. Mais les transcriptions montraient que c'était Flynn qui avait soulevé la question. McGahn et Priebus estimaient tous deux que Flynn devait démissionner[1] ».

Les trois transcriptions prouvaient que Flynn avait discuté des sanctions avec l'ambassadeur. La dernière indiquait que c'était Kisliak qui avait appelé Flynn, le remerciant pour ses conseils concernant les sanctions et signalant que son gouvernement en tiendrait compte.

Il n'y avait pas d'équivoque possible, et on comprenait dès lors la réaction curieusement passive de Poutine face aux sanctions. En temps normal, on s'attendrait à ce que le président russe riposte en expulsant lui aussi une série de citoyens américains de Russie. Mais le lendemain de l'annonce des sanctions par Obama, Poutine avait annoncé qu'il n'en ferait rien.

Trump avait alors fait l'éloge de Poutine par tweet : « Très bien joué (par V. Poutine) – J'ai toujours su qu'il était très intelligent[2] ! »

Le message suggérait que Trump était peut-être au courant du rôle de Flynn dans cette affaire, mais on ne savait pas trop

1. Document obtenu par l'auteur.
2. Voir le tweet de Trump sur www.twitter.com/realdonaldtrump/status/814919370711461890.

ce que Flynn lui avait dit au sujet de ses conversations avec Kisliak.

Priebus expliqua à Trump que Flynn devait démissionner et que son habilitation de sécurité risquait de lui être retirée. L'affaire était extrêmement embarrassante.

La démission de Flynn fut annoncée le 13 février[1]. La principale raison invoquée publiquement était que Flynn avait menti au vice-président Pence. Trump expliqua à d'autres membres de son administration qu'il avait laissé Flynn partir parce qu'il n'était pas à la hauteur de ses fonctions.

Les neuf mois suivants furent difficiles pour Flynn, qui devait ultérieurement plaider coupable d'avoir menti au FBI.

Il raconta à son entourage que lorsqu'il avait été interrogé par le FBI le quatrième jour de son entrée en fonction, il n'était pas conscient d'avoir menti. Les agents étaient venus lui poser des questions sur d'autres sujets que la Russie et il n'avait pas compris qu'il s'agissait d'un interrogatoire officiel.

Pourquoi Flynn avait-il fini par plaider coupable ? L'enquête qui le visait portait sur une série d'infractions possibles, notamment le fait qu'il n'avait pas déclaré les revenus de ses affaires en Turquie, qu'il n'avait pas dévoilé ses contacts à l'étranger et qu'il ne se soit pas fait enregistrer comme lobbyiste avant de rejoindre l'administration Trump.

Flynn expliqua à ses collaborateurs que ses frais juridiques étaient astronomiques, de même que ceux de son fils, qui faisait également l'objet d'une enquête. Plaider coupable à propos d'un des chefs d'accusation – le mensonge au FBI – semblait être sa seule porte de sortie. Dans sa déclaration officielle, il affirmait qu'il assumait « l'entière responsabilité de [ses] actes » et qu'il avait désormais un « accord de coopération »

---

1. Greg Miller et Philip Rucker, « Michael Flynn Resigns as National Security Adviser », *The Washington Post*, 14 février 2017.

avec le FBI. Il niait avoir commis une « trahison », repoussant apparemment l'accusation de collusion avec les Russes[1].

Le samedi 25 février, au terme de cinq semaines de mandat, Mattis convoqua une réunion à midi à la résidence du secrétaire à la Défense, dans l'ancien observatoire naval, non loin du département d'État. Étaient présents plusieurs vétérans de l'establishment de politique étrangère, le général à la retraite Anthony Zinni, plusieurs anciens ambassadeurs et des membres de l'équipe de Mattis. Il n'y avait presque pas de meubles dans l'appartement et les invités étaient tous assis autour d'une table de salle à manger sans caractère qui ressemblait à du mobilier administratif standard. Mattis raconta que lorsqu'il s'était installé, il n'avait que quatre valises avec lui.

« Il faudrait que vous voyiez ma SCIF », dit-il. La SCIF, c'était la *Sensitive Compartmented Information Facility*, une pièce totalement isolée et sécurisée à l'étage qui permettait de discuter en toute confiance les programmes top secret les plus sensibles. « Pas besoin de me déplacer, je peux effectuer tout mon travail depuis chez moi. »

Le président Trump sait écouter, dit Mattis, tant que vous ne touchez pas une de ses cordes sensibles. Ses deux principales lubies sont l'immigration et la presse, et si jamais vous abordez un de ces deux sujets, il y a de grandes chances qu'il prenne la tangente et vous ne pourrez pas récupérer son attention avant un bon moment. « Quand vous êtes secrétaire à la Défense, vous ne choisissez pas toujours le président pour qui vous travaillez. »

Tout le monde éclata de rire.

Le sujet de la réunion était le plan anti-Daech que Trump

---

1. Carol D. Leonnig, Adam Entous, Devlin Barrett et Matt Zapotosky, « Michael Flynn Pleads Guilty to Lying to FBI on Contacts with Russian Ambassador », *The Washington Post*, 1er décembre 2017.

voulait mettre sur pied immédiatement. Le problème de fond, expliqua Mattis, c'est que nous faisons les choses à l'envers. Nous essayons d'élaborer une stratégie de lutte contre l'État islamique sans avoir de stratégie plus ample et plus globale pour le Moyen-Orient. L'idéal, ça serait que nous ayons une stratégie pour le Moyen-Orient et que le plan anti-Daech vienne s'y intégrer et la soutenir. Mais le président avait défini l'État islamique comme une priorité.

En fin de compte, la stratégie anti-Daech était une continuation de celle d'Obama, mais qui donnait plus de latitude aux officiers sur le terrain en matière de bombardements et d'autres décisions.

Mattis s'inquiétait de l'expansionnisme iranien. À un moment, il parla même de « ces crétins de mollahs enturbannés ».

Un matin de février, une équipe de hauts fonctionnaires du renseignement se rendit à la Maison Blanche pour y rencontrer Priebus et l'informer de la meilleure façon de se protéger des individus qui pourraient chercher à l'influencer de façon inappropriée. Il s'agissait d'un briefing de routine pour les membres du gouvernement dotés des habilitations de sécurité les plus sensibles.

À la fin de la réunion, le directeur adjoint du FBI, Andrew McCabe, fit un geste de la main. « Avant de partir, j'ai besoin de cinq minutes seul à seul avec vous dans votre bureau », lui dit-il.

Merde, qu'est-ce qui se passe ?, pensa Priebus. Il n'avait rencontré McCabe qu'une seule fois, quelques semaines auparavant, dans la salle de crise.

Pendant la campagne, Trump avait fait tout un scandale au sujet de l'épouse de McCabe, Jill, candidate démocrate au sénat de Virginie en 2015[1]. Pour sa campagne – finalement infruc-

1. D'Angelo Gore, « Clinton's Connection to FBI Official », FactCheck.org, 25 octobre 2016.

tueuse –, Jill McCabe avait reçu 675 288 dollars du comité d'action politique du gouverneur de Virginie Terry McAuliffe et des démocrates locaux[1]. Sur le plan tant personnel que politique, McAuliffe était l'un des politiciens les plus proches de Bill et Hillary Clinton. Il avait joué un rôle central dans la collecte de fonds pour la réélection de Bill Clinton en 1996.

Pour Trump, le financement de la campagne de Jill McCabe était un cadeau d'Hillary. Cette affaire l'obsédait et il ne cessait d'en parler et de tweeter à son sujet[2].

Une fois terminé le briefing de sécurité, tous les participants ayant quitté la pièce, McCabe referma la porte derrière eux. Vraiment bizarre, pensa Priebus, debout près de son bureau.

« Vous avez vu cette histoire du *New York Times*[3] ? » Priebus ne la connaissait que trop bien. Il s'agissait d'un article paru récemment, le 14 février, qui signalait que « les relevés d'appel et les conversations interceptés montrent que les membres de la campagne présidentielle de Donald J. Trump en 2016, ainsi que d'autres associés de Trump, ont eu des contacts répétés avec de hauts fonctionnaires du renseignement russe dans l'année précédant les élections, ce d'après le témoignage de quatre fonctionnaires du gouvernement actuel et du précédent ».

Il s'agissait d'une des premières révélations explosives concernant les contacts présumés entre Trump et Moscou après la démission de Flynn.

1. *Ibid.* ; voir également D'Angelo Gore, « Trump Wrong About Campaign Donations », FactCheck.org, 26 juillet 2017.
2. Voir les tweets de Trump sur www.twitter.com/realdonaldtrump/status/889792764363276288 ; www.twitter.com/realdonaldtrump/status/890207082926022656 ; www.twitter.com/realsdonaldtrump/status/890208319566229504.
3. Michael S. Schmidt, Mark Mazzetti et Matt Apuzzo, « Trump Campaign Aides Had Repeated Contacts with Russian Intelligence », *The New York Times*, 14 février 2017.

« C'est complètement bidon, lui dit McCabe. Il n'y a là rien de vrai, et nous souhaitons que vous le sachiez. Tout ça est grossièrement exagéré. »

Oh, mon Dieu, pensa Priebus.

« Andrew, avoua-t-il au fonctionnaire du FBI, je suis complètement plombé par cette affaire. »

Apparemment, l'histoire de l'ingérence russe dans les élections était reprise sur les chaînes d'info du câble vingt-quatre heures sur vingt-quatre. Elle rendait Trump complètement fou, et Priebus avec lui.

« C'est dingue, avait dit Trump à Priebus. Il faut stopper cette histoire, il faut la faire disparaître. »

Et voilà que McCabe venait d'entrer dans son bureau avec un gros cadeau, comme si c'était la Saint-Valentin. Je vais être le héros de la maison, pensa Priebus.

« Est-ce que vous pouvez m'aider ? Est-ce qu'on peut rendre public un démenti formel de toute cette affaire ? »

« Rappelez-moi dans deux heures, lui dit McCabe. Je vais consulter quelques personnes et je vous fais savoir. Je vais voir ce que je peux faire. »

Priebus se rendit pratiquement au pas de course chez Trump pour lui annoncer la bonne nouvelle : le FBI allait bientôt démolir l'article du *New York Times*.

Deux heures passèrent, et pas de nouvelles de McCabe. Priebus l'appela.

« Je suis désolé, je ne peux rien faire, lui dit McCabe. Je ne peux pas intervenir. J'ai essayé, mais si nous commençons à diffuser des commentaires sur chaque article de presse, nous devrons faire des déclarations tous les trois jours. » Le FBI ne pouvait pas se transformer en bureau de vérification éditoriale des faits publiés dans la presse. S'il se mettait à démentir le contenu de certains articles, le seul fait qu'il se taise sur d'autres risquait de passer pour une confirmation.

« Mais Andrew, c'est vous qui êtes venu me voir pour m'expliquer que cette histoire était bidon, et maintenant vous me dites que vous ne pouvez rien faire ? »

McCabe réitéra sa position.

« Mais c'est complètement dingue, dit Priebus. Qu'est-ce que je suis censé faire ? Souffrir en silence et me laisser saigner à blanc ? »

« Donnez-moi deux heures de plus. »

Ce fut en vain. Pas d'appel du FBI. Priebus essaya d'expliquer la situation à Trump, qui attendait un démenti formel. Une raison de plus pour le nouveau président de se méfier du FBI et de le détester. Le Bureau s'était comporté comme une allumeuse qui les avait laissés en plan.

À peu près une semaine plus tard, le 24 février, CNN diffusa une information exclusive : « Le FBI rejette la demande de la Maison Blanche de réfuter un article récemment publié sur la collusion Trump-Moscou [1]. » Priebus était pratiquement accusé d'avoir essayé de manipuler le FBI à des fins politiques.

La Maison Blanche essaya de corriger cette version de l'histoire et de montrer que c'était McCabe qui était à l'origine du malentendu, sans succès.

Quatre mois plus tard, le 8 juin, Comey témoigna sous serment que l'article du *New York Times* sur les contacts de membres de l'équipe de campagne de Trump avec des hauts fonctionnaires du renseignement russe était « globalement inexact [2] ».

1. Jim Sciutto, Evan Perez, Shimon Prokupecz, Manu Raju et Pamela Brown, « FBI Refused White House Request to Knock Down Recent Trump-Russia Stories », CNN, 24 février 2017.

2. Michael S. Schmidt, Mark Mazzetti et Matt Apuzzo, « Comey Disputes New York Times Article About Russia Investigation », *The New York Times*, 8 juin 2017.

CHAPITRE 11 *

Trump avait besoin d'un nouveau conseiller à la sécurité nationale et il voulait agir vite. Il se faisait démolir par les médias à ce sujet et il était convaincu que la présence d'une nouvelle tête effacerait le souvenir de la débâcle de Flynn.

Un autre général, peut-être ? Bannon voyait bien que Trump était obsédé par les médias. Il concevait les nominations comme un casting cinématographique : « Est-ce qu'il a la tête de l'emploi ? » Il appréciait Dunford et Mattis pour leur taciturnité, typique des Marines selon lui. Ils allaient droit au but en peu de mots.

Au sommet de la liste se trouvait le général de corps d'armée H. R. McMaster. Cet homme de 1,80 mètre, droit comme un i, au crâne rasé, aux yeux verts et au thorax puissant était un mélange rare de savant et de héros. Il avait écrit un livre au titre éloquent : *Dereliction of Duty : Lyndon Johnson, Robert McNamara, the Joint Chiefs of Staff, and the Lies That Led to Vietnam* (« Manquement au devoir. Lyndon Johnson, Robert

* L'information contenue dans ce chapitre repose essentiellement sur une série d'interviews approfondies avec des sources primaires.

McNamara, les chefs d'état-major et les mensonges qui nous ont menés au Vietnam »). C'était un ouvrage révolutionnaire qui mettait en cause les chefs militaires pour leur incapacité à résister aux errements des responsables civils. Au sein des forces armées, McMaster était considéré comme un rebelle et un outsider mais personne ne doutait de son honnêteté.

L'entrevue entre McMaster et Trump était censée durer deux heures. Bannon prit rendez-vous avec le général à Mar-a-Lago et lui donna ses conseils habituels : ne faites pas un cours magistral, Trump n'aime pas les professeurs. Il n'aime pas les intellectuels. Trump est le genre de type qui « ne va jamais en classe, ne connaît pas le programme, ne prend pas de notes et n'assiste à aucun cours. La veille des examens, il rentre à minuit du club des étudiants, se prépare une cafetière entière, vous emprunte vos notes, mémorise tout ce qu'il peut, se présente à 8 heures du matin et obtient un C. Ça lui suffit largement. Après tout, il sera milliardaire. »

Dernier conseil : « Présentez-vous en uniforme. »

McMaster était en civil.

« Je vous avais pourtant dit de venir en uniforme », dit Bannon.

« J'ai consulté mon entourage, répondit McMaster, et on m'a dit que ce ne serait pas correct parce que mon dossier de retraite est déjà prêt. » S'il était nommé au gouvernement, il prendrait sa retraite et exercerait les fonctions de conseiller à la sécurité nationale à titre de civil.

« Mais si je vous ai fait venir, c'est parce que vous êtes un général en service actif », lui rappela Bannon.

La rencontre avec Trump fut un fiasco. McMaster parla beaucoup trop et l'entretien dura peu de temps.

Bannon, qui était présent, raconta plus tard : « McMaster n'a pas arrêté de déblatérer pendant vingt minutes en nous assénant ses grandes théories sur le monde. C'est le typique conseiller de Petraeus enfermé dans ses bouquins. » En 2007, McMaster avait fait partie du « *brain trust* de Bagdad », le groupe de conseillers militaires qui épaulaient le général David Petraeus en Irak.

Après le départ de McMaster, Trump interpella Bannon : « C'est qui, ce type ? Il a écrit un livre, non ? Où il disait du mal d'un tas de gens. Je croyais que vous m'aviez dit qu'il était dans l'armée. »

« Il est dans l'armée. »

« Il est habillé comme un marchand de bière. »

Bannon, lui-même connu pour ses choix vestimentaires désastreux, était d'accord. Le complet de McMaster avait l'air de n'avoir coûté que 200 dollars, voire 100.

Le candidat suivant était John Bolton, un ancien ambassadeur à l'ONU, connu pour ses positions très droitières. Diplômé *summa cum laude* de Yale, il avait soutenu la guerre en Irak et était partisan d'un changement de régime en Iran et en Corée du Nord. C'était un habitué de Fox News – à elles seules, ses apparitions sur cette chaîne lui avaient permis d'empocher 567 000 dollars en 2017. Ses réponses étaient satisfaisantes, mais Trump n'aimait pas sa grosse moustache touffue. Il n'avait pas la tête de l'emploi.

Ce fut donc au tour du lieutenant général Robert Caslen, surintendant de la fameuse école militaire de West Point.

Avant de le faire entrer, Trump se tourna vers le général Kellogg, le chef d'état-major du Conseil national de sécurité, qui participait au processus de sélection.

« Mon général, qu'est-ce que vous pensez de lui ? »

« Bobby Caslen est le meilleur tireur de l'armée », dit Kellogg.

Caslen, qui arborait de grandes oreilles et avait la poitrine couverte de médailles, n'offrait que des réponses ultralaconiques aux questions de Trump : « Oui, Monsieur », « Non, Monsieur ». Il lui faisait penser à Clint Eastwood. Trump commença à lui raconter des anecdotes de la campagne, comme s'il avait fait son choix.

De fait, Bannon voyait bien que Trump penchait en sa faveur et que Caslen allait sans doute obtenir le poste.

Ce soir-là, Kushner observa que les médias étaient tous fans de McMaster, qui était à la fois vétéran, penseur et auteur.

« Mais Trump n'a pas d'atomes crochus avec ce type », lui rappela Bannon. Avec Caslen, en revanche, le courant passait, mais c'était un homme de terrain sans expérience à Washington, sauf une courte affectation à l'état-major interarmées à un poste subalterne. « On va se faire allumer si on le choisit », observa Bannon.

Ils tombèrent d'accord sur l'idée qu'il fallait redonner une chance à McMaster et à Bolton. On leur organiserait une nouvelle entrevue le lendemain, après quoi Caslen serait invité à la Maison Blanche pour un déjeuner en tête à tête avec le président.

Le lendemain, Bolton se présenta au rendez-vous. Même performance que la veille, plutôt satisfaisante, mais il avait toujours sa moustache.

McMaster arriva cette fois en uniforme, ce qui lui donnait beaucoup plus d'allure. Le courant passait un peu mieux mais on était encore loin du compte.

Bannon et Kushner dirent à Bolton et à McMaster de patienter : une décision serait prise dans les quarante-huit heures. McMaster resta dans les environs de Mar-a-Lago.

« Vous savez bien qu'on se fait descendre en flammes dans les médias à cause de l'affaire Flynn, dit Trump. Prenons une décision. »

« Ce n'est pas si simple que ça, dit Bannon. Caslen et McMaster sont des officiers en service actif. Je ne crois pas qu'ils soient prêts à quitter l'armée comme ça. » Ils devaient d'abord informer leurs supérieurs. D'après le chef d'état-major de l'armée de terre, le général Mark Milley, Caslen était la meilleure option possible. « Ils ont un job, il y a toute une procédure à suivre. »

« Non, non, dit Trump. On est en train de se faire massacrer par les médias. »

« Les médias adorent McMaster », commenta Jared.

« Parce que c'est un putain de libéral, dit Bannon. Franchement, on ne peut pas dire qu'il a été très impressionnant hier. Et vous n'avez pas beaucoup d'atomes crochus. »

« Oui, mais bon, faut voir, dit le président. Faites-le venir. »

Bannon contacta McMaster : « Le président veut vous parler. Rejoignez-nous. »

Quel est votre pronostic ?, lui demanda McMaster.

« Il se pourrait bien que le président vous offre le job. »

« Il faut que j'avertisse un certain nombre de gens. Je ne peux pas accepter comme ça. Je dois en parler à ma hiérarchie. »

« Allez-y au feeling, dit Bannon. On trouvera bien une solution. » C'était du Trump tout craché : y aller au feeling, agir sur une impulsion.

« Vous voulez ce boulot ? » demanda le président à McMaster.

« Oui, Monsieur le président. »

« Alors il est à vous, dit Trump en lui serrant la main. Allez me chercher les journalistes, je veux des photos. » Il voulait qu'on lui tire le portrait aux côtés de son nouveau général, un homme qui avait vraiment la tête de l'emploi.

McMaster était assis à côté du président sur un canapé en brocart doré, l'air un peu gauche. Derrière eux, on apercevait une table avec un grand vase brillant rempli de roses.

« Je tenais juste à vous annoncer qu'au terme d'un week-end de travail intense, il a été décidé que le général H. R. McMaster serait notre nouveau conseiller à la sécurité nationale, déclara Trump aux journalistes. C'est un homme à l'expérience et au talent exceptionnels[1]. »

1. Donald J. Trump, « Remarks on the Appointment of Lieutenant General H. R. McMaster (USA) as National Security Adviser in Palm Beach, Florida,

« Je vous suis reconnaissant de m'avoir offert cette opportunité, commenta McMaster. Je suis ravi de rejoindre l'équipe en charge de la sécurité nationale et je ferai tout ce qui est en mon pouvoir pour promouvoir et protéger les intérêts du peuple américain. »

Comme on le voit sur les photos, McMaster était visiblement encore sous le choc au moment de serrer la main de Trump.

« Il faut absolument que j'appelle le chef d'état-major de l'armée de terre », dit-il à Bannon.

« Pas de problème, dit Bannon. Mais n'oubliez pas que vous avez déjà accepté le poste. »

Le choix de Trump fut bien reçu. Pour les médias, McMaster était un véritable adulte, le temps des extravagances était passé. Le président était ravi du ton positif de la couverture de presse.

and an Exchange with Reporters », 20 février 2017. Accessible en ligne *in* Gerhard Peters et John T. Woolley, *The American Presidency Project*. www.presidency.ucsb.edu/ws/?pid=123396.

CHAPITRE 12*

McMaster savait que le plus grand défi en matière de sécurité nationale était la Corée du Nord. Pyongyang constituait l'une des menaces prioritaires depuis des années.

Six mois auparavant, le 9 septembre 2016, dans les tout derniers mois de son deuxième mandat, le président Obama avait reçu des informations assez inquiétantes. La Corée du Nord avait fait exploser une arme nucléaire lors d'un essai souterrain, le cinquième et le plus important en une décennie.

Les sismographes montraient que la secousse enregistrée, de 5,3 sur l'échelle de Richter, n'avait pas été provoquée par un tremblement de terre. Elle s'était produite de façon instantanée et trouvait son origine à moins de deux kilomètres de la surface de la terre, une distance mesurée avec précision à partir du site d'essais nucléaires de Punggye-ri, où avaient eu lieu les quatre explosions précédentes. La puissance estimée de la déflagration

* L'information contenue dans ce chapitre repose essentiellement sur une série d'interviews approfondies avec des sources primaires.

était de dix kilotonnes de TNT, soit juste un peu moins que les quinze kilotonnes de la bombe d'Hiroshima en 1945.

Au cas où aurait subsisté le moindre doute, la présentatrice vedette de la télévision nord-coréenne, une femme de 73 ans nommée Ri Chun-hee, confirma les faits. C'était presque toujours elle qui apparaissait à l'écran dans les grandes occasions. Vêtue de rose, et parlant d'un ton criard et enthousiaste, elle annonça aux téléspectateurs nord-coréens que le régime avait construit une bombe de meilleure qualité, plus puissante et plus maniable[1].

Les responsables de l'armement nucléaire nord-coréen déclarèrent que la nouvelle bombe pouvait être montée sur un missile balistique[2], une affirmation inquiétante, même si elle était sérieusement mise en doute par les services de renseignements américains.

Ajoutant à la gravité de cette menace potentielle, quatre jours plus tôt, Pyongyang avait lancé trois missiles balistiques de moyenne portée qui avaient parcouru mille kilomètres avant de sombrer dans la mer du Japon. La Corée du Sud et le Japon étaient désormais des cibles réalistes. Ces trois essais faisaient suite à un autre lancement, lui aussi d'une portée de mille kilomètres, le mois précédent. Il s'agissait bien d'une série délibérée[3].

Malgré son désir intense d'éviter une guerre, Obama avait décidé que le moment était venu de se demander si la menace nucléaire nord-coréenne pouvait être éliminée par une frappe militaire chirurgicale. À la veille de la passation de pouvoir,

1. Christine Kim, « Voice of Triumph or Doom : North Korean Presenter Back in Limelight for Nuclear Test », Reuters, 4 septembre 2017.
2. Matt Clinch, « Here's the Full Statement from North Korea on Nuclear Test », CNBC, 9 septembre 2016.
3. On peut consulter à ce sujet la base de données CNS North Korea Missile Test Database, accessible à l'adresse www.nti.org/analysis/articles/cns-north-korea-missile-test-database.

il savait qu'il était temps de s'attaquer de front au problème nord-coréen.

Son successeur, bien entendu, serait presque certainement Hillary Clinton. Il assura en substance ses collaborateurs que le peuple américain ferait son devoir et élirait Hillary.

Dès le début de son mandat, le président Obama avait autorisé plusieurs *Special Access Programs* (SAP) visant à contrer la menace des missiles nord-coréens. Il s'agissait d'opérations ultrasecrètes et étroitement compartimentées menées par l'armée et les services de renseignements. L'une d'elles prévoyait de lancer une série de cyberattaques contre les systèmes de communication, de contrôle, de télémesure et de guidage nord-coréens avant ou pendant le lancement de missiles expérimentaux. Ces cyberattaques à haut risque avaient commencé dès la première année de la présidence d'Obama. Leur taux de réussite était mitigé.

Un autre programme top secret consistait à essayer d'obtenir des missiles nord-coréens. Un troisième, enfin, permettait à Washington de détecter un lancement de missile nord-coréen en sept secondes. Les autorités m'ont expressément demandé de ne pas les décrire en détail afin de protéger des activités de sécurité nationale jugées vitales pour les intérêts des États-Unis.

La menace nord-coréenne persistait et, en septembre 2016, Obama posa une question délicate aux membres de son Conseil de sécurité national : était-il possible d'effectuer une frappe militaire préemptive contre Pyongyang, soutenue par des cyberattaques, afin d'éliminer le programme nord-coréen de construction de bombes et de missiles nucléaires ?

Obama était terriblement préoccupé par cette affaire irrésolue. Ses prédécesseurs, Bill Clinton et George W. Bush, avaient essayé sans succès d'affronter un problème qui s'aggravait depuis des décennies. Les États-Unis n'avaient plus beaucoup de marge de manœuvre. Le royaume ermite de Kim Jong-un était en train de créer un arsenal nucléaire susceptible de semer la destruction

jusque sur le territoire américain, avec des conséquences potentiellement dévastatrices.

James Clapper, le directeur national du renseignement
d'Obama, avait commencé sa carrière en tant que responsable
d'un poste d'écoute du renseignement électromagnétique en
Thaïlande pendant la guerre du Vietnam. Désormais âgé de
75 ans, cet homme chauve et barbu au large visage expressif
était le grand-père du renseignement américain – bourru, direct,
ne mâchant pas ses mots et aguerri par sa longue expérience.

Clapper avertit Obama sans détour : tout semblait démontrer
que les nouveaux systèmes d'armes nord-coréens étaient plus
ou moins opérationnels. Mais quelle était la nature exacte de
la menace ? Pouvaient-ils mettre en danger la Corée du Sud ? Le
Japon ? Les États-Unis ? Et à quelle échéance ? Ou bien Pyongyang
cherchait-il simplement à marchander ?

L'analyse des services de renseignements américains montrait
un niveau d'effort croissant qui suggérait fortement que Kim
Jong-un était en train de construire un arsenal nucléaire à des fins
offensives, ou du moins que c'est ce qu'il voulait laisser croire.

Malgré son image publique de dictateur fou et instable, les
rapports secrets des services de renseignements révélaient que
Kim, qui avait alors 34 ans, dirigeait les programmes d'armes
et de missiles nucléaires nord-coréens de manière beaucoup plus
efficace que son père, Kim Jong-il, au pouvoir pendant dix-sept
ans, de 1994 à 2011.

Kim Jong-il réagissait aux échecs des essais nucléaires en
ordonnant l'exécution des savants et des fonctionnaires responsables. Kim junior, pour sa part, semblait capable d'accepter
l'échec et d'en tirer les leçons pratiques : les revers sont inévi-
tables sur la route du succès. Sous Kim Jong-un, les scientifiques
survivaient, apprenaient de leurs erreurs, et les programmes
d'armement s'amélioraient.

Obama demanda au Pentagone et aux services de renseignements d'analyser la possibilité de détruire l'intégralité de l'arsenal et des installations nucléaires nord-coréens. Mais s'agissait-il d'une cible réaliste? Il faudrait pour ce faire mettre à jour tout le système de renseignements humain, électromagnétique et satellitaire des États-Unis. Il y avait un trop grand nombre d'inconnues et d'incertitudes.

Le Pakistan, qui possède la bombe depuis 1998, avait miniaturisé ses armes nucléaires qui tenaient désormais dans des mines et des obus d'artillerie. La Corée du Nord avait-elle cette capacité? Les services de renseignements n'avaient pas de réponse définitive à cette question.

L'analyse des services de renseignements montrait également qu'une attaque américaine aurait été incapable d'éliminer tout l'arsenal de Pyongyang. Certaines cibles potentielles seraient préservées faute d'être identifiées, tandis que d'autres ne seraient détruites que partiellement.

La mégalopole de Séoul comptait environ 10 millions d'habitants et jouxtait la zone démilitarisée (DMZ) de quatre kilomètres de large qui séparait le Nord du Sud. Pyongyang avait installé des milliers de pièces d'artillerie dans des grottes aux abords de la DMZ. Lorsqu'ils pratiquaient des exercices de tir, les Nord-Coréens sortaient leur artillerie des grottes puis les y abritaient à nouveau. On appelait cette stratégie «*shoot and scoot*», tirer et décamper. Comment une attaque américaine pourrait-elle neutraliser un nombre d'armes aussi important?

Au terme d'un mois d'enquête, les agences de renseignements et le Pentagone informèrent Obama que les États-Unis étaient capables de détruire 85% de l'arsenal et des installations nucléaires nord-coréens, du moins celles qui étaient connues et identifiées. Clapper estimait que seul un taux de réussite de 100% était acceptable: l'explosion d'une seule bombe nord-coréenne en représailles pouvait faire des dizaines de milliers de victimes en Corée du Sud.

Une attaque américaine risquait aussi de déclencher une réaction potentiellement dévastatrice de l'artillerie et des autres systèmes d'armes conventionnels de Pyonyang, sans parler d'une infanterie d'au moins 200 000 hommes, auxquels pouvaient se joindre d'autres recrues.

D'après le Pentagone, la seule façon « de localiser et détruire – avec un degré de certitude absolue – toutes les composantes du programme nucléaire de la Corée du Nord » était une invasion terrestre. Bien entendu, cette dernière déclencherait une réaction nord-coréenne, et probablement l'usage de l'arme nucléaire.

Pour Obama, il s'agissait là d'un scénario inimaginable. En 2009, dans son discours d'acceptation du prix Nobel de la paix, il avait déclaré : « La guerre est porteuse de tragédies humaines » et « dans un certain sens, la guerre est une expression de la folie humaine ».

Frustré et exaspéré, il avait rejeté l'idée d'une attaque préventive. C'était de la folie.

Les contacts diplomatiques informels et discrets entre Washington et Pyongyang se poursuivirent. D'anciens responsables du gouvernement américain se réunissaient avec des fonctionnaires nord-coréens en exercice pour maintenir un canal de dialogue ouvert. On appelait ça des réunions « *track 1,5* » : les rencontres officielles entre membres de deux gouvernements correspondaient à la voie n° 1, « *track 1* » ; lorsque les deux parties étaient d'anciens fonctionnaires ou des représentants d'organisations non gouvernementales, il s'agissait de réunions « *track 2* ».

« Nous, on est des vieux, mais pas eux », soulignait un ancien haut fonctionnaire américain ayant participé activement aux réunions « *track 1,5* ». L'une d'entre elles avait eu lieu récemment à Kuala Lumpur, en Malaisie, avec le vice-ministre des Affaires étrangères de la Corée du Nord. L'ancien négociateur américain Robert Gallucci raconte qu'à cette occasion, les Nord-Coréens lui avaient fait savoir qu'«ils resteraient à jamais un État doté d'armes nucléaires[1]».

Une deuxième réunion « *track 1,5* » avec le chef du département des Affaires américaines de Pyongyang fut organisée à Genève au lendemain des élections de 2016. D'après un ancien haut fonctionnaire américain, «les Nord-Coréens ne prennent pas ces réunions au sérieux» car ils savent que les représentants des États-Unis ne peuvent rien proposer de nouveau. «Mais c'est sans doute mieux qu'une absence» de réunions.

Trump avait fait plusieurs déclarations publiques sur la Corée du Nord depuis octobre 1999, lorsqu'il avait affirmé sur le plateau de l'émission de NBC *Meet the Press* que, s'il était au pouvoir, il «négocierai[t] comme un fou» avec Pyongyang[2]. En 2016, dans un discours de campagne, il avait déclaré : «Le président Obama se contente d'observer les bras croisés une Corée du Nord de plus en plus agressive qui étend la portée de son arsenal nucléaire[3].» En mai 2016, il confiait à l'agence Reuters «n'[avoir] aucun problème pour parler avec» Kim Jong-un[4]. Une fois élu, en 2017, il avait qualifié Kim de «petit malin[5]».

En l'absence d'une option militaire fiable, Clapper estimait que les États-Unis devaient être plus réalistes. En novembre 2014, il s'était rendu en Corée du Nord pour superviser la libération de deux citoyens américains qui avaient été faits prisonniers. Ses discussions avec des responsables nord-coréens l'avaient convaincu que Pyongyang n'abandonnerait pas ses armes

---

1. Débat public sur la politique américaine à l'égard de la Corée du Nord à l'université George Washington, 28 août 2017, Washington, D.C. Vidéo consultable sur www.c-span.org/video/?433122-1/us-policy-north-korea.

2. Rebecca Shabad, «Timeline : What Has Trump Said About North Korea over the Years?», CBS News, 10 août 2017.

3. *Ibid.*

4. *Ibid.*

5. *Ibid.*

nucléaires. Pourquoi le feraient-ils ? En échange de quoi ? C'était pour les Nord-Coréens un moyen de dissuasion d'autant plus puissant et efficace que sa nature était ambiguë, les États-Unis n'étant pas certains de leur véritable potentiel. Clapper avait donc expliqué à Obama et aux membres du Conseil national de sécurité qu'on ne pouvait pas faire de la dénucléarisation une condition préalable aux négociations : ça ne marchait pas, et ça ne marcherait jamais.

À quoi il avait ajouté qu'il comprenait l'aspiration de Pyongyang à un traité de paix mettant définitivement fin à la guerre de Corée, qui s'était officiellement terminée par un armistice signé en 1953. Or, il s'agissait plutôt d'une trêve entre les chefs militaires impliqués dans le conflit, pas entre les nations en guerre.

Les Américains devaient essayer de comprendre le point de vue de Pyongyang : les États-Unis et la Corée du Sud donnaient l'impression d'être constamment prêts à attaquer et à éliminer le régime de Kim, et cette agressivité prenait parfois une tournure dramatique.

Il y avait néanmoins un argument de Clapper que les Nord-Coréens n'avaient pas essayé de réfuter lors de sa visite de 2014. Les États-Unis, leur avait-il expliqué, n'ont pas d'ennemis permanents. Nous avons été en guerre avec le Japon et l'Allemagne, mais nous sommes maintenant amis de ces deux pays. Nous avons été en guerre avec le Vietnam, mais nous sommes maintenant amis. Il venait justement de visiter le Vietnam. Même après un conflit majeur, la coexistence pacifique était possible.

Clapper souhaitait que Washington ouvre une section d'intérêts à Pyongyang. Elle pourrait servir de canal informel permettant à un gouvernement tiers possédant une ambassade dans la capitale nord-coréenne de jouer les intermédiaires. Il ne s'agissait pas d'instaurer des relations diplomatiques au sens plein, mais cela fournirait aux États-Unis une base, un lieu dans la capitale nord-coréenne d'où ils pourraient obtenir des informations et aussi en faire passer.

Clapper prêchait dans le désert. Personne n'était d'accord avec lui. Obama était partisan de la ligne dure : Pyongyang devait accepter de renoncer à ses armes nucléaires. En tant qu'ardent défenseur de la réduction de l'arsenal nucléaire au niveau mondial, il voulait forcer les Nord-Coréens à reculer. Il avait condamné publiquement l'essai nucléaire du 9 septembre dans un long communiqué qui réaffirmait la position américaine : « Soyons clairs, les États-Unis n'acceptent pas et n'accepteront jamais que la Corée du Nord soit un État nucléaire[1]. »

Pour Clapper, le problème essentiel, c'est que personne ne connaissait vraiment les motivations profondes de Kim Jong-un : « Personne ne sait ce qui peut le faire craquer. » C'était cela que les Américains avaient besoin de savoir, et ils n'y arrivaient pas. Au lieu de quoi, les analystes se livraient à toutes sortes de spéculations sur la question de savoir si Kim Jung était un brillant stratège, un manipulateur de génie qui menait les autres pays en bateau, y compris les États-Unis, ou bien un imbécile impulsif et inexpérimenté.

Au fur et à mesure que l'administration Obama examinait les options possibles, la discussion commença à s'orienter vers la possibilité d'augmenter le nombre des cyberattaques. Certains y voyaient l'arme magique et discrète susceptible de contrer la menace nord-coréenne.

Pour qu'une cyberattaque de grande envergure soit efficace, la NSA devait passer par des serveurs installés en Chine et utilisés par les Nord-Coréens. Les Chinois détecteraient forcément une telle attaque et pourraient en conclure qu'elle était dirigée contre eux. Tout cela risquait de déclencher une cyberguerre cataclysmique.

---

1. Barack Obama, « Statement on North Korea's Nuclear Test », 9 septembre 2016. Accessible en ligne *in* Gerhard Peters et John T. Woolley, *The American Presidency Project*. www.presidency.ucsb.edu/ws/?pid=118931.

« Je ne peux pas vous promettre que nous sommes capables de nous défendre contre une attaque cybernétique », expliqua un membre du cabinet à Obama. C'était un problème majeur. On risquait d'amorcer une escalade et de déclencher une série d'attaques et de contre-attaques susceptibles de paralyser l'Internet, le système bancaire, les cartes de crédit, les réseaux électriques et la plupart des systèmes d'information et de communication, mettant potentiellement l'Amérique à genoux, voire l'économie mondiale tout entière.

Parmi les participants à la discussion, les juristes de la Maison Blanche détenteurs des habilitations de sécurité les plus sensibles manifestèrent leur opposition vigoureuse à un tel scénario. C'était trop risqué. La discussion n'avançait pas.

Le potentiel de cyberagression de la Corée du Nord avait été démontré avec force lors d'une attaque effectuée en 2014 contre Sony Pictures Entertainment pour empêcher la sortie d'une comédie satirique sur Kim Jong-un. Le film en question, intitulé *The Interview*, narrait les mésaventures de deux journalistes qui se rendaient en Corée du Nord pour assassiner le jeune dictateur.

L'affaire donna lieu à une enquête qui permit de découvrir que des hackers nord-coréens étaient restés aux aguets sur les réseaux de Sony pendant trois mois en attendant d'attaquer. Le 24 novembre, Pyongyang prit d'assaut les ordinateurs de Sony. Pour maximiser l'effet de choc, les écrans déployaient l'image d'un squelette rouge à l'attitude menaçante et, sous l'intitulé « Hacké par #GOP » – un sigle qui signifiait « *Guardians of Peace* » (« gardiens de la paix ») –, affichaient le texte suivant : « Nous vous avons déjà prévenus, et ceci n'est qu'un début[1] ».

1. Elizabeth Weise, « Sony Pictures Entertainment Hacked », *USA Today*, 24 novembre 2014.

Les hackers nord-coréens détruisirent ainsi au moins 70 % des ordinateurs de Sony, y compris les ordinateurs portables.

Avec l'aide de milliers de hackers, la Corée du Nord utilisait désormais régulièrement des programmes de piratage lui permettant de voler des centaines de millions de dollars à des banques et à d'autres organismes dans le monde entier.

Deux jours après le scrutin, Obama et Trump se réunirent à la Maison Blanche. Leur entrevue était censée durer vingt minutes mais elle se prolongea pendant plus d'une heure. Obama expliqua au nouvel élu que la Corée allait être le problème le plus grave et le plus important qu'il aurait à traiter. C'est mon plus gros casse-tête, lui dit-il. Trump raconta par la suite à son équipe qu'Obama l'avait averti que la Corée du Nord serait son pire cauchemar.

Un spécialiste chevronné du renseignement ayant servi en Corée du Sud déclara à ce propos : « Je suis choqué de constater que l'administration Obama a fermé les yeux et joué la politique de l'autruche sur cette question. Et maintenant, je comprends pourquoi l'équipe d'Obama a dit à Trump que son principal problème serait l'arsenal nucléaire nord-coréen. Parce qu'ils l'avaient dissimulé, ce problème. »

CHAPITRE 13*

En février, le général Dunford frappa à la porte du bureau de Lindsey Graham, le sénateur républicain de Caroline du Sud, pour une conversation privée.

Il est sans doute peu de membres du Sénat qui aient autant travaillé sur les questions militaires que Graham. Ce célibataire de 61 ans avait beau être officier de réserve, avec le rang de colonel de l'armée de l'air, il semblait être toujours en service actif. Il avait construit un vaste réseau bipartisan à Washington. Pour l'ancien vice-président Joe Biden, qui avait siégé pendant trente-six ans au Sénat, de tous les sénateurs, Graham était celui qui avait « le plus de nez »[1]. Vétéran de la commission militaire du Sénat, il était le meilleur ami et le second couteau pratiquement permanent de son président, John McCain, connu pour son franc-parler.

* L'information contenue dans ce chapitre repose essentiellement sur une série d'interviews approfondies avec des sources primaires.

1. Bob Woodward, *Obama's Wars,* Simon & Schuster, New York, 2010, p. 62.

Lorsque Dunford entra dans son bureau, Graham se rendit compte qu'il était très préoccupé. Le général lui confia que Trump avait demandé qu'on lui soumette un nouveau plan de combat en vue d'une frappe militaire préemptive contre la Corée du Nord.

Les informations fiables sur la stratégie de Pyongyang manquaient, expliqua Dunford : « Il nous faut des informations de meilleure qualité avant de pouvoir proposer un plan au président. »

Avant d'être nommé à la tête du Corps des Marines, Dunford avait commandé le 5e régiment des Marines lors de l'invasion de l'Irak en 2003. Il avait servi sous les ordres du général de division James Mattis et on le surnommait « *Fighting Joe* ». Visiblement, il n'appréciait pas le style de prise de décision impulsif de Trump. Graham eut l'impression que, vu la nature du risque, Dunford essayait de gagner du temps face aux exigences du président.

Pendant les primaires, Graham avait entretenu une relation assez conflictuelle avec Trump. Il était l'un des seize autres candidats qui faisaient campagne pour la nomination républicaine et il avait été éliminé dès le deuxième tour. Il avait traité Trump d'« imbécile » et, en guise de représailles, ce dernier avait rendu public son numéro de portable lors d'un meeting en Caroline du Sud. Graham avait été tellement inondé d'appels qu'il avait fini par détruire son téléphone dans une vidéo satirique[1]. Il avait soutenu Jeb Bush en le comparant avantageusement à Trump : Bush « n'avait pas disputé cette primaire difficile en usant d'une rhétorique incendiaire[2] ».

1. Nicholas Fandos, « Lindsey Graham Destroys Cellphone After Donald Trump Discloses His Number », *The New York Times*, 22 juillet 2015.
2. Cheri Cheng, « Lindsey Graham Endorses Presidential Candidate Jeb Bush », *News EveryDay*, 15 janvier 2016.

Priebus recommanda à Graham d'essayer de nouer une relation positive avec Trump, ayant recours entre autres à l'argument suivant : « Vous êtes un type très drôle. Il aime être entouré de gens qui le font rire. »

Graham n'avait pas ménagé Trump. Il avait critiqué de façon particulièrement virulente son premier décret, le fameux « Muslim Ban », qui restreignait le séjour aux États-Unis des ressortissants de pays musulmans : « On dirait que ça a été rédigé au dos d'une enveloppe par un élève de CE2. »

Graham et McCain avaient publié à ce sujet un communiqué conjoint : « Nous craignons que ce décret ne desserve gravement notre lutte contre le terrorisme. Le message qu'il transmet, que ce soit volontaire ou pas, c'est que l'Amérique ne veut pas que les musulmans visitent notre pays. C'est pourquoi nous craignons que ce décret contribue plus à faciliter le recrutement de terroristes qu'à améliorer notre sécurité[1]. »

Mais désormais, Graham était prêt à oublier le passé.

Quelques semaines plus tard, le 7 mars, Trump invita Graham à déjeuner à la Maison Blanche. Le sénateur avait préparé un petit discours.

Lorsqu'il pénétra dans le Bureau ovale, Trump était assis derrière le *Resolute desk*. Il se leva, se précipita vers Graham et le gratifia d'une accolade : « Nous devons être amis. Je veux que vous soyez mon ami. »

« Oui, Monsieur le président, répondit Graham. Moi aussi je veux être votre ami. »

Trump s'excusa d'avoir rendu public le numéro de portable de Graham.

« Ça a été le grand moment de ma campagne », plaisanta Graham.

1. « Statement by Senators McCain and Graham on Executive Order on Immigration », 29 janvier 2017.

« C'est quoi, votre nouveau numéro ? » demanda Trump. Il le nota, se mit à rire et demanda à Graham comment ils en étaient arrivés à ce niveau d'animosité.

« C'était une compétition, dit Graham. Vous savez bien que je n'ai jamais décollé. Pas moyen de passer en tête de peloton. C'est vous qui avez gagné, je reconnais humblement ma défaite et j'accepte votre victoire. » Il savait que c'était ce que Trump voulait entendre. « Est-ce que vous avez besoin de mon aide ? »

Trump acquiesça.

« Avant d'aller déjeuner, dit Graham, je veux m'excuser auprès de vous pour le comportement lamentable de la majorité républicaine. Le Congrès va foutre le bordel dans votre présidence. Nous n'avons pas la moindre idée de ce que nous faisons. Nous n'avons aucun plan pour la réforme de la santé. En matière de réduction d'impôts, nous sommes sur des planètes différentes. Et c'est vous qui allez payer les pots cassés. » La réforme fiscale et le vote d'une alternative à la réforme du système de santé promue par Obama, l'« Obamacare », auraient dû se faire depuis des années. « Mais s'il y a quelqu'un qui peut le faire, c'est vous. Vous êtes un négociateur hors pair. Ces gros bonnets du Congrès ne savent même pas accomplir quelque chose d'aussi simple qu'acheter une maison. S'il y a jamais eu un moment idéal pour laisser la place à un bon négociateur, c'est bien aujourd'hui. Il y a des tas de gens très bien au Congrès, mais la plupart d'entre eux n'ont jamais rien eu à négocier dans le secteur privé. Il n'y a pas cinq personnes au Capitole que je laisserais m'acheter une voiture. Vous, par contre, je vous laisserais sans problème m'acheter une voiture. Et ce dont je veux vous convaincre, c'est que *vous* me laisseriez vous acheter une voiture. »

Ils s'installèrent dans la salle à manger. L'écran géant du téléviseur diffusait les programmes de la chaîne câblée de Fox, mais le son était coupé. Ils furent rejoints par McMaster et Priebus.

« Quel est votre souci numéro un ? » demanda Trump.

« À court terme, la Corée du Nord, répondit Graham. Un de ces jours, un de vos collaborateurs viendra vous trouver et vous dira : "Monsieur le président, ils sont sur le point d'obtenir un missile et ils ont miniaturisé une arme nucléaire pour l'y installer. Ils peuvent frapper notre territoire. Que devons-nous faire ?" »

Soudain, tout le monde se tourna vers l'écran, où était projetée l'image de quatre missiles nord-coréens. Quelques jours auparavant, le 5 mars, Pyongyang avait lancé quatre missiles sur la mer du Japon[1].

Trump, sidéré, écarquillait les yeux.

Graham s'empressa de rassurer tout le monde : il avait déjà vu ces images. « Ce sont des images anciennes, ça ne date pas d'aujourd'hui. »

« Je ne peux pas rester les bras croisés », dit Trump en montrant l'écran.

« Lorsque le jour viendra, dit Graham, quelle sera votre décision ? »

« À votre avis, qu'est-ce que je devrais faire ? »

« Vous pouvez accepter qu'ils aient un missile, mais leur faire savoir, à eux et aux Chinois, que si jamais ils osent s'en servir un jour, c'est la fin de la Corée du Nord. Et vous munir d'un système de défense antimissile suffisamment efficace. Ça, c'est le premier scénario. Dans le deuxième scénario, vous dites aux Chinois qu'il n'est pas question pour nous d'accepter que Pyongyang obtienne un missile capable de frapper notre territoire. Et que si Pékin ne veut pas s'en occuper, nous le ferons nous-mêmes. »

« Quelle serait votre option ? » demanda le président.

Clairement le deuxième scénario, dit Graham. On ne peut pas les laisser avoir cette capacité. Le premier scénario est trop risqué.

1. Voir la base de données CNS North Korea Missile Test Database, accessible à l'adresse www.nti.org/analysis/articles/cns-north-korea-missile-test-database/.

Le président se pencha vers McMaster : « Qu'en pensez-vous ? »

« Je pense qu'il a raison », répondit le conseiller à la sécurité nationale.

« Si la menace se concrétise, dit Graham, ne nous laissez pas [les congressistes] assis dans notre coin à nous lamenter. Si vous avez des preuves, le jour même où on vous les aura communiquées, vous appelez les leaders du Congrès et vous leur dites que vous allez peut-être devoir recourir à la force. Pourquoi leur demander l'autorisation d'utiliser la force contre la Corée du Nord ? C'est simple : une fois que vous aurez obtenu un vote décisif et que vous serez investi de ce pouvoir de rétorsion, vous n'aurez peut-être plus besoin de l'utiliser. »

« Ce serait très provocateur », dit Priebus.

« C'est justement fait pour ça, répondit Graham. C'est une solution de dernier recours. »

« Ça va alarmer et perturber tout le monde », lui répondit Priebus.

« Je m'en fous s'il y a des gens qui perdent les pédales à cause de ça », lança Trump.

« Je ne pense pas que vous souhaitiez qu'on se souvienne de votre mandat comme celui où la Corée du Nord, une puissance nucléaire, a obtenu un missile capable d'atteindre les États-Unis », dit Graham.

Trump répondit que c'était effectivement un sujet de préoccupation pour lui.

« S'ils font une percée technologique et s'ils construisent un missile capable d'atteindre les États-Unis, il faut les stopper net, continua Graham. Si vous obtenez l'autorisation du Congrès, vous avez un atout en poche. » Ce serait une étape intermédiaire qui fournirait à Trump un moyen de pression.

« Ils croient que s'ils obtiennent un missile avec une tête nucléaire, ils peuvent faire ce qu'ils veulent. Vous devez les convaincre que si jamais ils essayent d'avoir un missile nucléaire, c'en est fini pour eux. »

McMaster intervint pour dire qu'on n'avait pas suffisamment d'informations sur la Corée du Nord.

« Appelez-moi avant de tirer », leur dit Graham.

Graham insistait autant que possible sur une approche bipartisane. Il fallait rallier les démocrates. Il entendait fournir à Trump une feuille de route pour négocier avec le Congrès : « Monsieur le président, vous devez acheter quelques démocrates. La bonne nouvelle, c'est qu'ils ne coûtent pas cher. » Trump avait besoin d'apprendre à connaître les hommes clés du Congrès au sein des deux partis. « Utilisez votre expérience et vos talents de négociateur. Il faut mettre quelque chose sur la table. Ça fait dix ans que je fais ça avec les républicains et les démocrates. »

Certes, il y aurait des désaccords. Les bons amis ne sont pas toujours d'accord entre eux. « Washington a toujours les yeux tournés vers le prochain épisode. Si quelque chose ne marche pas, on passe à autre chose. »

Le président devait arrêter de tweeter. La semaine précédente, le 4 mars, il avait envoyé quatre tweets accusant Obama d'avoir mis la Trump Tower sur écoute[1].

« Vous vous êtes tiré une balle dans le pied », dit Graham à propos de la réaction massive de rejet qui avait suivi ces tweets. « Ils veulent votre peau. Ne leur donnez pas de prétextes. »

« Mais c'est comme ça que je fonctionne, en tweetant », rétorqua le président.

---

1. Voir les tweets de Trump sur www.twitter.com/realdonaldtrump/status/ 837989835818287106 ; www.twitter.com/realdonaldtrump/status/8379932 73679560704 ; www.twitter.com/realdonaldtrump/status/837994257566 863360 ; www.twitter.com/realdonaldtrump /status/837996746236182529.

« Vous pouvez tweeter quand c'est à votre avantage, Monsieur le président, mais ne le faites pas à votre désavantage. Ils vont constamment essayer de vous entraîner dans leur marigot. Il faut être suffisamment discipliné et ne pas mordre à l'hameçon. »

Le lendemain, Trump appela Graham pour le remercier de leur conversation.

« Invitez à dîner John McCain et sa femme, Cindy, dit Graham. John est un type bien. Il faut que vous vous réconciliiez avec lui, il pourra vous aider pour beaucoup de choses. »

En 2015, Trump avait dédié à McCain l'un de ses commentaires les plus féroces et les plus injustes. « Ce n'est pas un héros. On dit que c'est un héros parce qu'il a été fait prisonnier. Moi, j'aime les gens qui ne se laissent pas capturer[1]. »

Graham savait que McCain détestait Trump. Il savait aussi qu'à Washintgton, il fallait être capable de travailler avec des gens qui vous détestent. Mais il s'abstint de faire part de ces réflexions au président.

« Mon principal boulot est de contrôler John McCain », observa Graham. Le leader de la majorité au Sénat, Mitch McConnell, « a une peur bleue de John McCain. Parce que John n'a pas de limites. Il s'en prendra aussi bien aux républicains qu'aux démocrates. Et ça m'arrive à moi aussi, mais je le fais de façon plus calculée. Tandis que John, c'est John. C'est le type le plus sympa du monde, et il adore être dans les médias, comme moi. Mais il est beaucoup plus sympa que moi. »

Le dîner avec McCain et son épouse eut lieu en avril dans le Salon Bleu (*Blue Room*). Graham était également invité. Cindy McCain avait consacré sa vie à la lutte contre la traite

1. Jonathan Martin et Alan Rappeport, « Donald Trump Says John McCain Is No War Hero, Setting Off Another Storm », *The New York Times*, 18 juillet 2015.

des personnes, et Graham avait suggéré à Trump d'en faire son ambassadrice en faveur de cette cause.

Pendant le dîner, Trump sortit une lettre. Il la lut à Cindy McCain ligne par ligne, détachant bien chaque mot.

J'aimerais beaucoup que vous soyez ma déléguée pour la lutte contre la traite des êtres humains, dit-il, observant qu'elle avait consacré sa vie à des causes liées aux droits de l'homme.

« J'en serais très honorée », dit Cindy McCain avant de fondre en larmes.

Son mari était visiblement touché. En tant que président de la commission militaire du Sénat, il remercia aussi le président d'avoir promis de reconstruire les forces armées.

Que pouvons-nous faire pour vous aider ?, demanda McCain.

« Je souhaite juste mieux vous connaître », dit Trump. Il en remit aussitôt une couche : « Je vous admire. Vous êtes un sacré bonhomme, un type vraiment bien. »

C'était sa façon de demander pardon, il n'était pas capable d'en faire plus.

McCain sembla à nouveau touché : « Le monde est un endroit dangereux. Nous voulons vous aider. »

Qu'est-ce que vous pensez de la Corée du Nord ?, demanda Trump.

« Sur la Corée du Nord, tout le monde s'est planté », dit McCain. Les démocrates, les républicains – les trois derniers présidents en vingt-quatre ans, George W. Bush, Barack Obama et Bill Clinton.

« Voici les deux options, Monsieur le président », expliqua Graham en reprenant ce qu'il avait déjà dit à Trump. Soit on adopte une stratégie de contention – on laisse Pyongyang obtenir son missile dernier modèle doté d'une tête nucléaire, en espérant qu'on sera capables de l'abattre ou qu'on pourra les dissuader de ne jamais s'en servir –, soit on fait savoir aux Chinois que les États-Unis empêcheront la Corée du Nord de se doter de cet arsenal.

Qu'est-ce que vous en pensez?, demanda Trump à McCain.

« C'est très compliqué. Ils peuvent tuer un million de personnes à Séoul rien qu'avec de l'artillerie conventionnelle. C'est ce qui rend les choses si difficiles. »

Graham intervint pour défendre la ligne dure : « Si un million de personnes doivent mourir, qu'elles meurent là-bas et pas ici. »

« C'est quand même dur, ce que vous dites », commenta Trump. Il ajouta qu'il était convaincu que les Chinois l'aimaient. Il le répéta presque dix fois ; il pensait que ça augmentait sa capacité d'influer sur eux.

Au cours d'une réunion de printemps dans le Bureau ovale, la discussion porta sur une controverse qui faisait rage en Corée du Sud à propos du déploiement du système de défense antimissile THAAD, qui était devenu un thème polémique dans la campagne présidentielle locale[1]. Ledit système était censé protéger la Corée du Sud contre une attaque de missiles nord-coréens. Plus important encore, il pouvait aussi contribuer à protéger les États-Unis.

« Les Coréens nous ont payé quelque chose ? » demanda Trump.

« Ils n'ont rien payé, répondit McMaster. C'est nous qui payons. »

« Ah, mais ça ne va pas du tout, ça », dit Trump. Il exigeait des explications. McMaster se chargea d'aller les chercher auprès du Pentagone.

« En réalité, c'est une très bonne affaire pour nous, déclara McMaster à son retour dans l'après-midi. Nous bénéficions d'un bail gratuit de quatre-vingt-dix-neuf ans pour le terrain mais nous payons pour le système, les infrastructures et les opérations. »

Trump était carrément furieux : « Je veux voir ça de plus

1. Adriana Diaz, « U.S. THAAD Missile System a Factor in South Korea's Presidential Election », CBS News, 8 mai 2017.

près. » On finit par leur apporter des cartes indiquant l'emplacement du site concerné, qui incluait l'extension d'un ancien terrain de golf.

« Ce terrain de merde ne vaut rien. » C'était l'ancien promoteur immobilier et propriétaire de terrains de golf qui parlait. « C'est une très mauvaise affaire. Quel est le génie qui a négocié cet accord ? Il faut annuler ce deal ; je n'en veux pas, de ce terrain. »

Trump ne comprenait pas comment un système de défense antimissile aussi important, et qui risquait de coûter 10 milliards de dollars sur dix ans, n'était même pas physiquement installé en territoire américain. « J'emmerde les Coréens, on leur reprend le système et on le met à Portland ! »

Trump était toujours indigné par le déficit commercial de 18 milliards de dollars avec la Corée du Sud et voulait dénoncer l'« horrible » accord commercial avec Séoul, le KORUS.

Non seulement les tensions croissantes autour du système THAAD étaient préoccupantes mais la Corée du Sud était un allié et un partenaire commercial de première importance. Trump se réunit avec McMaster et Mattis qui lui signalèrent tous deux que vu la crise avec la Corée du Nord, ce n'était vraiment pas le moment de mettre sur le tapis l'accord commercial avec Séoul.

« Eh bien non, justement, c'est maintenant qu'il faut en parler, dit Trump. Ils veulent qu'on les protège ? Alors c'est le moment de renégocier l'accord, parce qu'on a un moyen de pression. »

Trump déclara ultérieurement à l'agence Reuters que le coût initial de la THAAD était estimé à un milliard de dollars : « J'ai informé les Sud-Coréens qu'ils feraient mieux de payer leur part. C'est un système qui coûte un milliard de dollars. Un truc phénoménal, capable de descendre des missiles en plein vol[1]. »

---

1. Stephen J. Adler, Jeff Mason et Steve Holland, « Exclusive : Trump Vows to Fix or Scrap South Korean Trade Deal, Wants Missile System Payment », Reuters, 27 avril 2017.

Le 30 avril, McMaster appela le directeur de la sécurité nationale sud-coréenne. Il rapporta le contenu de cet échange à Chris Wallace, de Fox News : « Ce que j'ai dit à mon homologue sud-coréen, c'est que tant qu'il n'y aura pas de renégociation, l'accord tient toujours, et nous respecterons notre parole[1]. »

Par la suite, en signe de bonne volonté, le ministère du Commerce sud-coréen accepta de commencer à renégocier l'accord commercial KORUS[2].

1. « McMaster Says U.S. Will Pay for THAAD Antimissile System in South Korea », Fox News, 30 avril 2017.
2. « South Korea Trade Ministry Says Ready to Begin Renegotiating U.S. Trade Pact », Reuters, 17 décembre 2017.

CHAPITRE 14 *

En février, le colonel à la retraite Derek Harvey, l'un des meilleurs analystes des services de renseignements américains, fut nommé directeur pour le Moyen-Orient au sein de l'équipe du Conseil national de sécurité. Une position très prisée en charge d'une région particulièrement chaotique.

Harvey était une véritable légende, un homme très motivé qui parlait d'une voix paisible. Son approche du renseignement était celle d'un détective chargé de résoudre un homicide : il passait son temps à parcourir des milliers de pages de rapports d'interrogatoires, d'écoutes téléphoniques, de comptes rendus de combats, de documents ennemis, de données à l'état brut et de sources non traditionnelles comme les chefs tribaux.

Il en tirait des conclusions souvent peu orthodoxes. Dans certains milieux, on l'appelait « La Grenade » à cause de sa capacité et de son empressement à faire exploser les idées reçues.

* L'information contenue dans ce chapitre repose essentiellement sur une série d'interviews approfondies avec des sources primaires.

Avant les attentats terroristes du 11 septembre 2001, Harvey avait rédigé une note dans laquelle il affirmait qu'Oussama ben Laden et Al-Qaïda constituaient une menace stratégique pour les États-Unis. Il fut presque le seul à prévoir la persistance et la force des groupes insurgés en Irak et en Afghanistan après l'invasion américaine. Il avait coutume de dire que certaines idées agressives et ambitieuses, comme le maintien de dizaines de milliers de soldats américains en Afghanistan pendant des années, étaient « faisables, mais pas vendables » : le système politique n'était pas prêt à les promouvoir ou à les soutenir.

Harvey rendit visite à Jared Kushner, qui travaillait dans une petite pièce adjacente au Bureau ovale.

Kushner s'enfonça dans son fauteuil, croisa les jambes et écouta les arguments d'Harvey.

La préoccupation numéro un d'Harvey au Moyen-Orient était le Hezbollah, l'organisation terroriste libanaise soutenue par l'Iran. D'après les renseignements ultrasensibles recueillis par Washington, le Hezbollah avait une armée permanente de plus de 48 000 hommes au Liban, constituant ainsi une menace existentielle pour l'État juif. Ses corps expéditionnaires en Syrie et au Yémen comptaient 8 000 combattants, à quoi il fallait ajouter des unités de commandos déployées dans toute la région. Le Hezbollah avait aussi des détachements de trente à cinquante personnes dans de nombreux autres pays, comme la Colombie, le Venezuela, l'Afrique du Sud, le Mozambique et le Kenya.

Il possédait un arsenal impressionnant de 150 000 roquettes, alors qu'il n'en avait encore que 4 500 lors de la guerre de 2006 avec Israël.

Des officiers des Gardiens de la révolution iraniens étaient intégrés à la structure du Hezbollah. L'Iran payait les factures de leur allié libanais à hauteur d'un milliard de dollars par an, un montant ahurissant. Et cela n'incluait pas les profits que le Hezbollah tirait du blanchiment d'argent, de la traite des personnes, du commerce de la cocaïne et de l'opium et du trafic d'ivoire mozambicain.

Le Hezbollah occupait une position dominante au Liban, où il fonctionnait comme un État dans l'État, prêt à recourir à la violence. Rien d'important n'avait lieu sur la scène politique libanaise sans l'accord du Hezbollah. Sa volonté de détruire Israël était inébranlable.

Ce faisant, il jouait un rôle de parfait instrument de pression et d'agression de Téhéran contre l'État juif en étant capable de pilonner ses bases aériennes à coups de roquettes. Des systèmes de défense comme « Dôme de Fer », « Fronde de David » ou les missiles Arrow ne suffisaient pas à protéger Israël.

D'après Harvey, on avait là tous les ingrédients potentiels d'une guerre catastrophique, avec de très graves conséquences humanitaires, économiques et stratégiques. Un conflit entre Israël et l'Iran entraînerait forcément les États-Unis dans la bataille et ruinerait tous les efforts d'assurer la stabilité de la région.

Trump eut droit à une version considérablement allégée de l'exposé sur le Hezbollah. Lors des briefings de sécurité nationale quotidiens du Bureau ovale, le directeur national du renseignement Dan Coats et le directeur de la CIA Mike Pompeo appuyaient les arguments d'Harvey. De leur côté, Mattis, McMaster et le secrétaire d'État Rex Tillerson avaient une attitude moins engagée sur la question.

Harvey était frustré de constater que certains membres de l'administration ne se rendaient pas compte à quel point les équilibres de pouvoir fondamentaux avaient changé. Une nouvelle guerre israélo-arabe aurait pour l'État juif des conséquences bien plus graves que tous les conflits antérieurs. Une offensive à grande échelle était capable de mettre en péril les capacités opérationnelles des Israéliens.

Harvey insista vigoureusement : la nouvelle administration n'était pas préparée à ce qui pouvait arriver. Il expliqua à Kushner qu'il fallait absolument travailler dans la ligne des accords esquissés par Trump et le Premier ministre israélien Benjamin Netanyahou lors de leur réunion en février. Il souligna l'importance d'un dialogue stratégique permettant de porter un regard neuf sur ces réalités inédites et de les affronter sur le terrain. Il souhaitait voir s'améliorer des relations qui, selon lui, s'étaient détériorées pendant les deux mandats d'Obama.

Au cours de l'été, l'ambassadeur d'Israël à Washington et son conseiller en matière de sécurité nationale invitèrent Harvey à se rendre en Israël.

McMaster dit aux Israéliens qu'Harvey ne pouvait pas effectuer cette visite, mais sans donner aucune explication.

Début juillet, Harvey prit des dispositions pour rencontrer des hauts responsables du Mossad et du renseignement militaire, ainsi que des représentants des forces aériennes et de l'armée israélienne. Furieux, McMaster l'empêcha de concrétiser ces contacts[1].

Harvey avait-il raison ? Avait-il découvert la prochaine bombe à retardement – le Hezbollah – tapie dans la masse des problèmes de politique étrangère auxquels étaient confrontés les États-Unis et Trump ?

Harvey retourna bientôt auprès de Kushner, qui lui posa aussitôt la question suivante : « Que diriez-vous si le premier voyage présidentiel de M. Trump était une visite à Riyad ? »

« Cela correspond parfaitement à ce que nous essayons de faire, répondit Harvey, à savoir réaffirmer notre soutien aux Saoudiens et nos objectifs stratégiques dans la région. Notre position s'est tellement détériorée pendant les années Obama… »

Harvey estimait qu'Obama avait passé trop de temps à essayer d'apprivoiser l'Iran avec l'accord nucléaire et avait négligé, voire méprisé, les relations avec les Saoudiens et Israël. En effectuant

1. McMaster licencia Harvey le 27 juillet 2017.

son premier voyage officiel en Arabie Saoudite, Trump enverrait un signal fort sur les nouvelles priorités de son administration. Harvey avait aussi un grand intérêt personnel à ce que le premier voyage présidentiel ait pour destination sa région, le Moyen-Orient, vu que tous les autres gros bonnets du Conseil national de sécurité réclameraient à cor et à cri qu'il s'effectue dans leur région respective.

Un tel sommet en Arabie Saoudite serait également bénéfique pour Israël. Saoudiens et Israéliens, tous deux ennemis de longue date de l'Iran, entretenaient ouvertement des relations diplomatiques informelles mais cruciales.

Harvey savait bien l'importance qu'il fallait accorder aux propos de Kushner, qui n'était évidemment pas un simple conseiller présidentiel de haut rang. Cet échange avec le gendre n'avait pas pu se faire à l'insu de son beau-père, voire sans son encouragement.

Comme tous les officiers de renseignements, Harvey avait d'excellents contacts au sein des services israéliens et savait aussi que Kushner y cultivait ses propres liens. Netanyahou était un ami de longue date de la famille Kushner.

Kushner expliqua à Harvey qu'il disposait d'informations importantes et fiables selon lesquelles la clé du royaume saoudien était le vice-prince héritier, Mohammed ben Salmane, un homme charismatique de 31 ans connu sous le sobriquet de MBS. Fils du monarque saoudien, MBS était également ministre de la Défense, une position clé qui lui assurait une grande influence potentielle. MBS était un homme énergique et séduisant, un visionnaire qui envisageait des réformes audacieuses pour moderniser le royaume.

Lorsque McMaster fut mis au courant de l'idée de visite à Riyad suggérée par Kushner, il interrogea Harvey avec une certaine nervosité : « Qui est-ce qui promeut cette visite ? D'où vient l'initiative ? »

Harvey n'était pas certain du rôle du président dans cette initiative.

McMaster n'appréciait visiblement pas cette approche qui ne passait pas par les canaux officiels mais il ne pouvait pas y faire grand-chose.

Harvey eut une série de réunions avec les divers services de renseignements, dont la CIA. Tous recommandèrent à Kushner la plus grande prudence. Selon eux, le véritable homme clé était le prince héritier en titre, Mohammed ben Nayef, dit MBN. On créditait ce neveu du roi âgé de 57 ans et responsable du ministère de l'Intérieur d'avoir démantelé Al-Qaïda en territoire saoudien. Faire preuve de favoritisme envers son junior MBS risquait de provoquer des frictions au sein de la famille royale.

L'expérience de décennies de contacts bien informés au Moyen-Orient amenait Harvey à penser que Kushner avait raison et que MBS incarnait effectivement l'avenir de l'Arabie Saoudite. Le jeune prince avait compris que la voie des réformes était la seule garantie de survie du royaume. Sous l'égide de Kushner, Harvey disposait d'une marge d'autorité sans précédent pour commencer à faire des plans. Il contacta les secrétariats à la Défense et au Trésor et le Conseil économique national de la Maison Blanche. Certes, une telle stratégie n'était pas sans risques, mais Harvey y voyait des bénéfices potentiels très élevés.

En mars, McMaster présida une réunion au sommet pour examiner la possibilité d'une visite à Riyad.

« D'après mon expérience à Exxon, déclara le secrétaire d'État Rex Tillerson en esquissant un geste dédaigneux, les Saoudiens sont très forts pour parler mais au bout de négociations laborieuses, lorsqu'il s'agit de mettre leur signature en bas de page, il n'y a plus personne. » On ne pouvait s'engager avec MBS qu'avec une extrême prudence. Washington risquait de travailler d'arrache-pied à la tenue d'un sommet pour ne rien obtenir au bout du compte.

« Tout ça est prématuré », dit Mattis. L'organisation de ventes d'armes et d'autres projets bénéfiques pour notre économie, qui sont les avantages à escompter d'un tel sommet, prendrait beaucoup de temps. « Il vaut mieux attendre l'année prochaine. Une administration fraîchement élue doit se montrer plus prudente. »

Le secrétaire à l'Énergie, Rick Perry, pensait lui aussi qu'il y avait trop à faire en trop peu de temps.

Personne ne soutenait l'idée d'une visite d'ici deux mois, comme le proposait maintenant Kushner.

Le gendre du président était assis en face de McMaster, à l'autre extrémité de la table.

« Je comprends que c'est très ambitieux, dit-il en se levant de son siège. Je comprends vos inquiétudes. Mais je pense qu'une véritable opportunité s'offre à nous. Il ne faut pas la laisser passer. Je comprends que nous devons être prudents. Travaillons dans cette perspective et si finalement ça ne se concrétise pas, nous aurons tout le temps de changer de braquet. Mais c'est une opportunité à saisir. »

Personne ne s'y opposa. Harvey savait qu'ils n'avaient pas vraiment le choix et continua à planifier la visite comme si elle devait bien avoir lieu. Il fixa certains critères, comme la garantie préalable de faire signer aux Saoudiens plus de 100 milliards de dollars en contrats d'armements.

Il était chargé des préparatifs concrets. MBS envoya une équipe de trente personnes à Washington et Harvey mit à leur disposition plusieurs salles de conférences dans l'Eisenhower Office Building. Il organisa des groupes de travail mixtes sur le terrorisme, son financement, la violence extrémiste et les campagnes d'information. Le Pentagone tint des réunions sur les contrats et les partenariats de sécurité.

Harvey n'entendait pas exiger trop des Saoudiens, dont il savait qu'ils n'avaient pas autant de ressources qu'on le pensait généralement. Les prix du pétrole avaient chuté, ce qui avait réduit les revenus du royaume.

McMaster était toujours réticent. Il confia à Harvey qu'étant donné que c'était une idée de Kushner, il fallait bien s'atteler à la tâche, mais qu'il n'y avait pas grand monde pour la soutenir. On va faire le minimum, et puis on laissera tomber à un moment ou à un autre.

Kushner expliqua que si les États-Unis voulaient rester engagés dans la région, ils devaient aider les Saoudiens et les Israéliens à prospérer. Le président n'allait pas continuer à payer les factures de la défense américaine au Moyen-Orient alors que les premiers bénéficiaires en étaient les pays de la région.

Il s'inquiétait de l'augmentation de l'influence iranienne et des opérations subversives menées dans la région, en particulier celles du Hezbollah, qui menaçait Israël.

Faites votre possible pour que les Saoudiens nous achètent plus de systèmes d'armement, dit Kushner. Ça aiderait l'économie et la création d'emplois aux États-Unis. Et de fait, ils devraient aussi nous acheter de gros stocks de munitions, des contrats de maintenance décennaux, etc.

L'équipe saoudienne consacra une deuxième visite à Washington avec au moins quatre journées entières de réunions qui duraient parfois jusqu'à une heure du matin.

Kushner tenait dans son bureau des réunions quotidiennes avec les principaux responsables américains concernés, publics ou privés, soit près d'une douzaine de personnes à chaque fois.

Lorsque les Saoudiens étaient trop timides en matière de contrats ou d'achats d'armements, Kushner disait à Harvey : « Je vais passer un coup de fil. » Il appelait directement MBS et les Saoudiens augmentaient le volume de leurs achats d'armes.

Lorsque l'affaire parut arriver à son terme, Kushner invita MBS aux États-Unis et le fit accueillir à la Maison Blanche le 14 mars pour un déjeuner avec Trump dans la salle à manger d'État. Pence, Priebus, Bannon, McMaster et Kushner étaient présents[1]. Il s'agissait d'une violation du protocole qui perturbait pas mal

1. Julie Hirschfeld Davis, « Trump Meets Saudi Prince as U.S. and Kingdom Seek Warmer Relations », *The New York Times*, 14 mars 2017.

de gens au département d'État et à la CIA. Le président n'était pas censé inviter à déjeuner à la Maison Blanche un simple vice-prince héritier.

Tillerson et Mattis continuaient à exprimer leurs doutes : trop compliqué, trop de travail, trop de questions en suspens concernant les contrats.

Trump donna finalement son feu vert et le voyage en Arabie Saoudite et en Israël fut annoncé le jeudi 4 mai[1].

Trump séjourna en Arabie Saoudite du 20 au 21 mai et y fut très bien accueilli. Il annonça que les Saoudiens allaient acheter des équipements de défense pour un montant de 110 milliards de dollars, plus quelques centaines de millions de dollars additionnels en contrats divers – un chiffre certainement exagéré[2].

Pour Harvey, le sommet de Riyad était un grand succès qui avait restauré les relations avec les Saoudiens de façon spectaculaire, envoyant un message stratégique à l'Iran, principal adversaire des deux pays. L'Arabie Saoudite, les autres pays membres du Conseil de coopération du Golfe (Bahreïn, Koweït, Oman, Qatar, Émirats arabes unis) et Israël étaient unis. L'approche conciliatrice d'Obama n'avait plus lieu d'être.

Le mois suivant, Salman, le monarque saoudien, âgé de 81 ans, fit du trentenaire MBS le nouveau prince héritier, le propulsant à la tête du royaume pour un temps indéfini – peut-être plusieurs décennies[3].

---

1. Mark Landler et Peter Baker, « Saudi Arabia and Israel Will Be on Itinerary of Trump's First Foreign Trip », *The New York Times*, 4 mai 2017.

2. Aaron Mehta, « Revealed : Trump's $110 Billion Weapons List for the Saudis », *DefenseNews*, 8 juin 2017.

3. Sudarsan Raghavan et Kareem Fahaim, « Saudi King Names Son as New Crown Prince, Upending the Royal Succession », *The Washington Post*, 21 juin 2017.

CHAPITRE 15 *

Trump était l'un des plus farouches adversaires de l'intervention américaine en Afghanistan, qui durait désormais depuis seize ans. C'était la plus longue guerre de l'histoire des États-Unis. Si l'on peut parler de position de principe chez Trump, telle était son opposition à un conflit afghan à propos duquel il se répandait en sarcasmes. Depuis 2011, quatre ans avant son entrée officielle dans la course présidentielle, il n'arrêtait pas de critiquer l'engagement en Afghanistan sur Twitter[1].

En mars 2012, il tweetait ainsi : « L'Afghanistan est un désastre total. Nous ne savons pas ce que nous faisons là-bas. Et par-dessus le marché, nous nous faisons carrément arnaquer dans cette affaire[2]. »

---

* L'information contenue dans ce chapitre repose essentiellement sur une série d'interviews approfondies avec des sources primaires.
1. Voir le tweet de Trump sur www.twitter.com/realdonaldtrump/status/122396588336349184.
2. Voir le tweet de Trump sur www.twitter.com/realdonaldtrump/status/179270017064513536.

En 2013, il y eut une nouvelle salve de tweets. En janvier : « Quittons l'Afghanistan. Nos soldats se font massacrer par les mêmes Afghans que nous entraînons et nous y gaspillons des milliards. C'est absurde ! Ce sont les USA qu'il faut reconstruire[1]. » En mars : « Nous devrions quitter l'Afghanistan immédiatement. Assez de vies gâchées. S'il faut y retourner, faisons ça vite et fort. Reconstruisons d'abord les États-Unis[2]. » En avril : « Notre gouvernement est tellement pathétique qu'une partie des milliards gaspillés en Afghanistan finissent dans les coffres des terroristes[3]. » En novembre : « Ne laissons pas nos idiots de dirigeants signer un accord qui nous obligera à rester en Afghanistan jusqu'en 2024 – tous frais payés exclusivement par les États-Unis. RENDONS SA GRANDEUR À L'AMÉRIQUE[4] ! »

Et en décembre 2015, Trump tweetait : « Un kamikaze vient de tuer des soldats américains en Afghanistan. Quand est-ce que nos dirigeants feront preuve d'un peu de poigne et d'intelligence ? Nous nous laissons mener à l'abattoir[5] ! »

Comme tous les présidents, Trump devait gérer le travail inachevé de ses prédécesseurs. Depuis le début du XXIᵉ siècle, rien n'illustrait mieux cette situation que le conflit afghan. Cette guerre, commencée au lendemain des attentats terroristes du 11 septembre 2001, lorsque l'Afghanistan servait de sanctuaire à Oussama ben Laden et à Al-Qaïda, était un écheveau d'ambitions

1. Voir le tweet de Trump sur www.twitter.com/realdonaldtrump/status/289807790178959360.
2. Voir le tweet de Trump sur www.twitter.com/realdonaldtrump/status/307568422789709824.
3. Voir le tweet de Trump sur www.twitter.com/realdonaldtrump/status/324590961827143681.
4. Voir le tweet de Trump sur www.twitter.com/realdonaldtrump/status/403511109942247424.
5. Voir le tweet de Trump sur www.twitter.com/realdonaldtrump/status/679000573241393154.

excessives, de revers, de malentendus et d'énormes investissements financiers, militaires et humains.

Sous les présidents Bush et Obama, les controverses et les polémiques sur le nombre de soldats engagés en Afghanistan avaient dominé le débat public aussi bien que les discussions internes du Conseil national de sécurité, et suscité bien des attentes concernant l'évolution ou la conclusion de l'intervention américaine. La couverture médiatique se concentrait sur les questions d'effectifs et de calendrier. Le nombre de soldats américains engagés dans la guerre était devenu un indicateur de progrès.

Sous Obama, ce nombre avait évolué en dents de scie, culminant à 100 000 hommes puis retombant à 8 400, une réduction drastique qui avait suscité le faux espoir que l'intervention armée contre les talibans touchait à sa fin. Mais en coulisses, les experts savaient que les efforts américains étaient vains.

En 2010, lors d'une réunion effectuée peu de temps après qu'Obama eut envoyé en Afghanistan un contingent additionnel de 30 000 soldats, le général de corps d'armée Douglas Lute, coordinateur de la Maison Blanche sur ces questions, avait caractérisé l'intervention américaine de « château de cartes[1] ».

Peter Lavoy, successivement sous-secrétaire adjoint à la Défense pour la zone Asie-Pacifique puis responsable de l'Asie du Sud au Conseil national de sécurité sous Obama, jouissait d'une autorité discrète sur cette région, et en particulier sur le Pakistan et l'Afghanistan. Pratiquement inconnu du grand public, il combinait les qualités d'un universitaire et d'un homme de terrain, et jouait un rôle clé dans l'univers de la défense et du renseignement. Il était convaincu que le débat obsessionnel sur la taille du contingent américain était le talon d'Achille de la politique afghane de l'administration Obama.

1. Bob Woodward, *Obama's Wars*, Simon & Schuster, New York, 2010, p. 361.

« Il y a littéralement des milliers de sous-tribus en Afghanistan, expliquait Lavoy, chacune avec ses propres motifs de récrimination. Même si les talibans cessaient d'exister, il continuerait à y avoir une insurrection. » L'horizon de la victoire était indéfini parce qu'on ne savait pas ce qui constituait un succès ou un échec.

H. R. McMaster savait qu'il aurait à gérer un différend majeur avec Trump à propos de la guerre en Afghanistan. Il connaissait bien le pays. De 2010 à 2012, il a été l'adjoint du responsable de la planification au quartier général du commandant des troupes américaines à Kaboul.

En 1991, pendant la guerre du Golfe et dans le cadre de l'opération « Tempête du désert », alors qu'il n'était qu'un jeune capitaine sorti depuis à peine sept ans de West Point, McMaster avait mené neuf chars d'assaut dans une bataille où avaient été détruits vingt-huit tanks de la Garde républicaine irakienne. L'unité de McMaster n'avait subi aucune perte et la confrontation n'avait duré que vingt-trois minutes. Il fut décoré d'une Étoile d'argent pour sa bravoure.

En 2005, lors de l'intervention en Irak, il était colonel. À la tête des 5 300 hommes du 3ᵉ régiment de cavalerie blindée, il avait recouru avec succès à des tactiques de contre-insurrection associées à la protection de la population locale pour reconquérir la ville de Tall Afar. Le président Bush avait publiquement cité cette offensive comme une opération modèle qui donnait « des raisons d'espérer l'avènement d'un Irak libre[1] ».

Dans son livre paru en 1997 intitulé *Dereliction of Duty* (« Manquement au devoir »), McMaster décrivait les chefs d'état-major de la guerre du Vietnam comme « cinq hommes réduits au silence » qui n'avaient pas réussi à établir avec les leaders civils

---

1. Transcription, « President Bush Discusses the War in Iraq », CQ Transcripts Wire, 20 mars 2006.

le type de rapport personnel fondamental qui leur aurait permis d'exprimer leur opinion. *Dereliction of Duty* était une sorte de manuel pratique destiné à éviter un nouveau Vietnam.

Ironiquement, c'était Trump qui affirmait maintenant que l'Afghanistan était un nouveau Vietnam, un véritable bourbier d'où n'émergeait aucun objectif clair en matière de sécurité nationale, un exemple de plus de l'incohérence de la politique américaine. La mission de McMaster consistait à aligner les recommandations des militaires avec les objectifs du président en Afghanistan, mais le seul objectif de Trump était de plier bagage.

L'équipe du Conseil national de sécurité continuait à œuvrer laborieusement. Les 1ᵉʳ et 10 mars 2017, le lieutenant-colonel des rangers Fernando Lujan, responsable de l'Afghanistan au sein du Conseil, présida les premières réunions interministérielles de fonctionnaires de rang moyen sur ce thème. Étaient présents des représentants du département d'État, du Pentagone et des divers services de renseignements.

Lujan, qui servait déjà sous l'administration Obama, savait que la politique afghane de ce dernier reposait sur un principe pratique très simple : éviter la catastrophe. Les incertitudes abondaient et la gamme des désastres possibles était très ample. Pour Lujan, par exemple, la police afghane, qui était la clé de la stabilité à long terme du pays, méritait tout au plus un D⁻, voire un F.

Lors de la première réunion, un représentant du département d'État initia la discussion en posant une série de questions fondamentales : pourquoi sommes-nous convaincus que nous avons besoin d'une base antiterroriste en Afghanistan pour prévenir un autre attentat ? Quelle en est la justification ? Comment évaluons-nous vraiment la menace terroriste émanant d'Afghanistan ? Pourquoi estimons-nous avoir besoin de milliers de soldats et de spécialistes du renseignement sur le terrain alors que nous possédons des drones et toute une série d'autres ressources ?

Notre présence durable, observait ledit fonctionnaire, risquait de provoquer une plus grande instabilité non seulement du côté des insurgés afghans, mais aussi du côté d'acteurs régionaux tels que le Pakistan.

À quoi il ajouta que la position officielle était toujours que les États-Unis n'entendaient pas instaurer une présence américaine permanente lorsqu'ils avaient envahi l'Afghanistan en 2001. Comment cela était-il compatible avec une intervention qui durait depuis seize ans ?

Non, non, répondit le représentant du Pentagone. La présence américaine n'était pas vouée à être permanente.

D'où la question de savoir quand tout cela prendrait fin. Une solution politique était-elle possible ? Serait-elle elle-même la fin visée ou simplement un moyen ? Et comment serait-elle possible si les talibans refusaient une quelconque présence américaine en Afghanistan ? L'horizon d'une telle solution pouvait-il être le moyen de justifier la poursuite de l'engagement américain ?

Si une solution politique devenait une priorité absolue, il faudrait faire des compromis. Le président Trump y était-il disposé ?

Tout cela n'était-il en réalité qu'une feuille de vigne masquant le bon plaisir des États-Unis ? Avait-on besoin d'un gouvernement démocratique ou stable en Afghanistan ? Jusqu'à quel point les États-Unis désiraient-ils vraiment promouvoir une solution politique ?

Un autre représentant du département d'État observa que le gouvernement central manquait de légitimité aux yeux de la population afghane. D'après un sondage effectué sur place, il enregistrait le plus faible taux de popularité en dix ans. Il signala que le poids des activités économiques illicites, à savoir la culture de l'opium et l'exploitation minière illégale, était aussi important que celui de l'économie officielle, et qu'une bonne partie de ces activités était contrôlée par les talibans.

Au lendemain du 11 septembre, la CIA et l'armée avaient payé les seigneurs de guerre afghans pour qu'ils combattent les talibans. Une partie de cet argent avait en réalité servi à réprimer l'opposition politique. Aujourd'hui, Washington dépensait environ 50 milliards de dollars par an en Afghanistan. Le gouvernement afghan était profondément corrompu et on pouvait se demander s'il ne se contentait pas d'empocher l'argent des États-Unis et de leurs alliés pour satisfaire ses propres besoins. Cette aide massive n'avait-elle pas un effet inhibant, dissuadant le gouvernement de promouvoir de véritables réformes et sapant sa volonté politique de s'attaquer à l'opium et aux profits de l'exploitation minière ? L'argent américain était l'un des poisons du système afghan.

Et derrière tout cela, il y avait une question plus vaste : les États-Unis devaient-ils chercher à gagner la guerre en Afghanistan ou simplement à ne pas la perdre ?

Après une de ces réunions, les participants se munirent de tableaux blancs et se séparèrent en trois groupes pour tenter de cerner le problème et de formuler des objectifs stratégiques vitaux. L'objectif commun aux trois groupes était de prévenir d'autres attaques en territoire américain.

D'autres questions furent soulevées : de quel type de gouvernement avait besoin l'Afghanistan ? Et quel type de stabilité les États-Unis recherchaient-ils pour réussir à prévenir d'autres attentats terroristes ?

Initialement, lors de ses réunions avec les représentants du Pentagone, du département d'État et des services de renseignements, McMaster avait exposé quatre objectifs ou cadres d'intervention : 1. Promouvoir une stabilité politique qui inclurait un accord politique avec les talibans. 2. Inciter le gouvernement afghan à prendre des mesures institutionnelles afin de contrer les talibans. 3. Augmenter la pression sur le Pakistan voisin, qui jouait un double jeu : censé être allié des États-Unis, il soutenait parallèlement des terroristes et les talibans. 4. Préserver le soutien international des trente-neuf pays alliés avec Washington au sein d'une coalition.

Cherchant un juste milieu en matière d'effectifs, McMaster proposa d'envoyer quelques milliers de soldats additionnels, entre 3 000 et 5 000, afin d'éviter une nouvelle attaque terroriste. D'autres participants suggérèrent d'envisager la possibilité d'en envoyer plutôt des dizaines de milliers.

Lors d'une réunion baptisée dans le jargon de la Maison Blanche « *Principals Committee* » (comité restreint) – ce qui signifiait que, contrairement aux réunions du Conseil national de sécurité, le président n'y assistait pas –, le ministre de la Justice Jeff Sessions s'emporta contre les présents, y compris McMaster, en rejetant l'idée d'envoyer plus de troupes.

Au fond, dit Sessions, ce que vous êtes en train de faire, c'est de forcer la main du président en l'obligeant à faire quelque chose en quoi il ne croit pas, en le poussant sur un chemin qu'il ne veut pas emprunter. Trop de vies sont sacrifiées en Afghanistan. Je ne comprends pas ce qui vous échappe dans cette histoire. Le président n'est absolument pas sur la même longueur d'onde.

Priebus intervint : vous n'avez pas consacré suffisamment de temps à travailler avec le président sur sa philosophie de base et sa vision de la politique étrangère, et le pourquoi de cette vision. Et ce « pourquoi », c'est la chose la plus importante pour le président. Pourquoi sommes-nous en Afghanistan ? Pourquoi faisons-nous ce que nous y faisons ? Que souhaitez-vous voir se passer ? Et qu'essayons-nous d'accomplir au juste ?

C'était précisément les questions que Peter Lavoy avait posées sous l'administration Obama. Ni Priebus ni Lavoy ne reçurent de réponse satisfaisante.

Les participants se mirent d'accord pour envoyer un contingent additionnel de près de 4 000 hommes.

Priebus n'était pas satisfait : « Est-ce que quelqu'un a expliqué au président que votre option implique que nous restions en Afghanistan pendant des décennies ? Si vous lui dites ça, il sera furieux. Qui est chargé de lui exposer les détails de cette affaire ? »

Silence.

Dans la foulée, Priebus convoqua une réunion des principaux intéressés.

« Écoutez, nous avons un problème. Nous ne sommes pas en phase avec le président sur les questions les plus fondamentales. Pourquoi devons-nous nous battre en Afghanistan ? Quel est notre objectif ? Fondamentalement, au nom de quoi les États-Unis doivent-ils risquer de sacrifier des vies américaines ? Vous devez parvenir à une compréhension et à un consensus de base sur ces questions essentielles avant de commencer à parler du nombre de soldats à envoyer sur le terrain. Vous mettez la charrue avant les bœufs. »

Il ne suffisait pas que McMaster déclare que l'objectif était de prévenir une nouvelle attaque terroriste. La question était simple : en quoi l'envoi d'un contingent additionnel de plusieurs milliers d'hommes pouvait-il y contribuer ?

Il y avait quatre grandes missions en Afghanistan : le travail de formation et d'assistance à l'armée et à la police afghanes ; le soutien logistique ; la lutte contre le terrorisme ; la mission de renseignements. McMaster devait élaborer une stratégie qui évite l'escalade, ou l'apparence d'une escalade. Il ne pouvait pas contrecarrer directement et effrontément l'aspiration déclarée de Trump à sortir du conflit mais plutôt lui vendre en douceur une nouvelle approche qui allait bientôt être baptisée « garder le cap ».

Le 28 mars, McMaster proposa aux membres du Conseil national de sécurité une stratégie pour l'Afghanistan définie comme « les quatre R » : renforcement, réalignement, réconciliation et régionalisation. Ces quatre éléments correspondaient parfaitement à sa formule dite des « quatre cadres d'intervention ». Le renforcement signifiait plus d'équipement et de formation ; le réalignement revenait à cibler l'aide en direction de zones contrôlées par le gouvernement afghan plutôt que de régions contestées aux mains des talibans ; la réconciliation supposait de s'efforcer d'amener le gouvernement afghan à être plus inclusif, à organiser des élections et à travailler avec les notables et les hommes d'influence locaux ; la régionalisation impliquait de travailler avec des acteurs régionaux tels que l'Inde.

En mai, on était parvenu à un compromis qui consistait à envoyer entre 3 000 et 5 000 soldats supplémentaires en Afghanistan. Une partie de ces hommes ne seraient pas comptabilisés dans les registres officiels.

Le plan serait centré sur la lutte contre le terrorisme. Un bataillon aérien serait mis à disposition de l'armée afghane lors des affrontements majeurs avec les talibans. Les règles d'engagement allaient être modifiées : auparavant, les troupes américaines ne pouvaient recourir à la force que si elles étaient elles-mêmes menacées ; désormais, le recours à la force était aussi autorisé en cas de menace contre les troupes afghanes.

À peu près à la même époque, le sénateur Lindsey Graham insistait auprès de Trump pour renforcer le contingent américain en Afghanistan. Graham et Trump eurent trois conversations à ce sujet en mai.

« Est-ce que vous voulez qu'on se souvienne de vous comme celui qui a permis à l'Afghanistan de retomber dans les ténèbres, et que le second 11 septembre vienne du même endroit que le premier 11 septembre ? » lui demanda Graham. Ses arguments reflétaient ceux qu'il avait avancés au sujet de la Corée du Nord.

« OK, dit Trump, mais où est le bout du tunnel ? »

« Il n'y a pas de bout du tunnel, répondit Graham. C'est la

lutte du bien contre le mal et elle n'a pas de fin. C'est comme avec les nazis. Aujourd'hui, c'est l'islam radical, demain, ça sera autre chose. Notre objectif est de faire en sorte que notre territoire ne soit plus jamais attaqué depuis l'Afghanistan. Ces quelques milliers de soldats en plus, voyez-les comme une police d'assurance contre un nouveau 11 septembre. Écoutez vos généraux. » Graham conclut par une métaphore dont il savait qu'elle séduirait Trump : « Obama était un très mauvais général. Biden était un très mauvais général. Susan Rice était un général exécrable. Quant à Valerie Jarrett… » Mais « le général Trump ne pourra pas faire mieux. Et le général Graham non plus. Écoutez vos généraux ou virez-les. »

Un jour, le vice-président Pence appela Graham : « Il faut expliquer à Trump comment tout ça va finir. » Ça ne finira jamais, répéta Graham.

Graham savait qu'un conflit interne à la Maison Blanche opposait le général Kellogg, chef d'état-major du Conseil national de sécurité, qui était aligné sur Bannon et partisan de l'abandon de l'Afghanistan, à McMaster, son supérieur hiérarchique.

Il avait lu les articles de presse reprenant les rumeurs répandues par Bannon ou d'autres qui parlaient de « la guerre de McMaster ». Il appela aussitôt Trump : « C'est la guerre de Trump, mon cher. Dans les livres d'histoire, personne ne se souviendra de McMaster ou de Bannon. On se souviendra de vous. »

Pour Bannon, la vieille garde ferait ce qu'elle avait toujours fait – garder le cap ou battre en retraite de façon honteuse. Il voulait trouver un moyen d'atténuer les risques et de protéger Trump.

Dans un éditorial paru le 31 mai dans le *Wall Street Journal*, Erik Prince, le fondateur de Blackwater, une entreprise de services de sécurité privée très controversée pour son rôle dans la guerre en Irak, écrivait que « l'Afghanistan est un désastre qui coûte très cher à l'Amérique[1] ». Il proposait la nomination d'un « vice-roi » chargé de diriger tous les efforts militaires en Afghanistan et le remplacement de tous les commandements de l'armée américaine sur le terrain, à l'exception d'une petite unité d'opérations spéciales, par des « solutions privées moins coûteuses ». Des entreprises sous contrat pourraient être chargées de missions pluriannuelles de formation des forces de sécurité afghanes. « Les États-Unis devraient réorienter leur politique après plus de quinze ans d'efforts pour reconstruire la société et l'État afghans, et se concentrer sur une lutte sans merci contre les talibans et d'autres terroristes jusqu'à ce que ceux-ci demandent grâce et acceptent de négocier. Tant qu'ils ne subiront pas une véritable pression et n'éprouveront pas la puissance implacable des États-Unis, la victoire sera dans leur camp. »

Ce projet n'alla pas très loin car il signifiait que des entrepreneurs privés tels que Prince, qui était aussi le frère de la secrétaire à l'Éducation Betsy DeVos, signeraient des contrats juteux.

Bannon demanda au directeur de la CIA Mike Pompeo s'il pouvait élaborer une solution de compromis. Pompeo accepta de se rendre en Afghanistan pendant la première semaine d'août.

Pendant des années, la CIA y avait dirigé une armée secrète de 3 000 hommes, les CTPT (*Counterterrorism Pursuit Teams* – « équipes de lutte antiterroriste »)[2]. Cette unité était composée d'Afghans rémunérés, formés et contrôlés par la CIA. C'étaient les meilleurs combattants du pays, la crème de la crème. Ils étaient chargés d'éliminer ou de capturer des talibans et, pour ce faire, s'infiltraient souvent dans les zones tribales. Ils menaient aussi des opérations transfrontalières dangereuses et très controversées au Pakistan. Cette unité paramilitaire de

1. Erik D. Prince, « The MacArthur Model for Afghanistan », *The Wall Street Journal*, 31 mai 2017.
2. Bob Woodward, *Obama's Wars,* Simon & Schuster, New York, 2010, p. 8.

la CIA pouvait-elle être renforcée, ce qui permettrait d'éviter l'envoi de troupes additionnelles ? Pouvait-on confier le travail sur le terrain aux CPTP, accompagnées par quelques milliers d'hommes des forces spéciales de l'armée de terre, de sorte que les forces régulières de l'armée américaine puissent être démobilisées ?

Mattis appela le sénateur Graham pour lui parler d'un projet d'opération en cours basé sur la coordination de l'armée et de la CIA. « La CIA a défini une série de cibles de grande valeur à éliminer. » Quatre opérations étaient envisagées : « Deux de chaque côté de la frontière entre l'Afghanistan et le Pakistan. »

Lorsque McMaster essayait de vendre à Trump une version allégée de ses « cadres d'intervention » ou des « quatre R », le président ne lui épargnait pas ses sarcasmes et continuait de demander : « Mais qu'est-ce qu'on fout en Afghanistan ? » En revanche, il avait quelque chose à proposer à Mattis et Bannon. « Je veux rencontrer des simples soldats, de vrais combattants qui ne soient pas des officiers. » Il voulait savoir ce que les hommes sur le terrain pensaient du conflit afghan.

Mattis leva les yeux au ciel.

Bannon, toujours à la recherche de références historiques opportunes, pensa à la détermination presque mystique qui incitait Lincoln, en tant que commandant en chef, à écouter les soldats du rang.

Le 18 juillet, Trump déjeuna à la Maison Blanche avec trois recrues de l'armée de terre et un homme des forces aériennes ayant servi en Afghanistan[1]. Trump, Pence et McMaster étaient assis à un bout de la table parfaitement vernie de la salle Roosevelt ; en face d'eux, les quatre jeunes gens avaient l'air mal à l'aise dans leur uniforme de parade face aux caméras.

---

1. Ben Jacobs, « In Town Pool Report #3 », 13 h 12, 18 juillet 2017, www.presidency.ucsb.edu/report.php?pid=2365.

« Je veux savoir pourquoi nous sommes en Afghanistan depuis dix-sept ans, qu'est-ce qui se passe sur le terrain et quelles nouvelles idées peuvent émerger, déclara le président. Parce que des idées, des tas de gens nous en prodiguent, mais je veux entendre ce que pensent nos hommes sur le terrain. »

Après la fin de la réunion, Trump résuma à Bannon les propos de ses interlocuteurs : « Ils sont unanimes. Il faut absolument qu'on sorte de ce merdier. Ils sont tous corrompus, ça ne vaut pas la peine de se battre pour ces gens-là [...]. Les troupes de l'OTAN ne font rien, elles sont un véritable boulet. Si jamais on vous fait leur éloge, sachez que c'est totalement bidon. »

Le 19 juillet, à 10 heures du matin, le Conseil national de sécurité se réunit dans la salle de crise pour informer Trump des options stratégiques concernant l'Afghanistan et le Pakistan[1].

McMaster consacra la première partie de la réunion à définir les objectifs et à cadrer les thèmes de discussion. Trump avait l'air de s'ennuyer et d'avoir l'esprit ailleurs. Au bout d'environ cinq minutes, il interrompit McMaster : « Ça fait dix-sept ans que j'entends débiter ces absurdités à propos de l'Afghanistan, et ça ne nous mène à rien. » Une pléthore de stratégies à court terme complètement incohérentes. On ne pouvait pas continuer comme ça.

Il commenta sa réunion de la veille avec les hommes de troupe : c'est la meilleure information que j'ai jamais reçue, dit-il, celle des simples soldats, pas des généraux. Et de tancer Mattis, Dunford et McMaster : « Je m'en moque, de ce que vous pensez. »

Nous accumulons les revers en Afghanistan. C'est un véritable désastre. Nos alliés ne font rien pour nous aider. On se fait arnaquer par tous les soldats fantômes que nous payons mais qui n'existent que sur le papier.

1. Examen par l'auteur des notes prises par un participant.

L'OTAN, c'est un désastre, du pur gaspillage, poursuivit-il. D'après les soldats, le personnel de l'OTAN était totalement dysfonctionnel.

« Le Pakistan ne nous aide pas non plus. Ce ne sont pas de vrais amis », malgré l'aide de 1,3 milliard de dollars par an que nous leur accordons. Trump voulait couper le robinet.

Les dirigeants afghans sont corrompus et se font de l'argent sur notre dos. Les champs de pavot, presque tous en territoire taliban, sont incontrôlables.

« Nos hommes de troupes sont probablement bien plus compétents que vous, asséna le président à ses généraux et conseillers. Ils sauraient beaucoup mieux gérer la situation. Je ne sais vraiment pas ce qu'on fout là-bas. »

Les généraux et les officiers supérieurs durent ainsi subir une réprimande de vingt-cinq minutes.

« Écoutez, on ne peut pas penser l'Afghanistan isolément, tenta d'expliquer Tillerson. Il faut l'envisager dans le contexte régional. Nous n'avons encore jamais adopté ce type d'approche multilatérale de l'Afghanistan et de la région. »

« Mais combien de morts en plus ?, demanda Trump. Combien de soldats estropiés ? Combien de temps devons-nous encore rester là-bas ? » Ses arguments contre la guerre avaient l'air de sortir tout droit d'une chanson pacifiste de Bob Dylan. Ils reflétaient les aspirations de sa base politique, dont les familles étaient surreprésentées dans les rangs des forces armées.

« Si on veut vraiment en finir rapidement, on n'a qu'à reconnaître notre défaite », dit Mattis.

Trump changea de sujet : le Premier ministre indien Modi est un ami, je l'apprécie beaucoup. Il m'a dit que les États-Unis n'ont tiré aucun bénéfice de leur présence en Afghanistan. Aucun. L'Afghanistan possède d'énormes ressources minières. Contrairement à d'autres pays, comme la Chine, nous n'en avons aucune part. Si les Afghans veulent qu'on continue à les soutenir, il faut que les États-Unis obtiennent une partie de ces minerais. « Je ne signerai aucun accord tant que nous n'aurons pas notre part de ces ressources. » Et Washington « devait interrompre son aide financière à Islamabad jusqu'à ce qu'ils acceptent de coopérer ».

Mattis décrivit le cadre et les objectifs stratégiques en vigueur en matière de non-prolifération nucléaire. Il expliqua que les États-Unis devaient définir une stratégie de transition jusqu'au moment où ils pourraient laisser les Afghans gérer la situation.

« Pourquoi ne pouvons-nous pas payer des mercenaires pour faire le travail à notre place ? » demanda Trump.

« Nous avons besoin de savoir si le commandant en chef est en phase avec nous ou non, dit Mattis. On ne peut pas continuer à faire la guerre à moitié. » Pour garantir le succès des troupes américaines, Mattis avait besoin que Trump approuve à 100 % la stratégie choisie.

« J'en ai assez d'entendre ressasser tout ce qu'il faut faire pour protéger notre territoire ou garantir notre sécurité nationale », commenta Trump.

Le compte rendu intégral officiel de la réunion du Conseil national de sécurité se contentait d'indiquer que Trump « approuvait » l'usage d'une « série de moyens de pression » pour inciter le Pakistan à abandonner son soutien tacite aux talibans. Contrairement aux propos de Trump, le document affirmait que les États-Unis continueraient à collaborer avec le Pakistan dans les domaines d'intérêt mutuel des deux pays et à lui fournir une assistance civile, tandis que l'aide militaire dépendrait de son comportement. Tant sur le plan rhétorique qu'opérationnel, il s'agissait d'une nouvelle stratégie moins conciliante.

Plus tard dans la journée, les participants à la réunion se retrouvèrent dans le bureau de Priebus pour discuter de la stratégie afghane et sud-asiatique de Washington[1]. McMaster s'efforça de

1. *Ibid.*

présenter les choses de manière à montrer qu'il avait assimilé le point de vue du président et qu'il essayait de mettre en pratique cette orientation générale de façon aussi responsable que possible. Il essaya de paraître positif mais visiblement, sa patience était à bout, tout comme celles de Mattis et de Tillerson.

Dans la soirée, Priebus organisa un dîner de travail pour discuter encore une fois de stratégie[1]. C'était Bannon qui semblait gérer l'ordre du jour. Priebus, Bannon et Stephen Miller – un jeune ultraconservateur, ancien directeur de communication de Jeff Sessions devenu conseiller de la Maison Blanche et rédacteur de discours présidentiels – se plaignirent du fonctionnement du Conseil national de sécurité. Au lieu de mettre en œuvre les directives du président, McMaster semblait plutôt vouloir lui imposer ses propres opinions. Bannon voulait remplacer McMaster par Kellogg, le chef d'état-major du Conseil national de sécurité, dont la vision du monde était plus proche de la sienne et de celle de Trump.

Graham expliqua à Trump qu'Ashraf Ghani, le président de l'Afghanistan, était prêt à laisser les États-Unis envoyer dans son pays autant d'effectifs qu'ils le souhaitaient pour combattre le terrorisme. Washington pouvait aussi installer des bases de la CIA sur n'importe quel point du territoire afghan, qui était le meilleur poste d'écoute du monde et la meilleure plate-forme de lutte contre le terrorisme. « Ils sont prêts à accueillir 100 000 hommes, dit-il en exagérant. Vous devriez être ravi d'avoir en Afghanistan un partenaire en matière d'antiterrorisme qui nous permettra de prévenir le prochain 11 septembre. »

Trump voulait s'assurer qu'on n'était pas en train d'essayer de reconstruire l'Afghanistan, comme les Américains avaient prétendu le faire en Irak.

1. *Ibid.*

Graham lui concéda ce point : « Nous n'allons pas en Afghanistan pour essayer de leur vendre la démocratie jeffersonienne. » Il était préoccupé par la tension durable et croissante entre l'Inde et le Pakistan. « Le Pakistan dépense de grosses sommes pour augmenter son arsenal nucléaire. Ça devient vraiment incontrôlable. »

Graham s'était récemment rendu en Afghanistan et en était revenu passablement déprimé. « Sur le plan diplomatique, nous n'avons aucune feuille de route en Afghanistan. » Washington n'avait pas de représentant spécial pour la région, un rôle qu'avait rempli Richard Holbrooke au début de l'administration Obama. « Nous n'avons même pas d'ambassadeur. » À ce qu'il savait, le bureau de l'Asie du Sud au département d'État ne comptait qu'un seul fonctionnaire.

« Nous n'avons pas de solution politique. » La seule issue était un accord de paix avec les talibans. « Les Pakistanais continueront à jouer un double jeu tant qu'ils croiront que les talibans ne peuvent pas perdre. »

Trump avait une solution. Graham voulait-il être ambassadeur au Pakistan ?

« Non, je ne veux pas être ambassadeur au Pakistan. » Ils en restèrent là.

À la Maison Blanche, Trump commença à répéter une formule qu'il avait entendue lors d'une réunion : « Pour gagner, il faut encourager une insurrection contre l'insurrection des talibans. »

Trump était enchanté par l'idée d'une opération de type guérilla. L'establishment était convaincu que personne ne pouvait gagner dans ce genre de conflit. « Souvenez-vous de ces types, dans les années 1980, à cheval contre les Russes », insista Trump. Un scénario idéal.

Bannon apporta de l'eau au moulin de la thèse de la guérilla en critiquant la faiblesse de l'armée afghane : « Nous avons dépensé 1 000 milliards de dollars pour transformer les meilleurs combattants du monde en la pire armée du monde. »

Là encore, Trump était ravi. Bannon avait poussé le bouchon aussi loin qu'il pensait pouvoir le faire. Ils essayaient d'élaborer une stratégie sur la base d'une série de petites phrases.

Graham essaya un dernier argument : « Alors il vaut mieux retirer toutes nos troupes, parce qu'avec 8 600 hommes [le nombre de soldats alors sur le terrain en Afghanistan], ça ne marchera jamais. Mais il faudra en accepter les conséquences. Et je vais vous dire quelles seront les conséquences : l'Irak sous stéroïdes. Il y a plus de terroristes internationaux en Afghanistan qu'il n'y en a jamais eu en Irak. La détérioration sera rapide et l'impact du terrorisme en provenance d'Afghanistan augmentera de façon exponentielle. Et le prochain 11 septembre aura la même origine que le premier 11 septembre. Et ça sera vous le responsable. La vraie question, c'est de savoir si vous allez emprunter le chemin d'Obama, qui consiste à mettre fin à la guerre et à nous mettre tous en danger, ou si vous allez vous engager sur la voie de la stabilisation de l'Afghanistan. »

CHAPITRE 16 *

« Vous vous foutez de moi », dit Priebus à Rex Tillerson. On était au début du mois de mars et la conversation téléphonique entre le chef de cabinet de la Maison Blanche et le secrétaire d'État portait sur l'accord controversé avec l'Iran négocié par Obama, qui était censé être passé en revue tous les quatre-vingt-dix jours. Il ne restait plus que deux jours pour le renouveler ou le rejeter, expliquait Tillerson. En février, Trump l'avait qualifié de « l'un des pires accords que j'aie jamais vus[1] ». En 2016, pendant la campagne, il avait déclaré : « Ma priorité absolue est de démanteler l'accord désastreux avec l'Iran[2]. »

---

* L'information contenue dans ce chapitre repose essentiellement sur une série d'interviews approfondies avec des sources primaires.
1. Donald J. Trump, « The President's News Conference with Prime Minister Benjamin Netanyahu of Israel », 15 février 2017. Accessible en ligne *in* Gerhard Peters et John T. Woolley, *The American Presidency Project.* https://www.presidency.ucsb.edu/node/323560.
2. Donald J. Trump, « Remarks at the AIPAC Policy Conference in Washington, DC », 21 mars 2016. Accessible en ligne *in* Gerhard Peters and

Tillerson voulait pour sa part le renouveler, pour des raisons à la fois pratiques et de principe. La première raison, c'est que Téhéran respectait les clauses de l'accord tel qu'il avait été négocié. Le secrétaire d'État proposa une formulation *ad hoc* pour justifier le renouvellement.

« Le président ne va pas accepter ça, dit Priebus. Il faut trouver une meilleure formulation. Ce ton modéré et factuel ne passera pas. Il faut trouver un langage qui illustre la position du président Trump. Il ne va pas aimer ça. Et puis s'il lit ça, il va vraiment exploser. »

Lorsque Priebus mit Trump au courant de la proposition de Tillerson, le président rétorqua : « Vous n'allez pas me faire avaler un truc pareil ! »

Priebus servait de navette diplomatique entre le président et le secrétaire d'État.

« Ils respectent les clauses de l'accord », dit Tillerson. Les services de renseignements et les autres pays signataires alliés de Washington étaient d'accord sur ce point.

« Cet argument ne passera pas » auprès du président, insista Priebus. Tillerson ne voulait pas céder. « Alors on a un problème », commenta Priebus. Il se sentit obligé de rappeler Tillerson à l'ordre : « C'est le président qui décide, dans cette affaire. » Se dégageant de toute responsabilité, il ajouta : « Je ne fais pas ça pour vous nuire. »

Tillerson alla voir le président. « C'est l'un de mes principes fondamentaux, lui dit Trump. Je suis hostile à cet accord. C'est le pire que nous ayons jamais conclu, et vous voulez qu'on le renouvelle. » Comme ce n'était que pour quatre-vingt-dix jours, il accepta pour cette fois. « Mais c'est la dernière fois. Ne revenez pas me voir pour le faire avaliser une fois de plus.

John T. Woolley, *The American Presidency Project.* https://www.presidency.ucsb.edu/node/317133.

Il n'y aura pas de prochain renouvellement. C'est un accord pourri. »

Mattis trouva un moyen diplomatique et plus discret de défendre la position de Tillerson : « Eh bien, Monsieur le président, je dirais que techniquement, ils n'ont rien fait pour violer l'accord. »

Priebus était admiratif. Mattis savait s'y prendre avec Trump sans jamais se montrer servile.

Tillerson devait envoyer une lettre à Paul Ryan, le président de la Chambre des représentants, avant le 18 avril. Trump n'aimait pas le premier jet. Il souhaitait que cette brève missive inclue l'idée que l'Iran était « l'un des principaux États promouvant le terrorisme » et voulait que le Conseil national de sécurité examine s'il y avait lieu de maintenir la suspension des sanctions économiques prévues par l'accord[1].

Lorsque la lettre à Ryan fut rendue publique, les commentateurs des chaînes télévisées tombèrent sur Trump à bras raccourcis, ce qui eut évidemment le don de l'exaspérer encore plus. Il ordonna à Tillerson de tenir une conférence de presse dénonçant à la fois l'accord, qui venait pourtant d'être renouvelé, et l'Iran lui-même. On n'avait jamais vu une telle attaque déclenchée dans les heures suivant le renouvellement d'un accord diplomatique de portée historique.

L'exposé de Tillerson dura cinq minutes. Il lut une liste préparée à l'avance de tous les griefs de Washington contre Téhéran : essais de missiles balistiques, « premier sponsor mondial du terrorisme », menaces contre Israël, violations des droits de l'homme, cyberattaques, détentions arbitraires d'étrangers, y compris de citoyens américains, harcèlement de navires de la

---

1. « Tillerson : Iran Remains a Leading State Sponsor of Terror », Breitbart News, 20 avril 2017.

marine américaine, emprisonnement ou exécution de prisonniers politiques, « atteindre le niveau d'infamie consistant à exécuter des mineurs », et soutien au « régime brutal d'Assad en Syrie ».

L'accord avec l'Iran, expliqua Tillerson, « ne permet pas d'atteindre l'objectif d'un Iran non nucléarisé. Il ne fait que retarder leur objectif de devenir un État nucléaire[1]. »

Obama avait défini l'accord comme un « accord non contraignant » plutôt qu'un traité nécessitant la ratification du Sénat. Priebus avait une suggestion pour Trump : « Nous pourrions peut-être déclarer que le texte de l'accord doit être soumis à l'approbation du Sénat. Comme ça, nous bottons en touche, nous l'envoyons aux sénateurs et nous leur disons : "Adoptez-le aux deux tiers des voix et faites-en un traité en bonne et due forme." »

Trump était perplexe mais il finit par comprendre qu'en envoyant l'accord au Sénat, il renonçait à une partie de son autorité. Il fut bien obligé d'admettre que, que pour le moment, il était coincé et devait accepter l'accord. Mais seulement pour le moment.

Priebus, Tillerson et McMaster s'assurèrent de bien inscrire à l'agenda la prochaine date de renouvellement de l'accord.

« Ils ne respectent pas les clauses », dit Trump lors d'une réunion avant la date limite du 17 juillet. « Vous devez trouver des arguments présentables pour l'expliquer au public. »

Un autre jour, Tillerson se réunit avec Trump et Priebus dans la salle à manger jouxtant le Bureau ovale pour expliquer encore une fois au président que Téhéran n'avait pas violé l'accord.

« Si, ils l'ont violé, insista Trump, et il faut que vous défendiez

---

1. Pour l'exposé de Tillerson, voir la transcription du programme *The Lead with Jake Tapper*, CNN, 19 avril 2017, http://transcripts.cnn.com/TRANSCRIPTS/1704/19/cg.01.html.

publiquement l'idée que cet accord a perdu toute validité. » Il suggéra que Washington pouvait envisager de réviser les termes de l'accord. « Et que nous serions peut-être disposés à le renégocier. »

Tillerson était à bout de patience : « Monsieur le président, c'est vous qui commandez. Vous êtes le président. Dites-moi juste ce que vous voulez que je fasse. C'est vous qui décidez. Je ferai ce que vous dites. »

Son ton exaspéré était à la limite de l'infraction au protocole.

Pompeo, le directeur de la CIA, n'était pas en désaccord avec les arguments de Tillerson sur l'Iran et la substance de l'accord avec Téhéran mais, à l'instar de Mattis, il se montra plus diplomate : « Eh bien, Monsieur le président, sur le plan technique, mon sentiment est que jusqu'à présent, l'accord a fonctionné. »

Cela n'empêchait pas Mattis de percevoir l'Iran comme la principale influence déstabilisatrice de la région. En privé, il pouvait être très critique envers Téhéran mais sa position s'était adoucie : il était partisan de contenir les Iraniens, de les contrarier, de saper leur alliance avec Moscou, mais pas de leur faire la guerre.

Les Russes avaient discrètement fait savoir à Mattis qu'en cas de conflit dans les pays baltes, Moscou n'hésiterait pas à utiliser des armes nucléaires tactiques contre l'OTAN. Avec l'accord de Dunford, Mattis commença à défendre l'idée que la Russie constituait une menace existentielle pour les États-Unis.

Il avait établi une relation étroite avec Tillerson. Ils s'efforçaient de déjeuner ensemble au moins une fois par semaine. Le domicile de Mattis était proche du siège du département d'État, et les collaborateurs de Mattis l'avaient souvent entendu dire : « Je sors faire un tour pour saluer Tillerson. »

McMaster les percevait comme « le duo » et se voyait exclu de leur cercle, ce qui était précisément ce qu'ils souhaitaient.

Pour compliquer les choses, Tillerson avait un contentieux avec la Maison Blanche à propos du personnel du département d'État.

Priebus convoqua une réunion avec Tillerson et une demi-douzaine de fonctionnaires de la présidence dans le patio qui jouxtait son bureau. Il se trouve qu'à un certain point, Tillerson s'était farouchement opposé au candidat de la Maison Blanche pour un poste de premier plan dans son équipe et avait embauché la personne de son choix.

Johnny DeStefano, le directeur du personnel de la Maison Blanche, s'était opposé à ce choix. Tillerson avait littéralement explosé : « Personne ne va venir me dire qui je dois embaucher ou pas. Quand j'ai obtenu ce poste, on m'a dit que je pourrais choisir ma propre équipe. »

« Vous pouvez choisir votre équipe, intervint Priebus, mais le problème, c'est que ça a l'air de prendre un temps fou. Premièrement, il y a encore des postes vacants qui paralysent notre travail. Et deuxièmement, ça nous fait passer pour des idiots. Soit vous embauchez d'ici la fin du mois de juillet, soit je vais devoir commencer à sélectionner mes propres candidats. »

Tillerson s'engagea bientôt dans un nouveau conflit, cette fois dans le Bureau ovale et en présence du président. Il se mit à dénigrer ouvertement le conseiller politique Stephen Miller, un favori de Trump, en lui reprochant de ne pas savoir de quoi il parlait. « Vous avez quoi, comme expérience ? » demanda-t-il dédaigneusement à Miller.

Le porte-parole de la Maison Blanche Sean Spicer, qui était commandant dans la réserve de la marine, avait tenté à plusieurs reprises de persuader Mattis d'aller sur les plateaux des talk-shows du dimanche pour y défendre la politique de l'administration. Il s'était heurté à chaque fois à une réponse négative.

Un jour, Mattis finit par lui dire : « Sean, pendant des années, mon boulot, ça a été de tuer des gens. Si vous m'appelez encore une fois, je vous envoie en Afghanistan, c'est clair ? »

« Vous ne me ferez plus jamais signer un truc comme ça, dit Trump. Je n'arrive pas à croire que je vais encore signer cette recertification. Pas question de signer la prochaine fois. »

Ultérieurement, McMaster rédigea et fit circuler un document de vingt-sept pages exposant une stratégie méthodique en deux volets pour affronter l'Iran. Le premier volet prévoyait une campagne de subversion visant à influencer la population iranienne. Le second consistait à promouvoir une confrontation directe pour contrer les actions néfastes de Téhéran.

CHAPITRE 17 *

Pendant la campagne, Trump avait critiqué les accords de commerce signés par Washington presque aussi durement qu'il avait dénigré Hillary Clinton. Il estimait que c'est à cause de ces accords que les États-Unis étaient inondés de produits étrangers et que les travailleurs américains perdaient leurs emplois.

En juin 2016, lors d'un meeting sur le site d'une usine de ferraille de Pennsylvanie, il avait déclaré que le déclin des emplois industriels était un « désastre d'origine politique » et « la conséquence d'une classe dirigeante qui vénère le mondialisme plutôt que l'américanisme » : « Nos politiciens ont privé les gens de leurs moyens de subsistance et les empêchent de subvenir aux besoins de leurs familles [...] en délocalisant nos emplois, nos ressources et nos usines au Mexique et à l'étranger. » Il fustigeait Hillary Clinton « et ses amis de la finance mondiale [qui] veulent obliger l'Amérique à limiter ses horizons[1] ».

* L'information contenue dans ce chapitre repose essentiellement sur une série d'interviews approfondies avec des sources primaires.
1. « Donald Trump's Jobs Plan Speech », *Politico*, 28 juin 2016.

La quasi-totalité des économistes étaient en désaccord avec Trump mais ce dernier avait trouvé un économiste universitaire qui détestait le libre-échange tout autant que lui : Peter Navarro, un homme de 67 ans, titulaire d'un doctorat de Harvard. Trump avait nommé Navarro au double poste de directeur du commerce et de la politique industrielle et de directeur du Conseil national du commerce. « Je défends la vision du président, expliquait Navarro. Ma fonction en tant qu'économiste est d'essayer de fournir le soubassement analytique susceptible de confirmer ses intuitions. Et ses intuitions en la matière sont toujours justes[1]. »

Gary Cohn était convaincu que les déficits commerciaux n'étaient pas un problème et pouvaient même être une bonne chose, dans la mesure où ils permettaient aux Américains d'acheter des produits moins chers. Si les marchandises en provenance du Mexique, du Canada et de la Chine inondaient le marché américain, c'est parce que leurs prix étaient compétitifs. Du moment qu'ils dépensaient moins pour acheter ces biens importés, les Américains avaient plus d'argent pour d'autres produits, d'autres services et pour épargner. La mondialisation des échanges était bénéfique.

Cohn et Navarro devaient forcément entrer en conflit. Lors d'une réunion dans le Bureau ovale où tous deux étaient présents, Cohn affirma à Trump que 99,9999 % des économistes de la planète étaient d'accord avec lui. C'était fondamentalement vrai. Navarro était pratiquement seul dans son camp.

Navarro riposta en traitant Cohn d'idiot utile de Wall Street.

L'argument central de Navarro était que les déficits commerciaux des États-Unis étaient dus aux droits de douane élevés imposés par des pays comme la Chine, à leur manipulation de

---

1. Peter Coy, « After Defeating Cohn, Trump's Trade Warrior Is on the Rise Again », Bloomberg, 8 mars 2018.

la monnaie, à leurs pratiques de vol de la propriété intellectuelle, à leur surexploitation des travailleurs et à la quasi-absence de contrôles environnementaux de leurs entreprises.

Navarro expliqua que l'ALÉNA, l'Accord de libre-échange nord-américain, avait pratiquement détruit le secteur manufacturier des États-Unis, comme l'avait prédit Trump, faisant du Mexique une puissance industrielle tout en réduisant les travailleurs américains à la pauvreté. Les métallurgistes américains étaient licenciés et le prix de l'acier était en chute libre. Trump devait imposer des droits de douane sur l'acier importé.

Le président acquiesça.

Cohn répondit à la limite de la grossièreté : « Si vous la fermiez un moment et que vous m'écoutiez un peu, vous pourriez peut-être apprendre quelque chose. »

Ce qui importait pour Cohn lorsqu'il dirigeait Goldman Sachs, c'était avant tout la recherche, les données et les faits. Si vous assistiez à une réunion, vous étiez censé avoir plus d'information solide et documentée que tous les autres participants.

« Le problème, dit Cohn, c'est que Peter se pointe et déblatère mais n'a aucun fait sur lequel s'appuyer. Moi, j'ai des faits. »

Il avait transmis à Trump un article très documenté sur l'économie des services. Il savait bien que Trump ne l'avait pas lu et ne le lirait probablement jamais. Trump détestait faire ses devoirs.

Cohn essaya de résumer sa pensée : Monsieur le président, « vous avez une vision de l'Amérique qui date des années 1950. » L'économie américaine d'aujourd'hui n'avait plus rien à voir avec ça. De nos jours, « plus de 80 % de notre PIB provient du secteur des services. » Cohn savait que le chiffre exact était en fait à peu près de 84 %, mais il ne voulait pas qu'on lui reproche d'arrondir au chiffre supérieur. La méthode Goldman était d'arrondir prudemment au chiffre inférieur.

« Pensez à ce que vous voyez aujourd'hui, Monsieur le président, lorsque vous vous promenez dans les rues de Manhattan, en comparaison d'il y a vingt ou trente ans. » Il choisit de mémoire un carrefour familier. Vingt ans auparavant, quels commerces trouvait-on aux quatre coins de cette intersection ? Une boutique Gap, un magasin Banana Republic, un siège de J.P. Morgan et un petit commerce local.

« Banana Republic et Gap n'existent plus vraiment, ou survivent à peine, le petit commerce a disparu, et J.P. Morgan est toujours là. Ce que vous avez aujourd'hui, c'est Starbucks, un salon de manucure et J.P. Morgan. Rien que des entreprises de services. Promenez-vous sur Madison Avenue, ou sur la Troisième Avenue, ou la Deuxième, et qu'est-ce que vous y trouvez ? Des établissements de nettoyage à sec, des commerces d'alimentation, des restaurants, des Starbucks et des salons de manucure. Il n'y a plus de petites quincailleries de quartier, plus de petits tailleurs. Qui sont vos locataires dans la Trump Tower ? »

« L'un des plus importants est la plus grande banque chinoise », répondit Trump.

« Et qu'est-ce que vous avez comme commerces ? »

« Starbucks, dit Trump. Et un restaurant au sous-sol. Oh, et puis deux autres, deux autres restaurants au sous-sol. »

« Vous voyez ?, dit Cohn. Donc, votre surface louée à des commerces aujourd'hui, ce sont des services. Ce ne sont pas des gens qui vendent des chaussures, des meubles ou de l'électroménager. Et l'Amérique d'aujourd'hui, c'est ça. Donc, si nous avons plus de 80 % de services, si nous dépensons de moins en moins d'argent en produits de consommation, nous avons plus de revenu disponible à consacrer aux services ou à placer dans quelque chose de magique qu'on appelle l'épargne. »

Cohn avait l'impression de devoir presque crier pour se faire entendre : « Écoutez, la seule fois où notre déficit commercial a diminué », c'était lors de la crise financière de 2008. « Notre déficit commercial diminue quand notre économie se contracte.

Si vous voulez faire baisser le déficit commercial, c'est possible, il suffit de laisser plonger l'économie !»

D'un autre côté, poursuivit Cohn, si on suivait ses indications – pas de droits de douane, pas de quotas d'importation, pas de protectionnisme, pas de guerre commerciale –, « si on fait les choses correctement, notre déficit commercial va s'accroître ».

Par la suite, lorsque le déficit commercial se creusa un peu plus chaque mois, Cohn dut aller rassurer Trump, qui était de plus en plus nerveux.

« Monsieur le président, je vous ai dit que c'est ce qui allait se passer, et ce n'est pas mauvais signe, au contraire, c'est bon signe. »

Trump restait sceptique : « J'ai visité des régions de la Pennsylvanie qui étaient autrefois de grands centres métallurgiques, et maintenant ce sont des villes fantômes où tout le monde est au chômage, où il n'y a plus d'emplois. »

« C'est peut-être vrai, Monsieur le président, mais rappelez-vous qu'il y a cent ans, il y avait des villes où on fabriquait des calèches et des fouets pour les chevaux. Ces emplois aussi, ils ont disparu. Les gens ont dû se réinventer. Dans des États comme le Colorado, vous avez un taux de chômage de 2,6 % parce qu'ils n'arrêtent pas de se réinventer. »

Ces arguments laissaient Trump de marbre : « Ça n'a rien à voir. »

Cohn fit venir à la Maison Blanche Lawrence B. Lindsey, un économiste de Harvard qui avait occupé le même poste que Cohn pendant la présidence de George W. Bush. Lindsey alla droit au but sans prendre de gants : pourquoi perdre du temps à se préoccuper du déficit commercial ? C'est à l'économie dans son ensemble qu'il faut penser. Si nous pouvons acheter des produits bon marché fabriqués à l'étranger et exceller dans d'autres domaines – les services et la haute technologie –, telle doit être notre priorité. Le marché mondial a été immensément bénéfique pour les Américains.

« Pourquoi est-ce que nous ne fabriquons plus rien chez nous ?, demanda Trump. Nous sommes un pays manufacturier. »

Bien sûr qu'on fabriquait des tas de choses aux États-Unis, mais la réalité ne correspondait pas à la vision de Trump. Le président s'accrochait à une conception dépassée d'une Amérique peuplée de locomotives, d'immenses cheminées d'usines crachant leur fumée et d'ouvriers travaillant sur des chaînes de montage.

Cohn s'efforçait de collecter toutes les données économiques disponibles démontrant que les salariés américains n'avaient pas envie de travailler à la chaîne.

Chaque mois, Cohn communiquait à Trump les derniers chiffres de l'enquête mensuelle sur l'évolution du marché du travail publiée par le Bureau des statistiques de l'emploi[1]. Il savait bien que c'était un peu cruel de sa part, car les pourcentages étaient pratiquement les mêmes chaque mois, mais il s'en fichait.

« Monsieur le président, je peux vous montrer quelque chose ? » Cohn étalait les pages de données sous le nez du président. « Vous voyez, le plus grand nombre de travailleurs qui quittent volontairement leur emploi, c'est dans l'industrie. »

« Je ne saisis pas », dit Trump.

Cohn essaya de lui expliquer : « Si, pour le même salaire, vous aviez le choix entre être assis dans une pièce confortable avec un bureau et l'air conditionné et rester debout huit heures par jour, vous choisiriez quoi ? Les gens ne veulent pas travailler devant un haut-fourneau à plus de 3 000 degrés. Ils ne veulent pas descendre dans une mine de charbon et attraper la silicose. À salaire égal ou équivalent, ils vont choisir autre chose. »

Trump n'était pas du tout convaincu.

Cohn demanda plusieurs fois au président pourquoi il pensait le contraire.

1. Cette enquête est accessible à l'adresse suivante : www.bls.gov/jlt/.

« C'est comme ça, répondit Trump. Ça fait trente ans que je pense ça. »

« Cela ne veut pas dire que vous avez raison. Pendant quinze ans, j'étais persuadé que je pouvais devenir footballeur professionnel. Ça ne veut pas dire que j'avais raison. »

Rob Porter, le secrétaire de la présidence, avait été engagé par Priebus. Il avait été très chaudement recommandé par plusieurs de ses prédécesseurs dans les administrations républicaines[1]. Priebus avait pratiquement exigé de Porter un serment de loyauté absolue : « Bon, vous avez fait Harvard et Oxford, c'est formidable. Vous êtes un type intelligent et tout le monde se porte garant de vous. Mais pour moi, ce qui compte vraiment, c'est votre loyauté. »

Porter avait fréquenté Harvard en partie en même temps que Jared Kushner, lequel avait eu comme professeur son père Roger Porter, qui avait lui-même servi dans les administrations Ford, Reagan et Bush père.

Pendant la période de transition, Jared et Porter avaient eu une réunion de deux heures, dont la première moitié avait elle aussi beaucoup ressemblé à un test de loyauté.

Trump était un génie politique qui avait un flair incroyable, expliqua Kushner, mais il fallait un certain temps pour s'habituer à son style. « Vous allez devoir apprendre à le gérer et à communiquer avec lui. »

Porter avait accepté le poste bien qu'il n'ait pas soutenu Trump pendant la campagne. Le jour de l'investiture, il n'avait

---

1. Parmi ces prédécesseurs, il faut mentionner Brett Kavanaugh, qui avait été secrétaire de la présidence sous George W. Bush. Bush avait par la suite nommé Kavanaugh juge de la puissante cour d'appel du district de Columbia. Le 6 octobre 2018, à l'issue d'un processus de confirmation chaotique marqué par des accusations d'agression sexuelle, Kavanaugh a vu approuver par le Sénat sa nomination à la Cour suprême, proposée par Trump le 9 juillet précédent.

encore jamais rencontré le nouveau président. Pendant son adresse inaugurale, Porter, qui était assis derrière la tribune, fit la grimace en entendant Trump parler de «catastrophe américaine». Il quitta les lieux avant la fin du discours pour pouvoir commencer à travailler et se préparer à rencontrer son chef.

«Monsieur le président, je suis Rob Porter, votre secrétaire.» Trump n'avait visiblement aucune idée de qui était Porter ou de ce qu'était le secrétariat de la présidence. Jared expliqua à son beau-père que Porter était chargé de structurer et d'ordonner son emploi du temps.

Trump les contempla tous les deux avec une expression d'incrédulité. On devinait presque ses pensées: Mais qu'est-ce que vous racontez? Ça ne va pas du tout se passer comme ça, personne ne va me dicter mon emploi du temps. Sur quoi il prit congé sans rien dire et se mit à la recherche d'un écran de télévision.

Le premier document officiel signé par Trump fut un décret accordant au général en retraite James Mattis une dérogation l'autorisant à occuper le poste de secrétaire à la Défense. En temps normal, un officier retraité devait attendre sept ans avant de pouvoir servir dans le cabinet, ce qui n'était pas le cas de Mattis.

Un autre thème urgent était le retrait des États-Unis de l'Accord de partenariat transpacifique (TPP), un traité de libre-échange régional négocié sous Obama qui réduisait les droits de douane et offrait un cadre institutionnel pour résoudre les conflits attenants à la propriété intellectuelle et à la législation du travail entre les États-Unis et onze autres pays, dont le Japon, le Canada et plusieurs nations du Sud-Est asiatique.

Pendant la période de transition, plusieurs proches de Trump lui avaient dit qu'il n'était pas obligé de trancher cette affaire dès le premier jour. C'était un peu plus compliqué que ça, il fallait en discuter.

«Alors là, pas question, avait dit Trump. C'était notre

programme de campagne. On ne va pas reculer. On signe le document. Rédigez-moi ça. »

Il signa donc une déclaration formelle de désengagement du TPP entrant en vigueur le 23 janvier, premier jour ouvrable de son mandat.

Le 27 mars 2017, Peter Navarro transmit au président et à son chef de cabinet, Priebus, une note confidentielle rédigée par ses soins : « L'agenda de Trump en matière de commerce extérieur est de fait en partie bloqué par des forces politiques au sein de la Maison Blanche. »

Le directeur du Conseil national du commerce était d'accord avec Trump pour penser que le problème des déficits commerciaux était très grave. Il était furieux car pendant les deux premiers mois de la présidence de Trump, il n'avait pas réussi à influencer l'ordre du jour de la Maison Blanche. « Il n'y a pas moyen de vous faire transmettre en temps voulu la moindre initiative concernant notre politique commerciale », écrivait Navarro.

Il incriminait Rob Porter : « Si une mesure politique en matière de commerce extérieur, quelle qu'elle soit, passe par le secrétariat de la présidence, elle a de très fortes chances d'être altérée, retardée ou sabordée. »

Cohn « a accumulé une base de pouvoir substantielle et ses deux principaux assistants pour les questions de commerce [...] sont des opérateurs politiques chevronnés qui sont fondamentalement hostiles à l'agenda de Trump en la matière. »

À quoi il ajoutait que « la presse fait silence sur le fait que le secrétaire au Trésor Mnuchin fait partie de la "clique de Wall Street" liée à Cohn, qui paralyse ou retarde toutes nos propositions en matière de commerce. »

Au nombre de ceux qui s'efforçaient de résister aux « vents contraires de Cohn », Navarro identifiait Bannon, Stephen Miller, le secrétaire au Commerce Wilbur Ross et lui-même.

« Monsieur le président, savez-vous que sous la pression de la faction Cohn, j'ai été rétrogradé dès le premier jour du poste d'assistant à celui d'adjoint, que j'ai été privé de collaborateurs, que j'ai dû attendre près de trois semaines pour avoir droit à un bureau et que je n'ai pas eu d'accès direct au Bureau ovale ? »

Utilisant une analogie que Trump ne manquerait pas de comprendre, il poursuivit : « C'est comme si au golf, on m'avait donné seulement un fer 5 et un putter et qu'on m'avait ordonné de faire un par – une tâche impossible. » Il proposait qu'on lui accorde, à lui et au Conseil national du commerce, plus de pouvoir, plus de personnel et un accès plus aisé au président. Il attachait à sa note quelques articles de presse critiques à l'égard de Cohn et faisant état de son influence excessive.

Navarro remit sa note à Porter pour qu'elle soit transmise à Trump et à Priebus. Porter voulait bien jouer le rôle d'une simple courroie de transmission mais il avait été professeur d'économie à Oxford et il était convaincu que les vues de Navarro étaient dépassées et inacceptables. De son point de vue, en matière de déficits commerciaux, Navarro était pratiquement l'équivalent d'un défenseur de la théorie de la terre plate, à l'instar du président lui-même.

Porter et Cohn avaient formé une alliance. Le secrétaire de la présidence était lui aussi un membre de la « clique de Wall Street ».

En même temps, Porter voyait bien que Navarro exprimait des idées en matière de politique commerciale auxquelles le président tenait. S'il transmettait sa note de service, la divergence interne à ce sujet risquait de s'intensifier et de se transformer en conflit majeur.

Porter montra la note de Navarro à Priebus : « C'est une très mauvaise idée. Je n'ai pas l'intention de faire passer ce texte. Je vais garder ça sur mon bureau, dans mes dossiers. Pas question que ça circule. »

Priebus ne s'y opposa pas.

Porter aborda de nouveau les questions de commerce avec Priebus : « Il faut absolument faire quelque chose à ce sujet, c'est le souk absolu » – la faction Cohn-Mnuchin contre la faction Navarro-Ross. « C'est un vaste foutoir, genre pousse-toi de là que j'm'y mette, chacun pour soi et Dieu reconnaîtra les siens. »

« Bon, dit Priebus, et d'après vous qu'est-ce qu'on devrait faire ? »

« Nommer quelqu'un pour coordonner notre politique de commerce extérieur », suggéra Porter.

« Qui donc ? »

« Si les choses fonctionnaient normalement, ça devrait être Gary Cohn et le Conseil économique national. » C'était ça leur boulot – recueillir tous les points de vue, collecter les données, systématiser tout ça dans la mesure du possible, présenter une série d'options au président, obtenir une décision de sa part et élaborer un plan d'application.

Priebus connaissait cette théorie.

« Mais ça ne peut pas être Gary Cohn, continua Porter, parce qu'il est perçu et se perçoit lui-même comme un mondialiste. Peter Navarro et Wilbur Ross ne croiront pas à son impartialité et ne le laisseront jamais coordonner quoi que ce soit, ils ne voudront jamais respecter cet arrangement. » Et puis « de toute façon, ça ne l'intéresse pas ».

Priebus sembla vouloir répliquer la manie de Trump de choisir la première personne à sa portée : « Et pourquoi vous ne vous en chargez pas vous-même ? »

C'est ainsi que Porter, un homme de 39 ans qui n'avait aucune expérience gouvernementale préalable, devint coordinateur de la politique commerciale, et donc chargé de mettre en œuvre l'une des principales promesses de la présidence Trump, un véritable pilier de sa politique.

Porter commença donc à présider des réunions sur la question tous les mardis à 9 h 30 dans la salle Roosevelt. Il y invitait toutes les parties intéressées. Priebus lui donna sa bénédiction sans rien annoncer officiellement. C'était juste un fait accompli. Il y eut bientôt une demi-douzaine de participants parmi les secrétaires de cabinet, plus un certain nombre de leurs collaborateurs.

Trump finit par apprendre l'existence des réunions du mardi parce qu'il parlait beaucoup de commerce avec Porter. Porter avait développé une relation si étroite avec le président et passé tellement de temps avec lui que tout le monde croyait que son poste de coordinateur du commerce était une décision de Trump.

Entre-temps, Robert Lighthizer, un avocat de Washington qui avait été adjoint au commerce dans l'administration Reagan, fut nommé le 11 mai représentant américain au commerce. C'était donc lui qui était censé s'occuper des questions de commerce extérieur.

Le 17 juillet, Lighthizer et Navarro arrivèrent au Bureau ovale avec une grande affiche couverte de cases et de flèches aux couleurs vives qu'ils présentèrent à Trump comme le « calendrier de notre agenda commercial ». Il s'agissait de l'illustration d'un vaste plan de politique commerciale protectionniste qui prévoyait quinze échéances de renégociation ou de révision d'accords commerciaux comme le KORUS, avec la Corée du Sud, et l'ALÉNA, ainsi que d'autres initiatives concernant l'aluminium, l'acier et les pièces automobiles. Le plan proposait aussi d'imposer des tarifs sur l'acier dans un délai de moins de deux mois, juste après la fête du Travail[1].

Navarro et Lighthizer commencèrent leur présentation. Trump semblait très intéressé.

Porter arriva quelques minutes plus tard et se mit presque aussitôt à exprimer vigoureusement son opposition, reprochant

1. Célébrée le premier lundi de septembre aux États-Unis. (NdT.)

à Lighthizer et Navarro d'avoir violé la procédure. Depuis le 22 mars, date à laquelle il avait énoncé les règles dans une note de service de trois pages, Priebus exigeait une trace écrite officielle pour tout ce qui concernait les réunions et les décisions présidentielles. Sa note contenait cette injonction en caractères gras : «Aucune décision n'est définitive – et ne peut donc être mise en œuvre – tant que le secrétaire de la présidence n'a pas déposé une note exécutive validée et signée par le président.» Sachant comment fonctionnait la Maison Blanche de Trump, Priebus avait aussi rédigé en gras les mots suivants : «Les décisions prises à l'improviste sont strictement provisoires.»

Porter expliqua que plusieurs des mesures figurant sur l'affiche devaient être approuvées par le Congrès. «Vous n'avez pas autorité en la matière», expliqua-t-il au président.

Selon Porter, il n'y avait eu aucune tentative de coordination des arguments : «Ça, c'est simplement le point de vue de Peter et de Bob, dit Porter. Vous devez aussi prendre en compte le point de vue du secrétariat au Commerce [Wilbur Ross], celui du Trésor [Mnuchin] et celui du Conseil économique national [Cohn]. Il faut appliquer la procédure de validation.»

Pour le moment, mais seulement pour le moment, le contentieux sur le commerce extérieur fut absorbé par la procédure. Et les choses restèrent au point mort.

CHAPITRE 18*

À partir du printemps 2017, Bannon commença à se rendre compte que le désordre constant qui régnait à la Maison Blanche ne favorisait pas son travail, ni d'ailleurs celui de personne. « C'est vous le boss, dit Bannon à Priebus. Désormais, je m'en réfère systématiquement à vous, je ne joue plus cavalier seul. » Travailler sous un chef de cabinet sans autorité était devenu trop déstabilisant, même pour un loup solitaire et un professionnel de la déstabilisation comme Steve Bannon.

Jared et Ivanka, pour leur part, n'étaient pas prêts à se plier à l'autorité de Priebus. Ils travaillaient dans leur coin et Priebus n'arrivait pas à les faire participer à un programme bien coordonné. Cette façon de fonctionner était néfaste pour tout le monde. Elle était contre-productive pour Priebus, mais pour Jared et Ivanka aussi.

Trump s'en inquiéta à plusieurs reprises : « Vous croyez qu'ils n'ont pas leur place à la Maison Blanche ? »

* L'information contenue dans ce chapitre repose essentiellement sur une série d'interviews approfondies avec des sources primaires.

Priebus était effectivement convaincu qu'ils n'y avaient pas leur place et le disait à Trump. Mais ça ne changeait strictement rien. Il voyait bien qu'on n'arriverait pas à se défaire de la fille et du gendre de Trump. Pas moyen de virer un membre de la famille. Ce n'était même pas la peine d'essayer.

Le président allait jusqu'à reconnaître que « Jared et Ivanka [étaient] de typiques démocrates modérés new-yorkais ». Mais c'était une description neutre plus qu'une critique.

Bannon était convaincu que c'était Jared qui avait divulgué une anecdote récente au *Daily Mail* de Londres. D'après l'article, Trump se serait mis en colère face à Bannon et à Priebus et les aurait empêchés de se rendre en Floride à bord de l'avion présidentiel Air Force One[1]. Or c'était faux, ils n'avaient pas été exclus de ce déplacement aérien : tous deux avaient décidé de ne pas voyager ce jour-là. Bannon s'en prit violemment à Jared : « Vous m'avez niqué sur ce coup. Et vous avez laissé traîner Reince dans la boue. Je sais que c'est vous. »

Kushner repoussa vivement cette accusation et en parut offensé. De son côté, il était convaincu que c'était Bannon qui avait divulgué au *New York Times* la substance d'un article sur sa réunion de décembre 2016 avec l'ambassadeur russe, ce qui renforçait les allégations selon lesquelles la campagne Trump avait bénéficié de la complicité de Moscou[2].

Lors d'une réunion dans le bureau de Priebus, il y eut un clash entre Bannon et Ivanka.

Bannon finit par admonester violemment la fille de Trump :

1. Voir Emily Crane et Cheyenne Roundtree, « Donald's Eruption in the Oval Office : Video Emerges of Trump's "Furious Argument" with Top Adviser Steven Bannon as Ivanka and Jared Look On, Hours Before President Made Phone Tapping Claims », *Daily Mail*, 5 mars 2017.
2. Voir Michael S. Schmidt, Matthew Rosenberg et Matt Apuzzo, « Kushner and Flynn Met with Russian Envoy in December, White House Says », *The New York Times*, 2 mars 2017.

« Putain, merde, on vous paye pour faire votre boulot comme tout le monde, vous avez le même statut que n'importe quel membre de l'équipe ! » Ivanka devait passer par le chef de cabinet, comme tous les autres. Il fallait mettre un peu d'ordre dans ce foutoir. « Vous vous trimbalez ici comme si c'était vous le chef. Ce n'est pas le cas. Vous êtes un simple membre de l'équipe ! »

Ivanka répondit elle aussi en criant : « Je ne suis pas un sous-fifre ! Je ne suis pas un simple membre de l'équipe, je suis la "première fille" – elle eut vraiment recours à ce terme, *first daughter*, forgé sur le modèle de "première dame" –, et on ne peut pas me ravaler au statut d'employée ! »

Le fossé entre eux était de plus en plus grand.

Bossie, le directeur adjoint de la campagne, n'avait pas été nommé à la Maison Blanche mais était resté en contact étroit avec Bannon. Ce dernier était engagé dans une bataille frontale contre Kushner et Bossie lui donna quelques conseils :

« Steve, d'un côté il y a le père de ses petits-enfants, de l'autre il y a toi. Mets-toi à la place du président : à la fin, qui est-ce que tu crois qu'il va soutenir ? »

Priebus avait eu ses propres problèmes avec Bannon mais ce dernier lui avait fait allégeance et était dix fois plus fédérateur que Jared et Ivanka.

Priebus avait encore des difficultés à convaincre McMaster de faire des efforts pour être plus en phase avec Trump. Lorsque le conseiller à la sécurité nationale se rendait dans le Bureau ovale pour des réunions prévues à l'avance, le président disait souvent : « Encore vous ? Je viens juste de vous voir ! » Le style d'intervention de McMaster déplaisait profondément à Trump. On ne pouvait guère imaginer de personnalités plus diamétralement opposées. McMaster n'était qu'ordre et discipline, hiérarchie et pensée linéaire. Trump divaguait de A à G, puis de L à Z, pour revenir éventuellement à D ou à S. McMaster était incapable d'aller de A à C sans passer par B.

Priebus découvrit aussi que McMaster avait la tête près du bonnet. En juin, le Premier ministre de l'Inde, Narendra Modi, qui avait été courtisé assidûment par Obama, venait aux États-Unis pour une visite officielle. L'Inde faisait contre-poids au Pakistan, qui donnait tout autant de fil à retordre à la nouvelle administration qu'aux précédentes du fait de son attitude ultra-ambiguë face au terrorisme islamique. Modi voulait se rendre à Camp David et dîner avec Trump pour faire plus ample connaissance.

Ce n'est pas à l'ordre du jour, dit Priebus à McMaster. « On va juste dîner à la Maison Blanche. C'est le souhait du président. »

McMaster explosa littéralement : « Vous vous foutez de moi ? C'est l'Inde, mon vieux. Putain de merde, c'est l'Inde ! » Il comprenait l'importance stratégique de l'Inde, un ennemi juré du Pakistan. Il fallait ouvrir les bras à Modi et établir des relations étroites.

Modi eut droit à un cocktail « profil bas ». Le dîner de travail eut lieu à la Maison Blanche[1].

Dans la matinée du mardi 4 avril, Donald Trump, tout agité, appela son secrétaire à la Défense James Mattis au Pentagone. On était dans le troisième mois de son mandat. La Maison Blanche avait reçu quantité de photos et de vidéos montrant une attaque au gaz sarin contre les rebelles syriens.

L'attaque était brutale, épouvantable. Elle avait fait des dizaines de victimes, dont des femmes et des enfants – des petits bébés, de beaux petits bébés. Des corps asphyxiés, des bouches

---

1. Max Bearak, « Modi's "No Frills" Visit to Washington Masks a Potential Minefield », *The Washington Post*, 26 juin 2017.

écumantes, des parents éperdus de chagrin et de désespoir. C'était ainsi que le dictateur syrien Bachar al-Assad traitait son propre peuple.

Trump était hystérique : « Il faut liquider ce salaud ! On y va et on se paye toute cette bande d'enfoirés. »

L'armée américaine pouvait lancer une attaque aérienne ultra-secrète en Syrie.

Trump se sentait personnellement offensé : Damas avait promis de ne pas avoir recours aux armes chimiques. Il faisait sans doute référence à la promesse du président syrien Assad de détruire toutes ses armes chimiques.

OK, dit Mattis. Je m'en occupe tout de suite.

Il raccrocha.

« Pas question de faire quoi que ce soit dans le genre, confia-t-il à un proche collaborateur. On va être beaucoup plus mesurés. »

L'idée était de définir trois scénarios d'attaque aérienne classique : l'option maximum, l'option minimum et l'option intermédiaire. Une tripartition standard.

Pour Mattis, il s'agissait d'une occasion en or pour l'administration Trump : agir sans en faire trop, mais en en faisant plus qu'Obama.

En 2012, Obama avait annoncé que le recours aux armes chimiques par Assad serait une ligne rouge à ne pas franchir. L'année suivante, Assad avait massacré 1 400 civils à l'arme chimique. Obama avait demandé aux militaires de préparer des frappes mais il avait fini par tergiverser. Il voulait éviter un nouveau conflit armé et un autre bourbier de type irakien ou afghan.

Paradoxalement, ce fut alors Vladimir Poutine qui vint à la rescousse d'Obama. Le président russe négocia un accord en vertu duquel Assad acceptait de détruire toutes ses armes chimiques. Mille trois cents tonnes d'armes chimiques, un chiffre stupéfiant, furent effectivement éliminées.

Obama savourait pleinement ce succès. En 2014, il déclara : « Nous avons obtenu un résultat important dans nos efforts permanents pour combattre la prolifération des armes de destruction massive en éliminant le stock déclaré d'armes chimiques de la Syrie[1]. » Le secrétaire d'État John Kerry alla plus loin : « Nous avons éliminé 100 % des armes chimiques syriennes[2]. »

Les services de renseignements étaient d'un autre avis. En 2016, le directeur national du renseignement, James Clapper, déclara publiquement : « La Syrie n'a pas rendu publiques toutes les composantes de son programme d'armes chimiques[3]. »

Alors que la guerre civile syrienne s'éternisait, Obama se voyait accusé d'avoir subi un échec stratégique. Le conflit avait fait plus de 400 000 morts et des millions de réfugiés.

Après l'attaque chimique, McMaster et le responsable du Moyen-Orient au Conseil de sécurité national, Derek Harvey, commencèrent à élaborer des options stratégiques pour les soumettre à la Maison Blanche.

Bannon eut vent de ce qui se passait. Il était difficile de l'ignorer : quand Trump s'échauffait à ce point, tout le monde aux alentours sentait le changement de température. Bannon se confronta à Harvey dans un couloir de la Maison Blanche.

« Qu'est-ce que vous êtes en train de faire ? »

« On élabore des options pour les soumettre au président, répondit Harvey. Il a demandé qu'on lui présente des options, c'est conforme à la procédure. »

1. Barack Obama, « Statement on the Elimination of Syria's Declared Chemical Weapons Stockpile », 18 août 2014. Accessible en ligne *in* Gerhard Peters et John T. Woolley, *The American Presidency Project*. www.presidency.ucsb.edu/ws/?pid=106702.
2. Entretien de John Kerry avec David Gregory, *Meet the Press*, NBC, 20 juillet 2014.
3. Peter Baker, « For Obama, Syria Chemical Attack Shows Risk of "Deals with Dictators" », *The New York Times*, 9 avril 2017.

C'est précisément ce que Bannon détestait le plus. La « procédure », ça marchait en pilotage automatique et ça finissait toujours par favoriser l'action militaire, la soi-disant fermeté : l'Amérique en tant que gendarme du monde. Il faut faire quelque chose, il faut régler le problème, telle était la devise. Mattis et Harvey n'avaient même pas répondu à la question posée par Trump sur l'utilité exacte d'une présence américaine disproportionnée au Moyen-Orient.

Bannon voyait bien qu'Ivanka était derrière tout ça. Elle savait manipuler son père mieux que quiconque. Elle lui avait apporté des photos de victimes en souffrance et de bébés morts. Bien sûr que cette attaque au gaz était une véritable horreur, mais une riposte militaire était exactement ce que Trump devrait éviter, estimait Bannon.

À l'inverse, Derek Harvey en avait assez de participer à la gestion de la politique de sécurité nationale sans aucun résultat probant. La politique syrienne de Washington était un exemple classique de paroles en l'air et de demi-mesures qu'on aurait crues conçues justement pour ne pas résoudre le problème. C'était l'occasion de mettre le paquet en termes de riposte militaire.

L'option intermédiaire prévoyait une frappe d'environ soixante missiles Tomahawk contre un aérodrome militaire syrien.

« Cette fois, on a vraiment l'occasion d'en faire plus, expliqua Harvey à McMaster, et on doit envisager de frapper plusieurs bases aériennes. » Il fallait concevoir une attaque qui ait un impact réel. « Il faut détruire leur force aérienne, elle multiplie le potentiel d'agression du régime. Il faut essayer de façonner les circonstances de la fin du conflit et d'augmenter la pression sur le régime pour qu'il accepte une solution politique. »

Pour Harvey, il fallait « détruire leur aviation militaire, et pas 15 ou 20 %, mais 80 %. » Pour cela, il fallait deux cents Tomahawk, soit plus du triple de l'arsenal prévu par l'option intermédiaire.

« Je sais bien, Derek, dit McMaster, mais il faut prendre en compte la position de Mattis » qui « me reproche justement cette orientation ».

Mattis jouait la prudence. Toute action, quel qu'en soit le type, était risquée. Il y avait des Russes sur les bases syriennes ; si on tuait des Russes, la donne changeait complètement, on allait à la confrontation ou à la catastrophe.

Les diverses options devaient être discutées lors d'une réunion du Conseil de sécurité national. Bannon profita de la confiance que lui accordait Trump pour aller le voir sans prévenir, directement dans le Bureau ovale. Il expliqua au président que s'il souhaitait toujours éviter les guerres et les interventions inutiles outre-mer, il valait mieux ne pas riposter à coups de missiles comme le proposaient ses conseillers.

Intervenez dans la réunion et faites-vous entendre, dit Trump.

Dans un communiqué daté du 4 avril, Trump attaqua à la fois Assad et Obama : « Ces actes odieux du régime de Bachar al-Assad sont la conséquence de la faiblesse et de l'indécision de l'administration précédente. Le président Obama a déclaré en 2012 que le recours aux armes chimiques constituait une "ligne rouge" à ne pas franchir et en fin de compte, il n'a rien fait[1]. »

Comme prévu, la réunion du Conseil de sécurité national examina les trois options : une attaque de deux cents missiles contre les principaux aérodromes militaires syriens ; une option intermédiaire mettant en œuvre une frappe avec soixante missiles ; et l'option minimale, qui revenait à ne rien faire, ou presque.

La liste des cibles potentielles était longue. En 2013, lorsque Obama avait menacé de lancer une attaque de missiles, il en avait

---

1. Donald J. Trump, « Statement on the Chemical Weapons Attack in Khan Sheikhoun, Syria », 4 avril 2017. Accessible en ligne *in* Gerhard Peters et John T. Woolley, *The American Presidency Project.* http://www.presidency. ucsb.edu/ws/?pid=123681.

approuvé une qui incluait les bâtiments abritant le programme d'armes chimiques syrien. Ceux-ci étaient absents de la liste de cibles de Mattis et du Pentagone, qui souhaitaient que l'attaque reste aussi limitée que possible.

Mattis s'était contenté d'une seule base aérienne, à atteindre avec soixante missiles. Le complexe résidentiel attenant à l'aérodrome avait été retiré de la liste en raison de la probable présence de membres des familles des militaires.

« Si c'est ça le critère, dit Bannon, je vais vous montrer des photos de l'Afrique subsaharienne, OK ? On va voir un peu ce qui se passe au Guatemala, ce qui se passe au Nicaragua. Si c'est ça le critère pour une putain d'attaque de missiles, alors allons-y, on fait ce qu'il faut, on attaque partout. » Il pensait avoir le président de son côté.

« Pour eux, ça sera juste une piqûre d'épingle de plus, poursuivit Bannon. Si on doit frapper, alors faisons quelque chose de spectaculaire, dit-il sur un ton sarcastique. On se croirait chez les Clinton » – c'était l'insulte ultime. « On va larguer quelques missiles de croisière sur une piste d'aérodrome qui sera de nouveau entièrement opérationnelle dans un ou deux jours. »

Mais les partisans de l'option intermédiaire travaillaient le président au corps. Bannon trouvait leurs arguments insidieux : selon eux, l'attaque ne visait pas à déclencher une guerre mais à faire passer un message, ce qui permettrait au contraire d'en éviter une.

Le vendredi, Trump s'envola pour Mar-a-Lago et dans la soirée, il participa à une autre réunion du Conseil dans une pièce sécurisée. Quatorze personnes étaient présentes : Tillerson, Priebus, McMaster, Kushner, Bannon, Cohn et Dina Powell, conseillère adjointe pour les questions de stratégie. Mattis était connecté par téléconférence. On aborda l'option intermédiaire consistant à lancer soixante missiles mer-sol. Les cibles étaient des avions syriens au sol, des hangars blindés, des réservoirs de carburant et autres installations du même type, des radars et des systèmes de défense anti-aérienne.

Trump avait abandonné l'idée d'éliminer Assad. Contrairement à son habitude, il était très concentré sur les détails et posa une série de questions sur les risques potentiels. Que se passe-t-il si un ou plusieurs missiles dévient de leur trajectoire ? Si on frappe par erreur une école, un hôpital ou une autre cible non prévue ? Quel est le risque de tuer des civils ?

Mattis le rassura. Les meilleurs navires et les meilleurs hommes étaient mobilisés dans cette affaire.

Trump demanda à parler sur une ligne sécurisée avec les capitaines des deux bâtiments, l'USS Porter et l'USS Ross, deux destroyers porteurs de missiles guidés. On attaque ce soir, leur dit-il. Vos gars sont vraiment au top en matière de programmation de missiles ?

Les deux capitaines le rassurèrent sur ce point. Trump fit alors un tour de table et demanda leur opinion à chacun des présents. Qu'est-ce que vous en pensez ? Si quelqu'un ici a des réserves, je veux les entendre maintenant, pas après la bataille.

Tout le monde était d'accord, voire enthousiaste.

D'après les services de renseignements, les Russes n'occupaient manifestement qu'un seul bâtiment. Au moment de l'attaque – 4 h 40 du matin, heure syrienne –, on était pratiquement assuré qu'aucun d'entre eux ne serait en train de travailler autour des avions. Environ quinze minutes avant l'heure de l'impact, les Russes furent avertis de l'attaque imminente. Au téléphone, le Russe qui avait décroché avait l'air ivre.

Trump donna son feu vert. C'était sa première action militaire significative. Cinquante-neuf Tomahawk atteignirent leur cible ; le soixantième se perdit dans la Méditerranée.

Trump alla dîner avec le président chinois Xi Jinping, qui visitait Mar-a-Lago dans le cadre d'un sommet de deux jours consacré à des questions commerciales et à la Corée du Nord.

Au moment du dessert, Trump dit à Xi : « Nous sommes en train de bombarder la Syrie pour répondre à son attaque au gaz. »

« Pardon, vous pouvez répéter ? » demanda Xi par l'intermédiaire de l'interprète. Trump s'exécuta.

« Combien de missiles ? »

Cinquante-neuf, dit Trump.

« Cinquante-neuf ? »

Trump confirma.

« D'accord, dit Xi. Je comprends. C'est bien, il le méritait. »

Fin du dîner.

Plus tard, Bannon traita Harvey de « belliciste. Vous et McMaster, vous êtes en train d'essayer de déclencher une guerre ».

Vers minuit, Trump appela le sénateur Lindsey Graham : « Je vous réveille ? »

« Oui. »

« Désolé. »

« Non, je suis ravi de vous avoir au téléphone, Monsieur le président. »

« Je parie que vous êtes l'homme le plus heureux de Washington. »

« Heureux n'est pas le mot. Je suis fier de mon président. » Silence. On aurait pu entendre une mouche voler. « Vous avez fait quelque chose qui aurait dû être fait il y a longtemps », dit Graham.

« Une centaine de pays nous ont appelés », dit Trump.

Bon, ça, ça veut sans doute dire dix au maximum, pensa Graham.

« Tout le monde m'appelle pour me féliciter. Vous savez ce que m'a dit le président chinois ? Au dessert, je lui ai dit qu'on avait lancé cinquante-neuf Tomahawk sur Assad. Eh bien il m'a dit : "C'est bien, il le méritait." »

Autant pour Bannon !, pensa Graham.

« Obama, c'est une poule mouillée. Il n'aurait jamais fait un truc pareil. »

« Et son inaction a coûté la vie à près de 400 000 personnes », répondit Graham. C'était le nombre de victimes du conflit syrien jusqu'à ce jour.

Trump n'arrêtait pas de parler des enfants – la peau qui se détachait de leurs petits corps calcinés, des morts horribles, des blessures effrayantes.

« Monsieur le président, dit Graham, des photos comme celles-là, je peux vous en montrer en provenance de tout le Moyen-Orient. » Apparemment, sans le savoir, il se faisait l'écho des propos de Bannon sur toutes les atrocités et les violations des droits humains commises dans le monde. « Vous avez fait ce qu'il fallait, et pas à cause de la façon dont il a tué ces enfants. Il nous provoquait constamment devant le monde entier. Son message, c'était *"fuck you !"* Eh bien maintenant, on lui a répondu par un *"fuck you !"* encore plus grand. »

Graham connaissait le type de langage qui plaisait à Trump, comme répondre à un *"fuck you !"* par un *"fuck you !"* encore plus grand. « C'est ça votre message : qu'il aille se faire foutre. Maintenant, il faut être vigilant. Qu'est-ce que vous allez faire s'ils réparent les dégâts et recommencent à faire des sorties aériennes pour larguer un baril d'explosifs sur des gosses ? Il faut vous préparer à ça, parce qu'il va chercher à vous provoquer[1]. »

Ce n'était pas seulement les armes chimiques, expliqua Graham, mais n'importe quel bombardement de civils. C'était inadmissible quelle que soit l'arme utilisée.

« Si vous ne l'affirmez pas haut et fort, poursuivit Graham, cette attaque ne servira à rien, parce que ce qu'Assad va vous

---

1. Le lendemain, Poutine qualifia l'attaque d'« acte d'agression illégal » et annula un accord dit de « déflexion » destiné à éviter les incidents entre des avions russes et américains survolant la Syrie.

dire, c'est : OK, je vous emmerde, je vais les tuer autrement. C'est ça qu'il va vous dire. Une attaque, ça ne suffit pas. Il faut que ce salaud sache que s'il décolle encore une fois de cette base pour aller bombarder des gosses, on le descend. »

Chaque fois qu'un président américain dégaine, même si c'est avec seulement cinquante-neuf Tomahawk, la classe politique et l'opinion publique ont tendance à serrer les rangs autour de lui. Cette fois-ci ne fit pas exception à la règle. Trump fut salué presque unanimement pour sa riposte rapide et décisive.

Le lendemain matin, le sénateur John McCain était invité sur le plateau de *Morning Joe*. « Le message que nous avons envoyé hier soir, comme vous l'avez dit vous-même, était très, très important[1]. »

Le présentateur Joe Scarborough ajouta qu'il était important non seulement pour la Russie et pour Assad, mais aussi pour la Chine et la Corée du Nord. « Et pour nos amis, commenta McCain. Notre alliance avec nombre de pays arabes dépend beaucoup du fait qu'ils soient convaincus qu'ils peuvent compter sur nous. »

Scarborough observa que les Arabes sunnites avaient eu le sentiment que, sous Obama, les États-Unis les avaient « laissés tomber. Est-ce que ce qui s'est passé cette nuit change la donne ? »

« C'est un début », dit David Ignatius, l'éditorialiste du *Washington Post,* qui faisait aussi partie du panel d'invités. « Ils veulent d'autres preuves. »

McCain fit l'éloge des membres de l'équipe de sécurité nationale de la Maison Blanche et loua Trump d'avoir su les écouter : « C'est ce qui est le plus encourageant pour moi : il respecte Mattis, il respecte McMaster. »

1. « Sen. John McCain, R-Ariz, Is Interviewed on MSNBC's *Morning Joe* », Federal News Service, 7 avril 2017.

Certains des éloges les plus vifs étaient plutôt inattendus, comme ceux prodigués par Anne-Marie Slaughter qui avait été directrice de la puissante équipe de planification politique du département d'État sous Obama, pendant les deux premières années d'Hillary Clinton à la tête de cette administration. Elle tweeta : « Donald Trump a fait ce qu'il fallait en Syrie. Enfin !! Après des années de tergiversations stériles face à ces horribles atrocités[1]. »

Dans les jours et les semaines qui suivirent, Trump confia souvent à ses collaborateurs qu'il pensait que l'attaque contre la base aérienne ne suffisait pas. Washington ne devait-il pas en faire plus ? Il se demandait si on ne pouvait pas ordonner une frappe secrète contre la personne d'Assad.

Il avait lu des articles sur les effets des gaz neurotoxiques sur le corps humain, ou bien on lui en avait parlé. « Vous vous rendez compte ? » demanda-t-il un jour. Il décrivit l'image qu'il s'en faisait. Le gaz envahit les poumons. La respiration devient plus difficile, la bouche écume, la vision se brouille, les membres sont paralysés. Le corps devient incontrôlable, il se lâche, il vomit, il urine, il défèque. Des douleurs atroces partout, surtout des crampes abdominales. Une série de convulsions. Les organes se déconnectent du cerveau. Et au bout de dix minutes de torture, la mort. Des enfants. Des bébés.

Trump voulait des options. Les scénarios possibles abondaient. L'armée américaine possédait tout le potentiel de destruction imaginable. Que pouvait-on faire ? Il voulait savoir.

Le secrétaire d'État Mattis était inquiet : Trump pouvait être tenté d'ordonner une deuxième frappe. Il s'efforçait d'étouffer

---

1. Voir le tweet de Slaughter sur www.twitter.com/slaughteram/status/ 850263058756673540.

dans l'œuf cette éventualité et de dissuader le président de mener une nouvelle action militaire en Syrie.

Au bout de quelques semaines, l'indignation de Trump commença à décroître lentement et il finit par se tourner vers d'autres questions.

McMaster se plaignit à Jared qu'on ne lui accordait pas l'autorité suffisante pour faire avancer les décisions. Comme la plupart des secrétaires d'État et des secrétaires à la Défense, Tillerson et Mattis n'aimaient pas que le conseiller à la sécurité nationale exerce trop d'influence.

Un jour, après l'attaque en Syrie, le président demanda des informations sur les récentes provocations russes et iraniennes en territoire syrien. Les Américains avaient tué des combattants du Hezbollah parrainés par l'Iran sur une route à l'est de Palmyre et abattu un drone armé iranien. Trump avait quelques questions à poser à McMaster. Qu'est-ce qui se passe si un de nos hommes est tué ? Comment on réagit ? Quelles sont les options ?

McMaster appela Tillerson et Mattis. Pas de réponse. Il convoqua Harvey et lui passa un savon. Les épithètes salées volèrent. C'est votre boulot, démerdez-vous pour me les trouver.

Neuf heures plus tard, on n'avait toujours aucune réponse de Tillerson ou de Mattis.

Les membres de l'état-major interarmées débarquèrent du Pentagone pour briefer Harvey. Le département de la Défense avait plusieurs scénarios de frappe mais rien dans le cas où un soldat américain était tué en Syrie dans la localité frontalière d'al-Tanf, d'où opéraient les forces de Washington. Ou si un vaisseau américain était touché par une mine.

Bref, le Pentagone n'avait pas de réponse. McMaster et Harvey n'en croyaient pas leurs oreilles. Mais Trump oublia bientôt ses questions.

CHAPITRE 19*

« J e veux qu'on me rédige un décret exécutif proclamant le retrait des États-Unis de l'ALÉNA – l'Accord de libre-échange nord-américain –, et je le veux sur mon bureau d'ici vendredi», ordonna le président.

Le mardi 25 avril, le vice-président Pence, le secrétaire au Commerce Ross, Kushner, Porter et Navarro se réunirent avec Trump dans le Bureau ovale. Le président voulait pouvoir annoncer la sortie de l'ALÉNA au centième jour de son mandat.

Voyant que personne ne s'y opposait ou ne présentait d'objections, Porter, qui présidait les réunions du mardi matin sur les questions de commerce, fit remarquer qu'on ne pouvait pas le faire par le biais d'un décret exécutif mais seulement à travers un préavis de résiliation à cent quatre-vingts jours, comme l'exigeaient les termes de l'accord.

«Il y a un énorme problème de calendrier, expliqua-t-il à Trump et aux autres, parce que quelle que soit la rapidité avec

* L'information contenue dans ce chapitre repose essentiellement sur une série d'interviews approfondies avec des sources primaires.

249

laquelle vous pourrez renégocier l'ALÉNA en vertu des pouvoirs que vous accordent les dérogations parlementaires en la matière, cela prendra du temps. » En outre, une fois renégocié, le nouvel accord devait être adopté par le Congrès, et cela prendrait plus de cent quatre-vingts jours.

Porter était le plus jeune et le moins expérimenté des participants à la réunion. « Il ne faut pas qu'il y ait un hiatus, poursuivit-il, une période où il n'y aurait plus aucun accord. On a un problème de calendrier. On ne peut pas commencer en décrétant arbitrairement que, dans cent quatre-vingts jours, il n'y aura plus d'accord. »

Les autres étaient silencieux et semblaient vouloir laisser la parole à Trump. Porter n'arrivait pas à croire que le président puisse même envisager un retrait unilatéral de l'ALÉNA. Cet accord de libre-échange, qui avait éliminé les droits de douane entre les États-Unis, le Canada et le Mexique, était au fondement de la sécurité économique et politique de l'Amérique du Nord depuis plus de deux décennies. Le volume du commerce annuel entre les trois pays était de plus de 1 000 milliards de dollars. Les échanges commerciaux des États-Unis avec chacun des deux pays étaient presque aussi importants que ceux des États-Unis avec la Chine, leur principal partenaire commercial.

« Il nous faut établir une procédure pour être certains que nous faisons les choses dans le bon ordre, que nous maîtrisons tous les tenants et les aboutissants. » Porter montra d'un geste de la main Pence, Ross, Kushner et Navarro. « C'est formidable que toutes ces personnes soient là, mais Gary Cohn est absent. Steve Mnuchin n'est pas là non plus. Je comprends que vous vouliez agir vite mais il va falloir ralentir un peu. »

« Je n'en ai rien à cirer, dit Trump. Je veux le texte sur mon bureau vendredi. »

Porter alla voir McMaster pour obtenir son soutien. Ce dernier n'était pas très impliqué dans les discussions commerciales mais il était d'accord pour affirmer qu'un retrait de l'ALÉNA serait un véritable cauchemar pour la sécurité nationale, et ce sans aucune utilité perceptible. Cela déstabiliserait nos alliés. McMaster promit qu'il appuierait Porter.

Une réunion d'urgence avec les secrétaires de cabinet et les principaux conseillers concernés fut convoquée le lendemain dans la salle Roosevelt[1]. Le compte à rebours avait commencé. Il leur semblait qu'ils n'avaient plus qu'un jour ou deux avant que Trump ne signe.

Tandis que Navarro plaidait en faveur du retrait, le secrétaire à la Sécurité intérieure John Kelly et d'autres participants soulignaient qu'une menace de retrait pouvait être un bon atout pour créer un rapport de force favorable aux États-Unis, mais qu'un retrait effectif serait catastrophique. Cela reviendrait à se tirer une balle dans le pied. Les répercussions seraient énormes, que ce soit en termes de perturbation des marchés financiers ou de représailles immédiates. Nos partenaires commerciaux du monde entier se poseraient la question de savoir s'ils seraient les prochains sur la liste.

À la sortie de la réunion, alors qu'il se rendait au Bureau ovale pour travailler sur les documents que Trump voulait qu'on lui prépare, Porter prit à part le ministre de l'Agriculture Sonny Perdue, qui venait d'entrer en fonction. Perdue était un ancien gouverneur républicain de Géorgie, le premier depuis la période immédiatement postérieure à la guerre de Sécession.

« Sonny, lui dit Porter, venez donc avec nous. » Wilbur Ross les rejoignit dans le Bureau ovale.

« Notre secteur agricole a énormément bénéficié de l'ALÉNA, expliqua Perdue à Trump. Nous exportons 39 milliards de

---

1. Examen par l'auteur des notes prises par un participant.

dollars par an au Mexique et au Canada. Sans eux, il n'y aurait pas de marchés pour nos produits. En cas de retrait de l'ALÉNA, les plus gros perdants seraient votre base, vos électeurs. »

Perdue montra à Trump une carte des États-Unis indiquant les États et les comtés dont les activités agricoles et manufacturières seraient les plus affectées. Nombre d'entre eux avaient voté pour Trump.

« Et ce n'est pas seulement votre base, poursuivit Perdue. C'est votre base dans des États clés pour l'élection présidentielle. Vous ne pouvez pas prendre une telle initiative. »

« Oui, dit Trump, mais on se fait avoir, et il faut faire quelque chose. »

Le président décida finalement qu'il fallait hausser le ton et menacer de se retirer, mais qu'il renonçait au préavis de cent quatre-vingts jours.

Jared transmit le message à Porter. « Le président est d'accord pour ne pas sortir de l'ALÉNA pour l'instant. »

Porter savait qu'avec Trump, tout était provisoire, mais il était surpris de constater à quel point on l'avait échappé belle cette fois-ci. Et ce n'était pas la fin de l'histoire.

Peter Navarro se glissa dans le Bureau ovale pour une réunion *ad hoc* non planifiée avec le président.

« Tout ce que nous avons fait, c'est nous retirer du TPP, dit Trump en faisant référence à l'Accord de partenariat trans-pacifique. Pourquoi n'avons-nous pris aucune autre initiative en matière de commerce extérieur ? »

« C'est le secrétaire de la présidence qui nous paralyse avec ses histoires de procédure », répondit Navarro.

Trump appela son assistante Madeleine Westerhout : « Madeleine. Faites-moi venir Rob tout de suite. »

Porter monta les escaliers quatre à quatre jusque dans le Bureau ovale.

« Pourquoi vous faites traîner cette histoire ?, lui demanda Trump. Il faut en finir avec ça. Faites votre boulot et arrêtez de trouver des prétextes et de me mener en bateau. C'est ma décision. »

Le président ne plaisantait pas. Porter rédigea une lettre de préavis de cent quatre-vingts jours annonçant le retrait des États-Unis de l'ALÉNA.

Le secrétaire de la présidence était de plus en plus convaincu qu'une telle initiative pouvait déclencher une crise économique et diplomatique avec le Canada et le Mexique. Il alla voir Cohn.

« Je peux stopper cette affaire, lui dit Cohn. Je vais subtiliser le texte sur son bureau avant de partir. » Ce qu'il fit effectivement. « S'il veut signer quelque chose, il va avoir besoin d'un nouveau brouillon. »

« Qu'on fera traîner aussi », promit Porter.

Cohn savait bien que le président pouvait facilement commander une nouvelle version du texte, mais s'il ne l'avait pas sous son nez, il y avait de fortes chances qu'il l'oublie. Loin des yeux, loin de la mémoire.

Porter était d'accord. La mémoire de Trump avait besoin d'un déclencheur – un morceau de papier sur son bureau, un article de journal ou un programme de télévision. Ou bien une nouvelle visite de Peter Navarro au Bureau ovale. Si rien ni personne ne jouait ce rôle, il pouvait se passer des heures, des journées entières ou même des semaines avant que Trump ne se remémore la chose et dise : mais dites donc, on devait pas se retirer de cet accord ? Pourquoi est-ce qu'on ne l'a pas fait ? Sans un déclencheur, il pouvait tout aussi bien finir par l'oublier complètement.

Le 4 mai, Sonny Perdue fit un exposé dans la salle de crise sur le rôle de l'agriculture dans les échanges commerciaux[1]. Les

---

1. Examen par l'auteur des notes prises par un participant.

rapports des services de renseignements montraient que si les États-Unis imposaient de nouveaux droits de douane à la Chine, Pékin riposterait en instaurant ses propres tarifs douaniers.

Les Chinois étaient experts en matière de représailles économiques et politiques douloureuses, contrairement aux Américains qui n'étaient que des novices. Ils connaissaient tous les districts parlementaires des États-Unis et leur production respective, par exemple ceux qui cultivaient du soja. Ils savaient lesquels étaient les plus disputés électoralement et garantissaient le contrôle de la Chambre des représentants. Ils pouvaient calibrer leurs droits de douane pour affecter plus particulièrement les produits de ces districts, ou bien ceux de tel ou tel État. Ils pouvaient cibler spécifiquement le bourbon du district de McConnell dans le Kentucky ou bien les produits laitiers du district de Paul Ryan dans le Wisconsin.

Quelques jours plus tard, Wilbur Ross développa à propos des déficits commerciaux des arguments qui faisaient écho à ceux de Trump. D'après Ross, les déficits commerciaux étaient le principal facteur d'instabilité et de faiblesse de l'économie américaine. C'est un problème qui préoccupait le président, insista-t-il, et qui devait donc préoccuper tout le monde à la Maison Blanche.

Porter cessa de faire semblant d'être impartial : « Les déficits commerciaux ne sont pas un problème, en tout cas pas ceux que nous avons avec tel ou tel pays isolément. C'est absurde de penser les choses comme ça. » Son ton était sans doute le plus irrévérent qu'il ait jamais adopté pour s'adresser à un membre du gouvernement. « Ce n'est pas notre politique commerciale, et certainement pas les accords commerciaux que nous négocions, qui entraînent notre déficit commercial. » Pour Porter, le déficit dépendait des conditions économiques générales, de la capacité de tel ou tel pays à produire tel ou tel bien de la manière la plus efficace et la moins coûteuse, du taux d'épargne et de la valeur des différentes devises. Aucune forme de politique protectionniste n'était dans l'intérêt économique des États-Unis.

Ross répliqua avec agressivité : « Écoutez, j'ai gagné des milliards de dollars et j'ai travaillé à Wall Street. Je sais comment fonctionnent les marchés. Vous ne comprenez pas l'offre et la demande. » Si les États-Unis imposaient des droits de douane à la Chine et que celle-ci ripostait, les Américains pourraient acheter les produits d'autres pays.

Au printemps 2017, Ross négocia un accord avec Pékin permettant aux États-Unis d'importer du poulet chinois et d'exporter de la viande de bœuf en Chine. Il s'agissait selon lui d'un « exploit herculéen ». L'accord n'en reçut pas moins de sérieuses critiques. Le *New York Times* titra : « La Chine ne fait pratiquement pas de concession aux États-Unis lors de la première ronde de négociations commerciales[1]. »

Lors d'une réunion à la Maison Blanche, le président passa un savon à Ross : « Je n'arrive pas à croire que vous ayez négocié un accord pareil. Pourquoi n'en avez-vous parlé à personne ? Vous ne m'avez rien dit. Vous avez fait ça tout seul dans votre coin. C'est une très mauvaise affaire. On s'est fait avoir. Wilbur, franchement, je vous ai connu plus habile. » En 1990, alors qu'il était banquier d'affaires et qu'il représentait les détenteurs d'obligations des casinos de Trump insurgés contre ce dernier, Ross avait négocié un accord qui permettait de reconnaître la valeur de la marque Trump et d'éviter la faillite à son propriétaire.

« Je pensais que vous étiez un tueur, dit Trump à Ross, qui avait désormais 79 ans. Du temps où vous travailliez à Wall

---

1. Gina Chon et Pete Sweeney, « China Surrenders Little to U.S. in First Round of Trade Talks », *The New York Times*, 12 mai 2017.

Street, vous aviez fait de sacrées affaires, mais on dirait que vous êtes trop vieux, maintenant. Vous ne savez plus négocier. Je ne sais pas trop ce qui se passe, mais vous avez perdu la main. Je ne vous fais pas confiance. Je ne veux plus de vous comme négociateur. » Ce serait désormais Bob Lighthizer qui s'occuperait de l'ALÉNA et des autres accords commerciaux.

Ross essaya de défendre son bilan – les États-Unis allaient augmenter leurs exportations de viande de bœuf – mais Trump n'écoutait même plus.

Le 8 juin, le président organisa une réunion sur les tarifs douaniers concernant l'acier – une de ses obsessions – dans le Bureau ovale. Étaient présents Gary Cohn, Wilbur Ross, Rob Porter et le secrétaire à la Défense Jim Mattis.

« On peut commencer, dit Ross. Je souhaite vous soumettre ce rapport. » Il recommandait l'instauration de contingents tarifaires visant en particulier les produits chinois. Si la Chine augmentait son volume d'exportations d'acier vers les États-Unis, on lui imposerait des droits de douane prohibitifs.

Porter cita un certain nombre de problèmes juridiques. Le ministère du Commerce n'avait pas consulté le ministère de la Défense, comme l'exigeait la loi, pour savoir si les importations constituaient une menace pour la sécurité nationale.

« Si, nous l'avons fait, dit Ross. Nous l'avons déjà fait. »

Mattis apporta un démenti : « Je n'ai jamais été consulté sur quoi que ce soit en rapport avec cette affaire. »

« Bon, voyons un peu », répondit Ross. Il s'était entretenu avec le vice-secrétaire à la Défense, qui était responsable de ces questions. Il avait des courriers électroniques qui le prouvaient.

« Eh bien vous ne m'en avez jamais parlé », dit Mattis.

Porter signala que la loi stipulait que c'était le secrétaire à la Défense qui devait être consulté, et pas seulement un de ses collaborateurs.

C'était exactement le genre de subtilités bureaucratico-juridiques qui avaient le don d'exaspérer Trump : « Wilbur, réglez ça avec à Jim ! Mettons les choses au clair. J'en ai vraiment marre de ces histoires. Et faites-le vite, parce que je veux qu'on en finisse avec ça[1]. »

Pour Porter, il y avait là l'opportunité de faire traîner la décision quelques semaines de plus, voire plus longtemps encore. Mattis l'aida dans ce sens en expliquant à Ross qu'il avait besoin d'une analyse approfondie avant de pouvoir donner son opinion.

L'analyse effectuée à la demande de Mattis montra toutefois que « l'acier à usage militaire constitu[ait] moins de 0,5 % de la demande américaine totale d'acier » et que le département de la Défense n'aurait pas de problèmes à « acquérir l'acier nécessaire pour répondre aux besoins de la défense nationale ».

---

1. Examen par l'auteur des notes prises par un participant.

CHAPITRE 20*

J'aurais dû virer Comey dès le début, dit Trump, mais maintenant il va vraiment falloir qu'il dégage.

Bannon n'était pas d'accord et, dans une réunion en tête à tête avec le président dans le Bureau ovale, il offrit l'argument suivant : « Il est détesté par 75 % des agents du FBI, il n'y a pas de doute là-dessus. Mais le jour où vous le virez, vous en faites le plus grand martyr de l'histoire américaine, une figure de la stature de J. Edgar Hoover. Et ça se retournera contre vous, il y aura une commission d'enquête. Vous ne pouvez pas virer Comey. Vous ne pouvez pas toucher au FBI. Dans les minutes qui suivront son départ, c'est tout le FBI en tant qu'institution qui travaillera à vous détruire, et ils y arriveront. »

Pour Bannon, Trump ne comprenait pas le pouvoir des institutions établies – le FBI, la CIA, le Pentagone et l'establishment militaire en général. Il ne saisissait pas non plus l'étendue des pouvoirs d'un procureur spécial. Une fois nommé, un personnage

* L'information contenue dans ce chapitre repose essentiellement sur une série d'interviews approfondies avec des sources primaires.

de ce type pouvait enquêter sur absolument tous les faits et gestes d'un président.

« N'essayez pas de me faire changer d'avis, dit Trump à McGahn et Priebus, parce que j'ai déjà pris ma décision, alors laissez tomber. » D'après le président, Comey était incontrôlable et se prenait pour une diva.

Au début du mois de mai, Trump eut l'impression que Comey était vulnérable à cause de son récent témoignage dans l'enquête tortueuse sur les e-mails privés d'Hillary Clinton. Il dicta une lettre énumérant les raisons de se débarrasser de lui.

McGahn lui fit savoir que le procureur général adjoint Rod Rosenstein allait venir lui rendre visite. Une des questions qu'il voulait discuter avec le président était justement le cas Comey, et apparemment, Rosenstein voulait lui aussi se débarrasser du directeur du FBI.

McGahn expliqua à Trump l'aspect procédural de la chose – c'était le procureur général adjoint qui supervisait le FBI. Écoutons ce que Rosenstein a à nous dire. C'était là une tactique dilatoire à laquelle le personnel de la Maison Blanche avait de plus en plus souvent recours : on calme le jeu, on va consulter Rod et on revient vers vous quand on a un plan.

Rosenstein dit à Trump qu'il était favorable au départ de Comey. Il rédigea une note de service de trois pages décrivant son raisonnement et la transmit à la Maison Blanche. Elle était intitulée : RÉTABLIR LA CONFIANCE DU PUBLIC DANS LE FBI[1]. D'après Rosenstein, le 5 juillet, Comey avait eu le tort de « rendre publiques ses conclusions personnelles sur l'enquête pénale la plus délicate du moment », à savoir l'affaire des e-mails d'Hillary Clinton, devançant la décision du procureur et délivrant

---

1. Texte accessible à l'adresse suivante : https://documentcloud.org/documents/3711188/Rosenstein-letter-on-Comey-firing.pdf.

des « informations dommageables » en qualifiant la conduite de Mme Clinton de « très irresponsable ». En outre, onze jours avant les élections, il avait annoncé qu'il rouvrirait l'enquête Clinton parce qu'il estimait qu'il s'agissait de choisir la transparence face à la dissimulation. C'était une interprétation spécieuse du fond de l'affaire, dit Rosenstein en citant cinq anciens procureurs généraux et procureurs généraux adjoints qui affirmaient que Comey avait enfreint le règlement.

L'affaire est dans le sac, dit le président. Il n'aurait pas pu mieux l'exprimer lui-même. Il envoya une brève missive à Comey l'informant qu'il était « démis de ses fonctions, avec effet immédiat ».

La tactique dilatoire avait eu l'effet inverse de celui recherché : elle avait accéléré le processus. Priebus savait bien que ce n'était pas la note de service de Rosenstein qui avait entraîné la décision de Trump. Le président l'avait déjà prise.

Bannon était convaincu « à 100 % » que la vraie raison du licenciement de Comey était que le FBI enquêtait sur les finances de Jared. C'était de la pure spéculation basée sur le fait qu'Ivanka était allée se plaindre du FBI à son père.

Plus les mois passaient et plus Priebus se rendait compte que ce n'était pas parce que Trump avait prévu ou affirmé qu'il allait virer untel ou untel que cela allait effectivement se produire. Un de ses dictons favoris était qu'à la Maison Blanche, il ne fallait jamais vendre la peau de l'ours avant de l'avoir tué.

Or, pour l'instant, Comey avait bien l'air mort, mais il n'était pas encore dépouillé de son pelage.

Le licenciement du directeur du FBI avait eu lieu le 9 mai et passait fort mal dans les médias. C'est ce qui ressortait de la couverture des chaînes câblées que Trump suivait assidûment. Le président avait contribué à la confusion et s'était contredit le 11 mai lorsqu'il avait affirmé à Lester Holt, sur NBC, qu'il avait eu l'intention de congédier Comey quelles que soient les recommandations du procureur général adjoint Rosenstein et du procureur général. Sa longue interview avec Holt était partie un peu dans tous les sens et Trump semblait avoir trahi son raisonnement intime en confessant : « Bon, vous savez, je me suis dit que cette histoire russe sur Trump et la Russie était complètement inventée[1]. »

Cette réponse semblait contredire le contenu de sa lettre à Comey, laquelle affirmait que son licenciement était dû à une note de Rosenstein critiquant sévèrement le directeur du FBI pour sa gestion de l'enquête sur les e-mails d'Hillary Clinton.

Le mardi 16 mai dans la soirée, un article choc de Michael Schmidt sortit dans le *New York Times*. Comey avait pris en note toutes ses conversations avec Trump. Il déclarait que, lors d'une réunion dans le Bureau ovale le 14 février, alors qu'il était encore directeur du FBI, le président l'avait interrogé sur l'enquête concernant Flynn et lui avait dit : « J'espère que vous finirez par comprendre qu'il vaut mieux laisser tomber, laisser Flynn tranquille. C'est un type bien. J'espère que vous laisserez tomber cette affaire[2]. »

Trump n'arrivait pas à s'éloigner du téléviseur, les yeux vissés à l'écran. Ce soir-là, c'était David Gergen qui intervenait sur CNN, un homme souvent considéré comme la voix de l'expérience et de la raison, et qui avait travaillé comme conseiller de la Maison Blanche sous Nixon et Clinton aux pires moments de leur présidence, lorsqu'il était question d'*impeachment*.

Gergen sonna l'alarme : « Je crois que nous sommes entrés

1. « Partial Transcript : NBC News Interview with Donald Trump », CNN, 11 mai 2017, https://edition.cnn.com/2017/05/11/politics/transcript-donald-trump-nbc-news/index.html.

2. Michael S. Schmidt, « Comey Memo Says Trump Asked Him to End Flynn Investigation », *The New York Times*, 16 mai 2017.

en territoire dangereux, avec risque d'*impeachment*, lança-t-il. Nous sommes en train d'assister au spectacle d'une présidence qui commence à s'effondrer sous nos yeux[1]. »

Porter voyait bien que la seule mention du mot *impeachment* mettait Trump dans tous ses états. Le président était indigné que Comey ait pu apparemment retourner la situation.

Le lendemain, le mercredi 17 mai, Trump était dans le Bureau ovale lorsqu'il apprit que Rosenstein avait nommé Robert Mueller, qui avait été à la tête du FBI pendant douze ans, procureur spécial chargé d'examiner l'ingérence électorale russe et les liens possibles avec sa campagne présidentielle.

L'humeur du président se détériora aussitôt et le lendemain, le 18 mai, elle était au plus bas. Il était en proie à des accès de colère incontrôlables et personne dans son entourage ne l'avait jamais vu aussi agité. C'était assez pénible à voir. « On avait beaucoup de mal à gérer ça », confia Porter à un collègue.

En temps normal, Trump était assis derrière son bureau ou dans sa salle à manger privée. Mais ce jour-là, il ne tenait pas en place et n'arrêtait pas de circuler entre les deux pièces.

Son antidote, encore une fois, c'étaient les chaînes du câble. Il passa deux heures à regarder Fox News, puis la majeure partie des programmes de deux heures de MSNBC et CNN qu'il avait enregistrés sur son magnétoscope numérique TiVo.

Tandis que Priebus, Bannon, Kushner, McGahn, Cohn, Hicks et Porter se succédaient dans le Bureau ovale, il ne cessait de pester contre la couverture médiatique. À quoi devait-on la nomination de Mueller ? « Il est venu me voir et je ne l'ai pas nommé à la tête du FBI, alors c'est évident qu'il m'en veut à mort. »

---

1. Derek Hawkins, « "I Think We're in Impeachment Territory", Says David Gergen, Former Aide to Nixon and Clinton », *The Washington Post*, 17 mai 2017.

« Tout le monde veut ma peau, poursuivit le président. C'est vraiment pas juste. Maintenant, tout le monde dit que je vais être destitué. »

Il demanda qu'on lui explique l'étendue des pouvoirs d'un procureur spécial, ce que fit Porter : le procureur spécial avait un pouvoir pratiquement illimité d'enquêter sur n'importe quel crime potentiel. C'était comme dans les affaires Watergate et Iran-Contra, ou le scandale Monica Lewinsky de Clinton.

Trump était amer : « Alors maintenant j'ai ce type sur le dos, quelqu'un qui ne répond à aucune autorité et qui peut enquêter sur ce qui lui chante, même si ça n'a aucun rapport ? Ils vont passer des années à fouiller toute mon existence et mettre leur nez dans mes finances. »

Trump n'arrivait pratiquement plus à se concentrer sur autre chose. Une série de réunions furent annulées, et une partie de l'agenda quotidien mis à la poubelle.

Porter n'avait jamais vu Trump dans un état pareil. Il savait bien que le président était un narcissique et ramenait tout à sa personne, mais ces accès de furie interminables lui rappelaient ce qu'il avait lu sur les derniers jours du mandat de Richard Nixon, qui alternait les prières, les trépignements hystériques et les conversations avec les portraits des anciens présidents accrochés aux murs de son bureau. Le comportement de Trump relevait désormais de la paranoïa.

« Ils veulent ma peau. C'est une véritable injustice. C'est vraiment pas juste. Comment est-ce qu'on en est arrivés là ? C'est la faute de Jeff Sessions. Il y a des motivations politiques derrière tout ça. Rod Rosenstein n'a pas la moindre idée de ce qu'il est en train de faire. C'est un démocrate, il vient du Maryland. »

Tournant comme un lion en cage, Trump s'exclama : « Rosenstein fait partie des gens qui m'ont dit de virer Comey et de rédiger cette lettre. Et maintenant c'est lui qui est censé superviser cette enquête ? »

Il y avait une série de conflits d'intérêts qui auraient dû disqualifier Bob Mueller en tant que procureur spécial. « Il fréquentait un de mes terrains de golf » – il s'agissait du Trump National Golf Club de Sterling, en Virginie. Il y avait eu un conflit sur le montant de l'abonnement de Mueller et celui-ci avait quitté le club. À une époque, le cabinet d'avocats de Mueller avait représenté le gendre de Trump.

« J'en prends plein la gueule, dit Trump, je dois riposter. Pour que ce soit un combat loyal, il faut que je puisse rendre les coups. »

L'essentiel de la journée fut occupé par les allées et venues frénétiques de Trump entre le téléviseur, la salle à manger et le Bureau ovale, où il interrogeait ses collaborateurs et exprimait sa colère d'avoir perdu le contrôle de l'enquête.

« Je suis le président. Je peux virer qui je veux. Je ne vois pas pourquoi ils enquêtent sur moi pour avoir viré Comey. Et il méritait d'être viré ! Tout le monde le détestait. C'était un type horrible. »

CHAPITRE 21 *

L'avocat Marc Kasowitz était un homme grisonnant et plein d'expérience qui avait représenté Trump depuis des décennies dans ses affaires de divorce et de faillite. Le 25 mai 2017, il recevait à 16 heures, dans son bureau de New York, son confrère John Dowd, 76 ans, l'un des avocats les plus expérimentés en matière de délinquance en col blanc.

« Nous avons besoin de vous à Washington », dit Kasowitz. Il s'agissait de défendre Trump dans l'enquête sur la Russie initiée par le procureur spécial Robert Mueller. Plusieurs avocats éminents avaient déjà refusé la mission, invoquant des conflits d'intérêts ou le fait que Trump était trop difficile à gérer. Mais Dowd, un ancien procureur ayant une longue liste de clients de premier plan, sauta sur l'occasion de couronner ses quarante-sept ans de carrière par le cas le plus spectaculaire de la scène juridique américaine.

* L'information contenue dans ce chapitre repose essentiellement sur une série d'interviews approfondies avec des sources primaires.

De fait, il était enchanté : « Oh, mon Dieu, j'ai du mal à y croire ! Je serais ravi de représenter le président. »

« Ce n'est pas une affaire de tout repos. »

« Je crois que j'en suis bien conscient », dit Dowd.

Dowd tenait à la fois du garçon de bonne famille et de l'enquêteur impitoyable. Il avait été avocat du Corps des Marines dans les années 1960 et procureur antimafia chargé de la lutte contre le crime organisé au département de la Justice dans les années 1970. Dans les années 1980, il avait travaillé auprès du commissaire du base-ball, menant plusieurs enquêtes dont la plus importante entraîna l'exclusion à vie de la Ligue majeure de base-ball du gérant des Reds de Cincinnati, Pete Rose, qui avait parié sur des matchs de son équipe. En tant qu'avocat, il avait ensuite représenté des clients de Wall Street et du monde politique, dont le sénateur John McCain dans l'enquête de moralité des « Keating Five », cinq sénateurs accusés de corruption en 1989. Il avait été aussi membre d'un cabinet d'avocats très en vue, Akin Gump, et était désormais à la retraite.

Dowd participa une conférence téléphonique avec Trump et Kasowitz, puis eut plusieurs conversations avec le président, qui lui expliquait que l'enquête de Mueller déstabilisait sa présidence. Trump estimait n'avoir rien fait de mal : « John, cette affaire m'emmerde énormément, surtout dans mes relations à l'internationale. Imaginez la honte quand vous êtes au milieu d'une négociation et que le type d'en face, le Premier ministre de tel ou tel pays, vous dit : "Hé, Donald, qu'est-ce qui me garantit que vous serez encore là ?" C'est comme recevoir un coup de pied dans les roustons. »

Dowd expliqua qu'il ne facturerait pas à l'heure mais qu'il demanderait une rémunération fixe. Ils tombèrent d'accord sur des honoraires de 100 000 dollars par mois, soit environ la moitié du tarif habituel de Dowd. Trump lui demanda d'envoyer la facture à son bureau de New York : il serait payé dès le lendemain. (Ce fut effectivement le cas.)

Le président était absolument scandalisé par l'enquête de Mueller. Il énuméra ses griefs à Dowd.

Tout d'abord, il avait été complètement pris de court par la décision du procureur général Jeff Sessions, le 2 mars, de se récuser de toute enquête sur l'ingérence russe dans les élections américaines. Il avait espéré que son procureur général fonctionnerait comme un bouclier politique et il se retrouvait désormais sans protection[1].

Deuxièmement, Trump raconta à Dowd comment il avait appris, le 17 mai, que Mueller avait été nommé procureur spécial par Rod Rosenstein, le procureur général adjoint. C'était absolument scandaleux. Il se trouvait dans le Bureau ovale avec Sessions lorsqu'un des avocats de la Maison Blanche lui avait communiqué la nouvelle. Sessions prétendit qu'il n'était pas au courant, sur quoi Trump lui avait demandé : « Mais enfin, il travaille pour vous, quand même ? » En se récusant, Sessions laissait Rosenstein en charge de l'enquête sur l'ingérence russe.

Pire encore, la veille, Trump avait eu un entretien avec Mueller qui souhaitait revenir à la tête du FBI, ce que le président ne lui avait pas accordé. Et voilà que, maintenant, Mueller était chargé de cette enquête. « Ça fait deux fois que je me fais salement avoir par le département de la Justice. »

Troisièmement, Trump expliqua à Dowd qu'après avoir congédié Comey, l'ancien directeur du FBI s'était lancé dans une vaste campagne de délation, affirmant que Trump lui avait demandé d'abandonner son enquête sur Flynn : « Je n'ai rien fait de tel. C'est complètement bidon. Comey est un sale menteur. »

Kasowitz signala alors qu'il avait enquêté avec l'un de ses

---

1. « Attorney General Sessions Statement on Recusal », département américain de la Justice, 2 mars 2017.

associés sur l'éventualité d'un lien entre Trump et l'ingérence russe et qu'au bout d'un mois d'investigation, leur conclusion était qu'il n'y en avait pas.

Pour Dowd, la véhémence avec laquelle Trump proférait ses dénégations montrait que son indignation était sincère. Bien entendu, cela ne voulait pas dire qu'il était innocent. Outre ses reproches à l'encontre de Comey, Trump admit que c'était aussi un peu sa faute : il aurait dû s'entourer de collaborateurs et d'avocats plus solides.

Dowd examina l'ordonnance de Rosenstein concernant la nomination de Mueller le 17 mai. Non seulement elle autorisait une enquête sur l'ingérence russe mais elle enjoignait à Mueller d'investiguer sur « toutes les questions liées ou susceptibles d'être liées directement à l'enquête [sur l'ingérence russe] [1] ». Dowd n'avait jamais connu de cas où un magistrat avait un champ d'autorité aussi ample.

Le président exprima sa méfiance : l'équipe de procureurs de Mueller était pleine de démocrates.

Dowd convint qu'il pouvait y avoir un mobile politique : « C'est une vaste pantalonnade confiée à une bande de losers. »

Dowd considérait que, pour bien défendre un client, il fallait se comporter en avocat, mais aussi en ami. Trump se mit à l'appeler tous les jours, à n'importe quelle heure. Malgré les manières extraverties et rentre-dedans de Trump, Dowd voyait bien que le président se sentait très seul.

Dowd discuta des éléments factuels connus avec les conseillers juridiques de Trump et examina les documents pertinents pour déceler d'éventuelles sources de vulnérabilité. Sur la base d'un examen préliminaire de toutes ces données, il ne vit rien qui

1. L'ordonnance de Rosenstein est accessible à l'adresse suivante : https://www.documentcloud.org/documents/3726408-Rosenstein-letter-appointing-Mueller-special.html.

puisse justifier une accusation de collusion avec les Russes ou d'obstruction de la justice.

L'élément de preuve le plus troublant était peut-être le témoignage écrit et oral de l'ancien directeur du FBI James Comey selon lequel Trump lui avait demandé de ne pas charger la barque du général Flynn après le départ de ce dernier de la Maison Blanche. D'après Comey, Trump lui avait dit : « J'espère que vous finirez par comprendre qu'il vaut mieux laisser tomber, laisser Flynn tranquille. C'est un type bien. J'espère que vous laisserez tomber cette affaire[1]. » Pour Comey, cela voulait dire que Trump lui demandait d'abandonner l'enquête.

Trump nia avoir dit quoi que ce soit d'approchant.

Vous lui avez dit quoi ?, demanda Dowd.

« Eh bien, certainement pas ça », dit Trump. Ce que Comey lui avait demandé, c'était d'envisager de se rendre au quartier général du FBI pour parler à ses agents : « Alors je lui ai demandé à quelle date ça l'arrangeait, et il m'a dit qu'il me rappellerait. Mais je n'ai pas dit un mot sur Flynn. Pour moi, Flynn était fini. »

Dowd poursuivit sa propre enquête, passant en revue toutes les paroles des témoins publiquement déclarés et examinant tous les documents.

Il souhaitait construire une relation avec Mueller, qu'il connaissait déjà. Plusieurs années auparavant, lors d'un défilé du Corps des Marines, Dowd avait rencontré Mueller, qui était alors directeur du FBI.

1. Le témoignage de Comey le 8 juin 2017 devant la commission spéciale du Sénat sur les questions de renseignements est accessible à l'adresse suivante : https://assets.documentcloud.org/documents/3860393/Comey-Opening-Statement-June-8.pdf. Les notes de Comey sont accessibles à l'adresse suivante : https://assets.documentcloud.org/documents/4442900/Ex-FBI-Director-James-Comey-s-memos.pdf.

« Vous travaillez sur quoi en ce moment ? » lui avait demandé Mueller.

« Je représente le congressiste Don Young. »

« Cet escroc ? Comment vous avez pu vous embarquer dans cette affaire ? »

« C'est comme ça que fonctionne le système », avait répondu Dowd, vexé que le directeur du FBI lui parle sur ce ton. Young n'avait jamais été inculpé, bien que le comité d'éthique de la Chambre des représentants lui ait par la suite décerné un blâme. Il était même devenu le parlementaire ayant siégé le plus longtemps au Congrès.

Mueller n'avait pas encore demandé qu'on mette à sa disposition des documents spécifiques, mais cette démarche était sans doute imminente. Don McGahn, l'avocat de la Maison Blanche, voulait en donner le moins possible. Il souhaitait que Trump fasse appel à ses prérogatives présidentielles, comme le privilège exécutif.

Dowd n'était pas d'accord avec McGahn. Si Trump n'avait rien à cacher, coopérer pouvait peut-être amener le procureur à comprendre son point de vue. « On obtient beaucoup plus avec du miel qu'avec du vinaigre », suggéra-t-il à Trump.

« J'ai des amis qui me disent qu'on devrait les envoyer se faire foutre, lui dit le président lors d'une conversation téléphonique. Je ne leur fais pas confiance. »

Dowd insista qu'en coopérant, on accélérerait la procédure, et Trump finit par approuver la stratégie du miel plutôt que celle du vinaigre.

Dowd recommanda que son confrère Ty Cobb soit nommé avocat spécial de la Maison Blanche. Cobb était un membre éminent du barreau de Washington, connu pour sa moustache blanche en guidon de vélo (Dowd l'avait surnommé « le colonel Sanders », en référence à la célèbre image du fondateur de la chaîne Kentucky Fried Chicken). C'est lui qui serait chargé de transmettre les documents à Mueller et à son équipe. Dowd ne pouvait pas le faire parce qu'il était l'avocat personnel de Trump et qu'il s'agissait de documents de la Maison Blanche. La vraie raison de la nomination de Cobb était de contourner l'hostilité de McGahn à la transmission de documents à Mueller.

Dowd expliqua au président : « Je veux établir des relations constructives [avec Mueller] de telle sorte qu'il n'y ait plus de secrets. Et je crois que c'est faisable. »

Le 16 juin à 13 heures, dans le bureau du procureur spécial, Dowd se réunissait pour la première fois avec Mueller et son principal assistant, James « Jim » Quarles, lui-même vétéran du bureau du procureur spécial de l'affaire du Watergate dans les années 1970.

« Nous ne soulevons pas d'objections à votre nomination ni à ses modalités », dit Dowd. L'ordonnance de Rosenstein était trop générale et personne, au département de la Justice, ne disposait du pouvoir d'enquêter sur absolument tout ce qu'il pourrait déceler par hasard au cours de son investigation. « C'est une définition trop large qui ne tient pas la route. Mais nous n'allons pas faire d'obstructionnisme. »

Mueller s'abstint de tout commentaire. C'était un maître du silence.

« Le président m'autorise à vous révéler qu'il va coopérer, poursuivit Dowd. Il m'a affirmé : "Dites à Bob que je le respecte. Je vais coopérer." »

Mueller semblait soulagé.

« De quoi avez-vous besoin ?, demanda Dowd. Nous le mettrons à votre disposition. Mais essayons de boucler cette enquête au plus vite. » La position du président était qu'il n'avait rien à cacher. Il n'était pas ravi de l'existence de l'enquête, c'est le moins qu'on puisse dire, mais ses avocats souhaitaient éviter une longue bataille. « Cela dit, nous aimerions que vous nous rendiez la pareille. Ce qui suppose une volonté de dialoguer. »

« John, dit Mueller, qui était resté debout, les meilleures affaires sont celles où on peut dialoguer librement. »

« Si nous acceptons de coopérer, c'est pour en finir le plus rapidement possible, indiqua Dowd. Nous n'aurons pas recours à des privilèges spéciaux. Don McGahn n'était pas d'accord avec ça mais le président l'est. Il veut que vous puissiez tout examiner et parler à tout le monde. »

En matière de témoignage et de mise à disposition de documents, Ty Cobb avait trouvé un moyen de contourner le recours au privilège exécutif sans y renoncer formellement. Il avait dit à Mueller : « Bob, on va vous laisser examiner les documents. Ça ne veut pas dire que nous renonçons au privilège exécutif du président. Une fois que vous les aurez consultés, et si au final vous pensez devoir les utiliser, faites-le nous savoir et nous vous obtiendrons l'autorisation. Et vous devrez restituer ceux qui sont dans vos archives pour faire bonne mesure. »

Mueller semblait ravi à l'idée de pouvoir consulter tous les documents. Travaillons sur la base d'un accord verbal, dirent Mueller et Quarles, histoire d'éviter trop de paperasse.

Dowd était d'accord : pas de trace écrite.

« John, déclara Mueller, vous me connaissez. Je ne néglige absolument aucun détail. » Dowd était lui-même un vétéran des enquêtes spéciales et savait qu'elles pouvaient s'éterniser. La longueur de ces enquêtes constitue souvent en elle-même un abus. « Jim, mon assistant, se chargera de tout, dit Mueller, mais vous pouvez m'appeler quand vous voulez et je vous verrai. »

« Parfait, répondit Dowd, pareil de mon côté. Si vous avez besoin de quelque chose, vous m'appelez. On vous obtiendra ce que vous voulez, on répondra à toutes vos questions, ou bien on vous aidera à trouver des témoins. »

À en juger par la couverture du *New York Times* et du *Washington Post*, l'affaire de l'ingérence russe méritait d'être prise au sérieux.

Concernant la collusion présumée, les questions portaient sur le voyage de Trump à Moscou en 2013, sur ce qu'il savait ou pas des relations d'affaires en Russie développées pendant la campagne par son ancien directeur de campagne Paul Manafort et par son avocat de longue date Michael Cohen, ou du rôle présumé de certains de ses proches, comme Roger Stone, dans le piratage des e-mails d'Hillary Clinton.

Lors d'une fameuse conférence de presse tenue pendant sa campagne le 27 juillet 2016, Trump avait invité la Russie à rendre publics les e-mails que l'avocat de Clinton avait éliminés sous prétexte, selon lui, qu'ils n'étaient pas liés à l'enquête du FBI.

« Moscou, si vous êtes à l'écoute, avait dit le candidat Trump, j'espère que vous trouverez les trente mille e-mails manquants. Nos médias vous en seront certainement très reconnaissants[1]. »

Il avait ensuite tweeté : « Si la Russie, un autre pays ou une personne quelconque sont en possession des trente mille e-mails d'Hillary Clinton qui ont été illégalement effacés, qu'ils pensent à les partager avec le FBI[2]! » Le lendemain, il semblait se rétracter : « Bien entendu, c'était ironique[3]! »

Pour Dowd, cette exhortation à la Russie, ironique ou pas, pouvait difficilement passer pour un effort clandestin de collaboration avec la Russie, au cœur de l'enquête de Mueller.

Ce qui était plus problématique à ses yeux, c'était qu'en suggérant à Comey d'abandonner l'enquête sur Flynn puis en demandant sa démission au directeur du FBI, Trump avait fourni un semblant de vraisemblance aux allégations d'obstruction de

1. Donald J. Trump, « News Conference in Doral, Florida », 27 juillet 2016. Accessible en ligne *in* Gerhard Peters et John T. Woolley, *The American Presidency Project*. www.presidency.ucsb.edu/node/317852.

2. Voir le tweet de Trump sur www.twitter.com/realdonaldtrump/status/758335147183788032.

3. Nick Gass, « Trump on Russia Hacking Comments : "Of Course I'm Being Sarcastic" », *Politico*, 27 juillet 2016.

la justice. Cela dit, selon Dowd, l'autorité constitutionnelle du président en vertu de l'article II incluait clairement la possibilité de congédier un directeur du FBI.

L'interprétation de ces faits par Mueller dépendrait des indices induits par le comportement de Trump. Quelle avait été l'intention réelle de Trump ? Pouvait-on déceler une motivation « corrompue », selon les termes de la loi, dans ses actions pour entraver la justice ?

Dans la plupart des cas, la barre était placée très haut et, en général, les procureurs exigeaient des preuves substantielles d'actes délictueux, comme le fait d'inciter des tiers à mentir aux enquêteurs, de détruire des documents ou de financer des actions illégales, telles que l'achat du silence des témoins comme Nixon pendant l'affaire du Watergate.

Dans ce dernier cas, les milliers d'heures d'enregistrements secrets de Nixon avaient fourni des preuves matérielles assez flagrantes en matière de dissimulation et d'obstruction de la justice.

Avec Trump, constatait Dowd, il n'y avait aucun enregistrement ni témoin défavorable, à l'exception de Comey.

Mais Dowd avait aussi été procureur et connaissait les motivations qui animent les procureurs, toujours tentés de mettre une affaire en valeur, surtout quand elle concerne des personnages aussi importants.

Il était clair que Trump était très affecté par l'enquête de Mueller. Tous ceux qui le fréquentaient de près à la Maison Blanche estimaient qu'elle absorbait une part excessive de son énergie émotionnelle et détournait son attention des questions importantes. Trump avait beaucoup de mal à compartimenter ses préoccupations. Il passait des journées entières à ruminer à propos de Mueller, de Jeff Sessions et de Rod Rosenstein.

Même pendant des réunions sur des questions qui lui tenaient le plus à cœur, comme la politique tarifaire de la Chine, il lui arrivait de mentionner l'enquête de Mueller. C'était souvent après en avoir entendu parler à la télévision. « Alors, comment ça évolue ? demandait-il. À votre avis, je devrais faire quoi pour me défendre ? »

Mais les participants à ces réunions, qui ne faisaient pas partie de l'équipe juridique, préféraient ne pas se prononcer à ce sujet.

Trump manquait rarement une occasion de dénoncer l'injustice qu'il subissait. Il s'agissait selon lui d'une véritable « chasse aux sorcières ».

Porter voyait bien que tout cela le rendait fou. Son anxiété refluait par moments, mais il passait aussi par des phases obsessionnelles pendant lesquelles il devenait incapable de se concentrer sur son travail de président. Il s'estimait victime d'une injustice alors qu'il n'avait rien fait de mal. Il y avait des gens qui enquêtaient sur lui et qui semblaient avoir des pouvoirs illimités.

Trump s'inquiétait des écoutes électroniques qui auraient pu être autorisées dans le cadre du Foreign Intelligence Surveillance Act (FISA), lequel régulait les procédures de surveillance physique et électronique des activités des puissances étrangères. Porter fit savoir aux autres membres du cabinet que Trump était « très inquiet de la possibilité que ses communications de campagne aient été mises sur écoute en vertu de la loi FISA […] il avait un peu l'impression d'une violation de son intimité. L'idée qu'il n'était pas le chef suprême, que quelqu'un pouvait avoir du pouvoir sur lui. »

Trump avait une autre objection contre Mueller. « Il ne me laisse pas faire mon boulot de président. C'est comme si j'avais les mains liées parce qu'à cause de Mueller, je ne peux rien faire qui ait l'air de favoriser la Russie ou Poutine. »

Si l'on en croit le personnel de la Maison Blanche et les gens qui voyageaient régulièrement avec Trump, et contrairement aux spéculations des médias, le président et son épouse semblaient éprouver une affection sincère l'un pour l'autre. Mais Melania fonctionnait en totale indépendance de son mari. Il leur arrivait de dîner ou de passer un peu de temps ensemble mais leurs existences respectives se rejoignaient rarement.

Le souci numéro un de Melania était leur fils, Barron. « Elle est obsédée par Barron. C'est ce qui la motive à 100 % », racontait un témoin.

Un jour, Trump donna des conseils à l'un de ses amis qui lui avait confié s'être mal comporté avec les femmes de sa vie. Le vrai pouvoir, lui expliqua Trump, c'est la peur. Tout est une question de force, il ne faut jamais risquer de se montrer faible. Il faut toujours être fort, ne pas se laisser malmener. Tu n'as pas le choix.

« Il faut nier, nier, nier, nier et contre-attaquer. Si tu concèdes quoi que ce soit, si tu admets ta culpabilité, t'es mort. Tu as commis une grosse erreur. Avec les femmes, il faut y aller au culot et les mettre sur la défensive. Tu as fait preuve de faiblesse. Il faut montrer sa force, il faut être agressif, il faut contre-attaquer. Il faut nier tout ce qu'on raconte sur toi. Ne jamais avouer. »

La discussion sur la politique tarifaire dura des mois. Trump voulait imposer des droits de douane de 25 % sur les importations d'automobiles : « Je veux un décret. »

Porter lui signala qu'il n'avait pas l'autorisation légale de le faire.

« Très bien, on va contester ça devant les tribunaux. Mais je m'en fous, on le fait quand même ! »

Une autre fois, le président dit à Porter : « Vous allez tout de suite dans votre bureau et vous me rédigez ça. Je veux mes tarifs douaniers maintenant ! »

Un jour, dans le Bureau ovale, Cohn communiqua les derniers

chiffres de l'emploi à Trump et Pence : « Vous allez voir les chiffres de l'emploi, vous n'en aurez jamais vu d'aussi bons. »

« Tout ça, c'est grâce à mes mesures tarifaires, dit Trump. Ça prouve qu'elles fonctionnent. »

En réalité, Trump n'avait pas encore imposé de nouveaux droits de douane mais il était convaincu qu'il s'agissait d'une bonne idée et savait que Cohn n'était pas d'accord.

Plaisantant à moitié, Cohn lui dit : « Vous êtes vraiment un salaud », et lui donna une petite tape sur le bras.

Cohn se tourna vers un agent des services secrets. « Je viens de frapper le président. Si vous voulez me descendre, ne vous gênez pas. »

Un jour, Cohn écrivit une blague qu'il suggéra à Trump de raconter lors du dîner de gala du club Gridiron, l'un des plus prestigieux clubs de presse américain : « On a fait d'énormes progrès concernant le mur. Tous les plans sont dessinés, on a creusé les fondations, toute l'ingénierie est au point. Le seul truc qui nous bloque, c'est que nous ne savons pas comment étirer les lettres du mot "Trump" sur deux mille kilomètres. »

Trump s'abstint de raconter la blague.

Porter se rendit compte que chaque fois que quelqu'un défiait Trump – dans un débat politique, devant les tribunaux, sur la place publique –, son instinct naturel lui disait qu'il passerait pour un loser s'il ne contre-attaquait pas brutalement.

Il arrêta de compter les fois où Trump s'en prenait à Sessions. Sa colère contre lui ne le quittait jamais. La récusation de Sessions était une blessure ouverte.

Jeff Sessions était un pauvre type, un raté, se lamentait Trump. Il était déloyal. S'il avait eu quelque chose dans le pantalon, s'il avait été vraiment fort, il lui aurait suffi de dire : pas question que je me récuse, je suis le procureur général, jc fais ce que je veux.

CHAPITRE 22 *

Dans le monde militaire et celui du renseignement, il existe ce que le président Obama m'a décrit un jour comme « nos secrets les plus intimes [1] ». Ils impliquent des sources et des méthodes *sui generis*, et il s'agit de questions si délicates que seule une poignée d'individus, dont le président et les principaux responsables militaires et chefs du renseignement, sont au courant de leur existence.

Après les attentats du 11 septembre 2001, l'establishment de l'espionnage américain a pris une ampleur considérable, faisant de la surveillance secrète un mode de vie.

Vers la fin du mois de mai 2017, j'ai appris l'existence d'un de ces « secrets intimes ». La Corée du Nord était en train d'accélérer nettement ses programmes de missiles et d'armes nucléaires et disposerait « d'ici un an » d'un missile balistique doté d'une tête nucléaire peut-être capable d'atteindre le continent américain.

---

* L'information contenue dans ce chapitre repose essentiellement sur une série d'interviews approfondies avec des sources primaires.

1. Bob Woodward, *Obama's Wars,* Simon & Schuster, New York, 2010, p. 56.

Auparavant, nos services de renseignements estimaient que la Corée du Nord ne parviendrait pas à obtenir cette capacité avant au moins deux ans, sinon plus. Ces nouvelles informations constituaient un tremblement de terre comme on en voit peu dans le monde du renseignement, mais seule une poignée d'individus furent mis au courant. Elles devaient être protégées à n'importe quel prix ou presque.

En réponse à cette menace et dans le cadre de la première phase d'un plan de guerre ultrasecret du Pentagone, Washington devait envoyer des signaux d'escalade pour mettre le pays sur le pied de guerre : dépêcher deux ou trois porte-avions de plus dans les eaux de la péninsule coréenne ; déployer dans la région un plus grand nombre de sous-marins d'attaque de la marine américaine (capables d'effectuer des tirs de barrage de missiles Tomahawk) ; mobiliser un escadron supplémentaire de chasseurs invisibles F-22 et plus de bombardiers furtifs B-2. Il fallait peut-être même envisager d'évacuer les familles des 28 500 militaires américains basés en Corée du Sud. Ainsi que renforcer le contingent terrestre, densifier les systèmes de défense antimissile sur les théâtres d'opérations, disperser les troupes pour les rendre moins vulnérables, consolider les infrastructures pour les rendre plus résistantes aux attaques d'artillerie.

J'ai commencé à essayer de me renseigner pour savoir si la Corée du Nord était bien « à moins d'un an » d'obtenir un nouvel arsenal nucléaire sous forme de missiles balistiques intercontinentaux (ICBM). Mes sources au plus haut niveau de la hiérarchie du Pentagone m'affirmèrent qu'« il n'exist[ait] rien de tel », démentant radicalement mes informations.

Même chose aux échelons supérieurs des services du renseignement : il n'y avait « rien de nouveau » et « aucun changement important » dans l'évaluation de l'avancement du programme nucléaire de Pyongyang : le délai d'au moins deux ans tenait toujours. Il n'y avait pas de quoi s'inquiéter.

Je m'adressai à une personne ayant un accès ultraprivilégié aux informations top secret les plus récentes. Là encore, dénégation insistante et catégorique. Mais, cette fois, mon contact ajouta quelque chose que je ne m'étais jamais entendu dire en quarante-six ans de reportage : « Si j'ai tort, je m'en excuserai auprès de vous. »

C'était un comportement sans précédent, mais que signifiait-il exactement ? Il m'était déjà arrivé que des fonctionnaires me mentent éhontément sur des sujets très sensibles. Lorsque je les avais interrogés par la suite, ils m'avaient dit qu'ils estimaient qu'il valait mieux dissimuler les faits. Mais alors pourquoi avoir accepté de me parler ou de me rencontrer ? Leur silence pouvait être interprété comme une confirmation, me disaient-ils généralement. C'est comme ça que ça se passe quand vous enquêtez en tant que journaliste sur des questions sensibles en matière de renseignements. Mais je n'avais jamais entendu quelqu'un me dire qu'il me présenterait ses excuses s'il s'avérait qu'il avait tort.

Je ne fis aucun effort pour recontacter la personne en question et obtenir ses excuses mais j'eus très vite la confirmation que je les méritais.

Un peu plus d'un mois plus tard, le 3 juillet, la Corée du Nord testa avec succès son premier missile ICBM, un Hwasong-14[1]. L'engin ne parcourut que 930 kilomètres et ne resta en vol que trente-sept minutes, mais d'après les analyses des services de renseignements, avec une trajectoire plus tendue, il aurait pu atteindre le continent américain. C'est ce dont mon informateur avait voulu me prévenir deux mois auparavant.

---

1. On peut consulter à ce sujet la base de données CNS North Korea Missile Test Database, accessible à l'adresse www.nti.org/analysis/articles/cns-north-korea-missile-test-database.

Trump fut briefé le soir même. Le lendemain, le 4 juillet, il présidait une cérémonie de célébration du Jour de l'Indépendance à la Maison Blanche. Ce même après-midi, McMaster organisa en l'absence de Trump une réunion d'urgence du comité restreint du Conseil de sécurité national dans la salle de crise.

Pompeo, le directeur de la CIA, confirma que le tir d'un ICBM avait bien eu lieu. Il avait été lancé à partir d'un véhicule mobile à huit essieux importé de Chine. C'était bien la peine d'espérer que la Chine exerce une influence modératrice sur Pyongyang.

Tillerson expliqua qu'il n'avait pas pu contacter les Chinois mais qu'il avait demandé une réunion d'urgence du Conseil de sécurité des Nations unies : « Nous devons travailler avec la Russie pour obtenir son soutien et nous concentrer sur les pays qui ne respectent pas les sanctions existantes. Cela devrait faire l'objet de discussions au G20, en particulier avec le Japon et la République de Corée [Corée du Sud]. »

Tillerson se dit préoccupé par le fait que l'administration Trump imposait des droits de douane sur l'acier chinois à un moment où elle avait besoin de Pékin pour contenir la Corée du Nord. Il s'inquiétait également du fait que ces barrières tarifaires aux importations d'acier affectaient aussi des alliés comme le Japon, la Corée du Sud et l'Union européenne.

Nikki Haley, l'ambassadrice auprès des Nations unies, déclara : « Les Chinois ont essayé de nous éviter mais ils ont fini par accepter une réunion du Conseil de sécurité de l'ONU demain. » Les États-Unis devaient identifier toutes les entreprises qui faisaient des affaires avec la Corée du Nord pour pouvoir imposer de nouvelles sanctions.

« Nous avons besoin d'un communiqué de presse convaincant pour gagner des alliés sur cette question, dit Mattis. Il ne faut pas qu'il y ait l'ombre d'une divergence entre nous et la Corée du

Sud. » Il passa en revue les plans d'urgence militaire, y compris la gamme complète des frappes possibles en Corée du Nord – depuis quelques cibles limitées jusqu'à une attaque générale, voire une frappe contre les leaders du régime. Tous les navires et les autres ressources dont Washington pouvait avoir besoin dans la région n'étaient pas encore déployés. La palette complète des scénarios envisageables n'était pas couverte et il faudrait du temps pour que tout soit en ordre de marche.

« Notre premier choix, ce sont des sanctions imposées par l'ONU, dit Mnuchin. Sinon, nous pouvons aussi mettre en œuvre une dizaine de sanctions immédiates. » Mike Rogers, le directeur de la NSA, décrivit les mesures de défense en matière de cybersécurité, sans aborder toutefois la question de possibles cyberattaques de la part des États-Unis.

Le directeur national du renseignement, Dan Coats, était préoccupé par un autre sujet : « Il y a une question qu'il faut vraiment se poser : quelle proportion de nos données techniques sur les ICBM nord-coréens sommes-nous prêts à partager avec la Chine et la Russie ? » Les services de renseignements américains avaient une vue d'ensemble assez précise de la situation et devaient protéger leurs informations.

« Nous allons bientôt savoir si la Chine est de notre côté, comme elle l'a promis », dit Tillerson. Si Washington était prêt à interdire aux citoyens américains de se rendre en Corée du Nord, nous devrions inciter les autres pays à faire pareil.

« Ça pose quand même le problème du tarissement de nos sources d'information humaines », remarqua Pompeo. Une interdiction totale de voyager risquait de menacer certaines sources sensibles de la CIA.

« Je suggère de ne pas aller trop vite », dit Mattis. Il connaissait les détails du *Special Access Programs*. « Un déficit d'intelligence humaine serait très problématique. »

« Mais si on continue à laisser les gens se rendre en Corée du

Nord, on a un risque de prises d'otages», rebondit Tillerson. Reste qu'il partageait le point de vue de Pompeo et de Mattis sur l'importance des sources humaines.

Tout le monde était d'accord pour dire que si les États-Unis ne prenaient pas des mesures agressives, ils risquaient d'être perçus comme timorés et impuissants face à la normalisation d'une Corée du Nord dotée de missiles ICBM [1].

L'affaire des missiles nord-coréens était une crise majeure : Kim Jong-un disposait désormais d'un arsenal mobile d'ICBM qui pouvaient potentiellement atteindre le territoire américain. Les services de renseignements disposaient de preuves irréfutables que les Chinois avaient fourni le véhicule à huit essieux, un élément clé de ce type de système de missiles complexes. La CIA risquait de perdre des sources d'informations vitales si Washington limitait drastiquement les voyages en Corée du Nord. Et si le président décidait d'ordonner une riposte militaire substantielle, tous les moyens nécessaires ne seraient pas immédiatement disponibles.

———————

J'appris par la suite que la personne à qui j'avais parlé en mai estimait que l'information pertinente était si sensible qu'il avait été décidé qu'il valait mieux me mentir.

Moins de deux mois plus tard, le 3 septembre, Pyongyang procéda à un essai souterrain de sa sixième arme nucléaire, la plus puissante à ce jour (au moins dix-sept fois plus puissante que la bombe d'Hiroshima en 1945) [2].

1. Examen par l'auteur des notes prises par un participant.
2. Michelle Ye Hee Lee, « North Korea's Latest Nuclear Test Was So Powerful It Reshaped the Mountain Above It », *The Washington Post*, 14 septembre 2017.

Le 10 février 2016, pendant la campagne, Trump avait déclaré sur le plateau de *This Morning*, une émission de la chaîne CBS, qu'il obtiendrait des Chinois qu'ils veillent à ce que Kim «disparaisse rapidement d'une façon ou d'une autre». Kim était décrit par Trump comme «un sale type qu'il ne faut pas sous-estimer[1]».

Un décret signé en 1981 par le président Reagan stipulait: «Aucune personne employée par le gouvernement des États-Unis ou agissant en son nom n'est autorisée à commettre un assassinat ou à conspirer dans ce sens.» Les avocats du gouvernement avaient toutefois conclu qu'une attaque militaire contre le quartier général d'un dirigeant ennemi pendant des hostilités ne violait pas cette interdiction.

Une des premières applications de cette doctrine de l'élimination autorisé d'un dirigeant ennemi eut lieu vers la fin du mandat de Bill Clinton. On se souvient peu de cette frappe militaire parce qu'elle fut effectuée en pleine affaire Monica Lewinsky et au milieu du débat du Congrès sur l'*impeachment* du président. En décembre 1998, Clinton ordonna une frappe militaire en Irak.

L'opération, baptisée «Renard du Désert», prévoyait 650 sorties de bombardiers ou de tirs de missiles contre un peu moins d'une centaine de cibles en trois jours. Il s'agissait de punir Bagdad pour avoir empêché les inspecteurs des Nations unies de vérifier la présence d'armes de destruction massive en territoire irakien.

L'opération «Renard du Désert» n'était pas explicitement conçue pour éliminer physiquement le dirigeant irakien Saddam Hussein, mais la moitié des frappes visaient ses palais ou d'autres sites qu'il était susceptible d'utiliser et qui étaient protégés par des unités spéciales du renseignement irakien et de la Garde

---

1. Matt Stevens, «Trump and Kim Jong-un, and the Names They've Called Each Other», *The New York Times*, 9 mars 2018.

républicaine. Saddam sortit indemne de cette offensive même si plusieurs membres de l'administration Clinton, en particulier le secrétaire à la Défense William Cohen, avaient espéré pouvoir en finir avec lui.

À la veille de l'invasion de l'Irak en 2003, le président George W. Bush et les responsables de la sécurité nationale s'étaient à nouveau posé la question de la possible élimination de Saddam par le biais d'actions clandestines.

Des fonctionnaires de la CIA appartenant au Groupe des opérations irakiennes – une équipe passablement démoralisée qui avait reçu au sein de l'agence le sobriquet de « Maison des jouets cassés » – exprimèrent leur refus catégorique d'une telle action. D'après eux, elle était beaucoup trop difficile à exécuter car Saddam était trop bien protégé. Ses services de sécurité et de renseignements avaient pour unique but de préserver sa vie et son pouvoir. Seule une invasion militaire pouvait aboutir à la chute du dictateur.

Quelques jours avant le début de l'invasion, les informateurs de la CIA sur le terrain, connus sous le nom de code de ROCKSTARS, communiquèrent à l'agence leur certitude croissante que Saddam se trouvait à Dora Farm, un complexe situé au sud-est de Bagdad sur les rives du Tigre. D'après eux, Saddam était terré dans un bunker. Bush ordonna une frappe avec des bombes capables de percer les parois des bunkers. Quelques heures plus tard, le directeur de la CIA George Tenet appela la salle de crise : « Dites au président qu'on a liquidé ce fils de pute. » Il n'en était rien.

Quelques jours plus tard, le chef de la base opérationnelle de la CIA dans le nord de l'Irak visita Dora Farm. Le site ressemblait aux ruines d'un marché aux puces. Pas de trace de bunker, rien qu'un entrepôt souterrain de stockage d'aliments. Une seule chose était claire : soit Saddam s'était enfui, soit il n'avait jamais mis les pieds à Dora Farm. Il fut capturé neuf mois plus tard lorsque les troupes américaines le découvrirent caché dans un trou à rats sous une petite cabane[1].

Pendant les sept années qui suivirent, la CIA se livra à une profonde introspection qui amena ses fonctionnaires à se poser une série de questions cruciales dans le sillage de la guerre en Irak. Que se serait-il passé si Saddam avait été éliminé par une action clandestine ou une attaque militaire ? Cela aurait-il permis d'éviter l'invasion et une longue guerre ? Les estimations les plus basses du coût du conflit en vies humaines étaient de plus de 100 000 Irakiens et 4 530 Américains. Washington avait dépensé dans cette affaire 800 milliards de dollars, si ce n'est 1 000 milliards. Quelle part de l'instabilité régionale devait-on à la guerre et dans quelle mesure avait-elle renforcé la position de l'Iran ? Pendant des années, toute l'histoire du Moyen-Orient et du reste du monde sembla tourner autour de la guerre en Irak.

Cet examen de conscience atteint son apogée quelques années plus tard, pendant le mandat de John Brennan à la tête de la CIA, de 2013 à début 2017. Brennan était un produit typique de l'agence, austère et sûr de lui, avec des manières très policées. Son expérience du renseignement était immense et il avait la réputation d'avoir presque toujours raison. Lorsqu'il passait à la télévision, il souriait rarement.

Brennan avait été successivement chargé du briefing quotidien sur les questions de renseignements sous Clinton, chef de la station de la CIA en Arabie Saoudite, puis assistant exécutif et chef de cabinet de George Tenet. En tant que responsable de la lutte contre le terrorisme à la Maison Blanche pendant le premier mandat d'Obama, il avait noué d'étroites relations avec le président, qui l'avait récompensé en lui confiant la direction de

---

1. Par la suite, Saddam Hussein fut traduit en justice pour crimes contre l'humanité, jugé coupable, condamné à mort et exécuté par pendaison trois ans plus tard.

la CIA lors de son second mandat. Brennan était connu comme
« l'homme des réponses ». Il analysait les dossiers en profondeur,
demandant souvent à voir les rapports des agents sur le terrain
et le texte brut des interceptions de communications.

Conscient que la guerre en Irak avait été une « erreur », Brennan
en avait conclu qu'en définitive la CIA n'avait pas fait son
travail. La « Maison des jouets cassés » avait esquivé ses responsabilités en réclamant à cor et à cri toujours plus de troupes sur
le terrain. Or ce n'était pas le boulot de la CIA, qui aurait mieux
fait de concentrer son énergie sur les options qu'elle était capable
de présenter. Vu l'ampleur du désastre, Brennan en conclut que
le problème Saddam aurait pu être résolu par ce qu'il appelait
un « assassinat indirect ».

Face à l'aggravation du problème nord-coréen sous la présidence d'Obama, Brennan avait développé une ligne d'argumentation agressive : l'objectif de la CIA ne devait pas être
un changement de régime mais un « changement au sommet »,
l'élimination de Kim Jong-un. Pour Brennan, pendant la période
précédant l'invasion, en 2002-2003, le Groupe des opérations
irakiennes avait manqué de cran, de savoir-faire et d'imagination.
Leurs homologues pour la Corée du Nord au sein de la direction
des opérations de la CIA se mirent donc au travail. L'« assassinat
indirect » ou le « changement au sommet » étaient-ils possibles ?
C'était une option qui valait la peine d'être examinée.

Le groupe des opérations nord-coréennes de la CIA avait mis au
point un système d'alerte, le *Peninsula Intelligence Estimate* (PIE),
permettant d'identifier l'imminence d'une attaque de Pyongyang.
Le plan de riposte ultrasecret du Pentagone, baptisée OPLAN
5027, s'inscrivait dans la ligne du « changement de régime ».

Un ordre de mission assignait des cibles et des objectifs aux
forces aériennes, navales et terrestres. Il s'agissait d'un plan de très
grande envergure conçu pour gagner la guerre, et l'un des plus
sensibles du gouvernement américain.

Le calendrier du déploiement échelonné dans le temps montrait qu'il faudrait trente jours pour que toutes les forces soient opérationnelles.

Une option plus simple mais beaucoup plus risquée consistait à frapper directement les dirigeants nord-coréens, en particulier Kim Jong-un, dans le cadre d'un plan de guerre plus subtil, OPLAN 5015.

L'armée de l'air avait plusieurs options dans ce sens, dont l'attaque éclair d'un bombardier furtif en territoire nord-coréen avant que Pyongyang ne soit capable de réagir. Cette alternative exigeait toutefois des informations d'une « grande clarté », comme l'avait dit un général, pour pouvoir bien cibler les objectifs.

Du 17 au 19 octobre 2017, l'US Air Force organisa une série complexe de simulations de frappes aériennes dans les monts Ozarks[1], une région du Missouri à la topographie proche de celle de la Corée du Nord.

Le système de communications cryptées entre les bombardiers, l'appareil du système aéroporté de détection précoce et les avions de ravitaillement en vol ne fonctionnant pas, les habitants de la région à l'écoute des fréquences militaires purent capter les conversations des pilotes.

L'une d'elles faisait référence à un « possible site de relocalisation des dirigeants de la RPDC [Corée du Nord] ». Dans une autre, le pilote évoquait « un site de relocalisation possible des dirigeants de la RPDC dans un poste de commandement ».

Un exercice de largage de bombes eut lieu à seulement 150 mètres du sol, une altitude dangereuse parce qu'excessivement faible mais qui permet une destruction maximale des installations souterraines. Dans un autre exercice du même type,

---

1. David Cenciotti, « Here Are Some Interesting Details About the Way U.S. B-2 Bombers Trained Over the U.S. to Strike North Korea », *The Aviationist*, 30 octobre 2017.

le bombardier transportait une bombe massive antibunker MOP (*Massive Ordnance Penetrator*) de 13 600 kilos, un modèle déjà utilisé en Afghanistan en avril 2017. Dans les simulations, les coordonnées de la carte définissaient comme cible un hangar de l'aéroport de Jefferson City. Les pilotes discutèrent également de savoir quel minutage des détonateurs permettait de maximiser l'impact sur les cibles.

Il est indéniable qu'il s'agissait d'exercices préparatoires tout à fait sérieux, mais à ce stade, ils ne reflétaient encore qu'une des options disponibles.

McMaster défendait une ligne dure sur la Corée du Nord, soutenant dans les débats internes à la Maison Blanche que, si Trump devait passer à l'attaque, il valait mieux le faire le plus tôt possible, avant que Pyongyang ne perfectionne son arsenal nucléaire ou ne construise de nouveaux missiles et de nouvelles têtes. Avec le temps, la menace augmentait. À ses interlocuteurs les plus réticents, McMaster rétorquait : « Vous voulez prendre le risque de voir un champignon atomique au-dessus de Los Angeles ? »

Cette question rhétorique faisait écho à un commentaire de Condoleezza Rice, la conseillère à la sécurité nationale de Bush qui, à la veille de l'invasion de l'Irak, avait expliqué qu'on ne savait pas dans quel délai Saddam pouvait acquérir l'arme nucléaire. À quoi elle avait ajouté : « Mais nous ne voulons pas que la preuve du délit soit un champignon atomique[1]. »

———

Le secrétaire à la Sécurité intérieure, le général à la retraite John Kelly, réagit très mal lorsqu'il apprit que la Maison Blanche travaillait à un compromis sur la question des « *Dreamers* » – un thème central du débat sur l'immigration. Les *Dreamers*,

1. Wolf Blitzer, « Search for the "Smoking Gun" », CNN, 10 janvier 2003.

littéralement les « rêveurs », étaient des enfants introduits illégalement aux États-Unis par leurs parents immigrants clandestins.

En vertu d'une loi de 2012 intitulée DACA – Deferred Action for Childhood Arrivals (suspension des mesures concernant les enfants arrivés illégalement) –, le président Obama avait accordé à 800 000 *Dreamers* une garantie de non-expulsion et leur avait octroyé des permis de travail dans l'espoir de les faire sortir de l'économie parallèle et de promouvoir leur identité américaine.

Kelly était partisan de la ligne dure en matière d'immigration, un domaine désormais censé tomber sous sa juridiction. Mais Jared Kushner travaillait en coulisses à un compromis. Pour en discuter, il avait invité dans son bureau Lindsey Graham et le sénateur de l'Illinois Dick Durbin, le numéro deux de la direction du Parti démocrate. Graham devait plus tard interroger Kelly à ce sujet : « Jared ne vous a pas dit que cela fait des mois que nous travaillons sur la question ? On a une solution. »

Kelly appela Bannon : « Si c'est le gendre qui doit s'occuper de ça, qu'il s'en occupe. Moi, je laisse tomber. Je vais aller en parler au président. Pas question que je continue à jouer à ce petit jeu. Pas question de me faire court-circuiter et humilier sur un thème dont on aurait dû me parler. »

Bannon estimait que la ligne dure en matière d'immigration était hégémonique au sein du gouvernement, sauf chez Trump lui-même : « Il a toujours eu un faible pour la loi DACA. Il croit à tous ces bobards de gauche, comme quoi ces gosses sont tous premiers de la classe, tous futurs boursiers Rhodes. Ça fait des années qu'Ivanka lui bourre le mou avec ça. »

Kelly fit part de son désarroi à Priebus, qui partageait avec Bannon la crainte que le général démissionne.

« Dégagez un créneau pour Kelly dans l'agenda du président, proposa Bannon. Qu'il puisse aller voir le patron et lui dire ses quatre vérités sur Jared. Parce que faire des choses dans le dos des gens, c'est un procédé de merde typique de Jared. »

Mais Priebus n'en fit rien.

Bannon insista : « Trouvez-lui un putain de créneau ! »

Priebus continuait à renâcler. Selon lui, ça risquait d'exposer au grand jour la désorganisation qui régnait au sein de la Maison Blanche.

« Vous vous foutez de moi ? » demanda Bannon. C'était ridicule ! Priebus ne contrôlait pas Jared, c'était évident. Et il y avait toujours quelqu'un pour manœuvrer dans le dos des autres.

Bannon et Priebus dirent tous deux à Kelly qu'ils allaient s'occuper de cette affaire. Aller voir le président serait une source de problèmes inutiles. On va s'assurer que ça ne se reproduira pas et que vous serez mis au courant.

Kelly accepta de jouer le jeu loyalement et renonça à protester. Lorsque, par la suite, il y fit vaguement allusion en présence du président, Trump ne réagit pas.

Lindsey Graham entra dans le bureau de Bannon. « Bon, je vous propose un deal. Vous y tenez, à votre mur ? » Trump obtiendrait les fonds pour son mur en échange du compromis sur les *Dreamers*.

« Alors là, on arrête tout de suite », dit Bannon. Un compromis sur les *Dreamers* signifiait une amnistie. « Pas question d'amnistier qui que ce soit. Vous pouvez me financer dix murs, je m'en fous. Le mur, ça ne suffit pas. Il faut mettre fin à la migration en chaîne. »

La migration en chaîne, officiellement appelée politique de regroupement familial, permettait à un immigrant légal de faire venir aux États-Unis des membres de sa famille proche – parents, enfants, conjoint et, dans certains cas, frères et sœurs. Ces membres de la famille acquéraient ainsi la possibilité d'obtenir la résidence permanente ou la citoyenneté. Suite à quoi ils étaient susceptibles d'enclencher leur propre « chaîne » migratoire de conjoint, enfants, parents ou frères et sœurs[1].

1. William A. Kandel, « U.S. Family-Based Immigration Policy », Congres-

En 2016, les deux tiers (68 %) des résidents permanents légaux étaient entrés aux États-Unis dans le cadre du regroupement familial, autrement dit de la migration en chaîne[1]. La question était au cœur de la position anti-immigration de Trump et Bannon : ils voulaient mettre fin à l'immigration illégale et limiter l'immigration légale. Bannon était partisan d'une nouvelle politique beaucoup plus stricte. Graham et lui n'arrivaient pas à trouver un point d'accord.

Ivanka et Jared invitèrent à dîner chez eux Stephen Miller, un autre faucon en matière d'immigration, en compagnie de Durbin et Graham.

« Contentez-vous d'écouter, dit Bannon à Miller. Vous y allez et vous absorbez. Pas de polémique inutile. Je veux juste tout savoir. »

Miller rapporta à Bannon qu'Ivanka et Jared estimaient avoir convaincu Trump d'accepter un compromis incluant le financement du mur en échange de l'amnistie pour 1,8 million de *Dreamers*. D'après Bannon, la migration en chaîne faisait en réalité doubler ou tripler le nombre de nouveaux immigrants, qui passaient potentiellement de 3 à 5 millions. « Ils croient vraiment qu'on est aussi stupides ? »

Certains jours, Bannon avait l'impression que le sénateur Graham s'était carrément installé à la Maison Blanche. Ça faisait au moins trois fois qu'il l'entendait défendre son point de vue sur les *Dreamers*. Graham semblait vouloir remplacer McConnell en tant que chef de la majorité.

À couteaux tirés avec McConnell, Bannon considérait Graham comme son meilleur allié. Les deux se téléphonaient presque

---

sional Research Service, 9 février 2018, https://fas.org/sgp/crs/homesec/R43145.pdf.
    1. *Ibid.*

tous les jours. D'après Bannon, les gens détestaient McConnell et tout le monde voulait sa peau parce qu'il était trop autoritaire.

De fait, Graham cherchait ouvertement un remplaçant à McConnell : « Nous devons trouver quelqu'un de fiable pour le remplacer. » Mais il niait vouloir ce poste pour lui-même.

Bannon estimait que Graham était le meilleur négociateur du Parti républicain, mais il faisait partie de l'establishment. Quant à Graham, il n'aimait pas le programme nationaliste de Bannon : « Bannon, votre obsession de "l'Amérique d'abord", c'est des conneries, c'est vraiment des conneries. »

Dans le style désormais éprouvé de la Maison Blanche de Trump, Bannon était prêt à se servir de n'importe qui pour atteindre ses objectifs. Il se réunit avec le procureur général Jeff Sessions à la Maison Blanche. Sur l'immigration, leur problème, désormais, c'était Trump. « Il va se laisser influencer par Jared et Ivanka. Et par Graham, qui est un génie quand il s'agit de vous vendre quelque chose. Il adore Graham. Graham peut lui vendre n'importe quoi, et il a Durbin dans sa poche. Ils vont le caresser dans le sens du poil. On a un sacré problème. »

Bannon eut un entretien avec Kris Kobach, le secrétaire d'État du Kansas, un homme très à droite et l'un des adversaires les plus acharnés des *Dreamers*. Kobach proposait que lui et d'autres procureurs généraux de différents États dénoncent la loi DACA comme étant inconstitutionnelle et menacent de porter l'affaire en justice. Bannon et Sessions élaborèrent alors un plan censé prévenir cette menace. « C'est plié, dit Bannon. La loi DACA est finie. Tout ce que Trump a à faire, c'est dire au Congrès : eh, les gars, je travaille au 1600 Pennsylvania Avenue. Si vous avez une idée, venez me voir. » Trump n'avait qu'à rester neutre.

CHAPITRE 23 *

Pendant que Trump élaborait des plans pour se retirer de l'accord de Paris sur le changement climatique, Priebus s'occupait d'Ivanka. À 35 ans, la fille du président était haute conseillère à la Maison Blanche, et c'est elle qui avait le pouvoir sur l'aile ouest (*West Wing*), le centre névralgique de l'exécutif américain. Elle avait lancé ce qui ressemblait à une opération secrète en faveur de cet accord non contraignant conçu pour répondre aux changements climatiques par une réduction des gaz à effet de serre et signé en 2015 par 195 pays.

D'ici à 2025, Obama s'était engagé à réduire les émissions de ces gaz de 25 % par rapport au niveau de 2005. Il avait promis d'investir 3 milliards de dollars dans un Fonds vert pour le climat afin d'aider les pays en voie de développement.

Seul un milliard avait été versé, dont la moitié avait été transférée trois jours avant son départ de la Maison Blanche.

* L'information contenue dans ce chapitre repose essentiellement sur une série d'interviews approfondies avec des sources primaires.

Ivanka tenait absolument à ce que son père soit fidèle à cet accord en faveur de l'environnement. De temps en temps, Priebus s'entretenait dans son bureau avec une petite équipe de conseillers économiques et de membres du Conseil économique national, et Ivanka se montrait au bout d'un quart d'heure. Elle s'asseyait et en général ne pipait pas un mot.

C'est qui cette fille ?, s'étonnait Priebus. À quoi elle joue ?

L'aile ouest était de plus en plus difficile à gérer. Il arrivait que la présence d'Ivanka – plusieurs heures par jour, plusieurs jours d'affilée – soit continue. Jared bénéficiait de la même autorisation à squatter l'aile ouest. On aurait dit une petite bande de contradicteurs qui rôdaient, surveillaient les autres et agissaient entre eux comme la garde rapprochée familiale du président. Ivanka semait le doute sur la politique menée et transmettait des articles à son père.

Chaque fois que Priebus lui faisait part de son désarroi, Trump répondait en blaguant : « Ils sont démocrates. » Comprendre : c'étaient des New-Yorkais contaminés par le progressisme lié à leurs racines urbaines. Le président ne faisait rien pour limiter leur rôle de conseillers free-lance. Priebus pensait diriger un Comité national républicain aux rangs serrés et parfaitement organisé. Hélas, la Maison Blanche version Trump semblait conçue pour bousculer le moindre ordre, la moindre routine.

Un jour, Priebus arriva avec une note exécutive pour lecture et signature par le président, qui confirmait que les États-Unis se retiraient de l'accord de Paris.

« Mark Zuckerberg voudrait te parler », annonça Ivanka à son père. Elle avait préparé un coup de fil entre son père et le fondateur et PDG de Facebook, connu pour être un fervent défenseur de la protection de l'environnement. Elle fit la même chose avec Tim Cook, le PDG d'Apple, et plusieurs personnages publics. Un jour, elle glissa un message personnel de l'ancien vice-président Al Gore, un des plus importants défenseurs de l'accord de Paris, dans une pile de documents posé sur le bureau du président.

Trump eut un échange avec Al Gore, et ce dernier fit savoir à plusieurs personnes autour de lui que le président pourrait ne pas se retirer.

Ivanka et Jared remirent au président un article dans lequel ils avaient souligné des déclarations provenant d'une source anonyme de la Maison Blanche. Tu sais qui c'est ? C'est Steve Bannon, lui dirent-ils. Dans une aile ouest où pullulaient les taupes, ce genre de tactique déstabilisait le président et l'incitait lentement mais sûrement à se défier de Bannon.

Le 5 avril, Rob Porter remarqua la présence de Scott Pruitt, administrateur de l'Agence de protection de l'environnement (Environmental Protection Agency, EPA), dans le vestibule de l'aile ouest. Porter était le sherpa de Pruitt quand ce dernier avait été confirmé à la tête de l'agence par le Sénat à 52 voix contre 46. Pruitt avait été procureur général de l'Oklahoma pendant six ans et avait mené une guerre acharnée contre les règles imposées par l'EPA.

Les deux hommes échangèrent quelques mots avant que Pruitt ne se dirige vers le Bureau ovale suivi de Porter. Il n'était pas prévu dans l'emploi du temps de la journée. C'était clairement un rendez-vous pris sur un coup de tête, ce que confirma l'apparition de Steve Bannon dans le Bureau ovale.

« On doit sortir de l'accord de Paris », déclara Pruitt en remettant au président une feuille de papier annonçant le retrait de l'accord. Il voulait qu'il la lise. Il fallait absolument se retirer. « C'était une promesse de campagne. »

« Oui, oui, oui, répéta Bannon. Il faut réagir tout de suite. »

Annoncez-le, lui dit Pruitt. Ça pourrait être votre déclaration à la presse. Vous pourriez la lire devant les journalistes dans le

Bureau ovale et demander au porte-parole de la Maison Blanche d'en faire une déclaration écrite.

Porter fut pris de court. En tant que secrétaire de la présidence, il savait qu'aucune procédure n'avait été suivie. Personne n'avait été consulté. Aucune relecture juridique n'avait eu lieu. Pruitt et Bannon s'étaient glissés dans le Bureau ovale et voulaient une décision immédiate sur le sujet écologique le plus important du jour, d'envergure nationale et internationale.

Il se doutait que le papier déposé sur le bureau du président était un brûlot. Trump pouvait parfaitement le prendre et décider de le lire à voix haute devant la presse, ou aller voir son porte-parole Sean Spicer et lui ordonner de le publier. Dès qu'il en eut l'occasion, Porter s'empara du brouillon de Pruitt sur le bureau de Trump.

Plus tard, il expliqua à Pruitt et à Bannon qu'ils ne pouvaient entrer dans le Bureau ovale quand bon leur semblait. C'était une grave erreur de protocole, une erreur inacceptable.

Le 27 avril, Gary Cohn réunit les plus hauts responsables de l'accord de Paris dans la salle de crise[1]. Le Conseil économique national dirigé par Cohn leur avait envoyé un rapport de six pages « exclusivement destiné à un usage officiel » qui proposait deux options. La première consistait à se retirer de l'accord et la seconde était la suivante : « Accepter l'accord de Paris mais adopter un engagement qui ne nuise pas à l'économie et limite les investissements et les contributions financières à venir. »

« Je commencerai par me tourner vers le conseiller juridique de la Maison Blanche, déclara Gary Cohn en guise d'introduction, pour qu'il nous explique les enjeux en termes juridiques. »

Malheureusement, Don McGahn était en retard. En attendant,

---

1. Examen par l'auteur des notes prises par un des participants.

Greg Katsas, son bras droit, leur expliqua plusieurs détails techniques de l'accord.

« Parfait, voilà McGahn, l'interrompit Cohn. En deux mots, quels sont les problèmes juridiques ? »

McGahn était favorable au retrait mais il n'avait pas encore dévoilé son jeu. « On va lancer des actions en justice, dit-il. Si on ne se retire pas de l'accord, on risque de mettre en péril plusieurs retours sur la régulation qu'on pourrait imposer à l'Agence de protection de l'environnement. »

« L'accord de Paris est un des leviers juridiques que l'administration Obama a exploités pour justifier les coûts et les bénéfices de son Clean Power Plan. » Le « Plan pour une énergie propre » d'Obama était un règlement de 460 pages destiné à réduire les émissions de dioxyde de carbone des centrales électriques. D'après les calculs de l'Agence de protection de l'environnement, ce plan devait permettre de sauver 4 500 vies par an. Scott Pruitt cherchait déjà à y mettre fin.

« Si on ne quitte pas l'accord de Paris, ces poursuites judiciaires seront compromises », reprit McGahn. Il était pour un retrait immédiat.

« Vous ne savez pas de quoi vous parlez, dit Rex Tillerson. Le conseiller juridique de mon département d'État, qui a négocié cet accord et qui est compétent en la matière, estime qu'on ne peut pas se contenter d'annoncer qu'on se retire. »

Le rapport proposant les deux options disait explicitement que « les États-Unis ne peuvent pas annoncer de retrait officiel de l'accord de Paris avant novembre 2019 », soit deux ans et demi plus tard.

Mais la seconde option – c'est-à-dire accepter l'accord de Paris mais ne prendre aucune mesure qui nuise à l'économie et limiter les contributions financières à venir – mettait les États-Unis en bonne position en cas de litige, ajouta Tillerson.

Le secrétaire d'État était isolé. Pruitt plaidait vigoureusement pour le retrait. Priebus, qui y voyait des avantages politiques, était également pour. Bannon jugeait que l'accord de Paris était un énième accord international où les États-Unis se faisaient avoir.

Gary Cohn conclut en rappelant que les questions juridiques devaient absolument être réglées. « Cela dit, je pense qu'on est arrivé à un consensus », lâcha-t-il. Il avait raison. L'accord de Paris était mort.

Le 1ᵉʳ juin, McMaster et Porter se retrouvèrent discrètement avant une réunion sur l'accord de Paris prévue à 10 heures du matin avec le président dans le Bureau ovale. Trump devait faire une déclaration le jour même. C'était la dernière ligne droite, ils le savaient tous les deux.

Le retrait risque de bousiller nos relations avec plein de pays, reconnut McMaster. Il était assailli de coups de fil de ses homologues. « Vous n'y pensez pas vraiment, les gars ? » Ou, plus explicite : « S'il vous plaît, ne cassez pas tout. »

Porter avait rédigé deux ou trois éléments de langage pour le président. Il lut sa proposition à voix haute : « Les États-Unis se retirent des termes de l'accord de Paris sur le climat, avec effet immédiat. À compter d'aujourd'hui, les États-Unis refusent tout poids financier ou économique que l'accord de Paris voudrait leur imposer, y compris sa contribution en tant que nation. »

Techniquement parlant, se retirer des « termes » de l'accord signifiait que les États-Unis y restaient. « La formulation est suffisamment dure, affirma Porter à McMaster. D'un point de vue politique, il aura l'impression que c'est rentable. Il respecte sa promesse de campagne. Sa base électorale sera ravie. »

En gros, la proposition de Porter correspondait à la seconde option envisagée en réunion par les plus hauts responsables – « Rester dans l'accord de Paris ». Porter pensait avoir trouvé un moyen de limiter les dégâts.

McMaster et lui proposèrent ces éléments de langage au président. S'ensuivit une discussion où chacun s'égosilla, mais il était clair qu'ils avaient perdu la bataille.

Non, non et non, répétait Trump. Il se retirait complètement. « C'est la seule façon d'être fidèle à mes électeurs. »

Il reprit le brouillon du discours et s'appliqua à en durcir le ton.

———————

En fin d'après-midi ce jour-là, le président fit une apparition dans la roseraie de la Maison Blanche. Accompagné par une fanfare, il loua les efforts du marché boursier et des États-Unis pour lutter contre le terrorisme[1].

« Sur ce sujet comme sur tant d'autres, nous sommes fidèles à nos promesses. Rien ne doit nous empêcher d'avancer. » Il arriva à l'essentiel : « C'est pourquoi, afin de remplir le devoir solennel qui m'incombe de protéger l'Amérique et ses citoyens, les États-Unis se retirent de l'accord de Paris sur le climat. »

« Parce que je suis extrêmement sensible à l'environnement, je ne peux pas, en mon âme et conscience, soutenir un accord qui punit les États-Unis – puisque c'est de ça dont il s'agit –, leader mondial de la protection de l'environnement, mais qui n'impose aucune obligation significative aux plus grands pollueurs de la planète. »

« J'ai été élu pour représenter les citoyens de Pittsburgh, pas ceux de Paris. »

1. Donald J. Trump, « Remarks Announcing United States Withdrawal from the United Nation Framework Convention on Climate Change Paris Agreement », 1er juin 2017. Accessible en ligne *in* Gerhard Peters et John T. Woolley, *The American Presidency Project.* www.presidency.ucsb.edu/ws/?pid=125881.

Le 15 juin 2017, le *Washington Post* publia un article signé par trois de ses meilleurs journalistes affectés au département de la Justice et au FBI, intitulé « Un conseiller spécial enquête sur les opérations commerciales de Jared Kushner[1] ». Robert Mueller exigeait de plus en plus d'éléments. Pour sa défense, Kushner engagea Abbe Lowell, un avocat pénaliste très en vue de Washington. Priebus voyait déjà les incendies s'allumer les uns après les autres en suivant les investissements plus ou moins douteux impliquant Jared. Il décida d'y aller franco et expliqua à Trump que Jared ne pouvait pas avoir de poste officiel à la Maison Blanche. C'était la raison d'être des lois contre le népotisme. L'enquête de Mueller allait très loin dans les finances de Jared, et elle finirait par atteindre les finances de Trump si ce n'était pas déjà le cas.

En temps normal, Trump l'aurait ignoré ou rembarré. Ce jour-là, il marqua une pause, ralentit et prit un air absorbé. Il regarda son chef de cabinet dans les yeux. Sa réponse fut détonante et totalement inattendue.

« Vous avez raison », dit-il.

Priebus continua en expliquant à Trump qu'en tant que gendre de ce dernier, Jared ne devrait pas avoir de poste officiel ni de bureau à la Maison Blanche[2]. En réalité, sa suggestion lui reviendrait à la figure et lui vaudrait des ennuis avec l'intéressé, qui tenait à y rester. Priebus échoua à accomplir sa mission.

---

1. Sari Horwitz, Matt Zapotosky et Adam Entous, « Special Counsel Is Investigating Jared Kushner's Business Dealings », *The Washington Post*, 15 juin 2017.

2. Début 2018, l'habilitation de sécurité de niveau « top secret » accordée provisoirement à Jared fut retirée tandis que le FBI poursuivait une enquête très offensive sur ses antécédents. Mais en mai, le FBI accorda à Jared une habilitation de sécurité de niveau « top secret » permanente, sous-entendant que l'enquête à son égard en tant que conseiller spécial était terminée – une décision stupéfiante en sa faveur.

Voyant qu'il n'arrivait pas à contrôler ni restreindre la manie des tweets du président, Priebus chercha une manière d'y remédier concrètement. Comme ses tweets étaient souvent déclenchés par ce qu'il venait de voir à la télévision, véritable obsession de Trump, il chercha à l'éteindre. Sauf que la télévision était son activité par défaut. Le dimanche soir était un comble. Trump revenait à la Maison Blanche après avoir passé le week-end dans un de ses clubs de golf, juste à temps pour regarder une émission politique sur une des chaînes qu'il détestait, MSNBC ou CNN.

Dans la résidence, le président et la première dame faisaient chambre à part. Trump avait un écran géant allumé presque en permanence, il était seul dans sa chambre avec sa télécommande, son enregistreur TiVo et son compte Twitter. Priebus appelait sa chambre « l'atelier du diable », et les débuts de matinée et les dangereux dimanches soir « l'heure du crime ».

S'il ne pouvait pas faire grand-chose concernant les matins, il avait un minimum de contrôle sur le programme des week-ends. Il décida de prévoir les retours dominicaux de Trump un peu plus tard en fin d'après-midi. Le président était désormais de retour un peu avant 21 heures, quand MSNBC et CNN passaient à des émissions un peu moins violentes et abandon-naient les controverses politiques où Trump jouait évidemment le premier rôle.

Bannon comprit que les cascades d'exposés du Conseil de sécurité national sur l'Afghanistan, l'Iran, la Chine, la Russie et la Corée du Nord ne touchaient pas vraiment Trump. Ces présentations devaient être mieux structurées, sans quoi elles dépassaient sa capacité de concentration.

Il appela Sally Donnelly, une proche conseillère du secré-taire à la Défense James Mattis. « Sally, il faut que tu parles à ton patron. Je t'explique le problème. » Un jour le sujet était la

Libye, le lendemain ça pouvait être la Syrie. « Je connais ce type. Il est frustré. Il est trop incohérent. À part nos relations avec les Saoudiens, le reste est très confus pour lui. »

« Il faut que je voie Mattis pour un truc, j'en profiterai pour mettre le sujet sur la table et je lui ferai un petit schéma. » Bannon venait de mettre au point ce qu'il appelait « la stratégie des États-Unis ».

Un samedi du mois de juin, à 8 heures du matin, Bannon se présenta au Pentagone. Il prit un café avec Donnelly et le chef de cabinet de Mattis, le contre-amiral à la retraite Kevin Sweeney. Puis tout le monde alla retrouver Mattis autour de la petite table de réunion de son bureau.

« Je vous explique le problème, lança Bannon. Vous n'avez jamais réfléchi au Pacifique. Vous n'avez pas réfléchi à la Chine. Vous n'avez aucune vision en profondeur. Vous êtes pieds et poings liés au CentCom » (le commandement central qui s'occupait du Moyen-Orient et de l'Asie du Sud).

Comme Mattis avait été à la tête du CentCom de 2010 à 2013, Bannon pensait qu'il avait importé cette même vision dans son travail de secrétaire à la Défense. Il expliqua à Mattis que les intellectuels et les responsables politiques chinois avaient deux points de vue sur les États-Unis. Les uns considéraient les États-Unis comme un partenaire à part entière, une sorte de co-hégémon. Les autres, les faucons, estimaient que c'était une puissance moins importante et la traitaient comme telle.

Mattis contre-attaqua. Anéantir l'État islamique, c'était la mission que le président lui avait confiée.

« Je vous propose un deal très simple », lança Bannon. Si Mattis était d'accord pour endiguer la puissance chinoise, il cesserait de faire pression pour que les États-Unis se retirent d'Afghanistan.

L'Afghanistan était un élément central du projet chinois des « nouvelles routes de la soie » qui cherchait à étendre son réseau commercial vers l'Europe.

« Steve, se défendit Mattis, je fais partie des types qui font des affaires à l'échelle mondiale. Toutes ces histoires d'échanges, je n'ai rien contre. »

Bannon était atterré. Trump avait raison. Les généraux ne comprenaient rien aux affaires et à l'économie. Ils se foutaient de savoir ce que les choses coûtaient.

CHAPITRE 24 *

L e week-end du 8 au 9 juillet, le *New York Times* publia deux papiers sur une réunion secrète qui avait eu lieu dans la Trump Tower en pleine campagne[1]. Don Trump Jr., Manafort et Kushner avaient rencontré un avocat russe qui proposait, entre autres, de balancer des horreurs sur Hillary Clinton. On eut droit aux dénis, aux reformulations et à la confusion habituels de la part des protagonistes. L'affaire était énorme, elle sous-entendait – sans le prouver – qu'il y avait une sorte de subterfuge et de coopération clandestine avec les Russes.

Le président, qui était sur la sellette, appela Dowd pour se plaindre des fuites et de la presse.

* L'information contenue dans ce chapitre repose essentiellement sur une série d'interviews approfondies avec des sources primaires.

1. Jo Becker, Matt Apuzzo et Adam Goldman, «Trump Team Met with Lawyer Linked to Kremlin During Campaign», *The New York Times*, 8 juillet 2017, et, par les mêmes journalistes, «Trump's Son Met with Russian Lawyer After Being Promised Damaging Information on Clinton», *The New York Times*, 9 juillet 2017.

« Monsieur le président, on s'en fout », lui répondit Dowd. Mais encore ? Déterrer des horreurs sur un opposant était banal en pleine campagne et à Washington. Ça portait même un nom : « recherches sur l'adversaire » (*opposition research*) ou « journalisme d'investigation ». La moitié de la capitale était payée pour ça. Où était le problème ? Dowd savait que les équipes chargées des recherches et les journalistes d'investigation étaient prêts à accepter des boules puantes de la part de n'importe qui, y compris des gouvernements étrangers. Les médias qui se bouchaient le nez étaient répugnants. Ils en parlaient comme si c'était le crime du siècle. Le *New York Times* et le *Washington Post* se prenaient pour des conseillers spéciaux et les représentants du droit sur terre. Leurs articles étaient de la méga daube, conclut Dowd.

Le 17 juillet, Trump tweeta : « La plupart des politiciens iraient à une réunion comme celle où a été Don Jr. pour avoir des infos sur un adversaire. C'est ça, la politique[1] ! »

Dowd était déterminé à ne pas se laisser distraire par les fuites quotidiennes de la presse. Il voulait des preuves tangibles. McGahn dictait religieusement le compte rendu de toutes les réunions et les discussions importantes avec le président à son adjointe, Annie Donaldson. Elle avait dix-sept heures de notes au sujet des affaires sur lesquelles enquêtaient Robert Mueller et son équipe.

Dowd transmit ces notes à Mueller, ainsi que celles de sept autres avocats. Rien n'était refusé au procureur. « Bob, si vous voulez savoir ce que le président a dans la tête, il suffit de lire les notes d'Annie », lui dit-il.

Tout cela était fait avec la bénédiction du président. Dowd allait le voir et lui disait : Tenez, il s'agit de cette catégorie de documents. On va lui donner ci, ou on va lui donner ça. « Du

1. Voir le tweet de Trump sur www.twitter.com/real donaldtrump/status/886950594220568576.

point de vue constitutionnel, il n'a aucun droit » sur les documents et les témoignages, « mais comme il faut être en règle, puisque c'est vous le chef, laissons-le faire. Évitons la bagarre. » Dowd en conclut que le président n'avait peur de rien. Il ne disait jamais non.

« Voilà ce que j'ai dit au président, lança Dowd à Mueller. Alors ne me faites pas passer pour un idiot, OK ? On s'arrange pour que vous ayez l'air bien. Vous vous arrangez pour qu'on ait l'air bien. Il faut que ça marche. »

En tout, Mueller reçut 1,4 million de pages concernant la campagne de Trump et 20 000 pages de la Maison Blanche. Dowd était persuadé qu'aucun document n'avait été détruit. En outre, trente-sept témoins avaient accepté d'être interrogés par l'équipe de Mueller.

McGahn, Priebus et le cabinet du vice-président avaient rédigé pour la Maison Blanche un résumé de six pages sur l'affaire Flynn à partir de témoignages[1]. Dowd, qui estimait que c'était la bible de l'affaire Flynn, le remit à Mueller. Il était persuadé que personne, à part Flynn, n'avait menti aux enquêteurs, et que Mueller n'avait pas eu besoin de faire pression ni d'essayer de coincer quiconque.

Quand Dowd envoya les rapports sur la campagne à la commission d'enquête du Congrès, il proposa à James Quarles, qui travaillait avec Mueller : « On envoie des copies au Congrès. Et si je vous remettais juste une copie à vous ? »

Quarles accepta. Dowd trouvait qu'ils travaillaient très bien ensemble. Ils pouvaient se voir et bavarder alors que Mueller était ultrarigide, voire littéralement de marbre.

Le 20 juillet, le site Bloomberg lâcha ce qui avait toute l'apparence d'une bombe : Mueller enquêtait sur les finances de Trump,

---

1. Document obtenu par l'auteur.

notamment sur « l'achat, par des Russes, d'appartements dans des immeubles appartenant à Trump [...], le défilé Miss Univers à Moscou en 2013 et la vente, par Trump, d'une villa en Floride à un oligarque russe en 2008[1]. »

Dowd appela tout de suite Quarles pour en savoir plus.

« Bob ne fait jamais de commentaires », se défendit Quarles.

« Arrêtez vos conneries, répondit Dowd, furieux. Je fais attention à vous, alors à votre tour maintenant. » Ils le savaient tous les deux : « Un déni de la part de la Maison Blanche ne servirait à rien. » « Le deal, reprit Dowd, c'était que si vous ajoutiez des éléments à l'enquête, on avait la primeur. »

« C'est vrai », admit Quarles.

« Parce que vous nous signalez les sujets à couvrir, dit Dowd. Et régulièrement, vous ajoutez des éléments qu'on met sur notre liste. Je n'ai jamais rien eu sur les appartements en Floride ni la vente de cette propriété. »

Dowd précisa qu'il savait que des enquêtes étaient en cours à New York sur l'avocat de Trump, Michael Cohen, et Felix Sater, qui avait essayé de faire construire une Trump Tower à Moscou. « Tu sais, Jimmy, dit-il, quand tu me demandes un truc, je te donne tout ce que j'ai. Alors j'ai besoin que tu m'expliques un peu mieux. »

« Écoute, John, répondit Quarles. Je suis sûr à 99 % que c'est pas nous. »

« Bien reçu », conclut Dowd. Il appela illico le président, conscient que quand ce genre d'histoire sortait, Trump était incapable de se concentrer sur autre chose. Le président était furieux.

« Ils n'enquêtent pas sur l'affaire », dit Dowd pour le calmer. Mais Trump était plus méfiant que jamais et loin d'être rassuré.

1. Greg Farrell et Christian Berthelsen, « Mueller Expands Probe to Trump Business Transactions », Bloomberg, 20 juillet 2017.

Quatre jours plus tard, Dowd retrouva Quarles sur un banc de pierre devant le Patriot Plaza, où se trouvaient les bureaux de Mueller.

« Bob et moi, on vous doit beaucoup, dit Quarles. Conseil de Bob, ne croyez pas ce que vous lisez dans les journaux. »

« Bien reçu », répondit Dowd.

« On est très gênés », reprit Quarles.

« Pourquoi ? »

« Vous nous avez remis beaucoup plus de documents que ce que vous aviez promis, on est ravis. On avance bien. On progresse. Il y a beaucoup de choses à mettre en ordre mais dans l'ensemble tout était bien organisé. On n'a pas eu à y aller avec une loupe. Vous ne nous avez pas noyés. »

Dowd lui raconta alors une anecdote : il avait entendu parler d'une personne poursuivie par le fisc qui avait dit à un agent du FBI que la réponse à leurs questions se trouvait quelque part dans deux entrepôts. Les agents avaient passé des années à chercher.

« Mais mettons-nous d'accord pour avancer, ajouta Dowd. J'ai pas envie de jouer au chat et à la souris. Je n'ai pas que ça à faire. Hier, j'ai eu un mec qui voulait savoir », dit-il en ajoutant que « pour Trump, c'[était] n'importe quoi ». Dowd précisa qu'il avait vérifié avec la Trump Organization et qu'ils niaient faire l'objet d'une enquête séparée. Ils n'avaient reçu aucune demande de documents ou d'interviews – les étapes préliminaires classiques. « Ils m'ont dit, pour autant qu'on sache, c'est des conneries. » Les projets de la Trump Organization dataient tous de huit ou neuf ans. On était hors sujet. Tout ce que Mueller voulait voir était sorti et publiquement accessible.

Dowd l'avait expliqué au président. « Je suis au courant, bordel ! » lui avait répondu Trump.

Dowd reprit sa conversation avec Quarles. « Parfois, je suis obligé de passer par le téléphone et vous devez me donner des indications. Je ne vous demande pas de tout me balancer ni de me dévoiler votre jeu. Dites-moi juste si on va se prendre des coups ou non. Si vous avez une requête ou non. Si c'est dans vos plans. »

« C'est d'accord », répondit Quarles.

Dowd veillait à ne pas s'écarter du sujet de conversation et à ne rien demander sur d'éventuelles enquêtes au sujet des finances de Jared. Trump était un client et se concentrer sur le client était primordial.

En juillet, le Freedom Caucus, un groupe de trente conservateurs purs et durs de la Chambre des représentants, menaça de ne pas voter le budget si le président n'imposait pas de restrictions au remboursement des chirurgies de réassignation sexuelle et des traitements hormonaux des personnes transgenres qui servaient dans l'armée.

Sous le mandat d'Obama, les personnes transgenres avaient été autorisées à servir, même si les nouvelles recrues ne pouvaient rejoindre l'armée avant le 1er juillet 2017. Le 30 juin, veille de la date butoir, Mattis signa une note qui retardait de six mois l'application de la loi afin de réexaminer « la réactivité et la létalité de nos forces ».

Pendant sa campagne, Trump s'était ouvertement déclaré en faveur des droits des LGBT. Désormais, il confiait à Bannon : « C'est quoi ce bordel ? Ils débarquent et ils se font raboter » – allusion grossière aux opérations de réassignation sexuelle. Quelqu'un lui avait dit qu'une intervention coûtait 250 000 dollars, un chiffre largement exagéré. « Hors de question », avait-il dit.

Les opérations de réassignation sont sans doute chères, mais elles sont rares. Le Pentagone avait lancé une étude auprès de la RAND Corporation qui avait « conclu que seules quelques centaines des 6 600 transgenres de l'armée auraient recours à un traitement médical chaque année. La RAND en avait conclu que ces coûts n'excéderaient pas les 8 millions de dollars par an[1]. »

Les différentes agences concernées avaient réfléchi ensemble à la question. Les avocats généraux des départements et des agences avaient donné leur avis. Le comité auxiliaire s'était réuni, tout comme le comité restreint. Ils n'étaient pas parvenus à un accord mais quatre options étaient envisagées.

Le 26 juillet au matin, Priebus, Bannon et plusieurs avocats appelèrent le président sur haut-parleur dans sa résidence à la Maison Blanche. Il n'était pas attendu dans le Bureau ovale avant une heure.

Monsieur le président, annonça Priebus, nous savons que vous allez bientôt descendre mais nous voulions vous avertir qu'une note a été rédigée sur les transgenres de l'armée.

Les quatre options étaient les suivantes : la première, appliquer la politique d'Obama et autoriser les transgenres à servir dans l'armée ; la seconde, envoyer une directive au secrétaire à la Défense Mattis pour lui laisser une marge de manœuvre ; la troisième, imposer un ordre présidentiel pour mettre fin à cette autorisation mais proposer un programme pour les transgenres déjà incorporés dans l'armée ; la quatrième, interdire le service militaire à tous les transgenres. Ils risquaient davantage d'être poursuivis en justice avec la quatrième option, conclut Priebus. « Quand vous descendrez, l'idée, c'est de vous expliquer point par point les différentes options papier en main », dit-il.

« Je descends à 10 heures, répondit le président. Venez me voir à ce moment-là, on débrouillera ça ensemble. »

---

1. Tom Vanden Brook, « Military Tells Transgender Troops They Can Still Serve and Get Medical Treatment Until Further Notice », *USA Today*, 27 juillet 2017. Voir également www.rand.org/content/dam/rand/pubs/research_briefs/RB9900/RB9909/RAND_RB9909.pdf.

Priebus pensait avoir établi un certain ordre à suivre sur un sujet controversé, c'était déjà ça.

À 8 h 55, son téléphone signala qu'un tweet présidentiel venait de fuser. «Après consultation de mes généraux et experts militaires, sachez que le gouvernement des États-Unis n'acceptera pas et n'autorisera pas[1]»

Deux tweets suivirent, à 9 h 04 et 9 h 08, dans lesquels Trump poursuivait: «les personnes transgenres à servir dans l'armée américaine, quel que soit le poste. Nos forces armées doivent viser une victoire décisive et écrasante, on ne peut pas leur faire supporter les coûts médicaux gigantesques et les troubles que la présence de personnes transgenres entraînerait. Merci[2].»

«Qu'est-ce que vous pensez de mes tweets?» demanda plus tard Trump à Priebus.

«Je pense qu'il aurait mieux valu qu'on ait une note et que Mattis soit dans la boucle.»

Mattis était non seulement contrarié par la décision de Trump d'annoncer la nouvelle sur Twitter, mais aussi par les effets qu'elle aurait sur les personnes transgenres dans l'armée et parmi les troupes déployées. En vacances dans le Nord-Ouest Pacifique, il tombait des nues.

La confusion pouvait difficilement échapper aux journalistes, sachant qu'un représentant du Pentagone parlait de «nouvelle direction» à propos des tweets de Trump[3].

Sarah Huckabee Sanders, la porte-parole de Trump, affirma que «l'équipe de la sécurité nationale du président» avait été consultée

1. Voir le tweet de Trump sur www.twitter.com/realdonaldtrump/status/890193981585444864.

2. Lisible sur www.twitter.com/realdonaldtrump/status/89019616 4313833472 et www.twitter.com/realdonaldtrump/status/89019709515 1546369.

3. Leo Shane III et Tara Copp, «Trump Says Transgender Troops Can't Serve in the Military», *Military Times*, 26 juillet 2017.

et que Trump avait pris sa décision la veille en «informant» Mattis[1]. Plusieurs fonctionnaires de la Maison Blanche confirmèrent à la presse que Mattis avait été consulté et se doutait que Trump s'y préparait[2].

Bannon savait que les généraux, qui plaidaient pour une ligne dure en termes de défense, étaient beaucoup plus ouverts sur les questions de société.

«Le Corps des Marines est une institution progressiste, disait-il. Dunford, Kelly et Mattis forment un trio de choc. Ils sont plus progressistes que Gary Cohn et Kushner.»

Le commandant de la Garde côtière des États-Unis affirma publiquement «Je tiendrai parole» au sujet des personnes transgenres placées sous ses ordres[3].

Dunford envoya un courrier aux chefs de service: «Nulle modification de la politique actuelle n'aura lieu tant que les indications du président n'auront pas été validées par le secrétaire à la Défense et que celui-ci n'aura pas émis de consignes de mise en œuvre[4].» En bref, un tweet n'était pas un ordre. «Entre-temps, nous continuerons à traiter notre personnel avec respect [...] nous sommes tous déterminés à accomplir les missions qui nous ont été confiées.»

Sally Donnelly, la conseillère de Mattis, appela Bannon. «Pardon mais on a un problème avec le patron, dit-elle. On ne peut accepter cette décision sur les transgenres. Ce n'est pas juste. Il s'agit de citoyens américains.»

1. «Press Briefing by Press Secretary Sarah Sanders», Maison Blanche, 26 juillet 2017.

2. Rachel Bade et Josh Dawsey, «Inside Trump's Snap Decision to Ban Transgender Troops», *Politico*, 26 juillet 2017.

3. Chris Kenning, «Retired Military Officers Slam Trump's Proposed Transgender Ban», Reuters, 1er août 2017.

4. Rebecca Kheel, «Joint Chiefs: No Change in Transgender Policy Until Trump Sends Pentagon Direction», *The Hill*, 27 juillet 2017.

«Les mecs y vont pour se faire entièrement opérer, répliqua Bannon, et en plus il faudrait qu'on casque?»

Mattis essaierait de renverser cette décision, dit-elle.

«Il faut ce qu'il faut pour l'équipe», lui répondit Bannon. Mattis serait obligé de rentrer dans le rang.

Plus tard, la Maison Blanche transmit des instructions officielles au Pentagone[1]. Mattis annonça qu'il réfléchirait à la question. En attendant, les transgenres servaient toujours dans l'armée. Plusieurs procès eurent lieu, quatre cours fédérales lancèrent une injonction préliminaire contre l'interdiction. Le 1er janvier 2018, le Pentagone acceptait des recrues transgenres conformément à la décision de ces cours.

1. Richard Sisk, « Pentagon Ready to Accept Transgender Recruits Starting Jan. 1 », Military.com, 30 décembre 2017.

CHAPITRE 25 *

Le 2 juin, Marc Kasowitz, avocat de longue date de Trump, entra dans le Bureau ovale. Le président était en train de parapher des documents que Porter lui avait apportés et lui présentait soigneusement en y ajoutant quelques commentaires.

Wouah, lança Kasowitz. Ta recrue, Porter, c'est une pointure. Non seulement Harvard, mais droit à Harvard et bourse Rhodes.

Trump tâchait de s'accommoder de Porter depuis son entrée en fonction.

«Vous avez un CV plus prestigieux que Neil Gorsuch!» lança le président. La nomination et la confirmation de Gorsuch à la Cour suprême était sans doute l'exploit le plus remarquable de Trump en tant que président. Chaque fois qu'il voulait rappeler les compétences de son administration, il mentionnait le nom de ce juge. «Vous travaillez pour qui?» demanda-t-il à Porter après le départ de Kasowitz.

* L'information contenue dans ce chapitre repose essentiellement sur une série d'interviews approfondies avec des sources primaires.

« J'imagine que je travaille pour… »

« Je veux dire, à qui vous rendez des comptes ? »

« À Reince, je suppose, sauf qu'en réalité je travaille pour vous. »

« Ouais, ouais, répondit Trump qui connaissait et détestait les organigrammes. Oubliez Reince. On dirait un petit rat. Il trottine en permanence partout. Laissez tomber, ne faites pas attention à lui. Venez me voir directement. Vous n'avez pas besoin de passer par lui. »

Ce jour-là, la relation Trump-Porter bascula. Le secrétaire de la présidence était quasiment devenu le clone de Neil Gorsuch.

De son côté, Porter était choqué que le président soit aussi malveillant vis-à-vis de son directeur de cabinet.

Priebus, Porter et d'autres continuaient d'essayer de persuader Trump de limiter son recours aux tweets.

« C'est mon mégaphone, répondait-il. C'est ma façon à moi de m'adresser au peuple, sans aucun filtre. Direct à travers les ragots. Direct à travers les « fake news ». C'est le seul moyen que j'ai de communiquer. J'ai des dizaines de millions de « followers ». C'est plus que les chaînes d'information câblées. Je sors, je fais un discours, il est couvert par CNN, mais personne ne le regarde, tout le monde s'en fout. Je tweete une info et j'ai un mégaphone d'envergure mondiale. »

« Il a pété un plomb » : c'est l'expression que Priebus avait utilisée pour décrire Trump le matin du jeudi 29 juin. Ce jour-là, le président avait tweeté à deux reprises [1] avant 6 heures contre l'émission *Morning Joe*, sur la chaîne câblée MSNBC, dont les présentateurs étaient l'ancien membre du Congrès Joe Scarborough et sa compagne Mika Brzezinski.

---

1. Voir les tweets de Trump sur www.twitter.com/real donaldtrump / status / 880408582310776832 et www.twitter.com/realdonald trump / status / 880410114456465411.

Au début de la campagne de Trump, ces deux journalistes étaient plutôt bienveillants et allaient jusqu'à le soutenir – le candidat avait souvent été invité sur le plateau de l'émission pendant les primaires. Mais depuis, ils étaient passés dans le camp des détracteurs. Un des tweets de Trump demandait : « Je peux savoir pourquoi cette folle de Mika au Q.I. si bas et ce dingue de Joe sont venus passer trois nuits à Mar-a-Lago pour le nouvel an en insistant pour me voir ? Elle saignait méchamment à cause de son dernier lifting. »

Aux alentours de 10 h 15, Trump était dans le Bureau ovale en train de lire le journal quand Reince Priebus fit son entrée.

« Je sais ce que vous allez me dire, se défendit Trump au moment où il franchissait le seuil. C'est pas digne d'un président. Mais vous savez quoi ? Je devais envoyer ces tweets. »

Priebus comprit qu'il valait mieux ne pas insister.

Hope Hicks, la nouvelle directrice de la communication, était horrifiée. Elle essaya de reprendre la main sur le tweet qui visait Mika.

« Ça ne nous aide pas d'un point de vue politique, dit-elle au président. Vous ne pouvez pas vous comporter comme un électron libre sur Twitter. Ces gaffes vont finir par vous tuer. Vous vous tirez une balle dans le pied. Vous commettez de graves erreurs. »

La remarque sur Mika provoqua une tempête prévisible chez des républicains, dont le vote était nécessaire pour abroger et remplacer l'Obamacare, ainsi que d'autres lois[1]. « Ça ne peut pas continuer comme ça ! » déclara Susan Collins, sénatrice du Maine. « Arrêtez ça ! » renchérit Lisa Murkowski, sénatrice de l'Alaska.

---

1. Glenn Thrush et Maggie Haberman, « Trump Mocks Mika Brzezinski ; Says She Was "Bleeding Badly from a Face-Lift" », *The New York Times*, 29 juin 2017.

présent dans l'avion de campagne et il allait aux rassemblements, mais il n'avait rien à voir avec la stratégie – le jeu sur le terrain, les mails de persuasion ou les opérations numériques.

Il en voulait aussi à Sessions d'avoir témoigné devant plusieurs commissions du Congrès au sujet de réunions ou d'échanges avec les Russes.

« Obtenez-moi sa démission », ordonna-t-il à Priebus.

Stephen Miller, ancien membre du cabinet de Sessions et fervent supporter de ce dernier, confia plus tard à Priebus : « On est vraiment dans la mouise. Parce que si vous n'obtenez pas sa démission, il va penser que vous êtes faible. Et si vous l'obtenez, vous serez entraîné dans une spirale infernale calamiteuse. »

Priebus eut plusieurs échanges avec Sessions. Le ministre de la Justice refusait de donner sa démission. Si le président ne veut pas que vous soyez à son service, lui dit Priebus, vous ne devez pas y être.

Non, il refusait de partir.

Trump finit par accepter de le garder. Il ne voulait plus d'une démission immédiate parce qu'il voulait attendre les talk-shows dominicaux du lendemain.

Deux jours plus tard, Trump reprit son attaque et évoqua « notre M. J. [ministre de la Justice] mal en point » sur Twitter[1].

Dans un entretien accordé au *Wall Street Journal*, il nia avoir bénéficié du soutien de Sessions pendant sa campagne présidentielle[2]. « Quand ils ont annoncé qu'il m'accordait son soutien, je suis allé en Alabama. J'avais 40 000 personnes. Il était sénateur de l'Alabama. J'ai gagné cet État avec un écart énorme, massif. Y a plein d'États où j'ai gagné avec un écart massif. Lui, il était

---

1. Voir le tweet de Trump sur www./twitter.com/realdonaldtrump/status/889467610332528641.

2. Michael C. Bender, « Trump Won't Say if He Will Fire Sessions », *The Wall Street Journal*, 25 juillet 2017.

Plus tard, quand Twitter annonça que le nombre de signes acceptés dans un tweet passait de 140 à 280, Trump expliqua à Porter que la modification faisait sens de son point de vue. Il pourrait développer ses pensées et leur donner un minimum de profondeur.

« C'est bien, dit-il, mais c'est quand même dommage, parce que j'étais le Ernest Hemingway du 140 signes. »

Début juillet, au sommet du G20 à Hambourg, Trump voulut avoir un entretien avec le Premier ministre australien Malcolm Turnbull. Violant les règles de sécurité, il invita Turnbull dans son Local pour information classifiée sensible (*Senstivive Compartmented Information Facility*, SCIF). Seules les personnes munies d'une habilitation de sécurité américaine « Top secret pour information classifiée sensible » étaient autorisées à y entrer. C'était une règle absolue, destinée à éviter que quiconque y installe des appareils d'écoute. Le local, une vaste chambre d'acier, devait être détruit après le sommet.

Les relations entre les deux dirigeants étaient tendues depuis la première semaine de la présidence de Trump, lorsqu'ils s'étaient parlés au téléphone. Trump voulait sortir de ce qu'il qualifiait d'accord « débile » qui « va me tuer » signé entre les deux pays sous le mandat d'Obama[1]. Selon cet accord, un certain nombre de réfugiés au passé plus ou moins douteux attendaient sur une île au large de l'Australie l'autorisation d'entrer aux États-Unis. La transcription de leur échange daté du 28 janvier 2017 avait fuité. « Les temps sont mauvais, avait dit Trump. […] Vous croyez que ce sont des futurs poseurs de bombes, genre Boston[2] ? »

---

1. Greg Miller, Julie Vitkovskaya et Reuben Fischer-Baum, « "This Deal Will Make Me Look Terrible" : Full Transcripts of Trump's Calls with Mexico and Australia », *The Washington Post*, 3 août 2017.
2. *Ibid.*

À Hambourg, au moment où il allait retrouver Trump, Turnbull était parfaitement conscient des débats qui avaient cours à la Maison Blanche au sujet des droits de douane sur l'importation d'acier aux États-Unis.

« Si vous imposez des droits de douane sur l'acier, dit-il, je vous demande d'exempter l'acier australien. Nous produisons un acier réputé pour être spécial. Nous sommes les seuls à le produire dans le monde. Vous devez nous accorder une exception. Vous avez un excédent commercial de 40 milliards de dollars vis-à-vis de nous. Nous sommes alliés d'un point de vue militaire. Nous vous soutenons dans chaque bataille. »

« Bien sûr qu'on fera une exception pour vous, lui répondit Trump. C'est tout ce qu'il y a de plus logique. Vous êtes formidables. On a un énorme excédent par rapport à vous… » – le grand jeu.

Gary Cohn, présent à la réunion, était ravi. Turnbull était un de ses anciens partenaires chez Goldman Sachs, il avait travaillé pour Cohn quand il était président de Goldman Sachs Australia.

À peine rentré du sommet du G20, Trump s'attela à l'un de ses prochains discours avec Porter. Notant ses pensées de son écriture manuscrite claire et nette, il écrivit[1] : « LE COMMERCE, C'EST MAL » (*Trade is bad*).

TRADE IS BAD

Même s'il n'avait jamais prononcé cette formule dans un discours, il avait enfin trouvé l'expression qui résumait à la perfection son protectionnisme, son isolationnisme et son nationalisme américain fervent.

1. Document obtenu par l'auteur.

Huit mois plus tard, le 23 février 2018, Turnbull se présenta à la Maison Blanche pour voir le président.

Pendant la session préparatoire dans le Bureau ovale, Cohn revint sur la promesse faite par Trump à Hambourg.

« Monsieur le président, dit-il, la première chose qu'il va aborder, ce sont les tarifs douaniers sur l'acier. Il va vous rappeler que vous avez promis de l'épargner. »

« Je m'en souviens pas », répondit Trump, calé derrière son bureau présidentiel.

« Si, si, vous avez eu une conversation avec lui… »

« Je nierai en bloc. Je n'ai jamais eu cette conversation avec lui. »

« Très bien, Monsieur, c'était juste pour vous rappeler que ça va être mentionné. »

Gary Cohn était témoin de ce genre de réactions depuis plus d'un an – un déni dès que c'était nécessaire, utile ou plus commode. « C'est un menteur professionnel », avait confié Cohn à un associé.

Pendant le déjeuner, Turnbull revint longuement sur chaque moment de la conversation qu'ils avaient eue l'été précédent lors du G20.

Vous vous souvenez qu'on était à Hambourg ?

Oui, dit Trump.

Vous m'avez emmené dans votre local ultrasécurisé ?

« Ah, oui, je m'en souviens. Les mecs de la sécurité étaient furax. Ils n'en revenaient pas que j'aie osé. »

Vous vous rappelez l'échange qu'on a eu ?

Trump hocha la tête.

On parlait de l'acier spécial que l'Australie est la seule à produire.

Un « oui » version Trump s'ensuivit.

« On a un excédent commercial de 40 milliards de dollars ? »

Oui, ça, Trump le savait.

Et vous étiez d'accord pour m'exonérer de droits supplémentaires sur l'acier?

«Ah oui, répondit Trump, je crois bien que je m'en souviens.»

Cohn riait en douce.

Finalement, l'acier australien fut exempté, ainsi que celui d'autres pays. Et à compter de juin 2018, l'Australie put maintenir son exemption.

CHAPITRE 26 *

Le 15 juillet, McMaster prit un verre avec Dina Powell, une conseillère adjointe de son équipe, et Porter.

« Ce duo », affirma McMaster en se référant à Tillerson et Mattis, fragilisait sa position, qui devenait de moins en moins tenable.

Pour McMaster, Tillerson et Mattis avaient compris que le président était dingue et que la Maison Blanche était une maison de fous. Résultat, ils cherchaient à appliquer, voire à élaborer leur politique de leur côté, en évitant toute interférence et toute participation de McMaster, mais surtout du président.

Rien que la semaine précédente, Tillerson se trouvait au Qatar, expliqua McMaster, pour signer un important protocole d'entente avec le ministre des Affaires étrangères qatari sur le contre-terrorisme et l'enrayage des financements du terrorisme[1].

* L'information contenue dans ce chapitre repose essentiellement sur une série d'interviews approfondies avec des sources primaires.

1. Tom Finn, « U.S., Qatar Sign Agreement on Combating Terrorism Financing », Reuters, 10 juillet, 2017.

McMaster dit que personne ne l'avait prévenu. Le secrétaire d'État ne l'avait ni consulté, ni informé en amont. Il avait eu vent de la chose par des rapports de presse ! Au cours d'une conférence de presse au Qatar, Tillerson avait affirmé que cet accord « représent[ait] des semaines de discussions intenses » entre les deux gouvernements[1]. Ça faisait donc un moment que les négociations étaient en cours.

Porter renchérit en précisant que Tillerson n'avait pas suivi le process politique de la Maison Blanche et n'avait pas mis le président dans la boucle. C'était évident, il faisait cavalier seul.

« Je trouverais plus loyal vis-à-vis du président d'essayer de le convaincre que de le contourner », lança McMaster. À partir du moment où les ordres du président étaient clairs, il les suivait, dit-il, c'était son devoir en tant qu'officier de l'armée. Tillerson, lui, s'ingéniait à ne pas le suivre.

« C'est un enfoiré, lâcha McMaster. Il se croit plus malin que tout le monde. Il pense qu'il peut faire ses affaires dans son coin. »

Toujours soucieux de mettre un peu d'ordre dans la pagaille générale, Priebus avait demandé aux membres du gouvernement les plus importants de venir le voir régulièrement pour faire le point[2]. C'est ainsi que le mardi 18 juillet, à 17 h 15, Tillerson se présenta à son bureau.

McMaster n'avait pas été convié mais peu importe, il se joignit à eux et s'assit autour de la table de réunion. La présence silencieuse du conseiller à la sécurité nationale dégageait quelque chose d'inquiétant et d'électrisant.

Dites-moi, demanda Priebus à Tillerson, comment vont les affaires ? Vous êtes sur la bonne voie pour atteindre vos

---

1. *Ibid.*
2. Examen par l'auteur de notes prises par un participant.

objectifs? Quels sont les rapports entre le département d'État et la Maison Blanche? Où en sont vos relations avec le président?

«On ne peut pas dire qu'à la Maison Blanche, vous soyez doués pour vous coordonner», lança Tillerson. Les vannes étaient ouvertes. «Le président est infichu de prendre une décision. Il ne sait pas comment prendre une décision. Il refuse de prendre une décision. Il décide quelque chose et deux jours plus tard il change son fusil d'épaule.»

Soudain McMaster sortit de son silence et se déchaîna contre le secrétaire d'État.

«Vous ne collaborez jamais avec la Maison Blanche. Vous ne me consultez jamais, ni moi ni personne au Conseil de sécurité national. Vous nous contournez constamment.» Il donna plusieurs exemples montrant qu'il avait essayé d'organiser des appels, des rendez-vous ou des petits déjeuners avec Tillerson. «Vous n'en faites qu'à votre tête», dit-il, et vous communiquez directement avec le président, Mattis, Priebus et Porter. «Mais jamais avec le Conseil de la sécurité nationale», du reste «c'est pour ça qu'on est ici aujourd'hui». Brusquement, il sortit brusquement l'artillerie lourde : «Vous cherchez délibérément à miner le dispositif de sécurité nationale.»

«C'est faux, se défendit Tillerson. Je suis disponible en permanence. Je passe mon temps à discuter avec vous. Hier encore, on a eu une conférence téléphonique. On a des réunions téléphoniques trois matinées par semaine. Qu'est-ce que vous racontez, H. R.? Je travaille avec vous. Je suis prêt à travailler avec n'importe qui.»

«Il faut aussi que je joue mon rôle de secrétaire d'État, reprit Tillerson. Il m'arrive d'être en déplacement. Il m'arrive d'être dans un autre fuseau horaire. Je ne suis pas toujours en mesure de répondre à vos appels.»

McMaster lui dit qu'il consultait les secrétaires d'État assistants – quand les postes étaient pourvus.

« Je n'ai pas de secrétaires d'État assistants, répondit froidement Tillerson, parce que je n'ai désigné personne et que ceux que j'ai, je ne les apprécie pas, je ne leur fais pas confiance et je ne bosse pas avec eux. Alors vous pouvez consulter qui vous voulez, je ne me sens pas concerné. » Le reste du département d'État comptait pour du beurre ; si vous ne passiez pas par lui, ça ne servait à rien.

Peu après la réunion, Tillerson, toujours furieux, descendit dans le bureau de Porter. « Cette Maison Blanche est une catastrophe, déclara-t-il. Tous ces mecs, là-haut, ils n'ont pas idée de ce qui se passe. »

Tillerson précisa que Johnny DeStefano, le directeur du personnel âgé de 39 ans, était incapable de recruter quelqu'un pour un poste clé du département d'État. DeStefano avait travaillé au Congrès et ne connaissait rien à la politique étrangère. « Jamais vous ne croirez le type qu'il m'a envoyé en entretien » pour être secrétaire d'État assistant.

« C'était une blague. Je me demande dans quel monde on aurait pu penser que ce type était qualifié pour ce poste. »

Peu après, Priebus confia à Porter : « Wouah ! Explosif ! Rex [Tillerson] a l'air à cran sur pas mal de choses. Le mec a un sale caractère. »

Porter pensait que McMaster avait visé juste, même si ses réunions et ses appels pouvaient être pénibles et pas toujours nécessaires. En tout cas, la confrontation entre Tillerson et McMaster prouvait qu'il y avait un dysfonctionnement général.

Le mercredi 19 juillet 2017, Trump accorda un entretien inattendu au *New York Times* et se lança dans une diatribe sidérante contre Jeff Sessions[1].

Jamais il ne l'aurait nommé ministre de la Justice s'il avait su qu'il se récuserait dans l'enquête sur l'ingérence russe, affirma-t-il. « Sessions n'aurait jamais dû se récuser, et s'il comptait le faire, il aurait dû me le dire avant d'accepter le job, j'aurais choisi quelqu'un d'autre. Comment vous pouvez accepter un job et vous récuser ? S'il s'était récusé avant d'accepter ce job, je lui aurais dit, "Merci, Jeff, mais je ne te prends pas." C'est totalement déloyal – et le mot est faible – vis-à-vis du président. »

Trois jours plus tard, le samedi 22 juillet au matin, Trump enrageait toujours contre Sessions au moment d'embarquer dans l'hélicoptère présidentiel qui l'emmenait à Norfolk, en Virginie. Le président devait prendre la parole au cours de la cérémonie de mise en service de l'USS *Gerald R. Ford* (CVN 78), un navire de guerre qui avait coûté 13 milliards de dollars.

Trump et Priebus bavardaient. Trump avoua qu'il avait de l'admiration pour le ministre de la Justice d'Obama, Eric Holder. Il était en désaccord avec leur politique, ça allait de soi, mais Holder était resté fidèle à Obama pendant huit ans, quels que soient les événements et les controverses. Il n'y avait pas eu de récusations ni de tentative d'éviter les tirs croisés politiques. Holder était toujours prêt à essuyer les coups pour son président.

« Jeff n'est pas du genre à rester contre vents et marées pour me protéger. »

Sessions, poursuivit-il, aurait pu refuser de se récuser dans l'enquête sur la Russie en disant qu'il n'avait rien à voir avec les opérations quotidiennes de la campagne de Trump. Il était

---

1. Peter Baker, Michael S. Schmidt et Maggie Haberman, « Citing Recusal, Trump Says He Wouldn't Have Hired Sessions », *The New York Times*, 19 juillet 2017.

présent dans l'avion de campagne et il allait aux rassemblements, mais il n'avait rien à voir avec la stratégie – le jeu sur le terrain, les mails de persuasion ou les opérations numériques.

Il en voulait aussi à Sessions d'avoir témoigné devant plusieurs commissions du Congrès au sujet de réunions ou d'échanges avec les Russes.

« Obtenez-moi sa démission », ordonna-t-il à Priebus.

Stephen Miller, ancien membre du cabinet de Sessions et fervent supporter de ce dernier, confia plus tard à Priebus : « On est vraiment dans la mouise. Parce que si vous n'obtenez pas sa démission, il va penser que vous êtes faible. Et si vous l'obtenez, vous serez entraîné dans une spirale infernale calamiteuse. »

Priebus eut plusieurs échanges avec Sessions. Le ministre de la Justice refusait de donner sa démission. Si le président ne veut pas que vous soyez à son service, lui dit Priebus, vous ne devez pas y être.

Non, il refusait de partir.

Trump finit par accepter de le garder. Il ne voulait plus d'une démission immédiate parce qu'il voulait attendre les talk-shows dominicaux du lendemain.

Deux jours plus tard, Trump reprit son attaque et évoqua « notre M. J. [ministre de la Justice] mal en point » sur Twitter[1].

Dans un entretien accordé au *Wall Street Journal*, il nia avoir bénéficié du soutien de Sessions pendant sa campagne présidentielle[2]. « Quand ils ont annoncé qu'il m'accordait son soutien, je suis allé en Alabama. J'avais 40 000 personnes. Il était sénateur de l'Alabama. J'ai gagné cet État avec un écart énorme, massif. Y a plein d'États où j'ai gagné avec un écart massif. Lui, il était

1. Voir le tweet de Trump sur www./twitter.com/realdonaldtrump/status/889467610332528641.
2. Michael C. Bender, « Trump Won't Say if He Will Fire Sessions », *The Wall Street Journal*, 25 juillet 2017.

sénateur, il a vu ces 40 000 personnes et je parie qu'il s'est dit, "Qu'est-ce que j'ai à perdre ?" Et il m'a accordé son soutien. Alors on ne peut pas dire que ce soutien soit une énorme preuve de loyauté. »

Peu après, Bannon convoqua Sessions à la Maison Blanche. Sessions prit une chaise et s'assit dans ce que Bannon appelait son centre de crise, dont les murs étaient couverts de tableaux blancs affichant les promesses de campagne de Trump. Le ministre de la Justice, de carrure plutôt frêle, était dans ses petits souliers mais affable.

« Écoutez, lança Bannon, vous avez participé dès le début » à la campagne. « Vous saviez que c'était une mise en scène de merde, totalement chaotique. »

Sessions pouvait difficilement dire le contraire.

Bannon revint alors à ce qui était sans doute le meilleur souvenir de leurs carrières politiques – le jour où Trump avait été élu président, le 9 novembre. Pourquoi se priver du plaisir de la victoire ?

« Y a-t-il le moindre doute dans votre esprit sur le fait que c'est la providence divine qui a permis à Trump de gagner le 9 ? » demanda Bannon en puisant dans une croyance religieuse partagée par beaucoup.

« Non », répondit Sessions.

« Vous êtes sincère ? »

Sessions dit qu'il l'était.

« C'était la main de Dieu, pas vrai ? Vous et moi, on y était. On sait que c'est la seule façon d'expliquer ce qui est arrivé, la main de Dieu. »

« Oui. »

« Très bien, répondit Bannon Vous n'allez pas abandonner, hein ? »

« Non, je n'abandonnerai jamais. » Il faudrait que Trump le vire *manu militari*.

« Vous me promettez que vous n'abandonnerez jamais ? »

« Ouais. »

« Parce que ça risque de se corser. »

« C'est-à-dire ? » demanda Sessions.

« Tout ça, c'est une diversion. »

« Qu'est-ce que vous voulez dire ? »

« Jared doit témoigner. » Le gendre de Trump devait comparaître devant la commission de renseignements du Sénat le lundi suivant et devant la Commission du renseignement de la Chambre des représentants le lendemain. « Les mecs pensent qu'ils n'étaient pas assez couverts. »

« Il me ferait pas un coup pareil », dit Sessions.

« Putain, il vous le ferait dans la seconde ! Il est en train de vous le faire ! Ouvrez les yeux ! Quand Jared aura fini de témoigner, s'ils estiment que c'est un bon témoignage, il arrêtera de tweeter. »

Le 24 juillet, lors de son audition par le Congrès, Kushner fit une longue déclaration qui avait été soigneusement travaillée par des avocats[1]. « Je n'ai jamais été en collusion avec le moindre gouvernement étranger et ne connais personne au sein de l'équipe de campagne qui l'ait été. Je n'ai eu aucun contact indu. Je n'ai fait appel à aucun fonds russe pour financer mes activités commerciales dans le secteur privé. »

Les attaques de Trump contre Sessions se calmèrent pendant un moment car elles servaient avant tout à faire diversion. Cela dit, Trump était toujours persuadé que Sessions l'avait trahi. C'était donc une diversion assortie d'une conviction.

En attendant, son acharnement contre Sessions avait alerté les républicains du Sénat. Graham intervint par exemple pour

1. Annie Karni, « Kushner Defends His Russia Contacts : "I Did Not Collude" », *Politico*, 24 juillet 2017.

dire que Sessions « cro[yait] à l'État de droit[1]. » D'autres républicains prirent sa défense en précisant que son remplacement ne serait sûrement pas confirmé par le Sénat. Si l'adjoint de Sessions, Rod Rosenstein, démissionnait, l'enchaînement provoquerait une situation proche de celle du Watergate, notamment le « massacre du samedi soir », en 1973, quand Nixon avait limogé le procureur spécial et que le ministre de la Justice et son adjoint avaient démissionné. Priebus craignait que le problème de Comey soit un jeu d'enfant à côté.

Dans le Bureau ovale, Trump attaqua violemment Sessions et le traita d'« idiot ». En dépit de sa promesse à Bannon, Sessions envoya une lettre de démission à Trump. Priebus réussit à convaincre le président de ne pas l'accepter[2].

Le fait que le ministre de la Justice se récuse faisait de lui un « traître », déclara Trump à Porter. Le président se moqua de son accent du Sud. « Ce mec est un débile mental, un péquenot du fin fond du Sud. » Il se mit à imiter son accent et la façon dont il s'était emmêlé les pinceaux au cours de son audience de confirmation, quand il avait nié avoir discuté avec l'ambassadeur russe.

« Comment diable on a pu me convaincre de le prendre comme ministre de la Justice ? demanda-t-il à Porter. Il n'était même pas foutu d'être avocat tout seul dans son coin en Alabama. Pourquoi faudrait qu'il se retrouve ministre de la Justice ? »

Il déblatérait sans fin. « S'il savait qu'il se récuserait, pourquoi il a accepté qu'on le prenne comme ministre de la Justice ? C'est vraiment la trahison ultime. Comment il a pu faire un truc pareil ? »

1. Rebecca Savransky, « Graham Defends Sessions : Trump Tweets "Highly Inappropriate" », *The Hill*, 25 juillet 2017.
2. Chris Whipple, « "Who Needs a Controversy over the Inauguration ?" Reince Priebus Opens Up About His Six Months of Magical Thinking », *Vanity Fair*, mars 2018.

Porter avait une réponse, qu'il lui soumit le plus calmement possible. «Il existe un certain nombre de règles et de principes bien établis au cas où vous voulez vous récuser. Il s'y est tenu. De son point de vue, ce n'était pas une décision politique. Il ne l'a pas voulu. Il a consulté les experts compétents du ministère de la Justice et on lui a dit, vous répondez aux critères, donc vous devez vous récuser.»

«Dans ce cas-là, rétorqua Trump, fumasse, il n'aurait jamais dû accepter ce boulot. Il est ministre de la Justice. Il peut prendre ce genre de décision tout seul. Il a pas besoin d'écouter ce que lui raconte son cabinet. Si c'était un bon avocat, malin, s'il savait qu'un jour il serait obligé de se récuser, il aurait dû me le dire et je ne l'aurais pas pris. Sauf qu'il est long à la détente. Je parie qu'il ne le savait pas.»

CHAPITRE 27[*]

Le 27 juillet, Priebus convoqua tous les conseillers principaux à une réunion sur l'immigration à 8 heures du matin. Stephen Miller commença par une brève introduction[1]. Certains participants avaient l'impression qu'il s'agissait d'une liste de courses : mur frontalier, renforcement de la police des frontières, remise à l'eau des captures (*catch and release*), juges de l'immigration, loterie de la carte verte, villes sanctuaires, loi dite Kate's Law – qui augmenterait les peines pour les personnes essayant de revenir aux États-Unis après avoir été expulsées –, migration en chaîne.

Nous devons sélectionner les thèmes gagnants, ceux qui nuisent aux démocrates, ajouta Miller. Ensuite, nous devons convaincre le Sénat de voter sur des enjeux controversés, durs, par exemple la suppression des allocations accordées aux villes sanctuaires.

---

[*] L'information contenue dans ce chapitre repose essentiellement sur une série d'interviews approfondies avec des sources primaires.

1. Examen par l'auteur de notes prises par un participant.

Kushner était fermement opposé à la stratégie proposée par Miller. On doit se concentrer sur des objectifs bipartisans, des idées constructives, voire trouver des sujets à offrir aux démocrates – « deux ou trois de nos priorités, deux ou trois des leurs ». Il plaidait pour « une voie qui permettrait d'arriver à quelque chose de concret. »

Priebus n'était pas d'accord avec Kushner. « Je connais le Capitole. Je sais ce qui serait bien pour ces votes par SMS. » Un promoteur immobilier de New York dans le style de Jared ne connaissait pas grand-chose à la politique.

« Je sais comment obtenir des résultats tangibles, protesta Jared, je sais être constructif, réunir des personnes qui ne sont pas d'accord. »

La plupart des discussions législatives de la Maison Blanche impliquaient les acolytes de Priebus qui venaient du Comité républicain national ou de l'ancien bureau de Sessions, affirma Kushner, ou encore de l'écurie de conservateurs de Pence. Aucun d'eux n'avait négocié des accords bipartisans ni obtenu de deals concrets. L'agenda législatif était entre les mains d'extrémistes et de personnes qui cherchaient à marquer des points politiques.

De leur côté, Mattis et Gary Cohn eurent plusieurs échanges sereins à propos du « Vrai Problème » : le président ne comprenait ni l'intérêt d'avoir des alliés extérieurs, ni le rôle de la diplomatie, ni le rapport entre les différents partenariats militaires et économiques, le renseignement et les gouvernements étrangers.

Ils déjeunèrent ensemble au Pentagone pour élaborer un plan d'action.

Le problème venait en partie de la conviction du président selon laquelle un déficit commercial annuel de 500 milliards de dollars nuisait à l'économie du pays. Gary Cohn avait beau lui expliquer les avantages du libre-échange, il était obsédé par l'idée d'imposer des tarifs douaniers et des quotas.

Comment pourraient-ils convaincre, voire franchement éduquer, le président sur ces questions ? Cohn et Mattis savaient qu'ils étaient très loin de l'avoir persuadé. Les réunions sur le commerce se poursuivaient comme un jour sans fin et l'acrimonie augmentait des deux côtés.

« Faisons-le venir ici, dans le Tank », suggéra Mattis. Le Tank est la salle de réunion sécurisée du Pentagone réservée au chef d'état-major. « Ça pourrait l'aider à se concentrer. »

« Excellente idée, répondit Cohn. On l'oblige à quitter la Maison Blanche. » Pas de presse, pas de télé, pas de Madeleine Westerhout (la secrétaire personnelle de Trump qui travaillait suffisamment près du Bureau ovale pour qu'il puisse s'adresser à elle en criant). Personne ne pourrait regarder par la fenêtre parce que le Tank était une pièce aveugle.

Sortir Trump de son environnement naturel pouvait être la solution. L'idée semblait tout droit sortie d'un manuel de management *corporate* – réunions et séminaires hors des bureaux. Ils emmèneraient Trump et les principaux membres de ses équipes « économie » et « sécurité nationale » dans le Tank pour discuter des questions de relations stratégiques à l'échelle mondiale.

Mattis et Cohn étaient d'accord. Ils travailleraient Trump au corps. Les guerres commerciales et les perturbations des marchés internationaux pouvaient miner et détruire la stabilité mondiale, déjà précaire. La menace pouvait même s'étendre à la communauté militaire et au renseignement.

Mattis ne comprenait pas quel intérêt les États-Unis avaient à chercher noise à leurs alliés, que ce soit l'OTAN, leurs amis du Moyen-Orient ou le Japon – ou pire encore, la Corée du Sud.

Le 20 juillet était une journée d'été superbe, sans nuages, Trump était au pouvoir depuis six mois. Il était moins de 10 heures quand il traversa le Potomac pour aller de la Maison Blanche au Pentagone.

Le Tank n'était pas sans l'exciter. Il adorait cette pièce. Également baptisée la Salle dorée (*Golden Room*) à cause de ses tapis et rideaux, c'était une pièce à la fois soignée et solennelle, une retraite hautement sécurisée, patinée par plusieurs décennies d'histoire.

Mattis et Cohn avaient prévu plusieurs exposés conçus comme des cours d'histoire et des simulations d'affrontements géostratégiques. L'ensemble était aussi destiné à répondre à la question qui allait se poser : comment cette administration établissait-elle ses priorités politiques et s'y tenait ?

McMaster était absent, retenu par des obligations familiales.

Plusieurs cartes indiquant les différents engagements américains sur la scène internationale – déploiements militaires, troupes au sol, armes nucléaires, missions diplomatiques, ports, dispositifs de renseignement, traités et même accords de commerce – étaient affichées sur deux grands écrans muraux et synthétisaient leur présence à travers le monde. Même les pays où les États-Unis avaient des ports et le droit de vol étaient signalés, ainsi que les radars et les systèmes de surveillance les plus stratégiques.

« Le plus beau cadeau de la génération de la Seconde Guerre mondiale, commença Mattis, est cet ordre démocratique international fondé sur un certain nombre de règles. » C'était une architecture qui garantissait la sécurité, la stabilité et la prospérité mondiales.

Bannon était assis sur le côté, tel un député d'arrière-ban ayant vue sur le président. Il connaissait par cœur cette vision mondialiste et y voyait une forme de fétichisme. Son obsession à lui était aux antipodes de celle-ci : l'Amérique d'abord.

Ça va chauffer, pensa-t-il en entendant Mattis expliquer que ces grands principes liés au passé étaient à la fois opérationnels et nécessaires.

On y était – au cœur du problème, songeait Bannon.

Le secrétaire d'État Rex Tillerson enchaîna.

« Voilà ce qui explique que nous sommes en paix depuis soixante-dix ans », conclut l'ancien magnat du pétrole texan.

Pour Bannon, c'était toujours la plaie de l'ancien ordre : engagements coûteux et sans limites, promesses données et tenues.

Trump secouait la tête en signe de désaccord mais ne dit pas un mot.

Cohn prit la parole et plaida en faveur du libre-échange : Mexique, Canada, Japon, Europe, Corée du Sud. Il donna les chiffres des exportations et des importations. Nous sommes un énorme exportateur de produits agricoles, environ 130 milliards de dollars par an, fit-il remarquer. Nous avons besoin de ces pays pour acheter ces produits. En gros, toute la partie centrale des États-Unis est peuplée d'agriculteurs.

Dont la plupart votaient pour Trump.

Les ventes d'armes à l'étranger avaient rapporté 75,9 milliards de dollars pour l'année fiscale 2017. Qu'on ne s'y trompe pas : ce n'est pas un hasard si nous avons autant d'avions militaires à Singapour, qui nous achète tant de Boeing, ajouta Cohn. Ce n'est pas un hasard si nous avons d'immenses opérations de renseignement qui partent de Singapour. Ce n'est pas un hasard si notre flotte navale entre et sort de là-bas pour faire le plein et s'approvisionner.

Les déficits commerciaux contribuaient à la croissance de l'économie américaine, affirma Cohn.

« Épargnez-moi ce genre de conneries », lâcha Trump.

Mnuchin, le secrétaire au Trésor, un ancien de Goldman Sachs lui aussi, insista sur l'intérêt d'avoir des alliés militaires et des partenaires commerciaux.

Trump se retourna vers Bannon et le regarda deux fois directement. Bannon y vit une forme de signal.

« Attendez une minute, s'exclama-t-il en se levant. Soyons réalistes. »

Il choisit l'un des accords internationaux les plus controversés, qui liait justement les États-Unis à cet ordre mondial. « Le président refuse de certifier l'accord iranien mais vous êtes en train de ralentir le processus. Cet accord est nul. Il veut le décertifier pour le renégocier. » Trump ne se contenterait pas de le déchirer, comme il l'avait promis pendant sa campagne.

« Un des trucs qui lui tient le plus à cœur », c'est d'imposer des sanctions à l'Iran, poursuivit son principal stratège. « Vous pouvez me dire qui, parmi vos putains de super alliés de l'Union européenne », soutiendrait le président ? Tout ce baratin pour expliquer que ce sont nos partenaires. « Citez m'en un qui soutiendrait le président sur les sanctions ! »

Mnuchin tenta d'expliquer en quoi les alliés étaient importants.

« Donnez-moi un nom, reprit Bannon. Un pays. Une entreprise. Qui soutiendrait les sanctions ? »

Silence de mort.

« C'est exactement ce que je voulais dire, intervint Trump. Il vient de le résumer. Vous nous bassinez sur tous ces pays qui seraient des alliés. Mais il n'y en a pas un seul. Répondez à la question de Steve. Qui nous soutiendra ? »

« Tout ce qu'on peut dire, c'est qu'ils ne violent rien », répondit Tillerson. Toutes les agences du renseignement étaient d'accord là-dessus. C'était là que le bât blessait. Comment pouvaient-ils imposer des sanctions s'il n'y avait aucune violation de l'accord ?

« Ils font tous du pognon », répliqua Trump en rappelant que l'Union européenne signait des accords importants avec l'Iran[1]. « Et personne ne sera derrière nous. »

---

1. L'accord sur le nucléaire de 2015 avait été une aubaine pour les pays de l'Union européenne. En 2016, les importations européennes en provenance de l'Iran avaient augmenté de 347 % par rapport à l'année précédente. (Source : Service de recherche du Congrès, 25 octobre 2017.) Une entreprise française a notamment signé un accord pétrolier pour 4,7 milliards de dollars. Bien entendu, Trump ne fournit pas de telles précisions au cours de la réunion.

Il passa subitement à l'Afghanistan, un sujet sur lequel il venait d'avoir une demi-douzaine de réunions avec le NSC ou en petit comité. « Quand est-ce qu'on va commencer à gagner des guerres ? On a des tas de schémas. Mais quand est-ce qu'on va gagner des guerres ? Pourquoi vous me prenez la tête avec tout ça ? »

Faisant allusion au chef des troupes en Afghanistan, le général John Nicholson, absent de la réunion, il lança : « Je parie qu'il est incapable de gagner. Ça m'étonnerait que ce soit un gagnant. Personne n'annonce jamais de victoires. »

Le président n'avait fixé aucune stratégie concernant l'Afghanistan et le sujet faisait toujours l'objet de débats.

« Vous devriez être en train de tuer des mecs. Vous n'avez pas besoin d'une stratégie pour tuer des gens. »

Le général Dunford, chef d'état-major des armées, prit aussitôt la défense de Nicholson.

« Monsieur le président, dit-il très poliment et calmement, on n'a pas de mandat exigeant de gagner. Ça ne fait pas partie des ordres. » À l'époque d'Obama, qui avait retiré la majorité des troupes – passant de 100 000 hommes, un chiffre considérable, à 8 400 –, la stratégie était effectivement de maintenir l'équilibre.

Mattis et Dunford proposaient de nouvelles règles d'engagement pour les troupes américaines en Afghanistan. Ils voulaient les libérer afin de les rendre plus agressives et létales, en se débarrassant des restrictions imposées aux commandants locaux, qui dataient de l'époque d'Obama. L'ennemi n'aurait plus à être averti des tactiques mises en œuvre. Les succès qu'ils venaient d'obtenir contre l'État islamique montraient que ces changements étaient efficaces.

Trump intervint pour rappeler que le général Nicholson avait autorisé l'usage de la bombe GBU-43 / B, d'une charge de plus de 8 tonnes, connue sous le nom de MOAB, « mère de toutes les bombes » (*Mother Of All Bombs*)[1]. « Il les a laissés larguer cette putain de bombe sur eux. »

Oui, confirma Dunford, c'était une décision prise par le commandant, pas par Washington.

« Monsieur le président, Monsieur le président… », essayait poliment d'intervenir Mattis.

« Chien fou, chien fou… », répondait Trump en reprenant le surnom dont était affublé Mattis dans la marine. « Ces types en profitent pour tout décider dans notre dos. Alors, qu'est-ce qu'on fait ? » demanda-t-il aux généraux aussi sèchement que possible mais sans hurler. « Gagner, vous savez ce que ça veut dire ? Si on est coincés là-bas, c'est à cause des opérations que vous avez demandées. »

La tension montait et bientôt l'Iran revint sur le tapis.

« Les Iraniens sont en règle, intervint Tillerson. C'est le deal. Ils le respectent. Peut-être que ça ne vous plaît pas. » Le secrétaire d'État passa en revue chaque point technique de l'accord avec une logique imparable.

« Ça fait trop establishment », répondit Trump. Ses interlocuteurs étaient en train de lui expliquer que tout était lié : les accords commerciaux avec la Chine et le Mexique, l'accord sur le nucléaire iranien, le déploiement des troupes, l'aide étrangère. À chaque point exposé, la réponse de Trump était « non ».

« Impossible, on peut pas faire ça, disait-il. C'est à cause de ça qu'on est dans cette situation. »

« Quand il dit, on impose des sanctions…, ajouta Bannon en s'adressant à Mnuchin. Ces partenaires formidables, qu'est-ce qu'ils vont faire pour les sanctions ? »

Mnuchin répondit en se dérobant.

---

1. Officiellement, MOAB signifie *Massive Ordnance Air Blast*, « bombe à effet de souffle massif ».

« Je vous arrête tout de suite, insista Bannon. Ils sont avec nous ou contre nous ? »

« Ils ne nous soutiendront jamais », répondit Mnuchin.

« C'est bien ce que je disais, lâcha Bannon. Et c'est ça que vous appelez des alliés. »

« Les entreprises européennes valent que dalle », renchérit Trump. Siemens, Peugeot, Volkswagen et d'autres grands noms industriels investissaient beaucoup en Iran.

« Rex, vous êtes faible, lâcha Trump. Je veux décertifier. »

Il passa brusquement à l'une de ses marottes en rappelant qu'il voulait imposer des tarifs douaniers sur les importations d'acier, d'aluminium et de voitures. Du reste, il se demandait pourquoi Mnuchin ne disait pas que la Chine manipulait sa monnaie alors qu'il le lui avait demandé.

La Chine avait manipulé sa monnaie des années plus tôt, se défendit l'intéressé, mais ce n'était plus le cas.

« Comment ça ?, rétorqua Trump. Démontrez-le. Allez-y. Dites-le devant tout le monde. »

Le droit américain était très précis quand il s'agissait de prouver qu'un pays manipulait sa monnaie, se justifia Mnuchin, c'est ce qui l'empêchait de le prouver.

« On fait tout à l'envers », dit Trump à propos des accords de commerce. « On se fait avoir à tous les coups. » Les autres pays gagnaient de l'argent. « Regardez-moi ça, tous ces machins. C'est nous qui payons pour tout. » Ces pays étaient des « protectorats », déclara-t-il.

« En réalité, c'est bon pour notre économie », martela Cohn une fois de plus.

« Épargnez-moi ces conneries, c'est n'importe quoi. »

Tandis que la réunion tirait à sa fin, Tillerson se pencha en arrière sur sa chaise. On aurait dit qu'il parlait au président tout en évitant de croiser son regard. Il préférait regarder Mattis.

« C'est votre deal, lui lança le secrétaire d'État. Votre deal. »

C'était un pas en arrière à la mode texane, une façon de dire, j'obéirai et j'exécuterai les ordres, mais c'est votre idée, pas la mienne.

« On claque 3,5 milliards de dollars par an pour avoir des troupes en Corée du Sud ! » s'emporta Trump, furieux. Les Sud-Coréens étaient infichus de savoir s'ils voulaient un bouclier antimissile THAAD ou pas ! Et s'ils étaient prêts à payer pour !

Le fait est qu'en Corée du Sud, plusieurs personnes redoutaient que ce bouclier provoque une guerre contre la Corée du Nord et s'opposaient à son installation, affirmant qu'il bénéficierait surtout au Japon et aux États-Unis.

« Retirez-moi ce putain d'engin !, déclara Trump. J'en ai rien à foutre. »

« Les Sud-Coréens nous subventionnent comme c'est pas permis », répondit Cohn, défiant directement le président. C'était un accord avantageux pour l'économie américaine, ajouta-t-il une fois de plus. « On achète les télés les plus incroyables du monde pour 245 dollars. Ça veut dire que les gens dépensent moins pour leur télé et plus pour d'autres produits aux États-Unis. »

Si les États-Unis retiraient leurs troupes, ils auraient besoin de plus de groupes aéronavals dans cette région du monde pour être en sécurité. Ça coûterait dix fois plus cher, précisa Cohn.

Venait ensuite la question des programmes de renseignement ultrasensibles, dits *Special Access Programs*, que la Corée du Sud permettait aux États-Unis de développer. Trump n'en comprenait manifestement ni la valeur ni la nécessité.

« Genre 3,5 milliards de dollars, 2 800 hommes », dit-il, franchement exaspéré. « Je ne sais pas ce qu'ils foutent sur place. Qu'on les rapatrie tous ! »

« Très bien, Monsieur le président, reprit Cohn, dans ce cas-là, de quoi auriez-vous besoin dans cette région pour dormir tranquille ? »

« J'aurais besoin de rien, bordel ! Je dormirais comme un bébé. »

Priebus fit un signe pour dire que la réunion était terminée. Mattis avait l'air désespéré.

Trump se leva et se dirigea vers la porte.

Tillerson s'étouffait de rage. Il était outré par la sortie de Trump contre les généraux. Le président réagissait comme si l'armée américaine était une force mercenaire dont on louait les services. Si tel pays refusait de payer pour que les États-Unis soient présents, ils n'avaient qu'à plier bagage. Comme si les Américains n'avaient pas intérêt à mettre en place et maintenir un ordre mondial fondé sur la paix, comme si leur seul fil directeur était l'argent.

« Ça va ? » lui demanda Cohn.

« Ce mec est un putain d'abruti », dit-il juste assez haut pour qu'on l'entende.

Trump quitta la salle avec Priebus, Bannon et Kushner peu avant 12 h 45[1]. Il prit le temps de saluer les membres de service alignés dans le couloir.

« La réunion était super, dit-il aux journalistes. Excellente réunion. »

Il se dirigea vers la limousine présidentielle.

« Putain, je suis content que vous soyez intervenu, confia-t-il à Bannon. J'avais besoin de renfort. »

« Vous avez été parfait », répondit Bannon.

Mnuchin, le secrétaire au Trésor, les suivit jusqu'à l'extérieur. Il voulait que le président sache qu'il était sur la même longueur d'onde que lui à propos des alliés européens. « Je ne suis pas sûr que ce soient vraiment des alliés, dit-il. Je suis d'accord avec vous. »

Dans la voiture, Trump résuma la réunion à ses conseillers :

1. Jordan Fabian, « In-Town Pool Report #2 – Troop Greeting & Another Comment on Afghan », 20 juillet 2017, 12 h 51, www.presidency.ucsb.edu/report.php?pid=2357.

« Ils ne pigent rien aux affaires. Tout ce qu'ils veulent, c'est protéger les autres – voilà pourquoi on raque. »

Il précisa que les Sud-Coréens, alliés aux États-Unis, refusaient de signer un accord de commerce. « Et en plus, ils voudraient qu'on les protège contre cet hurluberlu du Nord. »

Gary Cohn en conclut que Trump était au fond en train de régresser. Il était plus facile à gérer les premiers mois, quand il était novice.

Priebus pensait que parmi les nombreuses réunions catastrophiques, celle-ci était la pire. Ils étaient en poste depuis six mois et ils avaient un problème fondamental dans la définition des objectifs. Où allaient-ils ?

Dans la pièce, la méfiance était palpable, corrosive. L'atmosphère avait quelque chose de primitif ; chacun campait ouvertement sur ses positions tout en s'abritant derrière son armure, surtout le président.

C'était ce qu'on appelait la folie, finit-il par se dire.

———

Un haut responsable de la Maison Blanche qui parla avec plusieurs participants à la réunion rédigea le compte rendu suivant : « Le président sermonna et insulta toute la table, à qui il reprocha de ne rien comprendre dès qu'il s'agissait de défense ou de sécurité nationale. Il est évident que beaucoup de hauts conseillers du président, surtout ceux du domaine de la sécurité nationale, sont extrêmement préoccupés par son tempérament fantasque, son ignorance relative, son incapacité à apprendre, ainsi que par ses positions qu'ils estiment dangereuses[1]. »

1. Examen par l'auteur de notes prises par un participant.

CHAPITRE 28 *

Après la réunion dans le Tank, Tillerson, ancien scout de rang *Eagle*, fila en Virginie de l'Ouest pour assister au jamboree des Boy Scouts of America puis au mariage de son fils au Texas. Il hésitait à donner sa démission.

« Écoutez, lui dit Priebus au téléphone, vous ne pouvez pas démissionner maintenant. C'est ridicule. Venez me voir à mon bureau. »

Tillerson s'y rendit. « Je ne supporte pas la façon dont le président s'adresse aux généraux, lui confia-t-il. Ils ne le méritent pas. Je ne peux rester les bras croisés et écouter ce genre de propos dans la bouche du président. Ce type est un abruti. »

Surpris par son hostilité, Priebus comprit que Tillerson en voulait aussi au président du ton sur lequel il lui parlait. Lors des réunions dans la salle de crise, Tillerson en venait presque littéralement à souffler pour signifier ostensiblement qu'il en avait

* L'information contenue dans ce chapitre repose essentiellement sur une série d'interviews approfondies avec des sources primaires.

par-dessus la tête, se retenant à peine de couvrir son bavardage d'« abruti ».

Priebus lui conseilla de baisser d'un cran. «Vous ne pouvez pas lui manquer de respect. Vous ne pouvez pas vous adresser au président sur ce ton. Vous devez trouver un moyen de communiquer, de lui dire la même chose mais sans être dans l'attaque. »

Tillerson admirait l'approche de Mattis – éviter l'affrontement, manifester du respect et de la déférence, avancer intelligemment sur les dossiers, voyager le plus possible, quitter la ville et se tenir à l'écart.

Il en revint aux généraux. «Je ne peux pas rester les bras croisés et écouter le président les rudoyer. C'est au-delà de mes forces. Ce n'est pas juste. »

Peu après, Priebus expliqua au président qu'il avait vu Tillerson, à qui il avait reproché de lui manquer de respect. Il ne mentionna pas le qualificatif d'« abruti ».

Trump l'écouta tranquillement, chose rare, et n'exprima aucun désaccord. Priebus pensait qu'il était trop orgueilleux pour reconnaître l'hostilité de Tillerson. Pourtant, en tant que chef de l'exécutif, il ne devait pas accepter l'insubordination ouverte de la part de son secrétaire d'État.

Il arrivait que le processus décisionnel du NSC fonctionne. La commission de coordination des politiques, sous les ordres du comité auxiliaire, se réunissait pour rassembler les informations de l'état-major et des civils du ministère de la Défense, du département d'État, des agences de renseignements, du Trésor et du Bureau de la gestion et du budget. Un rapport d'une trentaine de pages suivies d'annexes était rédigé. Les dissensions étaient mises en sourdine. Le rapport était envoyé au comité restreint, qui pouvait effectuer des modifications. Une fois que tout le monde était d'accord sur le cadre et qu'une feuille de route avait été approuvée, un comité restreint, présidé par McMaster et auquel participaient les secrétaires de cabinet, était convoqué.

Tillerson étant le plus haut placé, c'est lui qui ouvrait les réunions des directeurs. Il faisait son entrée et disait par exemple, je n'ai pas vu tel rapport sur la stratégie du NSC. C'est un sujet complexe. Il faut le mettre en perspective. Voilà comment je vois les choses.

Il partageait ensuite une série de briefings sur des slides. Plutôt que de les envoyer avant la réunion pour qu'ils puissent être lus en amont, il préférait les projeter un par un pendant la réunion et passer jusqu'à cinq minutes sur un seul d'entre eux. Les membres du NSC étaient un public captif. Les comités restreints étaient souvent prévus pour durer une heure et quart si bien que Tillerson était souvent le seul à avoir voix au chapitre.

Il tenait à ce que tout le monde approuve sa définition des problèmes avant de revenir à sa stratégie et de la rectifier.

Les interventions de Tillerson – sa volonté de reprendre le processus interagences de A à Z à partir de son évaluation de l'orientation à adopter – influencèrent d'une manière ou d'une autre les stratégies américaines en Iran, en Irak, au Liban et vis-à-vis du Hezbollah, en Syrie, en Chine, en Corée du Nord et dans la lutte contre l'État islamique.

Plusieurs personnalités du comité restreint, qu'ils soient autour de la table ou sur le côté, étaient impressionnées par ce recadrage. D'autres trouvaient ses présentations convenues. Tillerson plaidait pour davantage d'intégration économique, pour la coordination de l'assistance au développement et la nécessité de répondre aux motivations de la violence en faisant preuve d'une diplomatie plus entreprenante.

La plupart du temps, aucun plan d'exécution attribuant les responsabilités et les charges n'était mis en place, ou alors il était remis à plus tard. Les objectifs ultimes étaient flous, peu ou pas explicités. Il s'ensuivait des semaines ou des mois de retard.

Un jour de juillet, alors que Trump était dans un petit avion estampillé Air Force One et rentrait de son golf de Bedminster, il débarqua dans l'espace réservé à son équipe où étaient installés Ivanka, Jared, McMaster et Porter.

L'Irak, l'Afghanistan et la Syrie, les trois principales zones de guerre, étaient des bourbiers, déclara-t-il, il ne voulait plus en être responsable. « Quand je pense aux sommes faramineuses qu'on continue de dépenser dans ces pays ! On ferait mieux de déclarer la victoire, de mettre fin à ces guerres et de rapatrier nos troupes. »

McMaster avait une mine déconfite. Trump était commandant en chef depuis six mois à peine et il voulait tout bazarder et se retirer.

Le président s'en alla. Jared et Ivanka étaient manifestement inquiets et prêts à prêter main-forte à McMaster. Quand on sera rentrés, proposèrent-ils, pourquoi est-ce qu'on ne se réunirait pas avec Porter pour essayer d'arrêter une stratégie, un moyen de retirer les troupes tout en en laissant un minimum sur place ? Il fallait trouver un moyen de discuter avec le président.

Le 25 juillet, le président s'en prit une fois de plus à McMaster. Il n'avait pas besoin d'avoir des alliés, martela-t-il. Il n'avait aucune envie d'avoir des troupes en Corée du Sud, peu importe qu'on lui rappelle le différentiel entre les sept secondes qu'il fallait pour détecter le lancement d'un missile ICBM depuis la Corée du Sud et les quinze minutes depuis l'Alaska.

Peu après, McMaster eut une discussion avec Cohn et Porter sous la colonnade longeant une partie du Bureau ovale.

Il leur apprit qu'à 6 h 03, Trump avait tweeté : « Tentatives ukrainiennes pour saboter la campagne de Trump – "pour favoriser discrètement Clinton". Où en est l'investigation du M. J. [ministre de la Justice][1] ? »

C'était à l'évidence de la propagande russe, affirma McMaster en précisant que c'est la conclusion à laquelle le NSC, les experts du renseignement et lui-même en étaient arrivés. Hélas, le président avait repris l'information pour la rendre publique.

McMaster avoua qu'il se demandait combien de temps il pourrait rester en poste.

Plus tard dans la journée, il retourna dans le Bureau ovale avec un ordre sensible qu'il voulait que le président signe. Il s'agissait de la Libye.

Je refuse de signer, répondit le président. Les États-Unis ont besoin de pétrole. Les généraux oublient qu'il nous faut gagner de l'argent. Ils ne comprennent pas ce que devraient être nos objectifs et ils ont engagé les États-Unis dans les mauvaises directions, partout.

Tous les soirs, avant que le président monte dans la résidence, Porter lui remettait un cahier comprenant des documents de travail, des notes politiques et son emploi du temps pour la journée suivante.

Le lendemain matin, le président descendait dans le Bureau ovale à 10 ou 11 heures, voire 11 h 30.

« Qu'est-ce que j'ai sur mon emploi du temps aujourd'hui ? » demandait-il sans qu'on sache s'il avait jeté ou non un œil au cahier. Il cultivait le mythe selon lequel sa force venait de son génie de l'improvisation, de sa capacité à comprendre une situation, une salle ou un moment, comme il l'avait fait pendant la campagne.

Il préférait décider sur le coup et se fier exclusivement à son

1. Voir le tweet de Trump sur www.twitter.com/realdonaldtrump/status/ 889788202172780544.

instinct, en conclut Porter. Il agissait comme si la préparation des dossiers risquait de gâcher ce don pour l'improvisation. Il refusait de prévoir parce qu'il y voyait un obstacle. Comme si planifier les choses lui ôterait son pouvoir, son sixième sens.

Le premier sujet qu'il abordait le matin était souvent lié à ce qu'il avait vu à la télévision, en général sur Fox News, ou à un article qu'il avait lu dans la presse, qu'il suivait plus attentivement que ce qu'on pensait.

Toute la journée, il sondait l'opinion en interrogeant la première personne qui lui tombait sous la main – fonctionnaire de son cabinet ou agent de sécurité. C'était sa façon à lui de faire du *crowdsourcing* ou « production participative ».

Un jour, il demanda à Johnny McEntee, son jeune factotum de 27 ans, s'il fallait qu'il envoie de nouvelles troupes en Afghanistan.

« D'après moi, ça n'a aucun sens », répondit McEntee.

Souvent, quand il interrogeait d'autres fonctionnaires de l'aile ouest, ceux-ci se défilaient : « Vous auriez avantage à en parler à Herbert Raymond, c'est lui l'expert. »

« Non, non, non », répondit un jour Trump. « Je veux savoir ce que vous pensez. »

« J'en pense ce que j'ai lu dans les journaux. »

Pour le président, cette réponse était insuffisante. « Non, je veux savoir ce que vous, vous pensez. »

Tous les présidents sont attentifs à leur auditoire, mais chez Trump, l'auditoire principal était souvent lui-même. Il passait son temps à faire le bilan – en général exagérément positif – de son action. Il avait une tribune de presse à la place du cerveau.

La gouvernance du Bureau ovale et de la Maison Blanche tenait moins de l'art de conclure un accord que de l'art de le détricoter. Et le détricotage avait souvent lieu sous vos yeux, comme dans un discours de campagne de Trump qui tournerait en boucle. Impossible d'y échapper.

La politique étrangère était une question de relations personnelles, expliquait Trump aux habitués du Bureau ovale. « J'ai d'excellentes relations avec Xi, disait-il à propos du président chinois. Il y a une bonne alchimie entre nous. Il m'aime bien. Il m'a déroulé le tapis rouge quand je suis allé à Pékin. » En novembre 2017, il avait publiquement déclaré, « Je le considère comme un ami. Il me considère comme un ami[1] ».

H. R. McMaster tâchait de lui montrer que Xi l'utilisait. La Chine était économiquement agressive et avait décidé de devenir le numéro un mondial.

Trump répondait qu'il comprenait parfaitement, mais que ces problèmes étaient moins importants que sa relation ave Xi.

Entre septembre et décembre 2017, le Conseil de sécurité des Nations unies avait voté à trois reprises l'application de sanctions économiques sévères à l'égard de la Corée du Nord. Le 22 décembre, la mesure avait été votée à 15 voix contre 0 et la Chine y avait participé[2]. Les exportations de pétrole en Corée du Nord devaient être réduites de 89 %. Trump était ravi.

« C'est parce que j'ai d'excellents rapports avec le président Xi, disait-il. Parce qu'il me respecte et que je le respecte. C'est bien que j'aie des rapports amicaux alors que vous, les gars, vous pensez qu'il faut qu'on soit plus agressifs avec eux. Si je n'avais pas cette excellente relation avec le président Xi, ils n'auraient jamais réagi comme ça. » Tout était une question de chimie, de confiance. « C'est comme ça que j'arrive à ce qu'ils fassent des trucs qu'autrement ils ne feraient pas. »

---

1. Donald J. Trump, « The President's News Conference with Prime Minister Shinzo Abe of Japan in Tokyo, Japan », 6 novembre 2017. Accessible en ligne *in* Gerhard Peters et John T. Woolley, *The American Presidency Project*. www.presidency.ucsb.edu/ws /?pid = 128510.

2. Rick Gladstone et David E. Sanger, « Security Council Tightens Economic Vise on North Korea, Blocking Fuel, Ships and Workers », *The New York Times*, 22 décembre 2017.

S'il s'agissait d'une question sur laquelle il s'était fait son opinion au fil des ans, il était vain d'argumenter. Un des hauts fonctionnaires les plus chevronnés de l'aile ouest, présent à ses côtés en 2017 et 2018, le formula ainsi : « Sur certains sujets, il en est arrivé à ses propres conclusions, peu importe ce que vous lui objectez. Peu importent les arguments que vous lui opposez. Il n'écoute pas. »

Un jour, Trump fit savoir qu'il avait décidé d'imposer des tarifs douaniers.

« Super, répondit Cohn. Le marché boursier aura perdu 1 000, voire 2 000 points demain, mais vous serez content. N'est-ce pas, Monsieur ? »

« Ok d'accord, fin de la réunion ! On ne bouge pas ! »

« Votre hantise est de ressembler à Herbert Hoover », dit Cohn.

Une fois de plus, c'était l'éternel recommencement sur les accords de libre-échange : les mêmes arguments, les mêmes preuves, la même certitude – des deux côtés. Et une semaine ou un mois plus tard, rebelote, la même discussion.

Le président le martelait sans cesse : il voulait se retirer des accords commerciaux et imposer des tarifs douaniers. À plusieurs reprises, il déclara « On le fait » et demanda qu'on lui prépare une ordonnance à signer.

« Il faut l'empêcher de penser au traité KORUS », glissa Porter à Cohn. « Et l'empêcher de penser à l'ALÉNA », renchérit Cohn.

Porter avait déjà fait rédiger un brouillon d'ordonnance à deux reprises au moins. Et à deux reprises au moins, Cohn ou Porter l'avait retiré du bureau du président. En attendant, ils noyaient le poisson.

Apparemment, Trump ne se souvenait pas de sa décision puisqu'il ne posa aucune question. Il n'avait aucune liste – ni en tête ni ailleurs – des questions à régler.

Le 12 juillet 2017, quinze anciens membres du Council of Economic Advisers, le très influent comité officiel d'économistes conseillant le président, envoyèrent un courrier à Trump lui demandant instamment de ne pas «initier le processus visant à imposer des tarifs douaniers» parce qu'il nuirait à leurs rapports avec des alliés essentiels et «affaiblirait de fait l'économie américaine».

Les signataires comprenaient les plus grandes stars républicaines et démocrates de l'économie américaine: Alan Greenspan et Ben Bernanke, anciens présidents de la Réserve fédérale, Laura Tyson, conseillère de haut vol de l'administration Clinton, et Joseph Stiglitz, prix Nobel d'économie.

En haut de la lettre, Wilbur Ross avait agrafé une note manuscrite qui allait dans le sens contraire: «Monsieur le président, Il convient de ne pas oublier que les conseils des auteurs de cette lettre sont à l'origine de nos déficits [commerciaux]. Nous n'avons pas les moyens d'une telle politique. Veuillez croire à l'expression de mon profond respect, Wilbur.»

Les dix derniers jours de juillet 2017 laissèrent des traces. Le jeudi 27, Trump embaucha Anthony Scaramucci, un ancien banquier de Goldman Sachs au tempérament impétueux, pour diriger la communication de la Maison Blanche, en dépit des objections de Priebus.

Scaramucci avait fait la tournée des interviews et annoncé publiquement la démission imminente de Priebus. « Reince est un putain de schizo parano », avait-il lâché[1].

Le vendredi 28 juillet, tôt dans la matinée, la promesse de

---

1. Ryan Lizza, «Anthony Scaramucci Called Me to Unload About White House Leakers, Reince Priebus and Steve Bannon», *The New Yorker*, 27 juillet 2017.

supprimer et de remplacer l'Obamacare tomba à l'eau : le Congrès s'y opposait. Trump s'en prit à Priebus. Il était censé connaître le Capitole comme sa poche et être proche des principaux républicains. Priebus avait beau se justifier, Trump n'y croyait pas une seconde. « Vous avez échoué. »

Ce jour-là, il prit l'avion pour aller faire un discours à Long Island, accompagné par Priebus. Les deux hommes se retrouvèrent dans la suite présidentielle située à l'avant de l'Air Force One.

Priebus avait présenté sa démission la veille. Il n'en pouvait plus et il estimait ne plus être d'aucune utilité pour Trump.

Le président lui demanda s'il avait pensé à son remplacement en précisant qu'il en avait discuté avec John Kelly, le secrétaire à la Sécurité intérieure, un général quatre étoiles en retraite.

Qu'est-ce que vous pensez de Kelly ?

Il serait parfait, répondit Priebus.

Trump renchérit en disant que Kelly serait idéal, sauf qu'il ne lui avait pas proposé le poste.

Priebus ne savait pas comment rendre publique l'annonce de son départ. On peut le faire pendant le week-end, dit-il, ou publier un communiqué de presse. Ou alors on attend lundi. Comme vous voulez. « Je serai prêt quand vous le serez de votre côté », dit-il au président.

« On l'annoncera peut-être pendant le week-end », répondit Trump. Qu'est-ce que vous allez faire ?

Priebus pensait reprendre du service dans son ancien cabinet d'avocats.

« On va y arriver », lui lança Trump en le prenant dans les bras. « Vous êtes l'homme de la situation. »

L'avion atterrit. Priebus descendit la passerelle. La pluie martelait doucement le SUV noir dans lequel l'attendaient Stephen Miller et Dan Scavino. Il était relativement soulagé.

Tout à coup, il reçut une alerte concernant un tweet

présidentiel. Il jeta un œil sur le dernier message en provenance de @realdonaldtrump[1] : « J'ai le plaisir de vous annoncer que je viens de nommer le général / secrétaire John Kelly chef de cabinet de la Maison Blanche. C'est un Américain extraordinaire… »

« Incroyable !, se dit Priebus. Je rêve ! »

Il venait d'avoir une conversation avec Trump où ils avaient décidé d'attendre.

Personne n'avait été prévenu. À peine Miller et Scavino découvrirent le tweet, ils bondirent hors du SUV de Priebus, filèrent dans un autre véhicule et plantèrent l'ancien chef de cabinet.

Priebus ferma la portière en se demandant si Trump n'avait pas rédigé un brouillon de tweet parti trop tôt. Que nenni ! L'échange qu'ils avaient eu dans l'avion était du pipeau – une fois de plus.

Le soir même, le général Kelly alla voir Priebus. Ils avaient beau être dans la même galère, Kelly avait critiqué la pagaille de la Maison Blanche au cours d'un tête-à-tête avec Trump, avant d'affirmer qu'il saurait rétablir l'ordre.

« Reince, dit Kelly, je ne me serais jamais permis. On ne m'a pas offert le poste avant que le tweet sorte. Je vous aurais prévenu. »

Sa déclaration n'avait aucun sens à moins d'avoir compris le mode de fonctionnement de Trump, pensait Reince. « Le président n'a pas une once de psychologie qui lui permettrait d'éprouver de l'empathie ou de la pitié. »

Pris de court, Kelly avait passé plusieurs heures dans un état de confusion. Il avait appelé sa femme en lui expliquant qu'il n'avait pas le choix. On lui offrait l'un des postes les plus importants du monde par tweet.

---

1. Voir le tweet de Trump sur www.twitter.com/realdonaldtrump/status/891038014314598400.

Plus tard dans la journée, il fit la déclaration suivante : « J'ai eu la chance de servir mon pays pendant plus de quarante-cinq ans – d'abord dans la marine, puis en tant que secrétaire à la Sécurité intérieure. Aujourd'hui, c'est un honneur que de me voir proposer de servir en tant que chef de cabinet du président des États-Unis[1]. »

À certains égards, Priebus ne s'est jamais remis des conditions de son départ. Il a fini par se dire que si vous n'avez aucune empathie ni aucune pitié pour rien ni personne, ce genre d'épisode n'est pas très surprenant. C'est d'ailleurs la raison pour laquelle Trump l'avait appelé deux jours plus tard : Reince, l'homme de la situation, quoi de neuf ? Comment va ? Il ne pensait pas qu'il y avait le moindre problème, son coup de fil n'avait donc rien de déplacé.

De façon plus générale, dans les relations avec Trump, plus vous étiez proche de lui, plus la chute était violente. Vous commenciez avec 100 points. Impossible de commencer avec plus. Kelly avait commencé avec 100 et ça n'avait fait que dégringoler. Être proche de Trump, surtout dans le rôle de chef de cabinet, ça voulait dire perdre des points. Ça voulait dire payer.

L'entourage le plus important de Trump était le cercle situé juste à l'extérieur du centre : les personnes dont il pensait qu'il aurait dû les embaucher, ou celles qui avaient travaillé pour lui, qu'il avait limogées et dont il se disait, je n'aurais peut-être pas dû. Les personnes qui soit étaient là, soit auraient dû l'être, ou bien des associés et des connaissances qui ne lui devaient rien, qui faisaient partie de sa nébuleuse mais ne lui demandaient rien. C'est ce cercle-là, extérieur, qui avait le plus de pouvoir, pas sa garde rapprochée. Ni Priebus, ni Kelly, ni Bannon.

1. Cristiano Lima, « Kelly "Honored" to Serve as White House Chief of Staff », *Politico*, 28 juillet 2017.

Plusieurs mois après son départ de la Maison Blanche, Priebus livra une dernière analyse : l'aile ouest, dit-il, était bourrée de tueurs de la pire espèce à qui on ne demandait jamais de produire le moindre résultat sérieux : ni plan d'action, ni discours, ni esquisse de stratégie, ni budget, ni emploi du temps journalier ou hebdomadaire. En fait, c'était une bande d'usurpateurs en maraude et de fauteurs de troubles.

Il y avait Ivanka, chasseresse de charme qui fourrait son nez dans les réunions et les dossiers présidentiels les plus urgents. Et Jared, qui jouissait des mêmes prérogatives. Ils n'avaient aucune expérience.

Kellyanne Conway avait l'autorisation, ou s'arrogeait le droit, d'intervenir sur la télévision ou les interviews à sa guise, en général sans aucune coordination avec les directeurs de la presse et de la communication que Priebus était censé chapeauter.

Et que dire de Stephen Bannon qui s'était emparé d'un bureau clé de l'aile ouest, proche du Bureau ovale, dont il tapissait les murs de tableaux blancs affichant la liste des promesses de campagne de Trump ? C'était le stratège d'une opération sans stratégie. Il se manifestait et engageait des discussions enflammées dès que l'agenda national populiste était fragilisé, ou bien au hasard quand ça le chantait, ou parce qu'il avait besoin de quelque chose.

Pour Priebus, Trump avait échoué au test du président Lincoln. Il n'avait pas su réunir une équipe de rivaux ou de concurrents politiques autour de la table. « Il a réuni une bande de prédateurs naturels. Pas seulement de rivaux, mais de prédateurs. »

Tous avaient un dénominateur commun étonnant : aucune expérience politique. Soit ils avaient passé leur vie à s'essayer vaguement aux débats politiques et aux sondages d'opinion, soit ils étaient trop jeunes.

Au fond, la bande des quatre – Ivanka, Jared, Conway et Bannon – avait le même *modus operandi* : « Ils débarquent dans l'aile ouest, raconta Priebus, en lançant : Tu ne baisses pas les armes, je ne baisse pas les miennes. » Les discussions avec eux n'étaient pas faites pour persuader mais, comme le président, pour gagner – casser, broyer, humilier.

« Quand vous avez des prédateurs naturels autour de la table, poursuivit Priebus, rien n'avance. » Si bien que la Maison Blanche ne donnait aucune direction sur des questions aussi essentielles que la politique de la santé ou la réforme fiscale. Quant à la politique étrangère, elle était incohérente et souvent contradictoire.

« Pourquoi ?, demanda Priebus. Parce que si vous mettez un serpent, un rat, un faucon, un lapin, un requin et un phoque dans un zoo sans rien pour les séparer, ça tourne au vinaigre et ça finit dans le sang. C'est exactement ce qui se passe. »

CHAPITRE 29 *

C'était un week-end de la mi-août, Trump était président depuis sept mois quand un conflit sanglant opposa des centaines de suprémacistes blancs à des manifestants de Charlottesville, en Virginie, soulignant une fois de plus la fracture raciale de l'Amérique.

La nuit du 11 août, le campus de l'université de Virginie vit défiler une marche aux flambeaux sinistre : rappelant l'Allemagne des années 1930, environ 250 nationalistes blancs scandaient « Les juifs ne nous remplaceront pas » et martelaient la devise nazie « Le sang et le sol ».

Le lendemain, après de violentes échauffourées entre des nationalistes blancs furieux du déboulonnage de la statue de Robert E. Lee, général en chef des armées confédérées, et leurs adversaires, un des nationalistes fonça sur la foule en voiture. Il tua une femme et blessa dix-neuf personnes. La télévision et les infos transformèrent aussitôt en spectacle les images de jeunes

* L'information contenue dans ce chapitre repose essentiellement sur une série d'interviews approfondies avec des sources primaires.

blancs hargneux en treillis et polos brandissant leurs torches tiki, et les vidéos du véhicule dispersant brutalement les piétons.

Le samedi 12 août, Trump était dans son club de golf à Bedminster et regardait Fox News. À 13 heures, une porte-parole de la police de l'État de Virginie fut interviewée et revint sur la bousculade de la veille : « Dans les différentes foules, de tous les côtés, ils jetaient des bouteilles. Ils jetaient des canettes remplies de ciment. Ils jetaient des billes de peinture. Ils se battaient, se précipitaient les uns sur les autres. Ils balançaient des produits chimiques et des bombes fumigènes sur les gens[1]. »

À 13 h 19, Trump lança un appel au calme sur Twitter : « Nous devons TOUS être unis et condamner tant de haine. Ce genre de violence n'a pas sa place en Amérique. Rassemblons-nous pour ne faire qu'un[2] ! »

Dans l'après-midi, alors qu'il signait un projet de loi sur les anciens combattants, le président lut un texte sans ambiguïté qui s'achevait sur le mot « violence[3] ». « Nous condamnons ce déploiement scandaleux de haine, de bigoterie et de violence », dit-il. Puis il s'écarta du texte et poursuivit : « Quel que soit le côté. Quel que soit le côté. Ça fait un bail que ça dure dans notre pays. Pas seulement depuis Donald Trump. Pas seulement depuis Barack Obama. Ça dure depuis un sacré bout de temps. » Il revint alors à la version originale : « Tout ça n'a pas sa place en Amérique. »

1. Voir les commentaires de la porte-parole sur YouTube, www.youtu.be/UshUxz7Lt0w.
2. Voir le tweet de Trump sur www.twitter.com/realdonaldtrump/status/896420822780444672.
3. Donald J. Trump, « Remarks on Signing the VA Choice and Quality Employment Act of 2017 in Bedminster, New Jersey », 12 août 2017. Accessible en ligne *in* Gerhard Peters et John T. Woolley, *The American Presidency Project*. www.presidency.ucsb.edu/ws/?pid=128032, et examen par l'auteur de notes prises par un participant.

L'expression «quel que soit le côté» fit mouche illico car elle suggérait une équivalence entre les néonazis et leurs adversaires. Le président fut attaqué de tous les côtés, y compris par de nombreux dirigeants du Parti républicain.

«Essentiel pour la nation d'entendre @POTUS [President of the United States] dire les choses telles qu'elles sont : les événements de Charlottesville sont un attentat terroriste commis par des #supremacistesblancs», tweeta le sénateur Marco Rubio[1].

«Monsieur le président – le mal a un nom», tweeta Cory Gardner, sénateur républicain du Colorado. «On a affaire à des suprémacistes blancs et à un terrorisme intérieur[2].»

«Mon frère n'a pas sacrifié sa vie en luttant contre Hitler pour que l'idéologie nazie soit impunie chez nous[3]», tweeta le sénateur Orin Hatch, un allié plutôt fiable de Trump.

Le sénateur John McCain fit une déclaration au cours de laquelle il évoqua un «affrontement entre nos anges les plus doux et nos pires démons. Les suprémacistes blancs et les néonazis sont, par définition, des ennemis du patriotisme américain et des idéaux qui nous animent[4]».

Paul Ryan, le président de la Chambre des représentants, tweeta : «La suprématie blanche est un fléau. La haine et le terrorisme doivent être combattus et défaits[5].» Mitt Romney tweeta : «Préjugés raciaux, puis haine, puis discours répugnant, puis rassemblement ignoble, puis meurtre ; suprématie ? non, barbarie[6].»

Interrogé sur *Fox News Sunday*, le sénateur républicain Lindsey

---

1. Kristine Phillips, «Trump Didn't Call Out White Supremacists. He Was Rebuked by Members of His Own Party», *The Washington Post*, 13 août 2017.
2. *Ibid.*
3. *Ibid.*
4. *Ibid.*
5. *Ibid.*
6. *Ibid.*

Graham réagit en recommandant au président de « rectifier le tir. Ces groupes ont l'air de penser qu'avec Donad Trump, ils ont un ami à la Maison Blanche. […] J'encourage vivement le président à dissuader ces groupuscules de s'imaginer qu'il est leur ami[1]. »

Le vice-président Mike Pence ajouta : « Nous n'avons aucune indulgence pour la haine et la violence des suprémacistes blancs, des néonazis ou du KKK. Ces dangereux groupuscules n'ont pas leur place dans la vie publique américaine ni dans le débat américain, nous les condamnons avec la plus grande fermeté[2]. »

Les médias fustigeaient particulièrement la réticence de Trump à condamner les suprémacistes blancs. Pour certains, le président avait raté l'occasion de faire taire les soupçons sur son penchant en leur faveur.

John Kelly avait prévu une réunion des principaux conseillers de la Maison Blanche par téléconférence sécurisée le lundi 14 août à 8 heures. Le président était à Bedminster mais la majorité de son cabinet était à Washington. Un problème technique empêcha la conférence téléphonique si bien que le début de la réunion fut retardé.

« Bordel !, s'écria Kelly au bout de trente secondes. On annule », dit-il en claquant la porte. Sa réaction fit jaser dans la pièce. On ironisait sur son sale caractère et ses démarrages au quart de tour.

Le lendemain, un nouveau bug empêcha la téléconférence.

« On laisse tomber, dit Kelly. Rien à foutre. Débranchez les gens de la ligne. On fait la réunion avec ceux qui sont présents. »

---

1. Transcription du programme *Fox News Sunday,* Fox News, 13 août 2017.
2. Philip Rucker, « Pence : We Have No Tolerance for […] White Supremacists, Neo-Nazis or the KKK », *The Washington Post*, 13 août 2017.

La veille, Rob Porter était à Bedminster avec Trump. Il était venu en représentant obligé de l'effort concerté de la Maison Blanche pour réparer les dégâts de Charlottesville. Les différentes plumes du président avaient rédigé un premier jet de discours, et Porter avait sur lui le brouillon du discours que Trump devait donner le lendemain, lundi 14 août, à la Maison Blanche. Le but était de mettre en scène un président constructif et calme – force tranquille de l'Amérique.

Porter donna au président le brouillon dans l'Air Force One, en rentrant à Washington, et ils le révisèrent à quatre mains. Le président n'aimait pas le ton. Il ne voulait pas avoir l'air de capituler face au politiquement correct.

Rob Porter et Sarah Huckabee Sanders, la nouvelle porte-parole de la Maison Blanche, s'étaient mis d'accord pour afficher un front uni et convaincre le président de livrer un nouveau discours.

« Pour qu'il n'y ait aucun malentendu, il faut que vous vous adressiez directement au peuple américain, pas à travers le filtre imposé par les médias, dit-elle au président. Et aussi pour que les journalistes de CNN et MSNBC, quels qu'ils soient, ne puissent pas sous-entendre que vous dites et pensez autre chose que ce que vous faites. De ce point de vue-là, il faut être très clair. Le meilleur moyen d'y arriver sans passer par le filtre médiatique [...], c'est d'être très précis, très direct. Là, comme ça, vous pouvez y arriver sans que les médias déforment vos propos. »

Dans l'avion, Trump se mit à défendre les propos qu'il avait tenus. « On ne peut pas dire qu'un des deux camps a le monopole de la haine et de la bigoterie. On ne peut pas dire que tel ou tel groupe est fautif ou ce genre de truc. Avec les médias, il ne faut jamais s'attendre à avoir un traitement équitable. Tout ce que vous dites, tout ce que vous faites, sera critiqué. »

« Il faut sauver ce qui peut l'être, insista Porter. Vous ne pouvez pas continuer à être perçu comme vous l'êtes aujourd'hui. Vous devez rassembler le pays. » C'était un devoir moral.

« Vous n'avez aucune raison de ne pas condamner ouvertement les néonazis et tous ceux qui sont mus par un racisme haineux. Le pays souffre d'une fracture énorme. » Porter poursuivit en jouant sur l'ego du président et son désir d'être le centre permanent de l'attention. Il compara le rôle du président à celui d'un guérisseur, d'un consolateur en chef.

« Le pays compte sur vous pour l'aider à panser ses plaies et à avancer », lança Porter. Le président avait le pouvoir d'inspirer et d'exalter les siens. Il pouvait être le rédempteur. Il le devait.

Trump ne dit ni oui ni non.

———————

De retour à la Maison Blanche, l'aile ouest était en travaux, si bien que Trump et Porter montèrent directement dans la résidence. Porter ouvrit le ficher du discours sur son ordinateur portable. Comme il n'avait pas d'imprimante à portée de main, ils travaillèrent directement à l'écran. Trump, qui ne touchait jamais à un clavier ni à une souris, était assis derrière son bureau. Porter était à côté de lui et déroulait le texte pour le corriger et faire des copier-coller.

« Là, j'ai des doutes », intervint Trump à un moment.

Le discours condamnait le racisme et en appelait à l'amour et à la guérison.

« Je suis pas sûr de le sentir », dit-il. Le texte trahissait de la faiblesse. Il n'avait pas l'intention de présenter des excuses. « Je le sens pas. »

Porter avait face à lui deux Donald Trump – deux pulsions contraires. Le président était écartelé. Il refusait de céder au politiquement correct mais il fallait qu'il soit rassembleur.

Heureusement, il le comprit rapidement et finalement il ne s'opposa pas au langage utilisé.

« Ok, d'accord », dit-il tandis que Porter continuait à dérouler le texte en apportant des corrections qu'il approuvait. « C'est bon, conclut-il. On y va. »

Porter sentait qu'il se refrénait. Trump n'était pas du genre à dissimuler ses émotions ni ses pensées, et il n'était pas enchanté. Mais il n'était pas contrarié pour autant, ni en colère. Porter chargea la version finale, qui comptait douze paragraphes, dans le téléprompteur. Le président devait prendre la parole dans la salle de réception des diplomates.

Midi trente venait de sonner quand il se dirigea vers le pupitre placé entre le drapeau américain et le drapeau présidentiel[1]. Il agrippa le pupitre à deux mains et fronça les sourcils. D'un air sombre, il commença en disant qu'il était à Washington pour se réunir avec son équipe économique et parler de la réforme fiscale et de la politique commerciale. Il vanta la bonne santé de l'économie, les cours élevés de la Bourse et la faiblesse du taux de chômage avant d'annoncer une mise au point sur les événements de Charlottesville.

Le ministère de la Justice avait ouvert une enquête sur la violation des droits civiques, dit-il en s'adressant aux téléspectateurs de la télévision nationale. « Quiconque a eu un comportement criminel au cours des violences racistes du week-end sera considéré comme pleinement responsable. »

Raide, mal à l'aise, tel un otage obligé de s'exprimer face aux caméras, il poursuivit : « Peu importe la couleur de notre peau, nous vivons sous les mêmes lois et nous saluons le même beau drapeau. Nous devons nous aimer, nous témoigner de l'affection

---

1. Donald J. Trump, « Remarks on the Situation in Charlottesville, Virginia », 14 août 2017. Accessible en ligne *in* Gerhard Peters et John T. Woolley, *The American Presidency Project*. www.presidency.ucsb.edu/ws/?pid=128019.

et condamner d'une seule et même voix la haine, la bigoterie et la violence. Il est temps de redécouvrir les liens d'amour et de loyauté qui nous unissent en tant qu'Américains. »

« Le racisme est un mal », dit-il avant de citer « le KKK, les néonazis, les suprémacistes blancs et d'autres groupuscules haineux ».

« Nous défendrons et nous protégerons les droits sacrés de tous les Américains » afin que chaque citoyen « soit libre de poursuivre le rêve de son cœur et d'exprimer l'amour et la joie de son âme ».

C'était un discours de cinq minutes qui aurait pu être prononcé par les présidents Reagan ou Obama.

« N'oubliez pas de lui dire que c'était génial », recommanda Kelly aux conseillers principaux. Il était chef de cabinet depuis moins de trois semaines.

Steve Mnuchin et Gary Cohn attendaient Trump au pied de l'ascenseur qui montait à la résidence. Il eut droit à une pluie de louanges. « Votre intervention était parfaite, dit Cohn. Elle restera dans vos annales de président. » Elle venait s'ajouter à la grande tradition des discours rassembleurs qui plaidaient en faveur de la tolérance raciale. Plus tard, Mnuchin et Cohn demandèrent à Porter comment il avait réussi à convaincre Trump.

Porter le vivait comme une petite victoire, un épisode où ils avaient contribué au bien de la nation. Pour une fois, il avait joué son rôle auprès du président et n'avait pas passé des heures à travailler pour rien.

Trump les abandonna pour aller regarder Fox News. Robert O'Neill, auteur et ancien membre de l'unité d'élite des SEALs, dans la marine, loua son intervention mais ajouta : « C'est presque une façon de reconnaître, OK, j'avais tort. Pour une fois, j'accepte de négocier[1]. »

1. « Trump Condemns Hate Groups Amid Uproar over Initial Response », transcription du programme de Fox News, 14 août 2017.

Le correspondant de Fox fit le commentaire suivant : « Quarante-huit heures après le plus grand défi intérieur qu'il a eu à relever depuis qu'il est président, M. Trump a corrigé le tir. »

En réalité, le sous-entendu selon lequel Trump avait reconnu avoir mal réagi et hésité le rendait fou. « Bordel, c'est ma plus grande erreur, dit-il à Porter. Il ne faut jamais faire ce genre de concessions. Jamais s'excuser. D'abord, je ne suis coupable de rien. Alors pourquoi donner l'impression d'être faible ? »

Même si ce n'est pas Porter qui avait rédigé le premier jet, il avait passé presque quatre heures à le corriger avec Trump en lui suggérant des éléments de langage plus adaptés. Mais bizarrement, ce n'est pas sur lui que Trump déversait sa colère : « Je n'en reviens pas qu'on m'ait obligé à faire un truc pareil, dit-il, sans l'accuser nommément tout en se défoulant sur lui. C'est le pire des discours. Je vous garantis qu'on ne m'y reprendra plus. »

Il continua à écumer contre tout ce qu'il avait dit et fait comme si c'était une erreur monumentale.

CHAPITRE 30 *

Le lendemain, mardi, Trump avait plusieurs réunions à New York pour discuter de ses projets de dépenses consacrées aux infrastructures telles que les routes, les ponts et les écoles. L'après-midi, il devait faire un point presse dans la Trump Tower. Un rideau bleu avait été déployé pour masquer la vitrine de la marque Ivanka Trump dans l'entrée. Avant de descendre, il demanda qu'on lui imprime des copies des « passages vraiment bons » de ses deux interventions sur Charlottesville. Il voulait avoir sous les yeux les expressions exactes qu'il avait utilisées au cas où on les lui demanderait.

N'acceptez aucune question, lui avait instamment recommandé son cabinet. Il avait promis de ne pas répondre.

Au point presse, il accepta les questions, et elles portaient sur les émeutes de Charlottesville[1]. Il reprit les termes exacts

---

* L'information contenue dans ce chapitre repose essentiellement sur une série d'interviews approfondies avec des sources primaires.

1. Donald J. Trump, « Remarks on Infrastructure and an Exchange with Reporters in New York City », 15 août 2017. Accessible en ligne *in* Gerhard Peters et John T. Woolley, *The American Presidency Project*. http://www.presidency.ucsb.edu/ws/?pid=126765.

de sa déclaration du samedi précédent. « Comme je l'ai déjà dit – rappelez-vous de samedi –, nous condamnons avec la plus grande fermeté ce déploiement scandaleux de haine, de bigoterie et de violence. » Il laissa tomber la mention « quel que soit le côté » mais il ajouta, « l'*alt-left* » [NdT. : littéralement « gauche alternative », une invention de Trump faisant écho au terme « *alt-right* »] a chargé. » « De l'autre côté, vous aviez un groupe qui était aussi violent. Personne n'ose le dire tout haut, sauf que moi je viens de le dire. »

« Croyez-moi, il n'y avait pas que des néonazis. Il n'y avait pas que des suprémacistes blancs, loin de là. Beaucoup de gens étaient là pour protester contre le déboulonnage de la statue de Robert E. Lee […]. Du reste, je me demande : est-ce que ça sera Georges Washington la semaine prochaine ? Et Thomas Jefferson la semaine suivante ? » Tous deux avaient été propriétaires d'esclaves, précisa-t-il. « Il est vraiment temps de se demander : quand est-ce que ça va s'arrêter ? »

Il revint alors à son argument initial : « Les deux côtés sont à blâmer […] vous aviez des gens qui étaient très bien des deux côtés. Vous aviez aussi beaucoup de gens pas bien dans l'autre camp […] il y a toujours deux versions d'une même histoire. »

David Duke, ancien dirigeant du Ku Klux Klan, tweeta « Merci, Monsieur le président, d'avoir eu l'honnêteté et le courage de dire la vérité sur #Charlottesville[1]. »

Sur les réseaux sociaux, tous les chefs de corps de l'armée lancèrent une offensive contre leur commandant en chef pour le condamner[2]. John Richardson, le chef des opérations navales,

1. Voir le tweet de Duke sur www.twitter.com/drdavidduke/status/897559892164304896.
2. « How U.S. Military Leaders Are Reacting to Charlottesville », *Defense One*, 16 août 2017.

tweeta : « Les événements de Charlottesville sont inacceptables et ne sauraient être tolérés @US-Navy s'opposera toujours à l'intolérance et la haine. » Le général Robert B. Neller, commandant du Corps des Marines, écrivit : « Nulle place pour la haine raciale ou l'extrémisme dans @USMC. Nos valeurs essentielles, honneur, courage et engagement, sont le socle de la façon dont les Marines vivent et agissent. » Mark Milley, le chef de l'état-major, tweeta : « L'armée ne tolère ni le racisme, ni l'extrémisme, ni la haine dans ses rangs. C'est contre nos valeurs et tout ce pour quoi nous nous battons depuis 1775. » Les différents chefs de l'Air Force et de la Garde nationale firent le même type de déclaration.

Sur CBS, l'humoriste Stephen Colbert réagit au troisième degré : « C'est comme le Débarquement. Vous vous souvenez, le Débarquement, les deux côtés, les Nazis et les Alliés ? Il y avait beaucoup de violence des deux côtés. Dommage pour la plage, elle était belle. Ç'aurait pu être un super cours de golf[1]. »

L'ancien général John Kelly était à côté de Trump dans l'entrée au moment où il répondait aux questions avec un air sévère. L'humoriste Stephen Colbert fit le commentaire suivant : « Le mec est un général quatre étoiles. Irak, pas de problème. Afghanistan, on va y arriver. Vingt minutes de conférence de presse de Trump ? Le bourbier. »

Porter observait la scène depuis le côté de l'entrée de la Trump Tower. Il était sous le choc, sidéré. Plus tard, au moment où Trump lui apporta la copie du deuxième discours, il lui fit remarquer : « J'ai trouvé que sur les trois discours, le deuxième était le seul qui était bon. »

« Foutez-moi la paix, répondit Trump. Sortez. »

Plus tard encore, Kelly expliqua au président que dans la mesure où il avait fait trois interventions en tout, « les gens sont

---

1. Emily Yahr, « "Clinically Insane", "7th Circle of Hell" : Late-Night Hosts Process Trump's News Conference », *The Washington Post*, 16 août 2017.

obligés de choisir, ça va peut-être jouer en votre faveur. C'est peut-être le meilleur des mondes possibles ». Il précisa que sa femme préférait la troisième, celle de la conférence de presse, parce qu'on voyait que c'était un président puissant et stimulant.

Kenneth Frazier, directeur du géant pharmaceutique Merck et l'un des rares PDG africains-américains à diriger une entreprise classée parmi les 500 premières par le magazine *Fortune*, annonça sa démission de l'American Manufacturing Council, le Conseil de l'industrie américaine, présidé par Trump[1].

« Les dirigeants de l'Amérique doivent faire honneur à nos idéaux en refusant sans aucune ambiguïté les manifestations de haine, la bigoterie et la suprématie de groupe [...]. En tant que PDG de Merck, mais aussi en mon âme et conscience, il en va de ma responsabilité de m'opposer à l'intolérance et à l'extrémisme », déclara Frazier.

Moins d'une heure plus tard, Trump passait à l'attaque sur Twitter. Comme Frazier avait démissionné, disait-il, « il aura plus de temps pour diminuer les PRIX D'ESCROC DE SES MÉDOCS[2]. »

Dans la foulée, les PDG d'Under Armour et Intel démissionnèrent de l'American Manufacturing Council. Toujours aussi furieux contre Frazier, Trump lança une seconde salve sur Twitter pour dire que Merck ferait mieux de « créer des emplois et de BAISSER LES PRIX[3] ! »

Mardi 15 août, il insista : « À chaque PDG qui démissionne du Manufacturing Council, j'en ai une flopée qui attend de prendre sa place[4]. » Les démissionnaires étaient donc tous des « vantards ».

---

1. Nolan D. McCaskill, « Trump Attacks Merck CEO for Quitting Manufacturing Council over Charlottesville », *Politico*, 14 août 2017.

2. *Ibid.*

3. *Ibid.*

4. Voir le tweet de Trump sur www.twitter.com/realdonaldtrump/status/897478270442143744.

PEUR

La conférence de presse ne passa pas non plus auprès de plusieurs membres du Strategic & Policy Forum, un autre conseil consultatif, et de l'American Manufacturing Council. Dans la journée de mardi, les PDG de 3M, Campbell Soup et General Electric démissionnèrent du Manufacturing Council, ainsi que les représentants du regroupement syndical AFL-CIO et le président de l'Alliance for American Manufacturing.

Jamie Dimon, PDG de JPMorgan Chase, annonça à ses employés que le Strategic & Policy Forum avait décidé de se saborder. Trump anticipa toute nouvelle démission en mettant fin aux deux organisations : « Plutôt que de mettre la pression sur les conseillers du Strategic & Policy Forum et du Manufacturing Council, je préfère les dissoudre. Merci à tous[1] ! »

Pires encore, les réactions privées du président de la Chambre Paul Ryan et du chef de file de la majorité au Sénat Mitch McConnell : les deux républicains convoquèrent plusieurs des PDG pour les féliciter personnellement d'avoir ouvertement résisté.

Vendredi 18 août, Gary Cohn prit l'hélicoptère pour aller d'East Hampton, Long Island, à Morristown, New Jersey, où il pleuvait des cordes[2]. Il était sur le tarmac en attendant qu'on lui remette l'autorisation d'aller à Bedminster, et il avait avec lui sa lettre de démission. Trop, c'était trop. On avait dessiné une croix gammée sur la porte de la chambre de sa fille à l'université.

Il fila jusqu'au club-house où Trump devait ouvrir un tournoi de membres et d'invités. Trump entra au milieu des applaudissements, serra des mains et fit quelques commentaires, rappelant qu'il avait déjà gagné ce type de tournoi. Gary Cohn et lui

1. Voir le tweet de Trump sur www.twitter.com/realdonaldtrump/status/897869174323728385.
2. Examen par l'auteur des notes prises par un participant.

prirent une assiette au buffet et disparurent dans une petite salle à manger privée.

« Monsieur le président, annonça Cohn, je suis très mal à l'aise vis-à-vis de la position dans laquelle vous mettez ma famille et moi-même. Cela dit, je ne veux pas d'une discussion litigieuse. »

« Vous ne vous rendez pas compte de ce que vous dites. »

Un débat s'ensuivit pour savoir ce que Trump avait dit ou pas dit.

« Maintenant je vous arrête, interrompit le président. Je vous demande de tout réécouter. »

« Monsieur, répondit Cohn, j'ai dû écouter une trentaine de fois votre intervention. Vous avez vu la vidéo ? »

« Non, je n'ai pas vu la vidéo. »

« Dans ce cas-là, je veux que vous la regardiez. Regardez les images qui montrent cette foule de Blancs brandissant des torches tiki et martelant "Les juifs ne nous remplaceront pas". Je ne peux pas vivre dans un monde pareil. »

« Allez tout réécouter et relire, insista Trump. De mon côté, je vais regarder la vidéo. »

Ils se mirent d'accord pour en reparler plus tard.

« Je n'ai rien dit de mal, ajouta Trump. Je sais très bien ce que je voulais dire. »

« La déclaration de lundi était parfaite, conclut Cohn. Mais samedi et mardi, c'était affreux. »

Le lundi suivant, Gary Cohn se rendit directement dans le Bureau ovale[1]. Ivanka était assise sur un des canapés. Kelly était debout derrière une chaise.

Cohn était à mi-chemin dans le Bureau quand Trump lui lança : « Vous êtes venu démissionner ? »

« Parfaitement, Monsieur. »

1. *Ibid.*

« Je n'ai rien fait de mal », répéta Trump avant de lui reprocher de « partir à cause de vos amis de la gauche caviar de Park Avenue. Et, j'imagine, de votre femme. » Il poursuivit en racontant l'histoire d'un excellent joueur de golf dont la femme se plaignait parce qu'il partait s'entraîner tous les week-ends. Il avait arrêté de jouer et désormais, cet excellent joueur de golf se retrouvait à vendre des balles de golf et ne gagnait plus un rond. Une fois de plus, Trump accusait les femmes.

« Tout le monde rêve d'avoir votre poste, poursuivit-il. J'ai fait une énorme erreur en vous l'offrant. »

Il continua à déverser son fiel dans une atmosphère de plus en plus glaçante. Personne n'avait jamais osé traiter ni parler sur ce ton à Cohn. « C'est une trahison », lâcha Trump.

Il reprit en essayant de faire culpabiliser Cohn. « Vous êtes responsable de notre politique et si vous partez maintenant, les impôts, c'est foutu. Vous ne pouvez pas vous débiner. » Gary Cohn avait passé des mois à mettre au point un projet de réduction des impôts et était en train de négocier avec le Congrès. C'était une entreprise lourde et compliquée. « Comment pouvez-vous me lâcher comme ça ? »

« Monsieur, je n'ai absolument pas l'intention de vous lâcher. Je ne supporte pas que les gens pensent que je les ai trahis. Je tiens à ma réputation comme à la prunelle de mes yeux. Je travaille ici, gratuitement, à la Maison Blanche. Je ne suis pas là pour l'argent. Je suis là pour aider le pays. Jamais je ne vous trahirais. » Conciliant, il ajouta : « Je veux bien rester pour aller jusqu'au bout du projet sur les impôts. Mais je ne peux pas rester sans rien dire. »

Le vice-président Mike Pence entra dans le bureau et s'approcha de Cohn en lui tapotant affectueusement l'épaule. Ils avaient besoin de lui, dit-il, mais il comprenait aussi sa position. Oui, il fallait qu'il intervienne publiquement.

« Allez-y, dites ce que vous voulez, renchérit Trump. Mnuchin a déclaré je ne sais quoi. »

Mnuchin avait effectivement déclaré : « Je condamne fermement les gestes de tous ces gens mus par la haine […]. Je n'irai jamais les défendre, pas plus que le président ni l'administration n'iront les défendre. » Il avait cité et commenté la première intervention de Trump après les émeutes de Charlottesville avant d'ajouter : « En tant que juif […], même si j'ai du mal à reconnaître que je suis obligé de me défendre ou de défendre le président de ce point de vue-là, je dois vous affirmer que le président ne croit absolument pas que les néonazis et tous ces groupuscules qui prêchent la violence sont comparables à ceux qui manifestent dans un esprit pacifique et respectent la loi[1]. »

Trump cita plusieurs personnes qui avaient également pris leurs distances avec lui.

« Je n'ai pas de tribune », répondit Gary Cohn.

« C'est-à-dire ? » demanda Trump.

Les secrétaires de département avaient un service de presse, expliqua Cohn. « Ils peuvent faire des déclarations publiques quand ils le veulent. Je suis conseiller du président. Je ne suis pas censé m'exprimer publiquement. »

« Je m'en fous, répondit Trump. Montez tout de suite sur ce podium et allez-y, exprimez-vous. » Il parlait de l'estrade qui se trouve dans la salle de presse de la Maison Blanche.

« Je ne peux pas, Monsieur, ce serait honteux. C'est impensable. Je préfère le faire à ma manière. »

« Je me fous de savoir comment vous vous y prenez. Je veux juste que vous ne partiez pas avant d'avoir bouclé cette histoire d'impôts. Vous pouvez déclarer tout ce qui vous chante. »

« Vous ne voulez pas jeter un œil sur ma déclaration ? »

Trump semblait hésiter. « Nan. Dites ce que vous avez à dire. »

---

1. « Statement by U.S. Treasury Secretary Steven T. Mnuchin », U.S. Department of the Treasury, 19 août 2017.

Finalement, il lui demanda ce qu'il pensait déclarer et ajouta :
« On pourrait y jeter un œil avant ? »

Gary Cohn répondit qu'il y travaillerait avec le département de la Communication de la Maison Blanche.

Il sortait du Bureau ovale quand il tomba sur le général Kelly qui avait entendu la conversation et l'entraîna dans la *Cabinet room*. À en croire les notes prises par Gary Cohn peu après, Kelly lui avoua : « Je n'ai jamais vu une telle maîtrise de soi. Si ça avait été moi, j'aurais pris cette lettre de démission et je lui aurais fourré dans le cul ce papelard. »

Quelques instants plus tard, Pence se présenta dans le bureau de Cohn, situé dans l'aile ouest, pour l'assurer une nouvelle fois de son soutien. Dites tout ce que vous avez à dire et continuez à servir votre pays, affirma Pence en le remerciant pour tout ce qu'il avait accompli.

Finalement, Gary Cohn choisit d'accorder un entretien au *Financial Times*[1]. « Cette administration peut et doit faire mieux. [...] J'ai subi beaucoup de pression à la fois pour rester et pour démissionner. [...] Je pourrais difficilement ne pas avouer mon désarroi [...] les citoyens qui défendent l'égalité et la liberté ne peuvent pas être mis sur le même plan que les suprémacistes blancs, les néonazis et le KKK. »

Gary Cohn sentait que le président était furieux parce qu'il refusa de lui adresser la parole pendant deux semaines. Les réunions habituelles avaient lieu mais il l'ignorait. Jusqu'au jour où il se tourna vers lui et lui demanda : « Gary Cohn, qu'en pensez-vous ? »

Il n'était plus banni, mais le mal était fait.

---

1. « Transcription : Gary Cohn on Tax Reform and Charlottesville », *Financial Times*, 25 août 2017.

Pour Rob Porter, il y aurait un avant et un après Charlottesville. Trump avait refusé d'écouter les conseils de presque tous les membres de son cabinet. Ce n'était pas la première fois. Sa surdité et son incohérence tordues variaient suivant les jours, mais cette fois-ci, la ligne jaune avait été franchie. Quelques mots l'avaient fait basculer. «On ne peut plus vraiment parler de présidence, avoua Porter. Ni de Maison Blanche. Il reste un homme qui est comme il est.» Et qui, quoi qu'il arrive, faisait ce qu'il voulait.

Du point de vue de Porter qui voyait les choses de près – sans doute plus près que quiconque dans le cabinet, à part Hope Hicks –, l'élection de Trump avait ravivé les fractures du pays. Les relations avec les médias étaient franchement hostiles. Les guerres culturelles étaient plus vives. On sentait des relents de racisme dans l'air, que Trump encourageait.

Fallait-il essayer de surmonter ces divisions après les émeutes de Charlottesville?, se demandait Porter. C'était une cause perdue, ils ne pouvaient plus faire marche arrière. Trump avait franchi le point de non-retour. Pour ses adversaires et pour tous ceux qui le haïssaient, il était antiaméricain et raciste. L'incendie était déjà vif et Trump continuait de souffler sur les braises. Le feu allait être ravageur.

Le climat de suspicion, d'incrédulité et d'hostilité était désormais quasi permanent. «C'est une guerre totale.»

CHAPITRE 31 *

En pleine controverse sur Charlottesville, Bannon appela Kelly. « Je connais le mec. Si vous n'avez personne à la Maison Blanche pour servir de couverture » à Trump, dit-il, il y aura des problèmes. « Il faut le couvrir. »

Bob Corker, sénateur républicain, avait affirmé aux journalistes que « le président n'a[vait] pas encore prouvé qu'il avait la stabilité ni la moindre des compétences » nécessaires pour réussir à ce poste[1]. Par ailleurs, *Politico* avait publié un long article sur les colères de Trump en affirmant qu'il était « dépendant de ses humeurs » et que « la colère lui ser[vait] à diriger son cabinet, à exprimer son mécontentement, ou avait tout simplement une fonction d'exutoire[2] ».

---

* L'information contenue dans ce chapitre repose essentiellement sur une série d'interviews approfondies avec des sources primaires.

1. « Republican Senator Says Trump Yet to Demonstrate Needed Stability », Reuters, 17 août 2017.

2. Nancy Cook and Josh Dawsey, « He Is Stubborn and Doesn't Realize How Bad This Is Getting », *Politico*, 16 août 2017.

« Aucun haut responsable de la Maison Blanche n'est monté au créneau pour le défendre », poursuivit Bannon.

Il fallait à tout prix que Trump gagne la guerre des messages. « Quand le président Trump demande "Quand est-ce que ça va s'arrêter ?" – Washington, Jefferson, Lincoln –, il est connecté avec le peuple. La ligne raciolo-identitaire de la gauche veut tout réduire au racisme. Ils en redemandent[1]. »

Le vice-président Mike Pence avait consciencieusement retweeté les remarques les plus inoffensives de Trump en ajoutant : « Comme @POTUS Trump l'a dit, "En tant qu'Américains, nous devons être unis dans l'amour de la nation […] et une réelle affection les uns pour les autres". #Charlottesville[2]. »

Au téléphone, Bannon poursuivit : « S'il se fait coincer, vous allez avoir des coups francs de la part des mecs du Congrès. Vous avez intérêt à le protéger. »

« Putain, vous voulez prendre ma place ? » lui demanda Kelly.

« Pardon ? »

« Vous avez envie d'être chef de cabinet ? »

« De quoi vous me parlez ?, rétorqua Bannon. Ne me faites pas ce coup-là. Vous savez très bien que vous êtes le seul à assurer à ce poste. »

« Écoutez, pour l'instant, mon problème, c'est que je vais sans doute perdre la moitié des mecs ici, et je pourrais perdre un tiers du cabinet. Vous ne comprenez pas. On est sur le fil du rasoir. Les gens ne laisseront jamais passer ça. Ses propos doivent être condamnés. Si vous pensez avoir la solution… »

Bannon ne l'avait pas. En revanche, il lui annonça qu'il démissionnait.

1. Jeremy W. Peters, Jonathan Martin et Jack Healy, « Trump's Embrace of Racially Charged Past Puts Republicans in Crisis », *The New York Times*, 16 août 2017.
2. Voir le tweet de Pence sur www.twitter.com/vp/status/896471461-669605376.

« Je pense que je vais partir vendredi. » Le lendemain serait son dernier jour.

C'est peut-être pas plus mal, répondit Kelly.

Il n'empêche que Bannon était préoccupé par le week-end de Trump à Camp David, qui comprenait une ultime réunion avec le NSC sensée aboutir à une décision sur l'Afghanistan.

« Vérifiez bien que le président ait toutes les options et les précisions. »

« Je n'y manquerai pas », dit Kelly. C'était sa réponse classique – le président aurait droit à un exposé approfondi comprenant toutes les options possibles.

« Vérifiez que Pompeo ait voix au chapitre et puisse faire son speech. »

Kelly s'y engageait.

Bannon avait compris que Trump penchait vers une option mondialiste. Sous la houlette de McMaster, les pontes de la sécurité nationale étaient en train de le piéger. Ils avaient monté un dossier prouvant que Trump avait été largement briefé sur la menace potentielle que constituait l'Afghanistan, base d'un nouveau terrorisme dans le genre du 11 septembre. Si cette menace se concrétisait, ils feraient discrètement savoir au *Washington Post* et au *New York Times* que Trump avait ignoré leurs avertissements.

———————

Si la réunion du 18 août avec le NSC se passait comme prévu, Sessions et Kellogg défendraient l'idée d'un retrait d'Afghanistan. Pompeo, le directeur de la CIA, plaiderait en faveur d'une extension du rôle paramilitaire de la CIA plutôt que de l'envoi de nouvelles troupes, un point de vue qu'il avait travaillé avec Bannon. McMaster plaiderait pour maintenir le cap, autrement dit, envoyer 4 000 hommes supplémentaires.

Sessions commença en rappelant qu'il était membre du comité des forces armées du Sénat depuis le 11 septembre. J'entends les mêmes arguments depuis des années, dit-il, soi-disant, d'ici six à dix-huit mois, on aura renversé la situation – toujours la même rengaine. Vous avez tort depuis le début. Regardez toutes les grandes décisions d'Obama promettant d'envoyer des dizaines de milliers de soldats, martela-t-il. Il parlait d'un tournant majeur promis et attendu. Faux, toujours faux. Résultat, ça fait seize ans qu'on y est. Aujourd'hui, les talibans contrôlent plus de la moitié du pays. Retirez-vous. Laissez tomber.

« On rentre à la maison », renchérit Kellog.

À Langley, au siège de la CIA, Pompeo avait vécu des séances proches de l'illumination. Les vieux briscards lui avaient expliqué que l'Afghanistan était non seulement un cimetière d'empires mais aussi un cimetière de carrières. La CIA avait un rôle mineur par rapport aux CTPT et évitait de prendre ses responsabilités depuis des années. L'Afghanistan était le problème de l'armée et c'était très bien comme ça, lui avaient-ils affirmé. Autre chose : s'ils suivaient le plan de Pompeo, l'armée serait chargée des CTPT et ne donnerait jamais le contrôle effectif à la CIA. Il n'y avait aucune garantie de succès et quelqu'un serait forcément désigné comme responsable.

Quand Pompeo prit la parole au sujet de l'option qui consistait à garder le cap, il démolit complètement l'alternative que lui-même proposait. Il nous faudrait deux ans pour que la CIA soit prête à étendre ses équipes antiterroristes, dit-il. Nous ne sommes pas prêts physiquement et nous n'avons pas l'infrastructure adéquate. Nous n'avons pas les moyens de nous lancer dans une entreprise de cette ampleur ni de la gérer avec les Forces spéciales. Les ressources de la CIA en Afghanistan sont atrophiées. Aujourd'hui, ce n'est pas une alternative viable.

McMaster intervint ensuite pour affirmer qu'il fallait garder le cap et envoyer 4 000 hommes supplémentaires. Un de leurs principaux objectifs était d'éviter qu'Al-Qaïda ou d'autres terroristes s'attaquent au territoire américain ou à des alliés.

« J'en ai marre d'entendre ça, répliqua Trump, parce que vous pourriez le dire à propos de tous les pays du monde. Vous n'arrêtez pas de répéter que l'État islamique est partout, qu'ils pourraient organiser un attentat contre nous. On ne peut pas être partout. »

Il continua en se déchaînant en particulier contre ses généraux. Vous êtes responsables de cette situation, les mecs. C'est une catastrophe. C'est vous les architectes de ce bordel en Afghanistan. Vous êtes intelligents, mais vous savez quoi ? Vous faites partie du problème. Et vous êtes infichus de le résoudre, vous ne faites qu'empirer les choses.

Et maintenant, dit-il en faisant écho à Sessions, vous voulez envoyer de nouvelles troupes pour une stratégie à laquelle je ne crois pas. Je suis contre depuis le début.

« Je veux me retirer, dit le président en croisant les bras. Et vous, vous me dites que la réponse, c'est d'aller encore plus loin. »

Fort de ses manières calmes, Mattis eut une influence considérable sur la décision finale. Il n'aimait pas les affrontements et, comme souvent, il défendait l'approche « moins pour obtenir plus ».

En effet, ce que vous venez de dire est juste, dit-il à Trump, et instinctivement vous avez raison concernant l'argent. Cela dit, pourquoi ne pas tenter une nouvelle approche – mettre fin aux échéances artificielles façon Obama et supprimer les restrictions imposées aux commandants sur le terrain ? Se retirer précipiterait l'effondrement de l'État afghan. Le retrait américain d'Afghanistan avait créé un vide qu'Al-Qaïda avait transformé en sanctuaire terroriste, lequel avait mené aux attentats du 11 septembre. Un nouvel attentat terroriste en provenance d'Afghanistan, surtout de grande ampleur, serait catastrophique.

Mattis pensait que s'ils se retiraient, ils provoqueraient un cataclysme comparable à celui de l'État islamique, déjà présent en Afghanistan.

Ce qui est arrivé en Irak sous Obama avec l'émergence de l'État islamique arrivera avec vous, ajouta Mattis en insistant. C'était un revers dont plusieurs personnes autour d'eux se souvenaient.

«Vous êtes tous en train de m'expliquer qu'il faut que j'y aille, répondit Trump en râlant, dans ce cas-là je veux bien et on va y aller, mais, quand même, je pense que vous avez tort. Je me demande à quoi ça sert. Ça nous a menés nulle part. On a dépensé des milliards, dit-il en exagérant. On a perdu plein de vies.» Certes, reconnaissait-il, ils ne pouvaient pas battre en retraite et créer un vide dont profiteraient Al-Qaïda, l'Iran et d'autres terroristes.

Après la réunion, Sessions appela Bannon. «Il a baissé les bras», dit-il.

«Qui ça?»

«Votre chouchou, Pompeo.»

«De quoi vous me parlez?»

«C'était le plus mauvais exposé que j'ai jamais vu», répondit Sessions. Kellog et lui avaient fait de leur mieux. «Je ne pouvais pas être plus clair. Kellog était génial. McMaster était encore mieux que d'habitude parce que vous n'étiez pas dans les parages. Le président nous a confirmé que c'est Kellog et moi qui avions fait les meilleurs exposés. C'était clair, le président cherchait une option intermédiaire.»

«Pompeo était mauvais à ce point?»

«Il n'y a clairement pas mis ses tripes.»

«Comment c'est possible?»

Bannon appela aussitôt Pompeo.

«Putain, qu'est-ce qui s'est passé? On avait mis au point toute l'argumentation pour que vous vous l'appropriiez.»

«Je ne peux défendre la CIA que jusqu'à un certain point, répondit Pompeo. J'ai d'autres batailles à gagner.»

Pompeo lui rapporta ce que les hauts responsables de Langley lui avaient dit : dans quelle galère vous vous embarquez ? Vous avez une excellente réputation et Trump apprécie votre style. Vous avez la cote mais vous serez considéré comme responsable.

À Langley, une personne lui avait confié : on a passé dix ans à œuvrer à Washington pour qu'on ne puisse nous tenir responsables de rien en Afghanistan. Pourquoi voulez-vous vous porter volontaire ? Inutile de se porter volontaire pour rien. Ne vous inquiétez pas pour Bannon. C'est le bouffon du roi. Il est dingue. Le Pentagone essaye de nous piéger parce qu'eux aussi, ils veulent se retirer.

Pompeo décrivit ainsi la position de la CIA : « Nous ne sommes pas équipés pour commander l'ensemble des opérations. C'est l'armée qui doit s'en charger. Vous dites, faites-en une entreprise commune. Nous n'avons pas les ressources pour. Nous n'avons pas d'expertise à l'échelle dont ils parlent. Nous ne prendrons jamais une telle responsabilité. Vous seriez prêt à prendre la responsabilité de l'Afghanistan ? Parce que nous ne gagnerons pas. Vous comprenez ? Nous ne gagnerons pas ! Et c'était dur parce que Trump leur balançait "Comment ça se fait que vous ne gagnez pas ? Comment ça se fait qu'ils [les talibans] font sauter des gars ?" »

Bannon en parla à Trump au téléphone. « Vous connaissez mon point de vue là-dessus, dit-il. À mon avis, vous allez finir par adopter la solution intermédiaire. »

« Vous n'avez pas eu la version complète, répondit Trump. Ils ont une nouvelle stratégie, on va gagner. »

À la réunion du NSC, le 18 août, Trump approuva les quatre « R » de McMaster. Explicités dans une note de soixante pages datée du 21 août et signée par McMaster, ces quatre « R » signifiaient « Renforcer » – « fournir plus d'équipements et de formation mais veiller davantage aux conditions dans lesquelles seront menées les réformes » ; « Réaligner » – « l'assistance civile et l'engagement politique des États-Unis seront réalignés afin de viser à la fois les régions clés sous contrôle gouvernemental et les régions contestées choisies au cas par cas » ; « Réconcilier » — « les efforts diplomatiques devront inciter le gouvernement afghan à encourager l'inclusion et le dialogue politique, promouvoir les élections et appuyer le rôle de conseillers ethniques et régionaux » ; et « Régionalisation » — « travailler avec les acteurs régionaux ».

La note confirmait que le but, en Afghanistan, était de « repenser l'environnement de la sécurité » pour limiter les options militaires des talibans et « les encourager à négocier une solution politique qui réduise la violence et s'oppose à l'existence de zones refuge pour les terroristes ».

Trump autorisa Mattis à désigner les talibans et le réseau Haqqani, au Pakistan, comme des forces hostiles.

Enfoui dans la partie de dix-neuf pages consacrées à la stratégie intégrée, se trouvait le double aveu suivant : « Une impasse susceptible de durer en Afghanistan » et « les talibans peuvent continuer à gagner du terrain ».

Dans la plus pure tradition consistant à cacher la vérité dans une note, McMaster concluait : « La victoire est inaccessible. »

« Vous êtes la première personne que j'appelle, annonça Trump à Graham. Je viens d'avoir une réunion avec les généraux. J'ai décidé de les suivre. »

« Très bien, Monsieur le président, c'est sûrement le choix le plus judicieux qu'un président puisse faire. »

« Ça a été difficile. C'est le cimetière des empires. » L'expression faisait référence à un livre de Seth G. Jones consacré à l'Afghanistan.

« Je suis content que le seul bouquin que vous ayez lu soit celui-là », répondit Graham en blaguant.

Trump en rit lui aussi.

« Je vous le dis *off the record*, annonça Trump à ses principaux conseillers dans l'Air Force One, alors qu'aucun journaliste n'était présent ce jour-là[1]. Je viens de virer Bannon. Vous avez vu ce qu'il a dit sur la Corée du Nord, comme quoi il n'y aurait pas de solution militaire ? Quel enfoiré ! »

Bannon venait d'accorder un entretien à Robert Kuttner, journaliste du magazine progressiste *American Prospect*, dans lequel il sous-entendait que la rhétorique guerrière de Trump promettant « le feu et la fureur » en Corée du Nord était du bluff[2].

« Il n'y a pas de solution militaire dans ce pays, disait Bannon. Ils nous ont eus. » Puis il ajoutait : « Tant qu'on ne m'aura pas prouvé que 10 millions de personnes à Séoul ne meurent pas en trente minutes à cause d'armes traditionnelles, j'ignore de quoi on parle. »

Trump ne voulait pas d'une guerre des mots prolongée avec Bannon. En outre, il était vexé de le voir prendre la parole.

Un discours sur la stratégie en Afghanistan avait été programmé pour le lundi 21 août en fin de journée[3]. Il se tiendrait devant un immense parterre de militaires à Fort Myer, en Virginie, et serait diffusé sur la télévision nationale. C'était un événement – une des premières annonces officielles de politique de Trump devant un large public.

« Au début, mon instinct était de me retirer – et historiquement, je préfère suivre mon instinct », avoua Trump. À trois reprises, il affirma que le but était de « gagner » mais il ajouta : « On ne parlera pas du nombre de nos hommes ni de nos opérations militaires. »

1. Examen par l'auteur de notes prises par un participant.
2. Robert Kuttner, « Steve Bannon, Unrepentant », *The American Prospect*, 16 août 2017.
3. Donald J. Trump, « Address to the Nation on United States Strategy in Afghanistan and South Asia from Joint Base Myer-Henderson Hall, Virginia », 21 août 2017. Accessible en ligne *in* Gerhard Peters et John T. Woolley, *The American Presidency Project*. www.presidency.ucsb.edu/ws/?pid=126842.

C'était une façon d'éviter le talon d'Achille de Bush et d'Obama. Et la stratégie de Trump eut pour effet de repousser le débat sur la guerre en Afghanistan et de l'éloigner de la une des journaux et des infos, à moins de violences majeures.

John McCain fit le commentaire suivant: «Je salue le président Trump car il vient de franchir un pas important dans la bonne direction en adoptant cette nouvelle stratégie pour l'Afghanistan[1].» Tim Kaine, sénateur démocrate et ancien colistier d'Hillary Clinton, considérait que les États-Unis devaient «s'assurer que l'Afghanistan ne soit pas le terreau d'événements qui se retourneraient contre nous[2]».

Bannon en discuta avec Stephen Miller. «C'était quoi, ce discours de merde?» demanda Bannon. «Ça tournait complètement en rond.»

Le discours ne tournait pas tout à fait en rond. Il était à la fois nouveau et dans la ligne d'Obama. En réalité, la principale objection, c'est qu'il manquait de réalisme. «Vous ne pouvez pas le laisser parler de victoire. Car il n'y aura pas de victoire.»

Trump s'accrochait à la rhétorique de la victoire. Il avait cédé juste ce qu'il fallait aux militaires Mattis et McMaster. Qui, eux, avaient sauvé l'honneur et n'étaient pas obligés de reconnaître la défaite.

Le lendemain du discours de Trump, Tillerson trouva un autre moyen de dire qu'il était impossible de gagner. Il s'adressa aux talibans au cours d'une conférence de presse: «Vous ne remporterez jamais de victoire sur le terrain. Nous n'en remporterons peut-être pas, mais vous non plus[3].»

Retour au point mort.

1. «McCain on the New Strategy for Afghanistan», 21 août 2017.
2. «Kaine: U.S. Must Be "Invested" in Afghanistan», *Talking Points Memo*, 21 août 2017.
3. Aaron Blake, «Rex Tillerson Totally Undercut Trump's "We Will Win" Rhetoric on Afghanistan», *The Washington Post*, 22 août 2017.

CHAPITRE 32*

En août, pendant les vacances du Congrès, Kelly et Porter passèrent plusieurs semaines à Bedminster avec le président. Le nouveau chef de cabinet estimait que la Maison Blanche était mal organisée. Priebus et Bannon étaient des amateurs. Il allait remettre un peu d'ordre et de discipline.

« On a déjà plus ou moins essayé », lui dit Porter. Il lui raconta un épisode au cours duquel il avait tenté de structurer les choses. Quelques mois plus tôt, il avait réuni les plus hauts responsables – McMaster, Cohn, Bannon, Kellyanne Conway et Porter – dans une salle de crise au sein du bâtiment du bureau exécutif.

« On a besoin d'une stratégie, avait annoncé Priebus. Quelles sont les priorités ? Comment les établir ? » Il notait les différentes idées sur les tableaux. La salle, remplie d'ordinateurs et d'équipements de vidéo- et audioconférences, ressemblait à un local sécurisé pour discussions classées sensibles.

* L'information contenue dans ce chapitre repose essentiellement sur une série d'interviews approfondies avec des sources primaires.

Les idées qu'ils avaient notées n'avaient jamais été retenues. Le président prenait souvent des décisions avec une, deux ou trois personnes concernées. Il n'y avait aucune procédure de prise de décision et de coordination. La situation allait au-delà ce qu'on appelait chaos ou désordre. C'était du grand n'importe quoi. Le président avait une idée et lançait « Faut que je signe un machin ». Porter était obligé de lui expliquer que s'il avait l'autorité requise pour émettre des décrets présidentiels, le pouvoir d'un président était néanmoins limité par la loi. Trump était incapable de comprendre le fonctionnement du gouvernement. Il lui arrivait de rédiger une ordonnance lui-même ou de la dicter. La tactique de base adoptée par Porter, qui datait de l'époque Priebus, consistait à retarder les choses pour essayer de gagner du temps, à souligner les obstacles juridiques et, de temps en temps, à subtiliser les ordonnances sur le bureau du président.

Porter avait « hurlé tout ce qu'il savait », suivant son expression, tous les jours pendant des mois. Il fallait reprendre la main sur tout ce qui était signé et ordonné. Reprendre la main ou, du moins, avoir un minimum de contrôle.

Le 21 août, Kelly et Porter publièrent deux notes destinées aux hauts responsables et hauts conseillers de la Maison Blanche. « Le secrétaire de la présidence [Porter] joue le rôle de boîte de réception et de boîte d'envoi de tous les documents présidentiels. » Le moindre imprimé, y compris les notes exécutives, les simples notes, les communiqués de presse, même les articles de journaux, devaient transiter par Porter.

« Au moins deux semaines » devaient être consacrées à valider les décrets présidentiels, en passant notamment par le conseiller juridique de la Maison Blanche et le cabinet du conseiller juridique du Ministère de la justice, qui les reliraient.

« Tous les documents qui sortent du Bureau ovale doivent être soumis au secrétaire de la présidence [...] pour être sûr qu'ils soient conformes au Presidential Records Act[1]. »

La deuxième note (rappelée dans la première) expliquait : « Les décisions ne seront pas jugées définitives – et ne pourront donc être appliquées – tant que le secrétaire de la présidence n'aura pas émis de *Decision Memoranda* [notes de décisions] signées par le président. » Ceci incluait toutes les nouvelles initiatives s'agissant de domaines tels que « le budget, la santé, les accords commerciaux » et les opérations gouvernementales, notamment « diplomatiques, de renseignement ou de l'armée. »

« Une décision prise après un briefing oral ne [saurait] être jugée définitive » sans l'existence d'une note exécutive officielle.

Ils pouvaient toujours rêver…

Kelly et Porter s'assirent avec le président pour lui expliquer la nouvelle procédure.

« Vous ne pouvez pas prendre de décision sans signer de note exécutive », insista Porter en ajoutant que celle-ci n'avait pas à être longue. « Je demanderai que ces notes ne dépassent pas une page. » Porter précisa qu'elles devaient être étayées par un certain nombre d'éléments mais rassura le président : « Je ne vous obligerai jamais à lire plus d'une page à propos de telle ou telle décision. Je viendrai vous briefer et nous pourrons en discuter plus précisément ensemble. Parfois, vous serez obligé d'avoir une vraie réunion, avec cinq, six, voire sept conseillers. Mais souvent, on pourra se contenter d'une note exécutive avant de décider. »

OK, répondit Trump.

Plusieurs semaines passèrent. Le président était agacé par cette

1. Le Presidential Records Act est une loi fédérale adoptée en 1978 suite à l'affaire du Watergate, établissant que chaque document présidentiel – lettre, note, e-mail, etc. – doit être conservé dans les registres présidentiels de la Maison Blanche. (NdT.)

nouvelle organisation. Porter prit l'habitude de lui apporter dix notes exécutives par jour pour qu'il les paraphe. Trump aimait signer. Non seulement il avait l'impression d'agir, mais son Magic Marker noir mettait en valeur son écriture déliée et semblait asseoir son autorité.

Porter avait remarqué que durant les premières semaines, Kelly et le président s'étaient rapprochés. Ils formaient la paire. Kelly affichait un sourire permanent dès qu'il était à côté du président. Il blaguait. Il lui donnait des conseils et lui livrait ses opinions. « Monsieur le président, je pense que nous devrions faire ceci ou cela. » Il lui manifestait de la déférence. « Je suis membre de l'administration. Vous êtes le patron. Nous sommes là pour que vous bénéficiiez des meilleures informations possible. » C'était le chef de cabinet idéal. « Vous décidez. Je n'essaie de vous influencer ni dans un sens ni dans l'autre. »

Hélàs la lune de miel s'acheva très vite. Dès le mois de septembre, Kelly et Porter commencèrent à se réunir en tête à tête ou avec certains conseillers principaux.

« Le président est fou », lâcha Kelly. Il risquait d'y avoir un problème, surtout à propos des accords de commerce ou des troupes américaines en Corée du Sud. « Il faut absolument le faire changer d'avis », suppliait Kelly. Il fallait lui tenir tête. Il n'écoutait pas.

Les prises de décision et les affaires courantes du Bureau ovale devenaient de plus en plus hasardeuses. « Le président ne comprend carrément rien au problème. Il ne sait pas de quoi il parle », se plaignait Kelly.

Voyant que Trump s'obstinait à vouloir annuler les accords de libre-échange et abandonner une politique étrangère qu'il jugeait trop coûteuse, Kelly répétait « je tombe des nues » et en appelait personnellement à Porter.

« Rob, il faut mettre fin à ce cirque. Ne rédigez pas cette [ordonnance]. Ne cédez pas là-dessus. Vous ne pourriez pas y aller pour lui parler et essayer d'avancer sur le dossier? Je l'ai eu au téléphone ce matin. Je lui ai déjà exposé les arguments. Vous ne pourriez pas y aller pour avancer deux ou trois pions? »

La présence de troupes américaines en Corée du Sud était un sujet qui obnubilait Trump. On subventionne la Corée du Sud, martelait-il. « Ça n'a aucun sens. »

Porter lui répétait ce que lui avaient expliqué Mattis et tant d'autres : c'était sans doute les dollars américains les mieux dépensés. La présence de ces troupes était nécessaire pour des opérations de renseignement cruciales dans la détection et la dissuasion du lancement de missiles nord-coréens.

Le 25 août, le président annonça qu'il prendrait une décision radicale concernant les accords ALÉNA et KORUS, et l'Organisation internationale du commerce (OIC). « On en a parlé *ad nauseam*, dit-il. Maintenant on y va, on passe à l'acte. On abandonne ALÉNA et KORUS, et on sort de l'OIC. On se retire des trois. »

Cohn et Porter enrôlèrent Kelly, qui ne voulait pas que les problèmes commerciaux interfèrent avec la sécurité nationale. Kelly et Porter se rendirent dans le Bureau ovale. « La Corée du Sud est un allié, martela Kelly face à Trump. L'accord de libre-échange KORUS est plus avantageux que ce que vous pensez. »

Porter lui remit des études qui montraient que cet accord permettait de contenir leur déficit.

« C'est une période très délicate pour la Corée du Nord et toute la région, expliqua Kelly. Il vaut mieux ne pas toucher aux accords de commerce, surtout quand on sait qu'ils ne pèsent pas grand-chose par rapport à l'équilibre général. Ça risque de tout faire sauter. » Il conseilla au président d'appeler Tillerson. Ce dernier lui opposa les mêmes arguments.

Tillerson, Mattis, McMaster, Kelly – les piliers de la sécurité nationale – étaient d'accord : même en admettant que le déficit commercial vis-à-vis de la Corée était dix fois plus important, il valait mieux ne pas se retirer. C'était de la folie rien que d'y penser.

« Très bien, annonça Trump le vendredi 1er septembre, on ne va pas s'occuper de cette histoire de délai de cent quatre-vingts jours de KORUS aujourd'hui. Ça ne veut pas dire qu'on ne le fera jamais, mais OK, pas aujourd'hui. »

Porter fit passer le mot aux conseillers législatifs, aux avocats de la Maison Blanche et aux membres du NSC : ils pouvaient être tranquilles au moins pour la journée. Il fit en sorte que rien ne soit rédigé que le président pourrait signer.

Quatre jours plus tard, le 5 septembre, Porter et les autres se rendirent dans le Bureau ovale. Trump avait en main un brouillon de la notification, qui devait prendre effet cent quatre-vingts jours plus tard, du retrait par les États-Unis de KORUS[1]. Porter n'étant pas l'auteur du courrier, il se demanda qui l'était. Sans doute Navarro ou Ross. Il ne le sut jamais avec certitude.

« J'ai le premier jet, annonça Trump. On liquide cet accord. Il faut juste que je peaufine le courrier, ensuite on le recopie sur le papier à lettres officiel et on l'envoie. Je veux que ce soit fait aujourd'hui. »

McMaster se chargea des arguments concernant la sécurité nationale. Cohn et Porter, des arguments économiques et commerciaux.

« Tant que je n'aurai pas agi pour montrer que mes menaces sont réelles et doivent être prises au sérieux, déclara Trump, on aura moins d'influence sur ces dossiers. » Ni une ni deux, il quitta le Bureau ovale.

Le président ayant réussi à échapper à la procédure interne mise en place par Porter pour obtenir un nouveau brouillon de courrier, Cohn était plus inquiet que jamais. Il retira illico le brouillon du bureau du président.

---

1. Document obtenu par l'auteur.

Les premiers mois, quand il était secrétaire de la présidence, Kelly donnait l'impression de passer la journée entière dans le Bureau ovale et d'assister à toutes les réunions. Il intervenait peu, jouant plutôt le rôle d'observateur et de guide. Il vérifiait que la porte entre le bureau et celui de Madeleine Westerhout était bien fermée. Âgée de 27 ans, cette dernière était une ancienne assistante du Comité national républicain qui, avec ses longs cheveux bruns et son grand sourire, ressemblait à Hope Hicks. Ils avaient besoin d'être plus protégés et plus en sécurité. Kelly voulait aussi empêcher les gens d'entrer et de sortir comme dans un moulin.

« Non, non, laissez-la ouverte, se récriait le président. J'ai besoin de voir Madeleine pour lui parler directement. »

Le contre-amiral Ronny Jackson, médecin de la Maison Blanche, voyait le président presque tous les jours, en tous cas plusieurs fois par semaine.

« Comment allez-vous aujourd'hui, Monsieur le président ? », demandait-il en pointant la tête hors de son bureau quand le président passait. En général, le check-up durait une trentaine de secondes, suivi d'un coup de spray nasal ou l'équivalent.

Le Dr. Jackson allait régulièrement voir Kelly. « Le président est soumis à beaucoup de stress ces derniers temps, lui confia-t-il un jour. Il faudrait peut-être lui permettre de lever le pied ou d'alléger un peu son emploi du temps. »

Une autre fois, il fut plus précis. « J'ai l'impression que le président est plus stressé que d'habitude. Pourquoi vous n'essayez pas de revoir son emploi du temps de demain ? »

Kelly décida de lui accorder un peu plus de « temps exécutif », comme il l'appelait. En général, Trump fixait lui-même l'heure à laquelle il commençait le matin. L'heure à laquelle il montait dans la résidence était très variable.

Kelly essaya de répondre à la demande de Jackson. Quelles sont les réunions essentielles ? Pouvait-on lui accorder une demi-heure ou une heure en plus le matin, ou arrêter ses journées une heure plus tôt le soir ? Autour de lui, chacun fit un effort. En vain. C'était une présidence tous azimuts, impossible à ralentir. Trump entraînait tout le monde, y compris lui-même, dans un tourbillon permanent.

Ce jour-là, le président avait rendez-vous avec un groupe de conseillers pour parler des tarifs douaniers sur l'acier : Ross, Navarro, Lighthizer, Cohn, McMaster et Porter[1]. Il en avait assez de tourner autour du pot et voulait signer une note exécutive pour imposer une taxe de 25 % sur les importations d'acier, sans aucune exemption.

Tous lui opposèrent les mêmes objections jusqu'à ce que Mnuchin affirme que la priorité numéro 1 devait être la réforme fiscale. Il était exceptionnel que les trois institutions – la Chambre, le Sénat et la Maison Blanche – aient une majorité républicaine, expliqua Mnuchin, et il ne fallait pas laisser passer l'occasion. Aucune réforme fiscale n'avait eu lieu depuis le mandat de Reagan trente ans auparavant.

Beaucoup des sénateurs républicains dont ils avaient besoin pour cette réforme étaient partisans du libre-échange et opposés à l'idée de tarifs douaniers sur l'acier.

Monsieur le président, vous risquez de les perdre, dit-il.

Cohn apporta de l'eau à son moulin et Porter approuva. McMaster, qui pensait que ces tarifs nuiraient aux relations avec leurs principaux alliés, était d'accord pour donner la priorité à la réforme fiscale et ménager les sénateurs républicains.

« Ouais, vous avez raison, finit par admettre Trump. C'est important, mais on ne peut pas mettre en péril la proposition de

1. Examen de notes prises par un participant.

loi sur les impôts pour ça. On ne bouge pas. Mais dès qu'on en aura fini avec les impôts, on s'attaquera aux accords de commerce. Une des premières choses à faire, ce sera d'imposer ces taxes sur l'acier. »

Bannon ayant disparu de la Maison Blanche, Trump et Sessions avaient imaginé une nouvelle idée pour répondre à la question de l'immigration. C'est ainsi que le 5 septembre, le président annonça la suppression du programme DACA qui datait de l'époque Obama[1]. Il commença par qualifier ce programme d'« approche "amnistie-d'abord" » avant d'exiger que le Congrès trouve une solution de remplacement dans les six mois.

Deux jours plus tard, le 7 septembre, il tâcha de calmer tout le monde et tweeta : « À tous ceux (DACA) qui se font du souci pour leur statut pendant ces six mois, ne vous inquiétez pas – on ne bouge pas[2] ! »

Bannon, toujours en contact avec Trump, lui téléphona pour lui rappeler qu'il convenait de garder une ligne anti-immigration très stricte.

« Vous comprenez que c'est ce qui a failli détruire le Parti républicain à l'été 2013 ? C'est la raison essentielle qui vous vaut d'être président, mais c'est aussi la seule chose qui peut anéantir le Parti républicain. Ça nous tracasse depuis le début, cette histoire d'amnistie. »

Stephen Miller fit passer le mot de la Maison Blanche à Bannon pour lui dire que le débat s'était déplacé sur la question de l'immigration en chaîne. Il avait calculé : la politique existante

1. Michael D. Shear et Julie Hirschfeld Davis, « Trump Moves to End DACA and Calls on Congress to Act », *The New York Times*, 5 septembre 2017.
2. Voir le tweet de Trump sur www.twitter.com/realdonaldtrump/status/905788459301908480.

signifiait 50 millions d'immigrants supplémentaires en vingt ans si elle était maintenue.

« Les démocrates ne lâcheront jamais sur l'immigration en chaîne, insista Miller. C'est un phénomène qui a métamorphosé le pays. Pour les migrants, c'est essentiel : c'est comme ça qu'ils obtiennent le regroupement familial. »

Miller avait vu juste. Trump pouvait toujours discuter comme s'il était prêt à faire des compromis, les démocrates ne transigeraient jamais.

« Je n'ai pas de bons avocats, se plaignit un jour Trump. Ils sont tous nuls. » Il cita notamment le conseiller juridique de la Maison Blanche, Don McGahn, avant de poursuivre : « Je suis entouré de types qui ne sont pas agressifs, qui sont faibles, qui n'ont pas à l'esprit mes intérêts et qui ne sont pas loyaux. Impossible de trouver un bon avocat. » Il visait également ses avocats personnels, chargés de l'enquête de Mueller.

Porter fila aussitôt dans le bureau de Kelly pour le prévenir. Ils étaient en tête à tête. « Il m'a déjà fait le coup, dit-il. Ça m'ennuie parce que j'ai connu des jours, surtout après la nomination du procureur spécial – la période Comey / Mueller – où le président était tellement miné et préoccupé qu'il arrivait à peine à travailler et à prendre des décisions, bref, à jouer son rôle de président. Encore moins à nous donner l'orientation générale pour que nous, les autres, on puisse avancer et assurer la gouvernance. »

« Heureusement on y est arrivé, poursuivit Porter. Mais j'ai peur qu'on ait droit à de nouveaux embrasements, d'autant plus que l'enquête avance et que les choses se concrétisent. Je me demande quel sera le catalyseur. »

Ce serait peut-être les enquêtes sur la Russie du Sénat et de la Chambre. « Ou autre chose, qui sait ? En tout cas, il faut en avoir conscience. Si on n'arrive pas à mieux répartir les tâches, à lui laisser plus de temps et d'espace pour qu'il se concentre sur certains points de l'affaire Mueller, ça risque de contaminer toute la Maison Blanche. » Trump avait besoin de temps pour « se décharger et se stabiliser d'un point de vue émotionnel. »

Porter insista pour que Kelly réfléchisse au problème. « Pour que vous soyez préparé, pour qu'on continue à fonctionner et que ça n'entraîne pas une paralysie totale de l'aile ouest pendant des jours, voire des semaines, comme ça a déjà été le cas. »

« C'est vrai que j'ai eu quelques vagues aperçus du problème, répondit Kelly en hochant la tête. J'imagine que ça peut être bien pire. »

« La dernière fois, on s'en est à peine sortis, ajouta Porter. Cette fois-ci, il faut s'attendre à un cauchemar. On a besoin d'avoir un plan pour faire face, au cas où. »

Kelly comprenait parfaitement. « Essayons », dit-il. Hélas, sur le moment, ni l'un ni l'autre n'avait la moindre idée.

CHAPITRE 33 *

Le président n'était pas seulement préoccupé par l'enquête de Mueller suspendue comme une épée de Damoclès au-dessus de sa tête. Il était aussi inquiet de voir les médias revenir sans cesse sur sa collusion avec les Russes et / ou son obstruction de la justice : leur voracité était inouïe – féroce, incivile. Résultat, disait Porter, «à certains moments on frôlait l'incapacité du président à être président».

McMaster l'avait aussi remarqué. Trump ne l'avait jamais écouté très longtemps ni très attentivement, mais depuis quelque temps c'était pire. «Je n'arrive même pas à attirer son attention», confia-t-il un jour à Porter.

«N'y voyez rien de personnel, répondit Porter. Il est perturbé. Il l'a été toute la journée. Il est obnubilé par cette nouvelle à propos de la Russie.»

«Inutile d'essayer de lui parler aujourd'hui», avoua Gary Cohn à Porter.

* L'information contenue dans ce chapitre repose essentiellement sur une série d'interviews approfondies avec des sources primaires.

« Il est sur les nerfs à cause de cette histoire », renchérit Hope Hicks visiblement inquiète. Elle voulait que le président se calme, qu'il arrête de tenir des propos irréfléchis, des mots qu'il regretterait plus tard. Elle essayait de lui changer les idées, de détourner son attention de la télévision, de prendre les choses à la légère.

Tous l'encourageaient à prendre l'Air Force One pour participer à des rassemblements politiques et à s'éloigner. Un jour, en descendant de l'avion, il avait lâché : « Je vais passer les dix premières minutes à dézinguer les médias. »

À plusieurs reprises, Trump avait demandé à Porter s'il avait envie d'être conseiller juridique de la Maison Blanche. Porter refusait.

Quand l'avocat personnel de Trump venait pour discuter de l'enquête de Mueller, il lui arrivait de demander à Porter de se joindre à eux.

« Rob, je vous demande de rester. Il faut que vous soyez au courant. »

« Je ne suis pas votre avocat, se défendait Porter. Ce n'est pas mon rôle. Et même si ça l'était, je serais avocat du gouvernement, pas de votre personne, ce qui irait à l'encontre du secret professionnel. Je ne peux pas rester. »

« Non, non, c'est pas grave », insistait Trump.

Il fallait qu'un des avocats personnels de Trump intervienne, par exemple John Dowd, et dise « Rob doit quitter la pièce ».

« Je ne sais pas combien de temps je vais tenir, avoua Gary Cohn à Porter, ça devient délirant. C'est le chaos absolu. Il ne changera jamais. Ça ne sert à rien de préparer des briefings substantiels, pensés spécifiquement pour lui et accompagnés de slides. De toute façon, il n'écoute pas. Impossible de finir quoi que ce soit. Il se concentre dix minutes au début et change brusquement de sujet. Du coup on passe une heure en tout mais on n'arrive jamais au bout de l'exposé. »

Porter essaya de mettre au point des notes préparatoires contenant les informations indispensables, différents points de vue, les coûts et bénéfices, les pour et les contre, les conséquences de telle ou telle décision. Inutile.

———

Gary Cohn et Robert Lighthizer, les deux représentants au commerce des États-Unis, avaient travaillé pendant des mois afin que Trump autorise une enquête sur les pratiques commerciales de la Chine. Ce dossier serait l'occasion pour Trump de faire montre de sa force sans annuler les accords de commerce avec ce pays. L'article 301 du Trade Act de 1974 autorisait le président à prendre des mesures de rétorsion unilatérales contre les pays accusés de pratiques déloyales vis-à-vis des États-Unis.

Les Chinois ne respectaient aucune règle et pillaient tout : ils volaient les secrets industriels des sociétés de haute technologie, pirataient les logiciels, les films et la musique, copiaient les articles de luxe et les produits pharmaceutiques. Ils achetaient des parts d'entreprises dont ils volaient ensuite les technologies. Ils volaient la propriété industrielle de sociétés américaines qui avaient dû transférer leur base opératoire en Chine. Pour Gary Cohn, les Chinois étaient pourris jusqu'à la moelle. L'administration Trump estimait que la Chine avait pillé l'équivalent de 600 milliards de dollars de propriété intellectuelle.

La première enquête menée au titre de l'article 301 donnerait un an à Lighthizer pour déterminer si le bureau du représentant américain au commerce devait lancer une enquête officielle sur les pratiques chinoises. Si la réponse était oui, Trump serait autorisé à imposer des tarifs douaniers ainsi que des sanctions et d'autres mesures contre la Chine.

Les Européens, les Japonais et les Canadiens se joindraient aux États-Unis pour mener une action concertée contre les violations de la propriété intellectuelle chinoises. Ce serait la première intervention de Trump destinée à faire appliquer les règles commerciales.

Le président avait enfin accepté de signer une note et d'annoncer dans un discours une enquête d'un an sur ces violations[1]. Il avait fallu une longue marche pour lui fournir les instruments d'une stratégie claire et rationnelle sur le front commercial.

En août, une réunion avec ses principaux conseillers économiques et commerciaux eut lieu dans la résidence. Trump se déroba. Il venait d'avoir le président chinois au téléphone et ne voulait plus s'attaquer à la Chine. « On va avoir besoin d'eux pour la Corée du Nord, dit-il. Il ne s'agit pas seulement du vote au conseil des Nations unies. On va avoir besoin d'eux sur le long terme. Je veux retirer toutes les références à la Chine de mon discours. » Il ne pouvait pas se permettre de fragiliser sa relation exceptionnelle avec le président Xi.

Porter lui rappela que la note de deux pages qu'il avait signée mentionnait la Chine à cinq reprises et concernait exclusivement ce pays. Ils en discutaient depuis des mois.

« Non, non, non, répéta Trump. Je ne veux pas que cette note soit réservée à la Chine. On n'a qu'à l'étendre au monde entier. »

Le droit exigeait que ces enquêtes visent les pratiques commerciales déloyales d'un pays précis.

« Et il se trouve que dans ce cas, c'est la Chine, reprit Porter. On ne peut pas le contourner. »

1. Donald J. Trump, « Memorandum on Addressing China's Laws, Policies, Practices, and Actions Related to Intellectual Property, Innovation, and Technology », 14 août 2017. Accessible en ligne *in* Gerhard Peters et John T. Woolley, *The American Presidency Project*. www.presidency.ucsb.edu/ws/?pid=128023.

« Bon, d'accord. Je signe ce que voulez mais sans que la Chine soit mentionnée. »

« On ne peut être explicite sans préciser qu'on vise la Chine. »

Ok, répondit Trump. En public, il affirma : « Le vol de propriété intellectuelle de la part de pays étrangers nous coûte chaque année des millions d'emplois et des milliards et des milliards de dollars. Ça fait trop longtemps que cette richesse est drainée hors du pays sans que Washington réagisse [...]. Désormais, Washington ne fermera plus les yeux[1]. » Il ne mentionna pas une seule fois la Chine.

Cohn et Porter espéraient par ailleurs que la signature de cette note détournerait son attention des tarifs de l'acier et de l'aluminium.

Mais chaque fois qu'ils remettaient en cause l'idée d'imposer des tarifs douaniers, Trump se montrait inflexible. « Je sais que j'ai raison, disait-il. Si vous n'êtes pas d'accord avec moi, vous avez tort. »

Cohn savait que la vraie bataille concernait ces tarifs. C'est là que le président, plus rigide que jamais, pouvait nuire à la fois à l'économie américaine et à l'économie mondiale. Inquiet, il réunit un maximum de données pour montrer au président qu'imposer des tarifs sur l'acier serait catastrophique et néfaste pour l'économie.

Il lui transmit notamment un document de dix-sept pages avec un graphique montrant les recettes dérisoires réalisées en

---

1. Donald J. Trump, « Remarks on Signing a Memorandum on Addressing China's Laws, Policies, Practices, and Actions Related to Intellectual Property, Innovation, and Technology and an Exchange with Reporters », 14 août 2017. Accessible en ligne *in* Gerhard Peters et John T. Woolley, *The American Presidency Project*. www.presidency.ucsb.edu/ws/?pid=128022. Notons que Trump s'est exprimé le 14 août, soit le même jour que sa deuxième intervention sur Charlottesville. Le discours de Charlottesville eut lieu à 12 h 40, celui-ci sur la Chine à 15 h 06.

2002-2003, quand le président Bush avait imposé des taxes sur l'acier pour les mêmes raisons. En tout, l'opération avait généré 650 millions de dollars de recettes, c'est-à-dire 0,04 % de l'ensemble des recettes fédérales, qui s'élevaient à 1 780 milliards de dollars.

Les recettes d'une taxe de 25 % sur l'acier étaient estimées à 3,4 milliards de dollars, soit 0,09 % des 3 700 milliards de recettes totales prévues.

Des dizaines de milliers d'emplois américains avaient disparu dans les industries qui consommaient de l'acier, ajouta Cohn, graphique à l'appui.

Trump avait à ses côtés trois alliés qui considéraient que les déficits commerciaux étaient un problème plus grave : le secrétaire au commerce Wilbur Ross, Peter Navarro et Robert Lighthizer, le représentant au commerce des États-Unis.

Navarro affirma que les données ne comprenaient pas les emplois créés dans les aciéries en 2002-2003, à l'époque des tarifs imposés par Bush.

« Vous avez raison, rétorqua Gary Cohn. On a créé 6 000 emplois dans les aciéries. »

« Vos chiffres sont faux. »

Trump était déterminé à imposer ses tarifs. « Écoutez, dit-il, on essaye. Si ça ne marche pas, on laisse tomber. »

« Monsieur le président, dit Cohn, on ne peut pas infliger ça à l'économie des États-Unis. » Les enjeux étaient trop importants, il fallait être prudent. « On prend une mesure parce qu'on est sûr à 100 % qu'elle va marcher, et ensuite on prie de toutes ses forces pour avoir raison. On ne peut pas faire du 50-50 avec l'économie américaine. »

« Si on voit qu'on a tort, répondit Trump, on revient en arrière. »

Autre cible obsessionnelle de Trump, l'accord ALÉNA. Depuis des mois, le président clamait qu'il voulait se retirer de l'accord et le renégocier. « La seule façon d'obtenir un accord avantageux, c'est de détruire le précédent. Il suffirait que je le fasse sauter pour qu'ils reviennent me voir dans les six mois. » Sa théorie sur les négociations était la suivante : pour dire oui, il faut commencer par dire non.

« Une fois que vous l'aurez détruit, il sera peut-être définitivement mort, répondit Cohn. C'est une stratégie hautement risquée. Soit elle fonctionne, soit elle mène directement à la faillite. »

Cohn avait calculé que Trump avait fait faillite six fois dans sa vie, mais ce dernier ne s'en souciait pas plus que ça. Parier sur la faillite était une tactique parmi d'autres. Partir et menacer de tout faire sauter. *Le vrai pouvoir, c'est la peur.*

Goldman Sachs ne faisait plus d'affaires avec la Trump Organization ni avec Trump lui-même depuis des dizaines d'années parce que la banque savait qu'il était capable de ne pas verser un sou. Soit il ne payait pas, soit il vous balançait un procès. Au début de la carrière de Cohn chez Goldman, un vendeur assistant avait acheté des obligations à Trump pour un casino.

Cohn avait dit à ce jeune trader que si le remboursement n'avait pas lieu, il serait viré. Heureusement pour lui, Trump avait payé.

Appliquer ses méthodes de promoteur immobilier alors qu'il s'agissait de gouverner et prendre le risque que les États-Unis fassent faillite ? Les deux domaines n'avaient rien à voir.

Un jour, au cours d'une autre discussion avec le président, Cohn lui soumit une étude du ministère du Commerce qui montrait que les États-Unis avaient absolument intérêt à poursuivre leurs échanges avec la Chine. « Si vous étiez chinois et que vous vouliez nous éliminer, il suffirait de ne plus nous envoyer d'antibiotiques. Vous savez que les États-Unis ne produisent quasiment plus d'antibiotiques ?» L'étude montrait que les neuf antibiotiques les plus importants, y compris la pénicilline, n'y étaient plus fabriqués, et que 96,6 % des antibiotiques utilisés aux États-Unis étaient importés de Chine. «Nous ne produisons plus de pénicilline.»

Trump jeta un regard surpris à Cohn.

«Monsieur le président, le jour où les bébés mourront d'angines à streptocoques, que direz-vous à leurs mères ?, demanda Cohn. Que les déficits commerciaux sont plus importants ?»

«On n'a qu'à les acheter à un autre pays.»

«Auquel cas les Chinois vendront [leurs antibiotiques] aux Allemands, et les Allemands se feront de la marge en nous les revendant à nous. Notre déficit commercial vis-à-vis de la Chine diminuera mais il augmentera vis-à-vis de l'Allemagne.» Et ce seraient les consommateurs qui paieraient la différence. «Vous pensez que c'est bon pour notre économie ?»

Navarro intervint pour dire qu'ils pouvaient les acheter à d'autres pays que l'Allemagne.

Même problème, répondit Cohn. «Ça revient à ranger les transats du *Titanic* dans un autre ordre.»

———

L'industrie automobile américaine était une autre obsession de Trump. Il passait son temps à dire que la Chine faisait un mal fou à ce secteur industriel, notamment à ses ouvriers.

Cohn réunit les statistiques les plus pointues sur le sujet mais Trump ne lisait pas, si bien qu'il revint dans le Bureau ovale avec des graphiques. Les chiffres prouvaient que l'industrie automobile américaine se portait bien. Un grand tableau montrait notamment que si les trois grands groupes de Detroit – General Motors, Ford et Chrysler – produisaient 3,6 millions de voitures et de camionnettes en moins par rapport à 1994, le reste des

États-Unis, principalement le Sud-Est, en produisait 3,6 millions en plus.

Toute la gamme BMW 3 série était fabriquée en Caroline du Sud. Les SUV Mercedes étaient aussi fabriquées aux États-Unis. Les millions d'emplois perdus à Detroit avaient été déplacés en Caroline du Sud et en Caroline du Nord en raison des lois dites de «droit au travail» en vigueur dans ces États, avantageuses pour les entreprises.

Quid des usines vides?, demanda Trump. «Il faut faire quelque chose.»

Par ailleurs, Cohn avait glissé un document intitulé «Les États-Unis face aux différends de l'OMC» dans le dossier que Porter remettait au président tous les soirs, sauf que ce dernier l'ouvrait rarement, voire jamais.

«L'Organisation mondiale du commerce est la pire organisation jamais créée!, lança-t-il. On perd sur la plupart des dossiers.»

«Jetez un œil à ce document, Monsieur», répondit Cohn en lui remettant un nouvel exemplaire. Le document en question montrait que les États-Unis avaient gagné 85,7% des différends soumis à l'OMC, ce qui était plus que la moyenne. «Les États-Unis ont eu gain de cause dans de nombreux différends avec la Chine, mais aussi à propos de restrictions injustes sur les exportations de matières premières et de minerais rares. Notre pays a également profité de l'OMC pour obliger la Chine à diminuer ses subventions dans de nombreux secteurs.»

«Foutaises, lança Trump. C'est faux.»

«Non, ce n'est pas faux. Ce sont des données qui viennent du représentant au commerce des États-Unis. Appelez Lighthizer pour lui demander.»

«Je n'ai aucune envie d'appeler Lighthizer.»

«Dans ce cas-là je l'appelle. Ce sont des données purement factuelles. On ne peut pas désapprouver des données. Les données sont les données.»

Au cours de conversations privées, il arrivait que Cohn demande à Pence de lui prêter main-forte. C'est ce qu'il fit à propos des taxes sur l'acier et l'aluminium. «Mike, j'ai besoin d'un coup de main sur ce dossier. »

«Vous êtes irréprochable, répondit Pence. J'ai du mal à voir en quoi je pourrais vous être utile. »

«Mike, avec les taxes sur l'acier et l'aluminium, l'Indiana va morfler comme pas possible. Elkhart, dans l'Indiana, est la capitale mondiale des véhicules de loisirs et des bateaux. Qu'est-ce qu'il faut pour construire un véhicule de loisirs ou un bateau? De l'acier et de l'aluminium. Cet État risque de mourir à cause de ces taxes. »

«J'ai compris. »

«Vous pourriez m'aider? »

«Je vais faire mon possible. »

Comme d'habitude, Mike Pence ne voulait pas s'en mêler. Il ne tenait pas à se faire traiter d'imbécile ni à être l'objet d'un tweet. Malheureusement, si Cohn avait dû conseiller Pence, il aurait fait exactement la même chose – garder ses distances.

Kelly arriva à la conclusion que le problème venait de Peter Navarro, qui avait le chic pour se glisser dans le Bureau ovale et embobiner Trump sur les déficits commerciaux. Il prêchait un converti, si bien que Trump se transformait illico en militant et déclarait: Je signe aujourd'hui.

Cohn ne ratait pas une occasion de se plaindre de Navarro à Kelly. Ce type était une plaie. Débarrassez-vous de lui, s'écriait Cohn, virez-le. Cette maison ne fonctionnera jamais tant qu'il y traînera ses guêtres.

Kelly demanda à Porter ce qu'il en pensait. «Vous ne pourrez pas vous débarrasser de Peter parce que le président l'adore, répondit Porter. Jamais il ne vous le permettra. » Vous ne pouvez pas non plus le promouvoir, comme il le souhaite, parce que ce serait absurde. « Cela dit, Peter a besoin de sentir qu'il doit rendre des comptes à quelqu'un, même s'il a un rapport direct avec le président. J'arrive assez souvent à le bloquer. »

Kelly décida de régler la situation et convoqua une réunion des deux adversaires le 26 septembre[1]. On aurait dit un duel. Navarro avait été autorisé à venir avec un second et avait choisi Stephen Miller. Cohn se présenta avec Porter.

Navarro commença par expliquer que pendant la campagne, on lui avait promis d'être assistant du président. Or il n'était qu'assistant adjoint. C'était une trahison. Il n'en revenait pas que cela dure aussi longtemps. Il en avait parlé au président qui ne savait pas vraiment qu'il y avait une différence entre assistants et assistants adjoints. Il trouvait qu'« assistant spécial » sonnait beaucoup mieux, sans se rendre compte que c'était un statut encore inférieur.

Le président lui avait dit qu'il pouvait choisir le titre et la structure hiérarchique qui lui convenaient. L'essentiel, c'est que lui et son Conseil national du commerce incarnaient le travailleur américain, la base ouvrière, l'homme oublié.

« Peter se comporte comme un voyou, réagit Cohn. C'est lui qui crée des problèmes. Il raconte des bobards au président. Il est totalement ingérable. C'est lui, la vraie source du chaos de cette maison. »

« Gary ne sait pas de quoi il parle, se défendit Navarro. Il est mondialiste. Il n'est pas loyal vis-à-vis du président. » En outre, Porter passait son temps à traficoter les procédures et à retarder les dossiers pour empêcher Navarro d'avoir accès au président.

« Très bien, intervint Kelly. Maintenant ça suffit. Peter, vous serez membre du Conseil économique national et c'est à Gary que vous rendrez des comptes. C'est comme ça et pas

---

1. Examen par l'auteur de notes prises par un participant.

autrement. Si ça ne vous plaît pas, la porte est ouverte. Fin de la réunion. »

« Je demande à faire appel, répondit Navarro. Je veux avoir accès au président. »

« Vous n'aurez pas accès au président. Foutez le camp de mon bureau. »

Plusieurs mois s'écoulèrent. « Merde, où est passé mon cher Peter ?, demanda un beau jour le président. Ça fait deux mois que je ne lui ai pas parlé. » Comme souvent, il ne donna pas suite.

CHAPITRE 34 *

L'affrontement entre Trump et Kim Jong-un prenait un tour de plus en plus personnel. À tel point qu'un jour, dans l'Air Force One, alors que la tension entre eux était au plus haut, Trump eut un éclair de lucidité et déclara : « Ce type est dingue. J'espère que tout ça ne va pas nous mener dans une dangereuse impasse. »

Ses commentaires sur la Corée du Nord étaient contradictoires, tour à tour provocateurs, grandiloquents ou pacifiques. En mai, il affirma qu'il serait « honoré » de faire la connaissance de Kim Jong-un « si les circonstances le permettent »[1]. En août, il déclara à la presse : « La Corée du Nord ferait mieux de ne plus menacer les États-Unis. Sinon ils auront droit au feu et à la fureur comme jamais jusqu'ici[2]. »

* L'information contenue dans ce chapitre repose essentiellement sur une série d'interviews approfondies avec des sources primaires.

1. Ashley Parker et Anne Gearan, « President Trump Says He Would Be "Honored" to Meet with North Korean Dictator », *The Washington Post*, 1er mai 2017.

2. Donald J. Trump, « Remarks Prior to a Briefing on the Opioid Crisis and an Exchange with Reporters in Bedminster, New Jersey », 8 août 2017.

Voyant qu'aucune résolution ne se profilait, McMaster annonça une nouvelle stratégie pour faire pression sur la Corée du Nord. Le plan, explicité dans un document dûment signé, était destiné à forcer la Corée du Nord et la Chine à renégocier le programme nucléaire nord-coréen et mettre fin au déploiement de missiles ICBM. Le Trésor réfléchirait aux sanctions à prendre. Les Affaires étrangères travailleraient avec la Chine pour infléchir la position de la Corée du Nord.

Le ministère de la Défense devait effectuer des incursions militaires : survoler le territoire, pénétrer l'espace aérien nord-coréen en effectuant des exercices connus sous le nom de Blue Lightning, exercer une cyberactivité modérée à effet dissuasif. Il ne s'agissait pas de déclencher un conflit non intentionnel.

McMaster ne cessait de dire au NSC que Trump ne pouvait pas accepter une Corée du Nord nucléarisée.

De son côté, le président résuma sa position sur presque tous les sujets dans une interview au *New York Times* : « Je bouge sans cesse. Je bouge dans les deux sens[1]. »

Afin de réfléchir au type de messages à faire passer vis-à-vis de la Corée du Nord, le général Dunford, chef d'état-major, créa la cellule de communication stratégique J3 au sein de la Direction des opérations. Quelles actions pouvaient-ils entreprendre qui soient assez menaçantes pour être dissuasives ?

Le jour où les États-Unis déployèrent trois porte-avions dans le Pacifique, le général Mattis fit part de son malaise. Ne risquaient-ils pas de provoquer une réaction non anticipée de Kim Jong-un ? Et si les États-Unis déclenchaient la guerre qu'ils cherchaient à éviter ? Il était beaucoup plus inquiet que

---

Accessible en ligne *in* Gerhard Peters et John T. Woolley, *The American Presidency Project*. www.presidency.ucsb.edu/ws/?pid=127991.

1. Extrait de l'interview de Trump dans le *New York Times* réalisée par Michael S. Schmidt, 28 décembre 2017.

la plupart des fonctionnaires du Pentagone, sans compter ceux de la Maison Blanche.

Mattis était un ancien élève de Barbara Tuchman, historienne et auteure de *Août 14*, un livre consacré au déclenchement de la Première Guerre mondiale. « Il est obnubilé par août 1914, expliqua un haut responsable, et par l'idée d'engager des actions militaires considérées comme des mesures de prudence mais dont les conséquences inattendues font qu'il est trop tard pour faire marche arrière. » Mattis avait peur qu'une dynamique guerrière « que vous ne pouvez plus arrêter » se mette en place.

Il voulait tout sauf la guerre. Il estimait que le *statu quo* et la stratégie « zéro guerre », même au prix de tensions extrêmes, étaient une solution gagnant-gagnant.

Le même haut responsable résuma : « Mattis et Dunford pensent que la Corée du Nord peut être maîtrisée. Dunford nous a dit mot pour mot : "C'est ce que j'ai conseillé au président." »

Le 19 septembre 2017, Trump fit son premier discours devant l'Assemblée générale des Nations unies[1]. Il qualifia le leader nord-coréen de « Rocket Man » et affirma que si les États-Unis étaient obligés de se défendre, « ils n'auraient pas d'autre choix que de détruire la Corée du Nord ».

Trois jours plus tard, Kim Jong-un réagit. « Un chien qui a peur aboie plus fort », affirma-t-il en ajoutant que Trump « était un voyou et un gangster qui adorait jouer avec le feu. Je finirai assurément par dompter cet Américain malade mental et gâteux[2] ».

1. Donald. J. Trump, « Remarks to the United Nations General Assembly in New York City », 19 septembre 2017. Accessible en ligne *in* Gerhard Peters et John T. Woolley, *The American Presidency Project*. www.presidency.ucsb.edu/ws/?pid=128326.

2. Kim Jong-un's « Full Text of Kim Jong-un's Response to President Trump », *The New York Times*, 22 septembre 2017.

Le 23 septembre, Trump en rajouta et qualifia Kim de « Little Rocket Man[1] » dans un tweet.

Trump et Rob Porter se trouvaient dans la suite présidentielle de l'Air Force One. La télévision était branchée sur Fox News.

« Little Rocket Man, c'est le meilleur surnom que j'ai jamais trouvé », fanfaronna Trump.

« C'est marrant, oui, et je suis sûr que Kim a été touché en plein dans le mille, approuva Porter. Cela dit, vous avez pensé à la fin de la partie ? Si on poursuit sur cette pente rhétorique et qu'on se lance dans une guerre des mots qui s'emballe, vous en tirerez quoi ? Comment ça finira, d'après vous ? »

« Il ne faut jamais montrer de faiblesse, répondit Trump. Au contraire, il faut afficher sa force. Kim et les autres doivent être convaincus que je suis prêt à tout pour protéger nos intérêts. »

« Je comprends, vous voulez qu'il soit sans cesse sur la brèche. Vous voulez donner le sentiment que vous êtes imprévisible. Lui-même a déjà l'air assez imprévisible. On n'est même pas sûr qu'il soit complètement sain d'esprit. Est-ce qu'il a toute sa tête ? Il n'a pas la retenue politique qu'ont les autres. Il a besoin qu'on le prenne au sérieux sur la scène internationale. »

« Il faut afficher sa force », répéta le président.

« Je me demande si l'humilier est plus susceptible de le soumettre ou au contraire de le provoquer. »

Le président ne répondit rien. Son langage corporel laissait penser qu'il savait de quoi était capable Kim. Il résuma finalement la situation : c'est un bras de fer. « Leader contre leader. Homme contre homme. Moi contre Kim. »

---

1. Voir le tweet de Trump sur www.twitter.com/realdonaldtrump/status/911789314169823232.

À la fin du mois de septembre, le général Kelly demanda à Lindsey Graham de venir à la Maison Blanche pour préparer un exercice de simulation sur la Corée du Nord.

Des messages contradictoires de Trump et de Tillerson inondaient les médias. Depuis des semaines, Tillerson déclinait publiquement ce qu'il appelait les «quatre ni»: Les États-Unis ne souhaitaient ni un changement de régime, ni un effondrement du régime, ni une réunification accélérée des deux Corées, ni un prétexte pour envoyer des troupes en Corée du Nord[1].

«On a réussi à semer le doute dans son esprit», dit Kelly à Graham à propos de Kim Jong-un.

Or Graham opposa un raisonnement autrement spectaculaire à Kelly et McMaster. «La Chine a besoin de l'éliminer pour le remplacer par un général nord-coréen qu'elle peut maîtriser», affirma-t-il. Pour l'instant, la Chine contrôlait suffisamment la situation pour que la Corée du Nord n'attaque pas. «Je pense que les Chinois sont essentiels dans cette histoire et qu'ils doivent se débarrasser de Kim Jong-un. Pas nous, eux. Ils doivent contrôler le stock nucléaire sur place et faire baisser la pression, mettre fin à cette course à l'arsenal nucléaire. Ce que je crains, c'est que Kim Jong-un le vende.»

Il proposait que Trump dise à la Chine: «Le monde est déjà suffisamment dangereux. Je refuse que ce régime menace notre patrie avec l'arme nucléaire.»

Trump lui avait promis qu'il ne le permettrait jamais, précisa Graham. Lequel avait tout fait, à part de la pub dans les journaux, pour que le monde entier sache ce que Trump lui avait personnellement promis.

---

1. Arit John et Mark Niquette, «Tillerson Vows "Peaceful Pressure Campaign" Against North Korea», Bloomberg, 17 septembre 2017.

Le 1er octobre, plusieurs mois après que Tillerson avait publiquement tendu la main à la Corée du Nord pour ouvrir le dialogue, Trump tweeta : « J'ai dit à Rex Tillerson, notre merveilleux ministre des Affaires étrangères, qu'il perdait son temps à essayer de négocier avec Little Rocket Man. Ne gâche pas ton énergie, Rex, on fera ce qu'il faut[1] ! »

C'était un tweet belliqueux qui fut largement interprété comme une volonté de miner la politique du diplomate en chef de la nation.

Trump avait apparemment été trop impulsif. Pendant la campagne présidentielle, il avait personnellement tendu une perche à Kim en affirmant qu'il serait prêt à négocier avec lui autour d'un hamburger.

En réalité, le président avait une façon bien à lui d'asseoir sa position en créant une situation de toutes pièces, souvent risquée. Brandir la menace nucléaire contre le régime nord-coréen était impensable, mais il avait osé. Ce n'était que le début. La stratégie de ses prédécesseurs visant l'entente cordiale était morte et enterrée.

Avec Kelly, Trump tirait tellement sur la corde qu'au bout de quelques mois, le premier finit par abandonner ses rêves de contrôle sur le second. Trump n'aimait pas avoir le sentiment d'être bridé émotionnellement et semblait dire, je n'en peux plus. On me couve trop. J'ai l'impression de ne plus être responsable de rien.

En novembre, par exemple, Trump découvrit sur Fox News que Chris Crane, directeur de l'Immigration and Custom Enforcement (ICE), le service des douanes et de l'immigration, se

---

1. Voir les tweets de Trump sur www.twitter.com/realdonaldtrump/status/914497877543735296 ; www.twitter.com/realdonaldtrump/status/914497-947517227008.

plaignait de ne plus avoir accès à lui[1]. Le président les avait laissés tomber, regrettait Crane. Six semaines avant les élections, son service avait officiellement apporté son soutien à Trump. C'était la première fois que son « Conseil national », comme il l'appelait, prenait officiellement parti pour un candidat présidentiel.

Trump réagit au quart de tour.

Kelly et Chris Crane avaient une profonde aversion l'un pour l'autre. À l'époque où Kelly était secrétaire du département de la Sécurité intérieure, il avait empêché des agents de l'ICE d'appliquer des mesures répressives trop sévères à l'encontre de la violation de certaines lois sur l'immigration.

Trump convoqua Crane dans son bureau sans en informer Kelly. Kelly nous a barrés tous les accès, se plaignit Crane. On s'est mis en quatre pour vous. On vous a apporté notre soutien. On défend toutes vos décisions. Et on n'a plus aucun moyen de communiquer avec vous.

Kelly, qui entendit la voix de Crane, s'invita dans le bureau du président. Quelques secondes plus tard, les deux hommes s'injuriaient.

« Comment vous pouvez laisser entrer un type aussi con dans le Bureau ovale ? » reprocha Kelly à Trump. Si c'était comme ça, il partait. Il claqua la porte.

Plus tard, le président évoquerait leur rencontre comme s'il avait eu peur qu'ils en viennent aux mains.

Par ailleurs, Kelly insistait pour que Trump embauche Kirstjen Nielsen, une avocate de 45 ans qui était son adjointe au département de la Sécurité intérieure, pour être la nouvelle secrétaire du département.

« C'est la seule à avoir les épaules assez solides pour ce poste.

---

1. Voir le courrier de Crane résumant les doléances des agents de l'ICE sur https://jicreport.com/wp-content/uploads/2017/11/POTUS-Ltr-11_13_2017.pdf.

Elle connaît ce département comme sa poche, elle était cheffe de cabinet quand j'y étais, elle maîtrise parfaitement ce genre de dossiers. »

Sa nomination fut soumise au Sénat le 11 octobre[1].

Sur Fox News, Trump découvrit que la commentatrice Ann Coulter présentait Nielsen comme « une apôtre de l'ouverture des frontières » opposée à la construction d'un mur[2]. Lou Dobbs, ancien animateur d'émissions et éditorialiste, en rajouta en disant qu'elle était pour l'amnistie, qu'elle n'était pas croyante, qu'elle s'opposait à une ligne anti-immigration dure et qu'elle avait servi dans l'administration de George W. Bush. Le jour de son audition de confirmation au Sénat, elle avait affirmé : « Nous n'avons pas besoin d'avoir un mur qui va d'un océan à l'autre » – un propos que Dobbs, fervent soutien de Trump, jugeait « scandaleux »[3].

« Tout le monde dit qu'elle est horrible, lança plus tard Trump à Kelly. C'est pas sérieux. C'est une bushiste, les gens la détestent. Comment vous avez pu me faire ça ? »

« C'est la plus forte, la meilleure d'entre tous. Je me porte personnellement garant pour elle. Ce sera la première femme à diriger le département. Croyez-moi, c'est quelqu'un de bien. Elle sera idéale à ce poste, ultra-efficace. Elle est parfaite pour votre équipe. Je l'ai eue comme bras droit, elle connaît très bien le département. »

« Vous dites n'importe quoi. Elle est nulle. Vous êtes le seul à dire qu'elle est bien. Si ça se trouve, on va être obligé d'annuler sa nomination. »

« Et moi je serai peut-être obligé de démissionner », répondit Kelly en levant les bras au ciel avant de partir, furieux.

1. Ashley Parker et Matt Zapotosky, « Trump Taps Kirstjen Nielsen to Lead Department of Homeland Security », *The Washington Post*, 11 octobre 2017.
2. Andrew Restuccia et Eliana Johnson, « Advisers Bad-Mouth Nielsen as a "Never Trumper" », *Politico*, 11 mai 2018.
3. *Ibid.*

Peu après, Porter porta à Trump le mandat qu'il devait signer pour que Nielsen soit officiellement secrétaire.

« Je ne suis pas sûr d'avoir très envie de signer. J'ai des doutes sur elle. »

« Elle a été confirmée », répondit Porter. Le Sénat avait approuvé sa nomination à 62 voix contre 37. « Vous devez assister à son assermentation. »

Trump signa.

Ce jour-là, Kelly était l'invité de l'émission de Bret Baier sur Fox News. Il affirma que Trump avait « évolué » et « changé d'attitude vis-à-vis du dispositif DACA, voire vis-à-vis du mur[1] ».

À la Maison Blanche, Trump grimpa aussitôt aux rideaux.

« Vous avez vu ce qu'a dit Kelly ?, demanda-t-il à Porter. J'ai évolué ? J'ai changé d'avis ? Il se prend pour qui, nom de Dieu ? Je n'ai pas bougé d'un iota. Je suis exactement là où j'étais. On va le construire, ce mur. On va le construire et il longera toute la frontière. »

Zach Fuentes, l'adjoint de Kelly, expliqua aux conseillers principaux de l'aile ouest que Kelly avait une capacité de concentration limitée et était facilement distrait.

« Les détails l'emmerdent, ajouta Fuentes qui avait été son adjoint au département de la Sécurité intérieure. Ne lui mettez jamais plus d'une page sous les yeux. Même s'il y jettera un œil, il ne la lira jamais jusqu'au bout. N'oubliez pas de souligner ou de mettre en gras les points les plus importants. » Cela dit, il y avait des sujets, essentiellement la

---

1. Sophie Tatum, « Kelly on Immigration : "Trump Has Changed the Way He's Looked at a Number of Things" », CNN, 17 janvier 2018.

défense, qu'il suivait de près et sur lesquels il pouvait discuter longuement.

En temps normal, «vous aurez trente secondes pour lui parler. Si vous n'arrivez pas à accrocher son attention tout de suite, il ne vous écoutera pas.»

Kelly organisait régulièrement des réunions des vingt responsables les plus importants de la Maison Blanche dans la salle Roosevelt, les lundis, mercredis et vendredis. Il revenait souvent sur les conversations qu'il avait eues avec le président.

«J'ai discuté avec le président pendant le week-end, lança-t-il un jour[1]. Il a carrément décidé de se retirer de la péninsule coréenne et de forcer les Sud-Coréens à payer pour le THAAD. J'en ai longuement discuté avec lui, je l'ai attaqué en lui disant qu'il ne pouvait pas faire un truc pareil.»

Désormais pris dans les tirs croisés politiques de Washington et critiqué dans les médias, Kelly parlait de plus en plus de la presse et de son propre rôle dans ces réunions des conseillers principaux.

«Je suis le seul rempart entre la presse et le président, affirmat-il un jour en réunion. Les médias sont aux aguets et prêts à lui sauter dessus. Mais je suis déterminé à leur barrer la route et à me prendre toutes les balles. Tout le monde veut notre peau.»

«La presse le hait. Les journalistes nous haïssent. Ils ne nous laisseront pas une once de répit sur le moindre sujet. Les hostilités sont permanentes, c'est pour ça qu'on s'en prend autant dans la figure. Ils s'en prennent aussi à moi parce que je suis le seul à essayer de le protéger[2].»

Un autre jour, lors d'une réunion en petit comité dans son

1. Examen par l'auteur de notes prises par un participant.
2. *Ibid.*

bureau, Kelly lança : « Le président est idiot. Inutile d'essayer de le convaincre de quoi que ce soit. Il déraille. C'est Barjoville. »

« Je me demande ce qu'on fout ici. C'est le pire boulot que j'ai jamais eu. »

Kelly contrôlait de moins en moins les choses et était manifestement moins impliqué. Quand il n'était pas là, Trump appelait les membres du Congrès, notamment Chuck Schumer, Tom Cotton, Lindsey Graham, Dick Durbin ou des membres de son cabinet, pour leur dire qu'il était son propre chef de cabinet et son propre directeur des affaires législatives.

« Madeleine, hurlait-il, appelez-moi Ryan, le président de la Chambre ! »

Trump commença bientôt à poser des questions. « Comment s'en sort Kelly ?, demandait-il à Porter. C'est un dur, mais peut-être qu'il l'est trop. Je suis pas sûr que le cabinet l'aime tant que ça. »

« Je pense qu'il est utile. Il vaut mieux être craint qu'aimé. Mais il a ses limites. À mon avis, il faut juste qu'il le reconnaisse. Vous aussi. » Pour Porter, les faiblesses de Kelly se situaient du côté législatif. « Vous avez besoin d'avoir un bon directeur des affaires politiques parce que ce n'est pas le domaine de Kelly. Si vous voulez que votre chef de cabinet soit aussi votre conseiller politique en chef, il vous faut quelqu'un d'autre. »

Tillerson se plaignait souvent à Kelly du fait que Porter faisait signer des notes exécutives à Trump sans qu'elles aient été validées par le secrétaire d'État.

« Je sais que vous essayez de mettre Rex dans la boucle, expliqua Kelly à Porter, mais vous ne pouvez pas soumettre une note exécutive au président – vous ne pouvez pas le briefer sur un sujet important – si vous n'avez pas de validation en bonne et due forme. » Kelly précisa que les retours du département d'État en général ou du chef de cabinet de Tillerson en particulier n'étaient pas suffisants. Il ne pouvait prendre aucune décision « avant d'en avoir parlé ou d'avoir eu un échange mail avec Rex en personne », poursuivit Kelly.

Trump eut vent de ces conflits. Tant mieux, il aimait les désaccords bien francs. Ça permettait de dégager une variété de points de vue là où l'harmonie menait au consensus mou. Il accueillait volontiers le chaos et la confusion parmi ses subordonnés.

Le lundi 27 novembre, vers 9 heures, plus de quatre mois après son départ de la Maison Blanche, le président appela Priebus sur son portable. Ils discutèrent une dizaine de minutes.

Que pensait-il de la course au Sénat en Alabama ?, lui demanda Trump. Comment s'était passée sa croisière ? C'était fou le boulot qu'ils avaient abattu au cours des six premiers mois. Et la réforme fiscale ? Et les sénateurs républicains qui freinaient des quatre fers sur cette réforme ? Les articles du *New York Times* de la semaine étaient débiles, dit Trump.

Comment vous trouvez que Rex s'en sort ? Vous le trouvez bon ?

Priebus était prudent. Tillerson était formidable, pensait-il, mais il était dur avec le président. Et le président n'aimait pas qu'on soit dur.

La conversation était plutôt légère, Trump donnait l'impression de vouloir papoter. Kelly était ultra-pro. Il n'était pas le genre à dire n'importe quoi.

Le président invita Priebus à déjeuner à la Maison Blanche le mardi 19 décembre. Priebus était avocat privé, et sa proximité avec le président ainsi que leurs rendez-vous médiatisés étaient précieux pour sa clientèle. Tout le monde se doutait qu'il était toujours de la partie. Cela dit, les questions de Trump sur Tillerson lui rappelèrent le nombre de fois où il avait découvert que Trump sondait les gens autour de lui pour savoir ce qu'ils pensaient de lui : comment vous trouvez qu'il s'en sort, Reince ?

Il en gardait un mauvais souvenir. Trump passait son temps à demander à chacun ce qu'il pensait des autres, comme s'il cherchait à remplir un bulletin de notes. Cet art de miner et de détruire savamment la réputation et le rang de chacun était destructeur et se retournait forcément contre vous.

« Le *modus operandi* du président consiste à ébranler les gens, expliqua Priebus. Déposer tous les jetons sur la table puis, lentement mais sûrement, retirer chaque jeton un par un. » Ça pouvait être une personne, une politique, un pays, un dirigeant étranger, un républicain, un démocrate, une polémique, une enquête – il essayait de manipuler chacun, par tous les moyens, et parfois ça marchait. « Je n'avais jamais vu quelqu'un user de manipulation comme ça. »

CHAPITRE 35 *

Comme il avait accepté de rester pour la réforme fiscale, Gary Cohn devait aller jusqu'au bout. En 2017, le taux d'impôt des entreprises américaines était de 35 %, c'était donc un des plus élevés au monde. La réduction de ce taux était une revendication qui fédérait les républicains et le monde des affaires depuis des années.

Au début, Trump ne parlait que de ça. Pendant les années Bush et Obama, des dizaines de grandes entreprises avaient changé la domiciliation de leur siège afin de bénéficier de taux plus bas. La tactique était baptisée « inversion » parce qu'il s'agissait de créer une nouvelle maison mère dans un pays où les taux étaient moins élevés, l'Irlande par exemple, et de transformer la société américaine originale en filiale. C'était un sujet majeur parmi les entrepreneurs proches de Trump. Diminuer les impôts des sociétés serait un moyen de rapatrier des milliards de dollars aux États-Unis.

* L'information contenue dans ce chapitre repose essentiellement sur une série d'interviews approfondies avec des sources primaires.

« Le taux pour les entreprises doit être de 15 % », asséna Trump.

« Monsieur, répondit Cohn, c'est ce qu'on va essayer d'obtenir. » En réalité, les calculs du Trésor montraient que très peu de sociétés payaient les 35 % réglementaires parce que la majorité bénéficiait de toutes sortes d'exceptions et d'incitations fiscales votées par le Congrès.

Cohn était d'accord pour dire que les États-Unis n'étaient pas en phase avec le reste du monde. Certains pays, notamment l'Irlande, avaient des taux qui pouvaient descendre jusqu'à 9 %. « Il faut rapatrier tout cet argent, approuva Cohn. On a des milliards de dollars bloqués à l'étranger à cause des impôts américains trop élevés. »

Plus ou moins 4 000 milliards de dollars, répondit Trump, voire 5 000 milliards.

Cohn avait un tableau qui montrait que la somme était de 2 600 milliards de dollars.

Un jour, le président proposa d'augmenter l'impôt sur le revenu des plus riches – soit 39,6 % pour la tranche la plus haute – en échange d'une diminution radicale du taux de l'impôt sur les sociétés.

« Je serais d'accord pour un impôt à 44 % pour les particuliers si je pouvais obtenir un taux pour les entreprises à 15 %. »

Cohn savait que c'était de la folie, même s'il réalisa que Trump, avec ses innombrables propriétés et autres déductions d'impôt, n'avait jamais dû payer les 39,6 %, ou très rarement[1].

« Monsieur, dit-il, vous ne pouvez pas augmenter la tranche supérieure de l'impôt sur le revenu. Impossible. »

« Comment ça ? »

1. Un exemplaire (obtenu grâce à une fuite) de la déclaration de revenus de Trump en 2015 montre qu'il a payé cette année-là 38 millions de dollars pour un revenu de plus de 150 millions, soit un taux de 25 % environ. Voir www.nytimes.com/interactive/2017/03/14/us/politics/document-Donald-Trump-2005-Tax.html.

« Vous êtes un républicain », lui répondit Cohn, démocrate. Traditionnellement, les républicains militaient pour baisser l'impôt sur le revenu. C'était le parti de Reagan, qui avait fait passer l'impôt sur le revenu fédéral le plus élevé de 70 % à 28 %. « Si vous augmentez le taux de la tranche supérieure, vous êtes mort. »

Le président eut l'air de comprendre.

Pour étayer son cours particulier sur les impôts, Cohn avait une série de graphiques et de tableaux façon Goldman Sachs, mais Trump n'était pas intéressé et n'y prêta pas attention.

Plus tard, lors d'une réunion dans le Bureau ovale, Trump voulut savoir quels seraient les nouveaux taux d'imposition sur le revenu.

« Je préfère les chiffres bien arrondis, dit-il : 10 %, 20 %, 25 %. » Les chiffres ronds, nets et précis, étaient plus faciles à vendre.

Mnuchin, Cohn et Mick Mulvaney, le directeur du Bureau de la gestion et du budget, prirent le temps de lui expliquer qu'ils avaient besoin d'un certain nombre d'analyses, d'études et de débats préalables pour mesurer leur impact sur les recettes, les déficits et le budget de dépenses fédérales.

« Je veux avoir les chiffres, répéta Trump. Je pense qu'il faut que ce soit 10, 20 et 25. »

Il refusait toute mention de calculs plus précis. Un léger changement de taux pouvait avoir un effet inattendu sur les impôts prélevés par le fisc.

« Je ne veux pas le savoir », dit Trump. L'essentiel était d'avoir des chiffres ronds et solides. « C'est ce que les gens comprennent. C'est comme ça que je leur vendrai la réforme. »

Le cœur de la réforme fiscale de Cohn était indiqué dès la première page : « Augmenter la croissance économique de 2 % à 3 % » permettrait de réaliser une économie budgétaire de 3 000 milliards de dollars en dix ans.

« Monsieur, si nous arrivons à passer de 2 à 3 %, ça suffit, on finance la réforme fiscale », ajouta Cohn. Plus la croissance était forte, plus le gouvernement prélevait d'impôts.

C'était facile en théorie, mais difficile, voire impossible, en pratique d'avoir une croissance à 3 % – autrement dit, c'était un fantasme républicain typique.

L'idée plaisait à Trump. Il était grisé par la simplicité du raisonnement et se mit à parler de forte croissance économique dans ses discours.

Cohn essaya de lui expliquer qu'à l'époque de Reagan, l'économie américaine était particulièrement compétitive et que d'autres pays avaient également baissé leurs impôts. Il y avait des raisons historiques et techniques à prendre en compte.

« Je m'en tape », le rabroua Trump.

Tous les lundis, Paul Ryan organisait un buffet italien dans sa salle de réunion pour les six acteurs clés de la réforme fiscale, qui représentaient à la fois le Congrès et l'administration. Connus sous le nom de « Big Six », ces six acteurs étaient Paul Ryan ; Mitch McConnell ; Kevin Brady, directeur du House Ways and Means Committee (la commission budgétaire de la Chambre des représentants) ; Orrin Hatch, président de la commission des finances du Sénat ; Mnuchin et Cohn. La petite bande était le cauchemar des démocrates : cinq républicains plus l'ancien président de Goldman Sachs réunis pour réformer le fisc.

Ils avaient quatre principes de base : simplification du code des impôts ; allègement fiscal pour les revenus moyens ; création d'emplois et augmentation des salaires ; rapatriement et taxation des milliards de dollars des grandes entreprises abritées au bout du monde.

La méthode de Cohn vis-à-vis des dirigeants du Congrès était de leur réserver un traitement de choix. Cohn avait passé des dizaines d'années à la tête du service clients de Goldman Sachs et chacun était traité comme si c'était le client le plus important. Chez Goldman, il disait à ses clients : « Je suis disponible vingt-quatre heures sur vingt-quatre, sept jours sur sept. Vous voulez discuter ? On discute. » Le client était roi et désormais, le client, c'était la direction du Congrès.

Mnuchin s'était aliéné plusieurs représentants républicains de la Chambre en leur expliquant qu'ils ne pouvaient pas ne pas voter pour certaines résolutions permanentes du budget et pour le plafond de la dette, c'est-à-dire la limite de ce que le gouvernement peut emprunter.

Mick Mulvaney, le directeur de l'Office of Management and Budget qui avait travaillé six ans pour la Chambre, avait d'ailleurs rapporté à Cohn la réponse d'un républicain à Mnuchin : « Monsieur le secrétaire, la dernière fois qu'on m'a donné un ordre, j'avais 18 ans et ça venait de mon père. Je ne l'ai plus jamais écouté. »

Plus tard, Mnuchin proposa qu'on plafonne le montant du revenu des entreprises déclaré par un contribuable pouvant être soumis au taux le plus faible des particuliers – la mesure faisait référence au mécanisme appelé « *pass-through taxation* » (transfert d'imposition) permettant aux chefs d'entreprise de transférer sur leur déclaration personnelle le revenu de leur société. D'après lui, 95 % des déclarations *pass-through* étaient inférieures à 350 000 dollars de revenu annuel.

Hors de question, répondirent Ryan et Brady, ça ne rimait à rien. Mnuchin ne tenait pas compte des 5 % restants de *pass-through* qui comprenaient des mégadonateurs du Parti républicain comme les frères Koch.

Peu importe, Mnuchin s'affaira derrière leur dos pour enrôler plusieurs républicains de la Chambre.

Mulvaney laissa un mot sur le bureau de Cohn : Si vous voulez que la réforme fiscale se fasse, éloignez-moi Mnuchin du Congrès. Cohn rapporta l'anecdote à Kelly.

En novembre, les négociations sur la réforme s'intensifièrent[1]. Mnuchin partit en tournée pour vendre le projet : avec Ivanka en Californie les 5 et 6 novembre et dans le New Jersey le 13 novembre ; dans l'Ohio, sans Ivanka, le 14 novembre.

Du côté du Sénat, le président de la commission des finances, Orrin Hatch, réunit plusieurs sénateurs (Pat Toomey de Pennsylvanie, Rob Portman de l'Ohio, Tim Scott de Caroline du Sud et John Thune du Dakota du Sud) pour qu'ils poursuivent les négociations en son nom car il ne maîtrisait pas suffisamment bien les questions fiscales. Cohn était en permanence au téléphone avec eux.

Gary Cohn prenait la mesure de la complexité de cette réforme. L'un de ses graphiques, intitulé « Le régime fédéral d'impôt sur le revenu est très progressiste », était selon lui fondamental car il résumait le problème essentiel : 44 % des Américains ne payaient pas d'impôt sur le revenu au niveau fédéral.

Pendant la campagne des primaires de 2012, alors que ce pourcentage atteignait 47 % en raison de la crise de 2008, le candidat républicain Mitt Romney avait été enregistré en train d'affirmer avec mépris : « 47 % des gens sont pour [le président Barack Obama], ils sont dépendants du gouvernement, ils jouent les victimes, ils pensent que le gouvernement est tenu de les assister et qu'ils ont droit à la santé, à l'alimentation, au logement et à je ne sais quoi – tout ça leur est dû. Leur gouvernement doit le leur offrir. Ils voteront pour ce président quoi qu'il arrive […]. Ce sont des gens qui ne paient pas d'impôts […]. Mon boulot, c'est d'ignorer ces gens. Je ne pourrai jamais les convaincre d'assumer leurs responsabilités et de prendre en charge leur vie personnelle[2]. »

1. Saleha Mohsin, « Mnuchin Crosses the U.S. Trying to Sell the GOP Tax Plan », Bloomberg, 16 novembre 2017.
2. Molly Moorhead, « Mitt Romney Says 47 Percent of Americans Pay No Income Tax », *PolitiFact*, 18 septembre 2012.

En réalité, la majorité des 44 % payaient des cotisations salariales qui servaient à financer la sécurité sociale et Medicare, le système d'assurance santé du gouvernement fédéral, ainsi que les impôts de leur État, les impôts locaux, la taxe foncière et la taxe sur les ventes[1]. En revanche, ils ne payaient pas d'impôt fédéral, ce qui signifie que les recettes du gouvernement fédéral ne provenaient que de 56 % des Américains.

Beaucoup de contribuables à faible revenu payaient moins que rien, la présentation de Cohn le montrait bien. Leur revenu était tellement faible que non seulement ils ne devaient rien au gouvernement fédéral, mais ils coûtaient de l'argent à l'État puisque ledit gouvernement leur accordait des crédits d'impôts grâce à des mécanismes tels que l'Earned Income Tax Credit destiné aux foyers modestes, ou le Child Tax Credit, une forme d'allocation familiale[2].

Ivanka Trump s'était rangée aux côtés des sénateurs Marco Rubio et Mike Lee, qui plaidaient pour faire passer le Child Tax Credit de 1 000 à 2 000 dollars par enfant. Les deux hommes refusaient de voter pour la réforme si cette prestation n'était pas augmentée. « On a dû acheter leurs votes. On s'est fait extorquer par Lee et Rubio », affirmerait Cohn. Il estimait que le gouvernement fédéral confondait impôts et aides sociales et qu'il se servait du régime fiscal pour aider les plus pauvres.

L'impôt sur les sociétés demeurait une question cruciale. Trump était fixé sur l'idée de taux à 15 % mais Cohn et Mnuchin finirent par le persuader de passer à 18 %. Paul Ryan, expert en droit fiscal, l'appela pour lui demander d'arrondir à 20 %.

1. Roberton C. Williams, « A Closer Look at Those Who Pay No Income or Payroll Taxes », Tax Policy Center, 11 juillet 2016.
2. En 2013, selon les chiffres de PolitiFact, l'Earned Income Tax Credit coûta 63 milliards de dollars au Trésor fédéral, tandis que selon le Committee for a Responsible Federal Budget, le Child Tax Credit coûta 57 milliards de dollars.

Les sénateurs réunis par Orrin Hatch et Cohn proposèrent un taux à 21 %.

Gary Cohn appela Trump et se lança dans une longue explication technique en faveur de ce taux. Seul un avocat fiscal pouvait comprendre les nuances entre ces différents pourcentages ainsi que certaines exceptions dont Trump se fichait comme de l'an quarante.

« Allez-y », lança-t-il.

Cohn comprit qu'il avait les mains libres du moment que Trump pouvait clamer sur tous les toits que leur réforme était une victoire.

Le président eut alors une idée de directeur de marketing : « On n'a qu'à l'appeler "The Cut, Cut, Cut Bill" » (« la loi qui réduit, réduit, réduit »). Il trouvait l'idée tellement géniale qu'il eut une longue conversation téléphonique avec Ryan et Brady pour leur vendre le nom. Après avoir raccroché, il était persuadé que la Chambre l'adopterait.

En réalité, cette dernière la baptisa sobrement « Tax Cuts and Jobs Act » (« Loi sur les réductions d'impôts et les emplois »). Sauf qu'en vertu de vieilles règles du Sénat, l'appellation était trop courte, si bien qu'elle finit curieusement par être appelée « An Act to Provide for Reconciliation Pursuant to Titles II and V of the Concurrent Resolution in the Budget for Fiscal Year 2018 » (« Loi destinée à permettre le rapprochement conforme aux titres II et V de la résolution équivalente du budget de l'année fiscale 2018 »).

Peu à peu, Cohn comprenait qu'obtenir le vote des sénateurs consistait à accorder à chacun un avantage fiscal ou une exception. « On se croirait dans un magasin de bonbons », dit-il. Les sénateurs

Chuck Grassley, John Thune et Dean Heller demandaient des crédits d'impôts pour les carburants alternatifs, y compris les éoliennes. Susan Collins voulait accorder des déductions d'impôts aux enseignants qui achetaient du matériel pour leur salle de classe ; c'était la condition de son vote en faveur de la réforme. Ron Johnson, sénateur du Wisconsin, était plus attentif aux transferts d'impôt liés aux entreprises. Mitch McConnell, chef de la majorité républicaine au Sénat, fit plusieurs promesses concernant la question de l'immigration, notamment à Jeff Flake, sénateur de l'Arizona.

La loi telle qu'elle finit par être votée était un casse-tête impressionnant de chiffres, de clauses et de catégories. C'était sans conteste une loi républicaine qui favorisait avant tout les entreprises et les plus riches. Cela dit, en 2018, elle était censée réduire les impôts de toutes les tranches et, à en croire le *think tank* Tax Policy Center, les revenus après impôts augmenteraient en moyenne de 2,2 %[1].

La majorité des Américains de la classe moyenne – soit les Américains ayant un revenu imposable compris entre 19 000 et 77 000 dollars – passeraient d'un taux de 15 % à un taux de 12 %, ce qui représentait plusieurs centaines de dollars d'économie par an pour chacun d'entre eux. Mais cette réduction individuelle diminuerait chaque année et prendrait fin en 2025.

Les avantages pour les entreprises comprenaient le passage du taux d'imposition sur les sociétés de 35 à 21 %. Autre faveur : les entreprises bénéficiant de ladite *pass-through taxation*, notamment les sociétés en nom collectif et les petites sociétés comme la Trump Organization, pouvaient obtenir une déduction d'impôt de 20 %.

1. Howard Gleckman, « How the Tax Cuts and Jobs Act Evolved », Tax Policy Center, 28 décembre 2017.

Le 20 décembre 2017 à 13 heures, le vice-président Pence était présent au Sénat, prêt à user de sa voix s'il le fallait pour départager les votes.

La loi fut adoptée à 51 voix contre 48.

La personne manifestement la plus troublée, un sénateur démocrate proche de Cohn, se précipita vers lui pour l'avertir : « Cette réforme va faire des dégâts pendant dix ans. On va passer les dix années suivantes à tout défaire. »

Cohn le somma de se calmer. « Il fallait qu'on attise la concurrence du monde des affaires, se défendit-il. On ne pouvait pas faire autrement. Si tu voyais le tableau qui représente les concurrents en question – écoute, on vit dans un monde ultracompétitif. »

Les taux d'imposition des particuliers étaient échelonnés suivant une grille de 10, 12, 22, 24, 32, 35 et 37 % – le taux le plus élevé. Le passage de 39,6 % à 37 % correspondait à une réduction conforme au credo républicain.

En tout, la réforme alourdirait le déficit annuel de 1 500 milliards de dollars en dix ans.

Les dirigeants républicains et Trump firent l'éloge de la réforme en livrant une série de discours devant le portique sud de la Maison Blanche[1]. « En fin de compte, qu'est-ce que ça signifie ? Des emplois, des emplois, et encore des emplois », conclut Trump.

La réforme fiscale fut la seule loi importante votée au cours de la première année de son mandat.

1. Donald J. Trump, « Remarks on Congressional Passage of Tax Reform Legislation », 20 décembre 2017. Accessible en ligne *in* Gerhard Peters et John T. Woolley, *The American Presidency Project*. www.presidency.ucsb.edu/ws/?pid=129018.

CHAPITRE 36 *

Au début de l'année 2018, le président lança une violente salve contre Bannon : c'était clairement lui qui était la principale source de Michael Wolff, l'auteur du livre *Le Feu et la Fureur*, peu flatteur à l'égard de Trump.

Plutôt que de tweeter, il fit une longue déclaration dans laquelle il affirma : « Steve Bannon n'a rien à voir avec moi ni avec mon mandat de président. Quand il a été viré, non seulement il a perdu son boulot mais il a perdu la boule. [...] Maintenant qu'il est seul, il commence à comprendre que gagner n'est pas aussi facile que ce que je pourrais laisser penser[1]. »

De son côté, Bannon trouvait que Trump avait largement échoué à être un vecteur de changement. Le vieil ordre de la sécurité nationale l'avait emporté. La seule exception était

* L'information contenue dans ce chapitre repose essentiellement sur une série d'interviews approfondies avec des sources primaires.

1. Donald J. Trump, « Statement on Former White House Chief Strategist Stephen K. Bannon », 3 janvier 2018. Accessible en ligne *in* Gerhard Peters et John T. Woolley, *The American Presidency Project*. www.presidency.ucsb. edu/ws/?pid=128962.

peut-être une posture plus affirmée vis-à-vis de la Chine et la prise de conscience qu'il s'agissait du vrai rival sur la scène commerciale internationale.

Bannon était consterné par le document de cinquante-cinq pages intitulé *La Stratégie de la sécurité nationale*, publié en décembre 2017[1]. La section consacrée au Moyen-Orient affirmait que le but était de « préserver un équilibre des pouvoirs régional favorable ».

C'est quoi ce bordel ?, s'était écrié Bannon. On aurait dit la refonte de l'ordre de Kissinger, celui de l'ancien monde, axé sur la stabilité. L'objectif du sommet de Riyad organisé par Trump en 2017 était de nouer des alliances pour mettre fin à l'expansion et à l'hégémonie de l'Iran. Dans l'esprit de Bannon, l'« équilibre des pouvoirs » signifiait que les États-Unis acceptaient le *statu quo* et la stratégie consistant à pousser l'affrontement à la limite tout en laissant l'Iran gérer la zone grise.

Bannon pensait que Trump voulait faire reculer l'Iran et l'obliger à se retirer d'Irak, de Syrie, du Liban et de la péninsule du Yémen. Pour ce faire, les États-Unis devaient s'allier à l'Arabie saoudite, aux États du Golfe et à Israël.

Le véritable ennemi était la Chine. La Russie n'était pas un problème. L'économie russe avait la taille de celle de l'État de New York – autour de 1,5 milliard de dollars – mais l'économie chinoise serait bientôt plus importante que celle des États-Unis d'ici peu de temps, peut-être une décennie.

Bannon croyait encore aux forces du mouvement national populiste, mais l'ancien ordre l'avait émoussé dès la première année de la présidence Trump et ne semblait pas près de s'effacer.

L'onde de choc populiste n'était pas parvenue à pénétrer les élites politiques. Trump avait réussi à briser l'armure d'Hillary Clinton mais pas des autres.

1. Le document est en ligne sur www.whitehouse.gov/wp-content/uploads/2017/12/NSS-Final-12-18-2017-0905.pdf.

L'establishment républicain avait réussi à ramener Trump sur le droit chemin. Les réductions d'impôt étaient taillées sur mesure pour les grandes entreprises. Le budget, qui alourdissait le déficit de 1,5 milliard de dollars, était la caricature de cette mentalité de caste politique qui ne manquait pas une occasion de s'enrichir, chaque lobbyiste obtenant ce qu'il voulait pour ses clients. Quant au mur, abandonné aux oubliettes. Le milieu l'avait emporté.

Le problème n'était pas l'État profond[1], c'était l'État-en-pleine-figure.

L'épisode le plus compromettant restait pour Bannon le discours que Trump avait livré au Forum économique de Davos le 26 janvier 2018[2]. Le *New York Times* avait écrit en une : « Trump est arrivé à Davos comme le trublion qui casse tout. Il est reparti applaudi pour son pragmatisme[3]. »

C'était un discours de chambre de commerce, estimait Bannon. Trump avait épousé l'establishment.

Les critiques de Trump à l'encontre du ministre de la Justice Jeff Sessions faisaient grincer les dents de Bannon : jamais Trump ne trouverait quelqu'un de mieux qui puisse être approuvé par le Sénat.

Trump passait son temps à se plaindre comme un gamin de 14 ans qui pense que c'est injuste. Il n'était pas dans une logique d'adulte. Pour le raisonner, il fallait adopter une logique d'adolescent.

---

1. Le concept d'« État profond », apparu dans la Turquie des années 1990, désigne le groupe informel de personnes qui détiendrait le pouvoir réel dans l'État, au-delà des apparences démocratiques et du pouvoir légal. (NdT.)

2. « Remarks and a Question and Answer Session at the World Economic Forum in Davos, Switzerland », 26 janvier 2018. Accessible en ligne *in* Gerhard Peters et John T. Woolley, *The American Presidency Project*. www.presidency.ucsb.edu/ws/?pid=128980.

3. Peter S. Goodman et Keith Bradsher, « Trump Arrived in Davos as a Party Wrecker. He Leaves Praised as a Pragmatist », *The New York Times*, 26 janvier 2018.

Durant les six premiers mois de son mandat, peu de personnes avaient pris la mesure de sa consommation de médias. C'était terrifiant. Il apparaissait rarement avant 11 heures du matin et passait très souvent entre six et huit heures par jour devant la télévision. Vous imaginez l'état de votre cerveau si vous faisiez pareil ?, demandait Bannon.

Ce dernier affirma qu'il avait l'habitude de lancer à Trump : « Éteignez-moi cette merde ! »

Un samedi après-midi de février ou de mars à Mar-a-Lago, Trump venait de jouer au golf. L'endroit était sublime, d'une beauté à couper le souffle. Melania vaquait à ses occupations dans la pièce à côté. Lui était rivé devant les intervenants vedettes de CNN qui, d'après Bannon, n'étaient que haine, et il commençait à s'agiter. « Qu'est-ce que vous fichez ?, lui demanda Bannon. Pourquoi se faire du mal ? Éteignez la télé. Ça ne rime à rien. Allez vous changer les idées. »

Souvent, Trump répondait : « Vous avez vu ? Il ment comme un arracheur de dents. Putain, qui a bien pu… »

Et Bannon de répliquer : « Allez vous détendre avec Melania. » Trump passait d'ailleurs peu de temps avec son fils Barron, alors âgé de 11 ans.

Bannon n'avait pas l'impression d'être un ami de Trump. Il n'avait pas de véritables amis. Il appartenait à une autre époque, à l'Amérique des années 1950. C'était un homme, un vrai, viril et fier de l'être.

Les mouvements de femmes et de féministes lancés par #TimesUp et #MeToo créeraient une alternative qui mettrait fin au patriarcat et à la domination masculine, estimait Bannon.

« Trump est le repoussoir idéal. C'est le mauvais père, le premier mari détestable, le petit copain qui vous trahit et vous vole vos plus belles années, à qui vous sacrifiez votre jeunesse jusqu'au moment où il vous largue. Pour couronner le tout, c'est le patron ignoble qui vous attrape par la chatte et vous humilie. »

Début 2018, les tweets de Trump ne furent pas loin de déclencher une vraie guerre contre la Corée du Nord. Le public n'eut pas accès à toute l'histoire, ni aux risques énormes que Trump et Kim Jong-un prirent en se lançant dans une bataille des mots au vu et au su de tous.

Les hostilités commencèrent le jour de l'An lorsque Kim crut bon de rappeler au monde entier et au président américain qu'il détenait l'arme nucléaire.

« Ce n'est pas une menace mais une réalité, j'ai un bouton nucléaire sur lequel je peux appuyer dans mon bureau, déclara-t-il. Le territoire des États-Unis est à la portée de nos armes nucléaires[1]. » C'était un chantage facile et peu glorieux.

Le 2 janvier, après réception de son *President's Daily Brief*, Trump affirma : « Dans ce boulot, c'est comme si j'avais cinq mains de poker en même temps et aujourd'hui, la plupart de nos mains sont gagnantes. L'Iran est en train de perdre et le régime est sous pression. Le Pakistan est terrifié à l'idée de perdre notre aide en matière de sécurité et d'avoir à rembourser. La Corée du Sud est prête à capituler sur le commerce et les pourparlers avec la Corée du Nord[2]. » Le monde lui appartenait, sauf qu'il n'avait pas mentionné la cinquième main.

Le vrai pouvoir, c'est la peur.

Face à Kim Jong-un, il avait décidé de jouer l'épouvante. « C'est une brute, déclara Trump à Porter. Un type coriace. Avec ces gens il faut être impitoyable. Je vais l'intimider et être plus malin que lui. »

Ce soir-là, il envoya un tweet vengeur du niveau « la mienne est plus grosse que la tienne » qui ébranla la Maison Blanche

1. Peter Baker et Michael Tackett, « Trump Says His "Nuclear Button" Is "Much Bigger" Than North Korea's », *The New York Times*, 2 janvier 2018.
2. Examen par l'auteur de notes prises par un participant.

et toute la communauté diplomatique : « Le dirigeant nord-coréen Kim Jong-un vient d'annoncer qu'il vit avec le bouton nucléaire sur son bureau, écrivit-il à 7 h 49. Y a peut-être quelqu'un dans son régime crève-la-faim et à bout de forces qui pourrait lui préciser que moi aussi j'ai le bouton nucléaire, sauf qu'il est dix fois plus gros et plus puissant que le sien, et qu'il fonctionne[1] ! »

Trump exploitait les faiblesses de Kim Jong-un. Le Center for Nonproliferation Studies (Centre des études sur la non-prolifération) avait ainsi annoncé que dix-huit des tests de missiles nord-coréens avaient échoué au cours des six années précédentes.

Le président des États-Unis semblait jouer une scène de *Docteur Folamour*. Sur Internet, c'était l'affolement général.

Le compte Twitter du *Washington Post* précisa aussitôt : « Il n'y a pas de bouton[2]. »

Colin Kahl, ancien secrétaire adjoint à la défense d'Obama, tweeta : « Les gens ne paniquent pas à cause du bouton au sens littéral. Ils paniquent à cause de l'instabilité mentale d'un homme qui peut tuer des millions de personnes sans la moindre autorisation[3]. »

Sur Twitter, beaucoup de gens se demandaient si Trump n'avait pas violé les conditions d'utilisation du réseau en brandissant la menace d'une guerre nucléaire. Certains rappelèrent ce qu'avait dit Hillary Clinton dans un discours à la convention démocrate de juillet 2016 : « Un homme qui mord à l'appât d'un tweet n'est pas un homme à qui vous pouvez confier des armes nucléaires[4]. »

1. Peter Baker et Michael Tackett, « Trump Says His "Nuclear Button" Is "Much Bigger" Than North Korea's », *The New York Times*, 2 janvier 2018.
2. Voir le tweet du *Washington Post* sur www.twitter.com/washingtonpost/status/948380549156098052.
3. Voir le tweet de Kahl sur www.twitter.com / colinkahl / status / 948395 216213626881.
4. « Address Accepting the Presidential Nomination at the Democratic

Le tweet de Trump fit néanmoins des adeptes. C'est ainsi qu'une plume du *Washington Examiner*, un site conservateur, concluait : « Un des problèmes majeurs de Barack Obama, c'est qu'il était perçu par les étrangers – amis et ennemis – comme un président hésitant à exploiter toute la puissance des États-Unis. […] Trump a raison de jouer cartes sur table et d'adopter l'approche inverse[1]. »

Le président n'en avait pas fini. Que les États-Unis, première puissance nucléaire mondiale, émettent une menace sans précédent ne lui suffisait pas.

À la Maison Blanche, en privé, il proposa d'envoyer un tweet ordonnant le rapatriement de toutes les familles des troupes déployées en Corée du Sud – les milliers de personnes attachées aux 28 500 hommes présents sur place.

Le geste serait fort probablement interprété par la Corée du Nord comme la preuve que les États-Unis préparaient très sérieusement la guerre.

Le 4 décembre, McMaster avait reçu un avertissement à la Maison Blanche. Ri Su-yong, le vice-président du Politburo nord-coréen, avait prévenu ses homologues que « la Corée du Nord interpréterait l'évacuation des civils américains comme le signe d'une attaque imminente ».

Rapatrier les familles était l'une des dernières cartes à jouer. Les tweets potentiels de Trump fichaient une trouille bleue aux dirigeants du Pentagone – Mattis et Dunford. Que le commandant en chef des États-Unis fasse ce genre de déclaration sur Twitter était du jamais-vu.

Kim Jong-un pourrait très mal le prendre. Le dirigeant d'un pays qui venait de se doter de l'arme nucléaire, à un niveau bien

---

National Convention in Philadelphia, Pennsylvania », 28 juillet 2016. Accessible en ligne *in* Gerhard Peters et John T. Woolley, *The American Presidency Project*. www.presidency.ucsb.edu/ws/index.php?pid=118051.

1. Tom Rogan, « Trump's "Nuclear Button" Tweet About North Korea Was Good », *Washington Examiner,* 3 janvier 2018.

inférieur qu'un adversaire potentiel, pouvait avoir la gâchette facile. Ce serait l'inciter à adopter la logique du « rien à perdre ».

Le tweet ne fut pas envoyé mais Trump ne lâchait pas et il remit le sujet sur la table avec le sénateur Lindsey Graham.

Le 3 décembre, avant la guerre des mots entre les deux dirigeants et après un test de missile ICBM nord-coréen, Graham avait conseillé de rapatrier les familles des militaires basés en Corée du Sud. « C'est de la folie d'envoyer des femmes et des enfants en Corée du Sud », avait-il déclaré dans l'émission de CBS *Face the Nation*[1]. Il avait proposé de faire de la Corée du Sud une destination interdite aux familles et ajouta : « Je pense qu'il est temps de commencer à les rapatrier. »

Un mois plus tard, quand Trump l'appela, il avait changé de fusil d'épaule.

« Vous avez intérêt à réfléchir longuement avant de prendre cette décision, dit-il. Si vous sautez le pas, vous aurez du mal à revenir en arrière. Ça ébranlera toute la Bourse sud-coréenne et l'économie japonaise. C'est du lourd. »

« Vous pensez qu'il vaut mieux que j'attende ? »

« Monsieur le président, je pense que vous avez intérêt à ne jamais mettre le doigt dans l'engrenage à moins d'être prêt à faire la guerre. »

Trump s'abstint de tweeter mais la question des familles de militaires n'avait pas disparu de son esprit. En attendant, l'armée continuait à envoyer femmes et enfants en Corée du Sud.

1. « Transcription du programme *Face the Nation* avec Lindsey Graham, 3 décembre 2017.

CHAPITRE 37 *

L e général Kelly fit savoir au président que McMaster et
Tillerson, ses deux conseillers à la politique étrangère,
se battaient pour savoir lequel négocierait avec l'Arabie
Saoudite pour décrocher 4 milliards de dollars. L'argent devait
servir, entre autres, à financer des opérations en Syrie, y compris
un projet de la CIA top-secret destiné aux rebelles syriens, dont
le nom de code était TEAK.

Obtenir que des gouvernements étrangers financent la présence
de troupes et les opérations de la CIA dans des pays extérieurs
était l'un des objectifs principaux de Trump. Que McMaster
aille se faire foutre, dit-il. Ce type bardé de diplômes et préten-
tieux n'a aucun sens des affaires, il ne sait pas négocier.

Kelly était d'accord, ce n'était pas son domaine et jusqu'ici, il
ne s'en sortait pas très bien avec les Saoudiens. Lesquels signaient
d'énormes chèques pour différents projets en Syrie. D'après
Tillerson, McMaster avait débarqué en affirmant : « Je m'occupe

* L'information contenue dans ce chapitre repose essentiellement sur une
série d'interviews approfondies avec des sources primaires.

de mes homologues en Arabie Saoudite. Je négocierai directement avec eux. »

Le président était furieux. Tillerson avait beau lui poser des problèmes, il avait de l'expérience et avait signé de nombreux contrats avec la famille royale saoudienne quand était à la tête d'Exxon. Tillerson savait qu'on ne pouvait pas faire confiance aux Saoudiens, or pour Trump, ne pas faire confiance à ceux qui étaient face à vous était un principe de base pour négocier et les obliger à plier avant de conclure un marché. Il fallait être dur et dire non pour arriver à dire oui. Pourquoi diable McMaster voulait-il retirer cette prérogative à Tillerson ? Ça n'avait aucun sens.

En attendant, ce 19 janvier 2018, la veille du premier anniversaire de sa mandature, il y avait une question beaucoup plus urgente à régler.

Trump avait eu plusieurs entretiens téléphoniques sécurisés avec le président de Corée du Sud, Moon Jae-in, au cours desquels il avait violemment attaqué l'accord de libre-échange entre les deux pays KORUS. Décidément, le déficit de 18 milliards de dollars ne passait pas, pas plus que les 3,5 milliards que leur coûtait la présence de leurs troupes sur place. Sa fixette était en train de mettre en péril les rapports avec Moon, qu'il n'aimait pas. Une fois de plus, têtu et disant tout ce qui lui passait par la tête, il était à bout de nerfs.

Il annonça à Moon qu'il comptait lui envoyer la notification qui prendrait effet cent quatre-vingts jours plus tard pour mettre fin à leur accord commercial.

On se fait arnaquer, dit-il. Il voulait séparer le domaine de la sécurité de celui des relations commerciales. J'en ai marre de vous filer tout ce pognon pour rien !

Le président coréen lui expliqua que les deux domaines étaient liés. Nous voulons coopérer avec vous, dit-il, conciliant. Vous êtes à la fois un partenaire et un allié. Il y a peut-être un malentendu du côté économique. Nous sommes prêts à y remédier.

Trump était remonté. Vous avez intérêt à nous payer pour le système de missiles antibalistique THAAD. Du reste, pourquoi il faudrait qu'on ait un système antibalistique sur votre territoire ?

Il dénigra l'accord KORUS, la Corée du Sud et son nouveau dirigeant. Sa rage à peine contenue était un comble d'anti-diplomatie, tout ce qu'il aimait. Il était à deux doigts de faire exploser la relation avec la Corée du Sud.

Abasourdis, Kelly, McMaster, Tillerson et Mattis riaient jaune de voir que le président s'emportait plus violemment contre ce pays que contre leurs adversaires classiques – Chine, Russie, Iran, Syrie et Corée du Nord.

Les hauts responsables de la Maison Blanche et de la sécurité nationale étaient atterrés. Qu'est-ce que le président allait encore pouvoir faire ou dire ? Leur relation avec la Corée du Sud était essentielle, surtout en ce moment. Il fallait mettre fin à son délire. Tous étaient d'accord pour intervenir avant que Moon ne décide de jeter l'éponge.

Le 19 janvier 2018, McMaster organisa une réunion du Conseil de sécurité national dans la salle de crise[1]. Le but était de rassembler le président et les plus hauts responsables – Tillerson, Mattis, Kelly, McMaster, Cohn et Dunford – afin d'aborder les différents problèmes liés à la Corée du Sud.

« Qu'est-ce que ça nous rapporte de maintenir une présence militaire aussi massive dans la péninsule coréenne ? », demanda tout de go Trump. « J'irais même plus loin, ça nous apporte quoi de protéger Taïwan, par exemple ? » Il y voyait le même problème depuis toujours : les États-Unis payaient pour défendre des pays étrangers en Asie, au Moyen-Orient et dans le cadre de l'OTAN. Pourquoi est-ce que la Corée du Sud est amie avec nous ?, demandait-il. Quel avantage on en tire ? Il fulminait depuis un an. Aucune réponse ne le satisfaisait.

---

1. Examen par l'auteur de notes prises par un participant.

On en tire un avantage considérable, expliquèrent une fois de plus Dunford et Mattis : une démocratie stable dans une région du monde où c'est essentiel pour nous, précisa Mattis. La Corée du Sud était un de leurs bastions les plus solides, un pays où les élections étaient libres et le capitalisme en pleine santé.

Il comptait 50 millions d'habitants, il se situait au vingt-septième rang mondial en termes de superficie mais son économie était à la onzième place et son PIB s'élevait à 1 500 milliards de dollars, soit l'équivalent du PIB russe.

Trump avait été briefé sur le *Special Access Program* qui leur donnait une longueur d'avance pour détecter les tirs de missiles nord-coréens – sept secondes contre quinze minutes depuis l'Alaska. Le programme comprenait aussi une capacité de cyberattaque pour saboter les missiles nord-coréens avant et après lancement, mais jusqu'à présent les résultats étaient mitigés.

Mattis montrait des signes de lassitude face au mépris de Trump pour la chose militaire et le renseignement. Il en avait assez de sa mauvaise volonté et de son refus de comprendre à quoi ils servaient.

« Nous faisons ça pour éviter la Troisième Guerre mondiale », dit-il. Il était calme mais raide. Sa déclaration était stupéfiante, déstabilisante pour le président. Elle signifiait que Trump risquait de déclencher une guerre nucléaire. Dans la salle, on n'entendait plus une mouche voler.

Une des personnes présentes affirma que le message de Mattis était clair : arrêtez de déconner sur ce sujet. On fait ça parce que notre rôle est d'éviter la Troisième Guerre mondiale. Il ne s'agit pas d'une petite prise de risque en affaires où une faillite n'est pas si terrible.

Mattis et les autres étaient à bout. Comment diable le président pouvait-il remettre en question des principes aussi évidents, aussi fondamentaux ? Mattis semblait dire, Dieu du ciel, arrêtez ça !

Au lieu de quoi, il poursuivit : «Si nous sommes capables de défendre notre territoire, c'est grâce au déploiement» de 28 500 hommes. Il n'en dit pas plus parce qu'il hésitait à mentionner le *Special Access Program* devant un comité aussi large.

Le risque de guerre serait bien plus important s'ils n'avaient ni renseignement ni troupes. La défense de la Corée du Sud et du Japon serait réduite à néant. S'il y avait la guerre sans ces avantages, dit-il, «la seule option serait l'option nucléaire. Nous serions loin d'avoir un tel effet dissuasif. […] Ça nous coûterait plus cher.» L'entente avec la Corée du Sud était une excellente affaire pour la sécurité nationale. Mattis essayait d'adopter le style du président qui évaluait tout suivant l'équation coûts / bénéfices.

«Sauf qu'on perd un fric fou dans nos échanges avec la Corée du Sud, la Chine et les autres, se défendit Trump. Je préférerais dépenser cet argent pour nous.» Avec ces déséquilibres commerciaux, les États-Unis subventionnaient les autres pays.

«Les pays qui ont signé avec nous pour ces histoires de sécurité le font exclusivement parce qu'ils empochent autant de fric de notre part, martela-t-il une fois de plus.» Selon lui, ils n'étaient pas loin de voler les États-Unis.

«Le déploiement avancé de troupes est ce qu'il y a de moins cher pour atteindre nos objectifs en termes de sécurité, répondit Mattis. Les retirer entamerait sérieusement la confiance de nos alliés.»

Le général Dunford intervint pour défendre chaque point avec ferveur.

«On dépense des sommes gigantesques pour des pays richissimes qui ne partagent pas les charges», insista encore Trump.

Passant du coq à l'âne, il évoqua le conflit entre Tillerson et McMaster dont Kelly lui avait parlé. Il s'agissait de négocier avec les Saoudiens pour obtenir 4 milliards de dollars et financer leurs opérations en Syrie et ailleurs. Il avait cru comprendre que McMaster avait sommé Tillerson de s'écarter.

Soudain, il attaqua frontalement son conseiller à la sécurité nationale : «Vous pouvez me dire pourquoi vous faites ça ? Les Saoudiens n'y comprennent plus rien. On parle de 4 milliards. C'est Rex qui s'en charge. H. R., vous ne vous en mêlez pas. Je me demande bien comment vous avez pu ne serait-ce qu'imaginer que ce serait une bonne chose pour vous de retirer ça à Rex. Restez à l'écart de ça. Rex s'en occupe. Il s'en sortira très bien.»

McMaster encaissa sans broncher. Il venait de se faire insulter devant le CNS, qu'il était censé présider et coordonner.

«Oui, Monsieur le président», répondit cet homme qui avait le grade de général.

Tillerson revint au sujet qui les occupait : l'intérêt du déploiement avancé. «C'est la meilleure solution à l'échelle mondiale, dit-il. Lier les échanges commerciaux et la géopolitique produit de bons résultats pour la sécurité.»

Dunford abonda dans son sens : «Le déploiement avancé en Corée du Sud nous coûte 2 milliards de dollars environ. La Corée du Sud nous en rembourse plus de 800 millions. On ne leur demande pas de nous rembourser ce que coûtent nos troupes» en termes de salaire, par exemple. Dunford rappela qu'en outre, d'autres pays versaient une contribution annuelle aux États-Unis pour des opérations que de toute façon ils engageraient pour leur protection. «On obtient à peu près 4 milliards par an pour protéger le sol américain.»

«On pourrait être tellement riches si on n'était pas aussi bêtes, répondit Trump. On se fait pigeonner, surtout par l'OTAN.» La défense collective était un jeu de dupe.

Citant un chiffre que Bannon donnait souvent pour rappeler le sacrifice financier et le coût total des guerres, de la présence militaire et de l'aide au Moyen-Orient, le président résuma : « On a [dépensé] 7 milliards de dollars au Moyen-Orient. Et on n'est pas fichu de trouver 1 milliard pour nos infrastructures. »

Là-dessus, il quitta la réunion. Il y avait de l'exaspération dans l'air. Pourquoi faut-il qu'on lui réexplique tout en permanence ?, se demandaient ses principaux conseillers. Quand va-t-il comprendre ? Ils n'en revenaient pas d'avoir ce genre de conversation et de devoir sans cesse argumenter. Mattis était particulièrement horripilé et inquiet, avouant à plusieurs proches que le président se comportait comme – et avait la capacité de compréhension – un « gamin de niveau CM2 ou sixième. »

La première fois que j'ai entendu parler de cette réunion en détail, je suis allé relire la transcription de ce que le président Barack Obama m'avait confié en 2010 sur ses appréhensions les plus profondes[1].

« Ce qui changerait la donne, m'a dit Obama, ce serait une arme nucléaire […] l'explosion d'une grande ville américaine […]. Quand j'égrène la liste de problèmes auxquels il faut que je pense en permanence, c'est ce qui s'impose tout de suite parce que c'est un domaine où vous ne pouvez pas vous permettre la moindre erreur. Depuis le début, on s'est demandé, comment redoubler d'efforts et mettre ça au centre de nos discussions sur la sécurité nationale ? Être sûrs que cette éventualité, même lointaine, ne se concrétise jamais ? »

De fait, la campagne de pression sur la Corée du Nord fut suspendue pendant les Jeux olympiques d'hiver en Corée du Sud, du 9 au 25 février.

Le général Dunford apprit que l'armée de l'air avait prévu des tests de recherche et développement sur ses missiles balistiques à

---

1. Entretien avec le président Barack H. Obama, 10 juillet 2010.

capacité nucléaire, depuis la Californie jusqu'à l'océan Pacifique. Ces tests devaient se dérouler juste avant et après les Jeux.

Il s'agissait du type d'essais que les États-Unis demandaient justement à la Corée du Nord de cesser. C'était de la provocation. Il intervint pour demander à l'armée aérienne de les suspendre.

Début 2018, la CIA avait conclu que la Corée du Nord n'avait pas la capacité d'envoyer de missiles à tête nucléaire jusque sur le territoire américain. À en croire le renseignement et les informations sur les fusées nord-coréennes, le corps de rentrée de ces missiles n'était pas au point mais on s'approchait du but. Pour l'instant, la CIA avait réussi à convaincre Trump que la Corée du Nord en était encore relativement loin.

CHAPITRE 38*

Trump était toujours aussi frustré par la situation en Afghanistan. Quelques mois plus tôt, fin septembre, il avait organisé une réception à l'occasion de l'Assemblée générale des Nations unies à New York. Le président azerbaïdjanais Ilham Aliyev et sa femme avaient posé pour une photo avec les époux Trump[1]. Aliyev en avait profité pour lui dire que les Chinois exploitaient des quantités importantes de cuivre en Afghanistan.

Trump était furieux. Les États-Unis payaient des milliards pour la guerre en Afghanistan et les Chinois volaient tout le cuivre !

Le président afghan Ghani lui avait fait miroiter la possibilité que les États-Unis aient un accès exclusif à d'importantes ressources minières jamais exploitées dans les montagnes afghanes. Il y avait beaucoup d'argent à gagner. On y trouvait des minerais

* L'information contenue dans ce chapitre repose essentiellement sur une série d'interviews approfondies avec des sources primaires.
1. « President of Azerbaijan Ilham Aliyev Met President Donald Trump », ambassade des États-Unis en Azerbaïjan, 21 septembre 2017, https://az.usembassy. gov/president-azerbaijan-ilham-aliyev-met-president-donald-trump/.

rares, notamment du lithium, un composant essentiel des batteries dernier cri. Ne vous retirez pas, lui avait conseillé le président afghan. Selon des estimations largement exagérées, ces richesses minières valaient plusieurs milliards de dollars.

Trump les voulait. « Ils nous ont proposé l'accès à tout ! La totale !, avait-il annoncé en réunion. Pourquoi est-ce qu'on n'en profite pas ? Vous avez le cul posé sur votre chaise, pendant ce temps-là, les Chinois raflent la mise. »

« Monsieur le président, avait répondu Cohn, il ne suffit pas d'y aller et de se servir. Ils n'ont pas de système juridique, pas de vrai droit foncier. » Construire des infrastructures pour extraire ces minerais leur coûterait des milliards.

« Il faut envoyer une grosse boîte sur place, poursuivit Trump. Faites un appel d'offres. » C'était une occasion en or, un fabuleux concentré de capitalisme, de construction et de développement. « Pourquoi est-ce qu'on n'en profite pas ? »

« Qui ça, "on" ? » demanda Cohn.

« On devrait être sur place en train de se servir », répéta Trump comme s'il disposait d'une entreprise minière nationale prête à être dépêchée sur place.

Un peu plus tard, en réunion dans le Bureau ovale, il demanda : « Pourquoi ça n'est pas déjà fait ? »

« Nous y travaillons selon le process du NSC », répondit McMaster.

« J'ai pas besoin qu'on suive un putain de process ! J'ai besoin que vous alliez sur place et que vous vous serviez. C'est gratuit ! Allez, qui veut s'en charger ? » Qui voulait profiter de la manne ?

Wilbur Ross, le secrétaire au Commerce, se porta volontaire : « Je m'en occupe, Monsieur. Vous pouvez compter sur moi », dit-il comme si la question dépendait du ministère du Commerce.

Trump approuva.

Kelly était peu intervenu mais, en sortant de la réunion, il fit venir McMaster, Ross et Cohn dans son bureau.

McMaster en voulait Kelly de n'avoir rien dit. « Vous venez de m'amputer des deux jambes. Vous saviez que c'était en cours et que j'étais dessus. » Il suivait la procédure habituelle et travaillait avec le ministère de la Défense et le département d'État, ainsi qu'avec toutes les agences ou les ministères qui avaient leur mot à dire. « Vous ne m'avez pas soutenu une seconde face au président ! »

S'il y avait une chose qui stimulait Trump, c'était l'idée que les autres financent les engagements des administrations américaines précédentes concernant la sécurité nationale, que ce soit l'OTAN, l'Afghanistan ou l'Irak. La seule perspective qui l'excitait encore plus, c'était de conclure une bonne affaire, or il pensait que c'était de ça qu'il s'agissait.

Le département d'État enquêta pour en savoir plus sur les droits de ces minerais. Les experts en conclurent que ce serait une aubaine pour la propagande des extrémistes du monde entier, sous-entendu : les États-Unis sont venus violer votre terre et voler les richesses de votre sol. Ils sollicitèrent différents avis juridiques dans l'espoir de calmer les ardeurs du président.

Le 7 février 2018, McMaster réunit un comité restreint de conseillers dans la salle de crise pour écouter Ross présenter son rapport[1]. Ce dernier avait eu un échange avec le ministre afghan des Ressources minières le matin même. « Les Chinois n'extraient rien du tout, dit-il. Ils ont d'immenses concessions, comme partout dans le monde, et ils attendent. Ils parient sur le long terme. Ils n'ont pas besoin d'en tirer profit dans l'immédiat. »

Il n'y avait aucun souci à se faire. L'Afghanistan n'avait ni infrastructure, ni réseau de transports, ni système de contrôle réglementaire ou environnemental. Aucune entreprise privée n'investirait sur place.

---

1. Examen par l'auteur de notes prises par un participant.

« Encore des "fake news" », conclut Ross, provoquant un léger rire dans la pièce.

McMaster précisa que la majorité des sites minéralogiques se trouvaient dans des régions contrôlées par les talibans et étaient inaccessibles. C'était une zone de guerre, il faudrait définir un périmètre de défense militaire avant de les exploiter. Ça prendrait au mieux dix ans si tout se passait bien.

Ross se chargea d'expliquer la situation au président.

Kelly semblait en être réduit à éviter que le navire ne sombre. Début 2018, au cours d'une réunion de hauts responsables, il annonça fièrement : « Je sais que je ne serai pas le chef de cabinet ayant tenu le moins longtemps. Je viens de dépasser Reince. » Le fait est que Reince Priebus avait été en poste cent quatre-vingt-neuf jours, soit le temps le plus court jamais vu pour un chef de cabinet de la Maison Blanche.

À la même époque, début 2018, l'émission *60 Minutes* diffusa un reportage sur l'Afghanistan montrant que Kaboul était une ville tellement violente que le général Nicholson, commandant des forces américaines, ne pouvait être conduit en voiture à son quartier général[1]. Il était obligé de faire les trois kilomètres en hélicoptère. Le général Nicholson ne s'en cachait pas : il avait fait sien l'objectif de Trump qui consistait à arracher la victoire à tout prix. « C'est une stratégie qui peut nous mener à la victoire », affirma-t-il.

Les cartes du renseignement et les cartes opérationnelles de Nicholson montraient que la coalition emmenée par les États-Unis contrôlait environ 50 % du territoire afghan. Dans les cercles autorisés du Pentagone et du département d'État,

---

1. « 16 Years Later, Afghan Capital Under Siege », *60 Minutes*, CBS, 11 janvier 2018.

on n'ignorait pas qu'il avait déclaré : « Dans deux ans, j'en serai à 80 %. »

Nicholson était déterminé à renforcer les moyens de la coalition et de l'armée afghane pour reprendre la main sur 195 000 km² de territoire. La majorité de ceux qui avaient servi en Afghanistan pensaient que c'était impossible, voire franchement absurde.

Nicholson pensait aussi qu'au bout de quatre ans, les talibans comprendraient qu'ils ne pouvaient plus l'emporter et accepteraient de négocier. Or, c'était ces mêmes talibans qui leur résistaient depuis seize ans.

Le directeur du renseignement national briefa Trump sur l'Afghanistan au début de l'année 2018 : les États-Unis n'avaient repris le contrôle sur aucun territoire, ils n'avaient rien récupéré. On ne comptait aucune amélioration par rapport à l'année précédente, la situation avait même empiré dans plusieurs régions. C'était en partie dû au fait que les États-Unis et les Afghans devaient se concentrer sur Kaboul, qui était la cible d'attaques répétées des talibans. Les neuf derniers jours de janvier, cent trente personnes avaient été tuées dans quatre attentats[1]. Cela laissait peu de temps aux forces armées de la coalition pour reprendre du terrain.

Les experts en tiraient des conclusions encore plus inquiétantes. Le Pakistan ne jouait pas le jeu et ignorait la pression, or aucun accord ne pourrait avoir lieu sans la participation pakistanaise.

Dans l'immédiat, si les États-Unis ne se retiraient pas, il fallait s'attendre à plus de rébellion, voire à une guerre civile. Des djihadistes quittaient la Syrie pour s'implanter en Afghanistan, nouvelle terre promise des fabricants et des lanceurs de bombes.

1. « A String of Deadly Attacks in Afghanistan Exposes Government Weakness, Limits of U.S. Training Effort », *The Washington Post*, 29 janvier 2018.

La coalition ne pourrait pas maintenir le *statu quo* au-delà du printemps 2019. Le tissu politique afghan était en train de se déchirer. Par ailleurs, une tempête, bien réelle celle-là, couvait, et la météo constituerait peut-être le point de bascule : les montagnes n'étaient pas, ou très peu, enneigées, si bien que les champs manquaient d'eau. La sécheresse se profilait, qui entraînerait une crise alimentaire. Parallèlement, le Pakistan risquait de renvoyer entre un et deux millions de réfugiés de l'autre côté de la frontière, dont beaucoup étaient là depuis l'invasion soviétique en 1979. Deux millions d'Afghans environ vivaient au Pakistan depuis cette date sans connaître leur pays natal, mais ils étaient prêts à y retourner.

Peu importe, le général Nicholson criait sur tous les toits qu'il « gagnerait » en Afghanistan. Mattis fulminait. « Le secrétaire est très contrarié par ce qu'il [Nicholson] vient de déclarer, mais nous essayons de le refréner », confia en privé un fonctionnaire du Pentagone.

Dans la mesure où Trump, le commandant en chef, n'avait que le mot « gagner » à la bouche, il était difficile de reprocher au commandant des forces terrestres de reprendre son refrain. Malheureusement, le renseignement indiquait que la situation empirerait encore l'année suivante.

Un acteur clé résumait ainsi les choses début 2018 : « L'armée donnait l'impression de vouloir une présence permanente, un peu comme en Corée du Sud. Avec cette présence inattendue à leur porte, l'Iran, la Russie et la Chine renforceraient encore leur opposition. Cela dit, les militaires raisonnaient peut-être comme ça parce que le retrait serait synonyme de grave reculade. [Le président] a dit qu'on allait gagner. Ce qui signifie qu'on ne peut pas rester éternellement au point mort. Sauf qu'à un moment ou un autre, les gens comprendront qu'on ne peut pas y arriver. »

Discrètement et non sans inquiétude, plusieurs fonctionnaires du département d'État et du renseignement commencèrent à réfléchir à un éventuel plan B plus subtil. « Les militaires passent leur temps à élaborer des scénarios. Pourquoi pas les civils ? »

Pour les experts, ce plan B devait tenir compte de plusieurs paramètres. « Il ne s'agit pas de prévoir un retrait qui serait suivi d'un effondrement et d'une guerre civile. Il ne s'agit pas non plus d'imaginer une démocratie libérale très centralisée. Alors, quelles sont les options médianes ? Le fédéralisme, plus réaliste et plus durable ? Éventuellement donner un rôle aux talibans ? L'inconnue, c'est la capacité d'attention très limitée du président et sa remise en cause permanente des hypothèses que lui soumettent les uns et les autres. Et son art de flairer et d'affirmer que c'est des conneries sans rien y connaître. » Par exemple, quand il dit que tout va s'arranger avec le Pakistan. « Le Pakistan n'a pas bougé depuis le 11 septembre et ne bougera pas. Donc la seule option, c'est de se retirer. »

Pour résumer, l'Afghanistan était une nouvelle « Maison des jouets cassés » : instabilité politique, érosion du gouvernement, sécheresse, insécurité alimentaire importante, réfugiés. Et du côté américain, critiques publiques émanant du Congrès et peu de, voire aucune, victoires militaires.

Pour Trump, deux personnes étaient particulièrement responsables. D'abord, l'ancien président George W. Bush, qu'il méprisait et accusait d'avoir déclenché la guerre en Afghanistan en 2001 et la guerre en Irak en 2003. « Un président lamentable, avait-il dit à Porter. C'était un belliciste. Il voulait renforcer l'influence américaine et exporter la démocratie sur toute la planète, être le gendarme du monde. C'est lui qui a déclenché toutes ces guerres. » Non seulement c'était imprudent mais c'était une erreur. Même s'il avait finalement décidé d'envoyer plusieurs milliers d'hommes supplémentaires, Trump affirmait qu'il voulait en finir avec le *statu quo*.

La seconde personne à qui Trump en voulait était McMaster. Il utilisait l'Irak pour l'accabler. « Je ne sais pas comment ils [les Irakiens] ont réussi à leurrer McMaster, en tout cas c'est tout sauf un homme d'affaires. Ils [les généraux américains] ne comprennent pas l'équation coûts-bénéfices. J'arrive pas à croire qu'il ait réussi à me persuader d'envoyer de nouvelles troupes là-bas. » Il pensait que McMaster avait été coopté.

Trump se lança dans une imitation au vitriol de son conseiller à la sécurité nationale en gonflant la poitrine et en respirant bruyamment. « Je connais le président irakien, s'écria-t-il en accentuant chaque mot. C'est un quelqu'un de très bien, Monsieur ! Je sais qu'il veille sur nos intérêts. »

Reprenant sa voix naturelle, il poursuivit : « Ce mec est un con. Je l'ai rencontré, l'autre. McMaster ne sait pas de quoi il parle. » Trump avait rencontré le Premier ministre irakien, Haïder al-Abadi, à la Maison Blanche en mars 2017.

« Les militaires ne pigent rien aux affaires. Ils savent être de parfaits soldats et ils savent se battre. Mais ils n'ont aucune idée de ce que ça coûte. »

À propos de l'Afghanistan, il confia à Porter : « C'est un désastre. Il n'y aura jamais de démocratie qui fonctionne. On devrait se retirer complètement[1]. »

---

1. En avril 2018, parce qu'il avait besoin d'un vote important pour nommer Mike Pompeo au poste de secrétaire d'État, Trump aurait dit la même chose à Rand Paul, sénateur républicain du Kentucky. « Le président n'a pas arrêté de me dire, en gros, qu'il faut qu'on se barre au plus vite », avait avoué Rand Paul.

CHAPITRE 39 *

Le 10 décembre 2017, deux semaines avant Noël, Trump et le sénateur Graham jouaient tranquillement au golf au Trump International Golf Club de West Palm Beach. Le site était « spectaculaire », s'extasia Graham dans un tweet pour le moins flatteur[1]. Et encore, ce n'était rien comparé à la pluie d'éloges qu'il servit à son partenaire durant leur jeu.

« Vous êtes un sacré commandant en chef », dit-il à Trump. Le président avait l'intelligence d'écouter les conseils de ses généraux, et les changements des règles d'engagement au Moyen-Orient et en Afghanistan commençaient à porter leurs fruits.

En bref, le laïus de Graham à Trump était le suivant : « Vous avez le pouvoir de faire ce que personne n'a jamais fait. Vous êtes en train de nettoyer le merdier qu'Obama vous a laissé et vous

---

* L'information contenue dans ce chapitre repose essentiellement sur une série d'interviews approfondies avec des sources primaires.

1. Voir le tweet de Graham sur https://www.twitter.com/LindseyGrahamSC/status/939988068823715842.

vous débrouillez drôlement bien. Vous avez commencé à remettre l'armée sur pied. Vous avez libéré l'économie de son corset. Dieu merci, vous êtes là pour réparer les dégâts des huit dernières années. Maintenant, la question, est la suivante : quelle direction voulez-vous prendre ? Quel genre d'héritage voulez-vous laisser ? Vous ne pouvez pas vous contenter de détricoter ce qui a été fait, vous devez marquer l'histoire de votre empreinte. »

Trump avait beau boire du petit-lait, il lança à Graham : « Vous êtes du genre modéré. Je veux que vous soyez pro-Trump à 100 %. »

Sa réponse n'était pas loin du serment de loyauté qu'il avait exigé de la part de l'ancien directeur du FBI, James Comey. D'après ce dernier, au cours d'un tête-à-tête désormais célèbre qui avait eu lieu dans la salle verte de la Maison Blanche dès la première semaine de son mandat, le président lui avait dit : « J'ai besoin de fidélité. Je m'attends à ce qu'on me soit entièrement fidèle[1]. »

« OK, dites-moi de quoi il s'agit, répondit Graham, et je vous dirai si je suis à 100 % avec vous. »

« Vous êtes, genre, à 82 %. »

« Il y a des jours où je suis à 100 %. Et d'autres, ça peut m'arriver, à zéro. »

« Je veux que vous soyez à 100 % tout le temps. »

« Pourquoi voudriez-vous que je vous dise que vous avez raison si je pense que vous avez tort ? En quoi ça nous serait utile, à vous comme à moi ? Un président a besoin d'être entouré de gens qui lui disent la vérité telle qu'ils la voient. Il ne tient qu'à vous de savoir si je suis le dernier des cons. »

1. Le témoignage de Comey devant le Senate Select Committee on Intelligence, daté du 8 juin 2017, est visible sur https://assets.documentcloud.org/documents/3860393/Comey-Opening-Statement-June-8.pdf.

Le 29 décembre 2017, Trump rédigea un tweet qui résumait sa position sur le dispositif DACA : « Les démocrates ont été prévenus, et ils comprennent parfaitement, qu'il ne peut pas y avoir de DACA sans le MUR dont on a désespérément besoin, et sans mettre FIN à cette épouvantable Immigration en Chaîne [...]. Nous devons à tout prix protéger notre Pays[1] ! »

Le mardi 9 janvier, le président organisa une réunion avec vingt sénateurs et membres de la Chambre dans la *Cabinet room* pour discuter d'un plan destiné aux *Dreamers*[2]. Il demanda que les cinquante-cinq minutes de la réunion soient retransmises à la télévision. Il se donna en spectacle et promit une loi. « Vraiment, il faut que ce soit une loi d'amour, on peut y arriver. »

Pendant la réunion, le président était plein d'allant, franchement drôle. Graham était étonné de cet apparent revirement sur un des thèmes les plus polémiques. Les antimigrants purs et durs seraient consternés. Trump était censé être leur leader. Graham espérait que c'était le versant « roi du deal » du président.

Jamais Graham n'avait eu autant confiance dans le talent de Trump pour arriver à trouver un accord sur l'immigration. Lui-même travaillait sur la question depuis des années et avait essayé de trouver des compromis avec des démocrates comme Ted Kennedy, Chuck Schumer et Richard Durbin. Avec Trump, il avait l'impression qu'ils y arriveraient enfin. Ravi, il s'autorisa même cette confession : « C'est la réunion la plus extraordinaire à laquelle j'ai assisté en vingt ans de carrière politique au moins[3]. »

1. Voir le tweet de Trump sur www.twitter.com/realdonaldtrump/status /946731576687235072.

2. Donald J. Trump, « Remarks in a Meeting with Members of Congress on Immigration Reform and an Exchange with Reporters », 9 janvier 2018. Accessible en ligne *in* Gerhard Peters et John T. Woolley, *The American Presidency Project*. www.presidency.ucsb.edu/node/331792.

3. Voir le tweet de Graham sur www.twitter.com/LindseyGrahamSC/ status/950800026401492992.

Les gros titres des journaux avaient de quoi le conforter. Le *New York Times* annonça : « Trump semble adopter la voie de la citoyenneté pour des millions d'immigrants[1] », tandis que le *Washington Post* titra : « Autour de la table, Trump essaye de négocier et de privilégier la stabilité[2] ».

Le lendemain, le président appela Graham.

« Vous avez été magistral, déclara le sénateur. Ne vous laissez pas impressionner par tous ces gens [les républicains purs et durs]. Vous êtes sur la bonne voie. Je reconnais là le type dont je parle aux autres avec enthousiasme quand on joue au golf. C'est le Donald Trump que je soutiens à fond. Vous êtes le seul à pouvoir y arriver. Bush a essayé. Obama s'y est cassé les dents. Vous allez y arriver. »

À sa grande surprise, Trump lui passa alors Melania. « Je voulais juste vous dire que j'ai apprécié ce que vous avez dit, ajouta la première dame avec son charmant accent. Et la façon dont vous vous y êtes pris, dont vous parlez. J'ai trouvé que c'était très délicat. »

« Je vous remercie, chère Madame, me voilà comblé », répondit Graham, impressionné par sa grâce. C'était la première fois qu'il s'adressait directement à elle. Il était évident que Melania, immigrante d'origine slovène, avait de la compassion pour les enfants qui bénéficiaient du programme DACA.

« On peut changer les lois sur la diffamation ? » demanda Trump, changeant brusquement de sujet pour revenir à l'une de ses bêtes noires.

« Non », répondit l'avocat Graham.

« Pourquoi ? »

1. Julie Hirschfeld Davis et Sheryl Gay Stolberg, « Trump Appears to Endorse Path to Citizenship for Millions of Immigrants », *The New York Times*, 9 janvier 2018.

2. Ashley Parker et Philip Rucker, « 55 Minutes at the Table : Trump Tries to Negotiate and Prove Stability », *The Washington Post*, 9 janvier 2018.

Nous ne sommes pas en Angleterre où les lois sur la diffamation sont plus sévères, expliqua-t-il.

Les gens écrivent des « conneries », ajouta Trump.

« Je n'en doute pas, approuva Graham, sauf qu'on ne peut pas changer ces lois. Mais ne vous faites pas trop de soucis. » En 1964, la décision de la Cour suprême *New York Times contre Sullivan* avait placé la barre de la diffamation très haut : n'était jugé diffamatoire qu'un propos publié ou prononcé dont l'auteur savait qu'il était faux et ignorait sciemment la vérité.

« Je n'ai pas l'intention qu'on devienne comme l'Angleterre », dit Trump.

« Il n'y a pas plus gros punching-ball au monde que le président des États-Unis. Certes, vous avez plus que votre lot de critiques gratuites, mais vous devez vous y résigner. Là où vous êtes plus fort, Monsieur le président, c'est que vous agissez. Là où vous réduisez ces critiques à néant, c'est que vous ne poursuivez personne en justice, vous tenez parole. C'est la preuve qu'ils ont tort. »

Graham raccrocha en ayant le sentiment qu'il n'avait jamais eu un échange aussi ouvert avec le président. C'est essentiellement lui qui avait parlé.

Le lendemain, vers 11 heures, le sénateur Richard Durbin, numéro deux des démocrates au Sénat, appela Graham.

« Je viens d'avoir Trump au bout du fil, annonça Durbin, qui était avec Graham pour trouver un compromis sur l'immigration. Il est content de notre proposition. Il voudrait qu'on aille le voir ensemble. »

Graham appela la Maison Blanche pour organiser une réunion. Peu après, Kelly vint le voir pour en savoir un peu plus.

Partisan d'une ligne dure, Kelly était à cran. Il avait expliqué aux conseillers de l'aile ouest et à certains membres du Congrès que le président ne comprenait ni les enjeux ni les mécanismes du programme DACA. Trump l'avait chargé de s'en occuper, ce que signifiait qu'il ne pouvait rien faire à ce sujet ni rencontrer personne, notamment Graham et Durbin, sans que lui, Kelly, soit présent. Trump est incapable de gérer ce dossier tout seul, disait-il à ses collègues de l'aile ouest, sinon il risque de tout foirer.

« La seule chose que je demande, c'est de pouvoir expliquer de quoi il en retourne au président », affirmait Graham. Son plan était simple : Trump serait d'accord pour adopter la loi en faveur des *Dreamers* du moment qu'on finançait son mur. « Il a le droit de décider seul », insista Graham en reprenant le mantra de Kelly. Lequel voulait que les faits soient présentés au président avant que celui-ci ne tranche.

Graham et Durbin se présentèrent à la Maison Blanche, persuadés qu'ils seraient seuls avec Trump. Au lieu de quoi ils tombèrent sur une fine équipe de sénateurs, de membres du Congrès et de conseillers, tous anti-immigration, parmi lesquels Kelly et Stephen Miller. Graham avait l'impression d'être face à un peloton de lyncheurs assis en rang d'oignons dans le Bureau ovale.

Il commença à exposer les différents points du projet en insistant sur l'argent que Trump avait demandé que l'on consacre à la sécurisation de la frontière.

Insuffisant, lâcha Trump avec mépris.

Graham répondit qu'ils pouvaient faire plus, ce n'était qu'un début. Il enchaîna en mentionnant les 25 000 visas à accorder à des ressortissants venant essentiellement d'Afrique, et poursuivit avec les visas de ressortissants de pays comme Haïti ou le Salvador, victimes de tremblements de terre, de famines et de violences.

« Des Haïtiens, fit Trump, on n'a pas besoin d'avoir plus d'Haïtiens. » Élargissant sa remarque aux pays africains, il continua : « Pourquoi faudrait-il qu'on accepte que tous ces habitants de pays de merde viennent chez nous ? » Il venait de voir le Premier ministre norvégien. Pourquoi pas plus de Norvégiens ? Ou des Asiatiques qui participeraient à la croissance économique ?

Durbin avait la nausée. Graham était accablé.

« Pause !, s'exclama Graham en levant les mains. Je n'aime pas trop la tournure que prend la discussion. » L'Amérique était un idéal. « Je suis pour une immigration basée sur le mérite et ouverte au monde entier, pas seulement aux Européens. Nous sommes nombreux à venir de pays de merde. »

Trump revint à la raison mais trop tard, le mal était fait.

Soutenu par Graham, Richard Durbin rendit publics ses commentaires injurieux sur ces « pays de merde[1] ».

Deux jours plus tard, Trump appela Graham. Le sénateur pensait que le président voulait prendre la température, savoir s'il était vraiment fâché.

Trump lui annonça qu'il était en train de jouer au golf dans son club de West Palm Beach.

« C'est bien, frappez-moi une belle balle », répondit Graham.

« Je n'ai jamais dit certains trucs qu'il a dit que j'avais dits », lança Trump en parlant de Durbin.

« Si, vous l'avez dit. »

« En tout cas, certains ont aimé. »

« Sûrement pas moi. Je suis là pour vous aider. C'est un plaisir de jouer au golf avec vous. Mais si c'est ça, le prix d'entrée, au revoir et bonne chance. Allez, frappez-moi une belle balle. »

L'idée de « pays de merde » n'était pas une première chez Trump. En 2016, pendant la campagne, il avait été en tournée dans le

1. John Byrne et Katherine Skiba, « Sen. Dick Durbin: President Trump Used "Hate-Filled, Vile and Racist" Language in Immigration Meeting », *Chicago Tribune*, 12 janvier 2018 ; Josh Dawsey, « Trump Derides Protections for Immigrants from "Shithole" Countries », *The Washington Post,* 12 janvier 2018.

quartier de Miami baptisé Little Haiti. D'anciens dirigeants haïtiens étaient venus accuser publiquement les Clinton de corruption et leur reprocher de voler Haïti.

En rentrant, en privé, Trump avait l'air abattu. « J'ai franchement pitié pour ces gens. Ils viennent vraiment de pays de merde. »

Bannon ayant disparu, c'est Stephen Miller qui était la force motrice des adversaires les plus farouches du DACA à la Maison Blanche. Le président était plutôt bienveillant à l'égard des jeunes du programme DACA. Ces gamins se retrouvent ici alors qu'ils n'ont rien demandé, disait-il. Ils sont sympathiques. Il n'oubliait pas non plus ce que ces *Dreamers* représentaient du point de vue politique.

Miller défendait une ligne dure. Écoutez, répondait-il, tout le monde parle de gamins et de *Dreamers*, mais ce ne sont plus des enfants. Beaucoup d'entre eux ont 24, 26 ou 27 ans. La position de Miller était sans appel : en échange d'un compromis sur le DACA, nous exigeons un financement de dix ans – pas seulement un an – pour construire un mur le long de la frontière, ainsi que la fin de l'immigration en chaîne et de la loterie qui dispense 50 000 cartes vertes par an à des migrants de pays ayant un taux d'émigration vers les États-Unis relativement faible. Nous n'accepterons aucun projet de loi qui ne lie pas ces trois éléments.

Le 21 janvier, Graham s'en prit publiquement à Miller[1]. « Tant que Stephen Miller sera chargé de négocier sur les questions d'immigration, nous serons dans l'impasse. C'est une aberration depuis le début. J'en ai discuté avec le président – il écoute son cœur et en l'occurrence, il a raison. Il sait très bien ce qui est

1. Elana Schor, « Graham Tees Off on Stephen Miller over Immigration », *Politico*, 21 janvier 2018.

vendeur, mais chaque fois que nous avons un projet, il a des conseillers qui le tirent en arrière. »

———————

Le vendredi 23 février dans la matinée, Trump fit une intervention à l'occasion de la grande réunion annuelle des conservateurs, la *Conservative Political Action Conference*[1]. Détendu et plein d'assurance, il parla pendant plus d'une heure. Il avait tendance à lire son texte, mais souvent il s'en écartait et se laissait aller à l'exubérance de la spontanéité.

« Vous l'aurez, le mur, ne vous inquiétez pas, dit-il. J'ai vu deux ou trois gus dans le fond qui disaient, ah, finalement il ne veut pas de mur. C'était juste un argument de campagne. Je leur ai dit, vous êtes… C'est fou, non ? Chaque fois que j'entends ça, je rajoute dix centimètres à la hauteur du mur, vraiment, à chaque fois. Donc on va l'avoir, ce mur. »

Sur l'immigration, il poursuivit : « Je ne veux pas de gens qui débarquent et profitent des cadeaux de notre pays pendant cinquante ans sans contribuer à quoi que ce soit […]. Je veux des gens qui nous aiment […]. Je ne veux pas de gens qui débarquent comme ils le font aujourd'hui. »

Il récita pour la énième fois une petite fable qu'il adorait, intitulée « La femme et le serpent[2] » :

En allant travailler un matin, sur un chemin le long du lac,

1. Donald J. Trump, « Remarks at the Conservative Political Action Conference in Oxon Hill, Maryland », 23 février 2018. Accessible en ligne *in* Gerhard Peters et John T. Woolley, *The American Presidency Project*. www.presidency.ucsb.edu/node/332330.
2. Il s'agit de la reprise, pendant la campagne électorale, de paroles écrites par le chanteur noir et militant engagé Oscar Brown Jr. Cette appropriation par Trump fut sévèrement critiquée par la famille du chanteur.

Une femme au cœur tendre vit un pauvre serpent à moitié gelé.

Sa jolie peau colorée était couverte de givre de rosée.

« Oh !, s'écria-t-elle, je vais te prendre et m'occuper de toi. »

« Prends-moi, douce femme. Prends-moi, pour l'amour du ciel. Prends-moi, douce femme », soupira le méchant serpent.

Elle l'enveloppa confortablement dans une couverture de soie, Le déposa près de la cheminée et lui offrit du miel et du lait. Elle se dépêcha de rentrer à la maison ce soir-là.

Dès qu'elle arriva, elle vit que le joli serpent, dont elle avait pris soin, était rétabli. [...].

Elle caressa sa jolie peau, l'embrassa et le tint serré dans ses bras.

Mais, au lieu de la remercier, le serpent la mordit violemment.

« Je t'ai sauvé, s'écria la femme, et tu m'as mordue. Pourquoi ? Tu savais que ta morsure était empoisonnée et que j'allais mourir. »

« Oh, tais-toi, femme stupide, dit le serpent avec un grand sourire.

Tu savais que j'étais un serpent avant de m'ouvrir la porte ! »

« Voilà ce qu'on est en train de faire avec notre pays, mes chers amis, ajouta Trump. On laisse les gens entrer. Je peux vous dire que ça va nous créer de sacrés ennuis, et ça ne fera qu'empirer. »

Il venait d'approuver un projet de dépenses de 8,6 milliards de dollars qui ne prévoyait pas un sou – pas un seul – pour le mur.

Les rapports détestables entre Trump et son secrétaire d'État avaient atteint un point de non-retour. Depuis plusieurs mois, les spéculations allaient bon train pour savoir si Tillerson démissionnerait ou s'il serait limogé. En mars 2018, il était en Afrique quand Kelly lui demanda d'écourter son voyage[1]. «Vous risquez de faire l'objet d'un tweet», lui dit-il. Le 13 mars au matin, Trump tweeta pour annoncer que le directeur de la CIA, Mike Pompeo, était nommé secrétaire d'État[2]. «Merci à Rex Tillerson pour ses services!» Il n'eut pas un mot de plus pour son ministre.

Sur la pelouse sud de la Maison Blanche, il s'en expliqua ainsi aux journalistes: «Rex et moi, on en parlait depuis longtemps. [...] On était en désaccord sur différents points. [...] On n'avait pas la même façon de penser. [...] Pas la même mentalité, pas la même façon de voir les choses[3].»

1. Peter Baker, Gardiner Harris et Mark Landler, «Trump Fires Rex Tillerson and Will Replace Him with CIA Chief Pompeo», *The New York Times*, 13 mars 2018.

2. *Ibid.*

3. Donald J. Trump, «Remarks on the Nomination of Director of the Central Intelligence Agency Michael R. Pompeo to Be Secretary of State, the Termination of Rex W. Tillerson as Secretary of State, and the Nomination of Gina C. Haspel to be Director of the Central Intelligence Agency and an Exchange with Reporters Upon Departure for San Diego, California», 13 mars 2018. Mis en ligne par Gerhard Peters et John T. Woolley, *The American Presidency Project*. www.presidency.ucsb.edu/ws/?pid=129510.

CHAPITRE 40 *

Trump continuait de se plaindre à son avocat John Dowd que l'enquête de Mueller l'empêchait d'être président à part entière. Ce faisant, il lui transmettait des anecdotes classifiées que Dowd, qui disposait d'une habilitation de sécurité, pouvait transmettre à son tour à Mueller et Quarles, eux aussi porteurs d'une habilitation.

Avertissant Dowd qu'il s'agissait d'un épisode particulièrement sensible, Trump lui confia qu'en avril il avait personnellement négocié la libération d'Aya Hijazi, une Américaine d'une trentaine d'années qui avait fondé une ONG en Égypte et passé trois ans en prison au Caire.

Il revint sur l'entretien qu'il avait eu avec le président égyptien Abdel Fattah al-Sissi, dont le mépris des droits de l'homme se traduisait par des détentions en masse, l'assassinat de manifestants par les forces de sécurité et le jugement de civils par des tribunaux militaires. « N'oubliez pas à qui je m'adressais, Dowd,

* L'information contenue dans ce chapitre repose essentiellement sur une série d'interviews approfondies avec des sources primaires.

dit Trump. Le mec est un tueur, un putain de tueur ! Mais j'arrive à mes fins. Sauf qu'il vous donne des sueurs froides au téléphone. » Trump poursuivit avec une voix râpeuse : « Tout à coup, juste avant que le deal soit bouclé, al-Sissi me dit : "Donald, cette enquête m'ennuie. Vous êtes toujours des nôtres ? Imaginez que j'ai besoin de vous demander un service, Donald". » Il avait l'impression d'avoir reçu « un coup dans les couilles. C'était atroce ».

En novembre, Kelly appela Dowd. « Le président m'a dit que vous allez voir Mueller. »

« Ouais, on a rendez-vous avec lui dans deux heures. »

« Mattis vient de dire au président que Poutine et les Russes devenaient trop dangereux, il va falloir qu'on négocie avec eux. Je veux que vous le disiez à Bob. Bob connaît Mattis. » Mueller et le secrétaire à la Défense étaient tous deux d'anciens Marines.

Pendant le rendez-vous, Dowd expliqua à Mueller à quel point tout ce que Trump faisait avec les Russes était suspect. « Bob, dit-il, je sais que vous connaissez le général Mattis. » Les deux hommes s'étaient rencontrés à l'occasion d'une visite à Kandahar en janvier 2002, à l'époque où Mueller dirigeait le FBI. Dowd informa le procureur que Mattis était inquiet à propos de la Russie. « Vous voulez vérifier ? Prenez votre téléphone et appelez-le. Il sait qui vous êtes. Il sait que vous êtes un ancien Marine. »

Il rappela aussi à Mueller qu'il avait déclaré qu'il ne perdrait pas de temps. « Sauf que le temps passe. On n'arrête pas de vous défendre avec le président. »

Mueller répondit qu'il était déterminé à aller jusqu'au bout de son enquête.

« D'accord, mais il faut que je vous dise, Bob, je ne sais pas combien de temps il me reste. Je vous défends coûte que coûte, les gars. Je couvre tout ce que vous faites. Mais vous savez, on a des gens qui n'arrêtent pas d'être interrogés. »

Avec Mueller, Dowd était prudent.

Avec Quarles, il se plaignait. « Ça suffit, y en a marre ! »

En réalité, Dowd avait d'autres problèmes. Avec Ty Cobb, par exemple, qui accordait des interviews à des journalistes où il affirmait que l'enquête serait terminée avant fin 2017. « Je serais bien embêté si cette histoire hantait toujours les couloirs de la Maison Blanche à Thanksgiving, avait-il dit à Reuters. Et pire encore, si elle continuait à le hanter, lui, à la fin de l'année[1]. » Les médias publiaient des articles avec des portraits de Cobb. Dowd trouvait qu'avec sa moustache en guidon de vélo, il ressemblait à un vieux shérif de western tout droit sorti de la série *Lonesome Dove*. Il était étonné par son style. C'était l'avocat principal du président. Avait-il des échanges en aparté avec Quarles ?

« Non, répondit Cobb. Ma femme veut que j'en finisse avec ce dossier. Du coup j'essaie de le faire savoir petit à petit publiquement. »

« Il y a des entretiens avec des témoins prévus pour décembre, dit Dowd. Franchement, ils sont tous favorables au président, alors on les maintient. »

« Vous l'avez déniché où, votre putain d'ami Ty ? » demanda un jour Kelly à Dowd. Les relations entre les deux hommes étaient exécrables depuis que Ty Cobb était allé voir le président dans le dos de Kelly pour avoir un bureau dans l'aile ouest. « Vous n'avez pas intérêt à me refaire le coup », avait balancé Kelly à Cobb.

1. Karen Freifeld, « White House Lawyer Cobb Predicts Quick End to Mueller Probe », Reuters, 18 août 2017.

Dowd expliqua au président que leur stratégie vis-à-vis de Mueller et son équipe était de « coopérer et de les presser jusqu'à avoir une image 3D de ce qu'ils ont dans le crâne ». En dépit de cette image, de la coopération de trente-sept témoins et de la remise d'une quantité de documents, il s'autorisa à répéter plusieurs fois que c'était « une non-affaire ».

Suivant l'article II de la Constitution, poursuivit Dowd, le président était maître du pouvoir exécutif. Toutes ses actions, en particulier celles qui se rapportaient à Comey, devaient être envisagées dans le cadre de ce pouvoir. « Je ne dirai jamais que vous vous trompez sur ces mecs et sur ce qu'ils concoctent. Ils nous ont réservé un traitement très correct. Mais on leur a également réservé un traitement correct. »

En décembre, le quotidien économique allemand *Handelsblatt* publia un article révélant que l'enquête de Mueller avait obtenu des dossiers de la Deutsche Bank, la plus grosse banque allemande, et la principale banque prêteuse de Trump[1].

Le président appela Dowd à 7 heures du matin. Il était hors de lui.

« Je sais quels sont mes rapports avec la Deutsche Bank, dit-il en ajoutant que la banque l'adorait et qu'il avait toujours honoré ses paiements. Je sais ce que j'ai emprunté, quand je l'ai emprunté et quand je l'ai remboursé. Je me souviens de chaque putain d'emprunt. » Il se souvenait même de la personne avec qui il avait négocié et d'une foule de détails très précis. « Je vous le dis, c'est du grand n'importe quoi ! »

Dowd insista auprès de Quarles : « Croyez-moi, Jim, y a pas de secrets de ce côté-là. C'est n'importe quoi. »

Une conférence téléphonique réunissant les avocats des

---

1. « Mueller's Trump-Russia Investigation Engulfs Deutsche », *Handelsblatt*, 5 décembre 2017.

différents cabinets concernés fut organisée, mais chacun semblait s'exprimer en langage codé.

« Écoutez, si vous pouviez faire un effort, intervint Dowd, on ne parle pas en langage codé ici. »

Finalement, Quarles conclut : « Il n'y a rien. On a eu des assignations à comparaître pour la Deutsche Bank il y a longtemps, en été, mais ça ne concernait pas le président ni ses finances. »

Le 21 décembre, à 10 heures, Dowd alla voir Mueller pour tenter d'inverser les rôles. La meilleure défense était souvent l'attaque.

« Tous les documents ont été remis, affirma Dowd. Tous les témoins ont été interrogés, à part un ou deux. Cette enquête ressemble à une conspiration destinée à miner la présidence de Trump, menée par le Comité national démocrate, Fusion GPS – la société chargée du dossier Steele – et des hauts responsables du FBI. L'échec de l'instruction sur le rôle de Comey, qui n'a fait que précipiter l'enquête, est un simulacre. Le comportement aberrant et déshonorant de Comey doit absolument être examiné de plus près. » L'inspecteur général du ministère de la Justice était en train d'enquêter sur le rôle de Comey dans l'affaire des mails d'Hillary Clinton. « Refiler le bébé à l'inspecteur général a de quoi semer des doutes sur votre enquête. »

Mueller ne répondit rien.

Mueller et Quarles ne lâchaient pas. Ils voulaient interroger le président. Le 8 janvier 2018, Mueller dicta une liste de seize points sur lesquels ils comptaient l'interroger. La plupart impliquaient Flynn, Comey ou Sessions.

Dowd expliqua au président que cette liste n'était pas très rigoureuse. « J'aimerais les pousser à être plus précis pour que vous ayez une idée plus claire. Avec seize points, vous pouvez déjà imaginer ce sur quoi ils vont vous interroger. »

« Qu'est-ce que vous comptez faire ? » demanda Trump.

« Eh bien, je pense qu'on va lui envoyer un courrier dans lequel on répondra à ces questions. » Ils exposeraient les faits tels qu'ils les voyaient et présenteraient des arguments juridiques suivant l'article II de la Constitution sur les pouvoirs du président[1]. « On le ferait à la manière d'un brief de la Cour suprême. »

« On leur a tout donné », insista Trump. Pourquoi est-ce que ça ne suffisait pas ? Il ajouta : « Je suis prêt à le voir. »

Dowd et Jay Sekulow passèrent les deux semaines suivantes à rédiger un brouillon de lettre. Sekulow, qui intervenait souvent sur Christian Broadcasting Network et Fox News, était un avocat qui avait trente ans de carrière derrière lui et représentait différents groupes conservateurs, religieux et anti-avortement.

« Vous en êtes où ?, finit par demander Trump. Je peux voir ? »

Dowd se présenta à la résidence de la Maison Blanche le samedi 27 janvier vers 13 heures.

Le président lui fit rapidement visiter les lieux, y compris la chambre de Lincoln. « Vous et moi, on tiendrait dans le lit », dit-il en riant.

« On se verrait dans la glace », plaisanta Dowd en retour.

« Si vous gagnez dans cette affaire, vous aurez droit à la visite complète. Ça prend des heures. De mon point de vue, c'est la plus belle propriété du monde. Incomparable. »

Barron, le fils de Trump, débaula avec un ami.

« Papa, il voudrait se faire photographier avec toi. Tu veux bien ? »

Pas de problème, la photo fut prise.

Trump et Dowd s'installèrent autour d'une table près d'une fenêtre qui donnait sur le mémorial de Jefferson et l'obélisque de Washington.

---

1. L'article II de la Constitution américaine confère au président le contrôle du pouvoir exécutif, et c'est en vertu de ce contrôle qu'il ne peut être accusé d'obstruction à la justice. (NdT.)

« Je voudrais vous donner une sorte d'avant-goût de votre déposition au cas où elle aurait lieu », commença Dowd. Leur réunion était une séance d'entraînement. « On va évoquer deux ou trois des sujets. Peut-être Comey et Flynn. De façon légère, à froid. Vous n'avez pas besoin de préparer quoi que ce soit. »

« Je veux que vous lisiez notre lettre. Je suis prêt à la signer, mais je ne signerai pas tant que vous ne serez pas complètement à l'aise avec. Parce que c'est un geste exceptionnel. La lettre explique à Bob où nous en sommes, où nous pensons qu'il en est, et pourquoi vous ne devriez pas... pourquoi il ne mérite pas de vous poser des questions. »

« Même si les questions ont l'air inoffensives, ne réagissez pas comme si elles l'étaient. Je veux que vous vous concentriez sur les mots que j'utilise. Je ne suis pas du genre ronflant. Je préfère les questions simples, posées. J'aime bien y aller petit à petit. Je suis très patient. Et je vous donnerai le conseil classique : répondez aux questions. C'est compris ? »

Oui.

« Quand avez-vous découvert qu'il y avait un problème avec le général Flynn ? »

« Je n'en suis pas sûr. Je pense que c'était quand McGahn a parlé avec Sally Yates. Mais John, je n'en suis pas sûr. » Le ministre de la Justice d'alors avait précisé que Flynn avait dit quelque chose de faux au vice-président, ajouta Trump.

« Qu'est-ce que vous avez fait ? »

Trump répondit qu'il pensait n'avoir rien fait. « Je crois que Don s'en est chargé. Et ils ont travaillé... »

« Vous avez convoqué Flynn ? »

« Non. »

« Vous avez parlé avec Flynn ? »

« Je ne sais pas. Quelque chose dans le fond de ma mémoire me dit que... Lui et Priebus m'ont appelé. »

« Bien, Monsieur le président, est-ce que vous lui avez

demandé s'il avait parlé de sanctions avec Kislyak [l'ambassadeur russe] ? »

« Non. »

« Vous en êtes sûr, Monsieur le président ? Nous avons des éléments qui prouvent qu'il y a peut-être eu ce genre de conversation. Vous en êtes sûr et certain ? »

Dowd savait que Priebus avait témoigné en faveur du président. Dans une version où Priebus était présent dans la pièce, Flynn avait dit en face du président qu'ils n'avaient effectivement jamais évoqué ses échanges avec Kislyak.

Trump se perdit dans une longue réponse qui n'avait pas beaucoup de sens.

« Écoutez, reprit Dowd, revenons-en aux choses sérieuses. »

« Ah. »

« Est-ce qu'il y a eu un moment où vous avez été obligé de le lâcher ? » demanda Dowd à propos de Flynn.

« Ouais. »

« Vous vous souvenez dans quelles circonstances ? »

« Non. Je crois qu'il avait une lettre de démission. Je n'ai pas honte de vous dire que j'avais de la peine pour lui. Il avait des défauts, mais c'était un type sacrément sympa et je l'admirais. Comme vous le savez, j'adore les militaires. C'était la recommandation qu'on m'avait faite et je l'ai suivie. » Priebus et McGahn lui avaient recommandé de limoger Flynn.

« Ils ne vous ont jamais dit qu'il avait été interrogé par le FBI ? »

« Je ne sais pas. Je ne m'en souviens pas. »

Dowd avait le sentiment qu'effectivement Trump ne se souvenait pas. Il continua à lui poser des questions mais il y en avait beaucoup auxquelles il ne pouvait pas répondre parce qu'il ne se rappelait pas les faits. Vu ce qu'exige la fonction de président, Dowd ne trouvait pas ça très surprenant.

Il revint alors à décembre 2016, juste avant les élections,

toujours à propos de Flynn. « Donc, est-ce qu'il établissait des contacts avec des diplomates, et cetera, et cetera ? »

« J'imagine que oui. »

« Est-ce qu'il a vu Kislyak ? »

« Vous savez, je ne sais pas. Je sais qu'il y a eu beaucoup de débats dans l'équipe de campagne. Je crois que j'ai tweeté à ce sujet. »

Le 31 mars, Trump avait tweeté : « Mike Flynn devrait demander l'immunité car la chasse aux sorcières (une excuse pour leur énorme défaite électorale) à laquelle se livrent les médias et les démocrates atteint des proportions historiques[1] ! »

« Quelle était votre position sur les sanctions approuvées par Obama ? » lui demanda Dowd. En janvier 2017, Obama avait expulsé trente-cinq diplomates russes, sanctionné plusieurs personnes et plusieurs institutions, et fermé deux quartiers sécurisés russes.

« Ma position, c'est ce que ça a été un levier pour moi. »

« Ah ! Tout le monde pense que vous étiez contre parce que vous vouliez avoir de bonnes relations avec Poutine. »

« Non, je considère ces sanctions comme des leviers à exploiter », répéta Trump.

Comparé au témoignage que Dowd avait examiné, c'était exact. Dowd était rassuré, il s'en sortait relativement bien. La note de six pages que la Maison Blanche et lui avaient rédigée sur Flynn contenait beaucoup plus d'informations que ce dont se souvenait Trump. Ils y faisaient le récit jour après jour de la façon dont la Maison Blanche avait découvert que Flynn avait menti à Mueller et Quarles, lesquels les avaient félicités pour la précision de cette note.

« Bien, reprit Dowd, pourquoi avez-vous dit au directeur,

---

1. Voir le tweet de Trump sur www.twitter.com/realdonaldtrump/status/847766558520856578.

Comey, de… Vous lui avez plus ou moins demandé d'y aller doucement avec Flynn. C'est quoi, cette histoire ? »

« Je n'ai jamais rien dit. »

« Il a rédigé une note à ce propos[1]. Il l'a rapporté à ses copains. »

« Je n'ai pas dit ça, répéta Trump. John, je n'ai absolument pas dit ça. »

« D'accord, mais lui prétend que… »

« C'est un menteur, répondit Trump, qui se mit brusquement à se déchaîner contre Comey. Ce mec est un escroc, un menteur. Il passe son temps à rebondir entre l'affaire des mails de Clinton, les notes qu'il a rédigées et les fuites. »

Il poursuivit en critiquant Comey sans la moindre retenue. Dowd essaya de l'interrompre. Impossible. Les vannes étaient ouvertes.

« Écoutez, fit Dowd, profitant d'une accalmie, vous ne pouvez pas répondre à une question sur ce ton. C'est justement ce qu'ils estiment dissuasif. Ça ne sert à rien. D'accord ? Tâchez d'être un peu plus poli. »

« Putain de nom de Dieu ! »

« Est-ce qu'il vous a dit que vous ne faisiez pas l'objet d'une enquête », le 6 janvier ?

« Oui, il me l'a dit. »

« Il sous-entendait qu'il n'y avait pas d'enquête sur la partie salace, pas sur la collusion, c'est ça ? » demanda Dowd. C'était l'une des explications de l'équipe de Mueller.

« N'importe quoi ! Il ne m'a jamais dit ça ! »

Dowd le croyait car Comey l'avait corroboré : il n'y avait aucune enquête sur quoi que ce soit à ce moment-là.

S'ensuivirent trente minutes complètement inutiles. Trump était hors de lui. « Cette histoire est un putain de canular ! »

---

1. Les notes de Comey sont visibles sur https://assets.documentcloud.org/documents/4442900/Ex-FBI-Director-James-Comey-s-memos.pdf.

se récriait-il, reprenant tout ce qu'il avait tweeté ou dit avant. Dowd n'arrivait plus à le canaliser. Il était inquiet, parce que s'il avait été Mueller, Trump l'aurait limogé sur-le-champ. Il avait l'impression que Trump lui demandait, qu'est-ce que je fous là à répondre à toutes ces questions ? « Je suis président des États-Unis ! »

Quelle chienlit. Dowd haussa les épaules en songeant à tout le temps perdu, même s'il était conscient du cauchemar que son client vivait. Ce n'était pas rien de voir le président des États-Unis éructer comme un vieux roi shakespearien contrarié.

Trump finit par se calmer et reprendre ses esprits.

« Monsieur le président, c'est la raison pour laquelle vous ne pouvez pas témoigner. Je sais que vous croyez à ce que vous dites. Je sais que vous le pensez. Je sais que vous en avez fait l'expérience. Mais quand vous répondez aux questions, quand vous êtes dans le rôle de témoin des faits, vous devez présenter des faits. Si ces faits vous échappent, j'aime autant que vous me disiez, écoutez, Bob, je ne me souviens pas. J'ai trop de choses à gérer ici. C'est mieux que de tâtonner et d'en arriver à toutes sortes de conclusions hasardeuses. »

Dowd lui remit alors le brouillon de la lettre adressée à Mueller. Elle était intitulée « Requête de témoignage pour allégation d'obstruction à la justice ».

Une affirmation très claire du pouvoir du président y figurait en gras : « Il pourrait, s'il le souhaitait, mettre fin à l'enquête, voire exercer son droit de grâce, s'il le désirait. »

Le président prit le temps de lire la lettre de vingt-deux pages attentivement, s'arrêtant plusieurs fois pour lire des passages à haute voix. Il la trouvait formidable. « J'ai un sacré bon dossier, là. J'adore la façon dont la lettre est agencée. » Il était particulièrement impressionné par les cinquante-neuf notes de bas de page.

« C'est un des plus beaux moments que j'aurai vécu dans cette affaire », s'exclama-t-il. Sa façon de passer d'un extrême à l'autre à l'autre était impressionnante. Il était incapable de maîtriser ses émotions. « Cette lettre est magnifique. Elle résume tout ce que je pense, et même plus. Maintenant j'ai pigé. Je comprends votre stratégie. »

Bien, répondit Dowd.

« On n'a qu'à les acculer, reprit Trump. Mais vous ne voulez pas que je témoigne ? »

« Non. Pourquoi est-ce qu'on ne tente pas le tout pour le tout ? Je pourrais peut-être même dire à Bob, donnez les questions. On y répondra. On s'en servira comme d'un script. Vous pouvez venir et poser vos questions, Trump lira les réponses. De quoi vous plaignez-vous alors que vous nous faites confiance sur tout ce que nous vous avons donné ? Sans compter que le président ne peut pas se souvenir de tout. Du reste, sachez qu'il serait ravi de vous rencontrer et d'en parler, mais il a besoin de s'appuyer sur [un script]. »

« Dieu du ciel, c'est ce que je vais faire. C'est génial. »

« Bien, maintenant imaginez que vous n'avez pas de script. »

« Je ne sais plus, John. On vient de tout relire ensemble. Vous trouvez que je rame ? »

« Ouais, vous ramez. Cela dit, je pourrais difficilement vous le reprocher, Monsieur le président. Je ne suis pas en train de dire que vous mentez, ni que vous êtes mauvais ni rien. Compte tenu de votre travail quotidien – regardez ce qu'on a fait cet après-midi. »

Leur entretien avait été interrompu plusieurs fois, notamment par deux brèves mises au point sur des questions de politique internationale et par la signature de plusieurs documents classés secrets. Comment pouvait-il se souvenir de tout ?

« Tout ça vous empêche de vous rappeler ce qui s'est passé six ou neuf mois plus tôt. »

« C'est parfait. Je vous suis. Je n'ai pas vraiment envie de témoigner. »

Le lendemain de cette séance d'entraînement à la Maison Blanche, Trump appela Dowd. « J'ai dormi comme un loir, dit-il. Je l'adore, cette lettre. Je peux en avoir un exemplaire ? »

« Non. »

Dowd avait obtenu ce qu'il voulait du président.

Lundi 29 janvier 2018, Dowd et Sekulow signèrent la lettre, puis Dowd prit rendez-vous avec Quarles pour la lui remettre en mains propres le 1er février. Ça sera comme dans un film, pensa Dowd. Le jour J, Quarles marcha jusqu'en bas de la rue et sauta dans sa voiture.

Les deux hommes échangèrent quelques plaisanteries, suivies de nouvelles des enfants.

« Tenez, voilà votre lettre. »

« Quèsaco ? »

« La réponse à vos seize points. Une façon de plaider notre cause. Je vous laisse la porte ouverte. Je vous pousse à préciser plusieurs questions. Réfléchissez-y. Vous voulez en parler, d'accord, mais vous dites à Bob qu'on se voie. »

CHAPITRE 41 *

En janvier 2018, une réunion dans le Bureau ovale rassembla Navarro, Ross, Cohn et Porter[1]. Cela faisait plusieurs mois qu'ils débattaient de la question des tarifs douaniers, mais chacun campait sur ses positions et les discussions étaient de plus en plus enflammées et virulentes.

Cohn, soutenu par Porter, reprit les mêmes arguments économiques et les mêmes considérations géopolitiques liées à la sécurité nationale. Les tarifs risquaient de bouleverser les marchés et de mettre en péril une grande partie du marché des valeurs boursières. Ça reviendrait à taxer les consommateurs américains, disait-il, et ça annulerait beaucoup des bénéfices que Trump leur apportait avec la réforme fiscale et la réforme réglementaire.

Vous êtes un mondialiste, l'interrompit Trump. À partir de maintenant, je me fous de ce que vous pensez, Gary.

---

* L'information contenue dans ce chapitre repose essentiellement sur une série d'interviews approfondies avec des sources primaires.

1. Examen par l'auteur de notes prises par un participant.

Il le congédia d'un revers de main, et Cohn battit en retraite sur un canapé.

Navarro et Porter reprirent le fil des débats, Ross intervenant de temps en temps pour appuyer Navarro. Ce dernier estimait que les tarifs douaniers augmenteraient les recettes et seraient approuvés par les hommes d'affaires et les syndicats. Ce serait un moyen idéal pour obtenir le soutien des syndicats et séduire la base électorale de Trump avant les élections de mi-mandat de novembre 2018.

Porter rappela que les tarifs imposés par Bush avaient entraîné une perte nette d'emplois. Si les industries qui consommaient de l'acier – bâtiment, fabrication des pipelines et industrie automobile – s'étaient développées, l'industrie sidérurgique avait peu de potentiel de développement en termes d'emplois. Avec l'imposition de nouveaux tarifs, la diminution du nombre d'emplois serait encore plus importante qu'à l'époque de Bush.

L'idée de Navarro selon laquelle ces tarifs seraient largement plébiscités était «complètement fausse», ajouta Porter. Beaucoup de secteurs s'y opposeraient parce qu'ils achetaient et consommaient de l'acier.

«Les fabricants d'automobiles vont détester, dit-il. Ils ont des marges étroites, ça va augmenter leur coût.» Même chose pour les fabricants de pipelines. «On est en train de libérer plein de terres qui appartiennent au gouvernement fédéral et d'autoriser plus de forages en mer. Il va falloir construire de nouveaux pipelines.»

«Quant aux syndicats, c'est de la folie. Évidemment, les syndicats de la sidérurgie seront ravis, mais je doute que l'Union Auto Workers [NdT.: l'un des plus importants syndicats d'ouvriers des États-Unis] le soit. Pas plus que le secteur de la construction. Ça va augmenter leurs coûts.»

En général, dans ce genre de discussions, Porter avait tendance à jouer le rôle de médiateur impartial. S'il voulait vraiment défendre un point de vue, il attendait d'être seul avec le président. Il venait d'avouer qu'il était partisan du libre-échange.

Navarro s'opposa vigoureusement à chacun de ses arguments. Le chef de cabinet John Kelly entra à ce moment-là dans la pièce. Le président ne perdait pas une miette de la bataille qui se déroulait sous ses yeux.

Depuis quand êtes-vous économiste?, demanda-t-il à Porter après environ une demi-heure de joute verbale avec Navarro. Vous y connaissez quoi à l'économie? Vous êtes avocat.

Porter se défendit en rappelant qu'il avait suivi et donné des cours d'économie quand il était à Oxford. Par ailleurs, ses arguments étaient loin d'être purement économiques.

« J'ai toujours su que Gary était un putain de mondialiste, s'écria Trump. Mais vous, Rob, je ne le savais pas. »

Il se tourna vers Kelly comme pour lui dire, visez-moi ce couillon, c'est un mondialiste!

Kelly hocha la tête en souriant. Il avait envie d'en finir avec ces débats.

La réunion s'acheva dans l'indécision, mais ce fut l'occasion de rappeler à Trump qu'il avait signé une note exécutive autorisant, au titre de l'article 301, la poursuite de l'enquête sur la Chine. Dans la mesure où il l'avait annoncé, c'était plus urgent que d'imposer des tarifs douaniers sur l'acier, tout le monde était d'accord là-dessus.

Le 7 février, Rob Porter fut contraint de quitter la Maison Blanche après avoir été publiquement accusé de violences conjugales par ses deux ex-épouses, dont l'une avait publié une photo d'elle avec un œil au beurre noir. Les deux femmes, l'une dans la presse, l'autre sur un blog, étaient particulièrement explicites sur les agressions dont elles avaient été victimes[1].

1. MJ Lee et Kevin Liptak, « Former White House Aide's Ex-Wives Detail Abuse Allegations », CNN, 8 février 2018. Colbie Holderness, « Rob Porter

Porter avait très vite compris qu'il valait mieux pour tout le monde – ses ex-femmes, sa famille et ses proches, la Maison Blanche et lui-même – qu'il démissionne. Il préférait essayer de réparer les dégâts et de panser les plaies.

« Des allégations de violences mettent fin à l'ascension d'une star de la Maison Blanche », écrivit le *New York Times*. « L'apparence impeccable de ce conseiller cachait un tempérament colérique, révèle un ancien collègue[1]. »

L'intéressé s'en expliqua ainsi dans une déclaration : « J'ai pris les photos qui ont été transmises aux médias il y a presque quinze ans, et la réalité qu'il y a derrière est très loin de ce qui a été dépeint[2]. »

« Des vies sont bouleversées et détruites à cause d'une simple allégation[3] », tweeta Trump.

La rédaction du *Washington Post* accusa la Maison Blanche de « fermer les yeux sur les violences domestiques », et le *New York Times* renchérit en écrivant que « Trump sembl[ait] se défier du mouvement #MeToo[4] ».

Is My Ex-Husband. Here's What You Should Know About Abuse », *The Washington Post*, 12 février 2018. Felicia Gans, « Jennifer Willoughby Called Rob Porter's Alleged Abuse "Insidious" Last Year », *Boston Globe*, 10 février 2018.

1. Maggie Haberman et Katie Rogers, « Abuse Claims End Star's Rise in White House », *The New York Times*, 8 février 2016, p. A1. Katie Rogers, « Aide's Clean-Cut Image Belied His Hot Temper, Former Colleagues Say », *The New York Times*, 20 février 2018, p. A14.

2. Josh Dawsey, Beth Reinhard et Elise Viebeck, « Senior White House Official to Resign After Ex-Wives' Allegations of Abuse », *The Washington Post*, 7 février 2018.

3. Voir le tweet de Trump sur www.twitter.com/realdonaldtrump/status/962348831789797381.

4. « The White House Shrugged Off Domestic Violence. It's Not Alone », *The Washington Post*, 8 février 2018. Mark Landler, « Trump, Saying "Mere Allegation" Ruins Lives, Appears to Doubt #MeToo Movement », *The New York Times*, 10 février 2018.

Pour Gary Cohn, c'est un des principaux garde-fous de Trump qui avait disparu.

Il était 18 h 30 passées ce 28 février, quand le secrétaire au Commerce Wilbur Ross et Peter Navarro se rendirent dans le Bureau ovale et réussirent à convaincre le président d'imposer des tarifs douaniers sur l'acier sans attendre la fin de l'enquête au titre de l'article 301. Cette décision bouleversait toute la stratégie commerciale du pays. Peu avant, Ross avait produit une étude qui expliquait que l'augmentation des importations d'acier et d'aluminium fragilisait la sécurité nationale, ce qui permettait à Trump de les imposer sans passer par le Congrès.

Ross et Navarro avaient prévu une réunion à la Maison Blanche avec les principaux représentants de l'acier américain dès le lendemain.

Quand Gary l'apprit, il appela Kelly ; il était 22 heures environ.

« Je n'ai jamais entendu parler de réunion, répondit Kelly. Il n'y a pas de réunion. »

« Bien sûr que si, il y a une réunion. »

« Mais de quoi vous me parlez, Gary ? »

Cohn fit tout ce qu'il pouvait pour annuler la réunion et, pendant un moment, il crut y parvenir. Finalement, ses efforts furent inutiles.

Le lendemain, plus d'une douzaine de patrons se présentèrent à la Maison Blanche[1]. La réunion eut lieu dans la *Cabinet room*. Trump annonça tout de go qu'il avait décidé d'imposer des droits de douane sur l'acier et l'aluminium fabriqués à l'étranger – respectivement 25 % et 10 %.

---

1. Donald J. Trump, « Remarks at a Listening Session with Steel and Aluminum Industry Leaders and an Exchange with Reporters », 1er mars 2018. Accessible en ligne *in* Gerhard Peters et John T. Woolley, *The American Presidency Project*. www.presidency.ucsb.edu/ws/?pid=129484.

« Pour la première fois depuis des lustres, vous serez protégés. Vous serez enfin en mesure de donner un nouvel élan à vos entreprises », affirma-t-il aux patrons malgré les données rassemblées par Cohn qui montraient que c'était concrètement difficile, voire impossible.

Dans l'esprit de Cohn, s'ils étaient allés jusqu'au bout dans le dossier contre la Chine à propos des droits de propriété industrielle, ils auraient pu avoir tous leurs alliés commerciaux de leur côté et monter un dossier explosif. Le monde entier, ou presque, se serait opposé à la Chine. Le grand rival économique des États-Unis aurait été isolé. Les taxes sur l'acier signaient la mort de sa stratégie.

Cohn en conclut que Trump n'aimait qu'une chose, semer la zizanie autour de lui. Il n'avait jamais dirigé une entreprise qui nécessitait de réfléchir à une stratégie à long terme. Décidé, il alla voir le président pour lui annoncer qu'il démissionnait.

« Si c'est comme ça que vous comptez diriger », il s'en allait, dit-il. « Perdre une bataille à la Maison Blanche ne me dérange pas du moment qu'on suit le protocole et les procédures réglementaires. Mais que deux mecs déboulent dans votre bureau à 18 h 30 et organisent une réunion sans que ni le chef de cabinet ni moi ne soyons au courant, non, je ne peux pas travailler dans ce genre d'environnement. »

Gary Cohn avait très bien compris l'importance du rôle de Hope Hicks qui avait été nommée directrice de la communication de la Maison Blanche. Souvent, il lui demandait de l'accompagner quand il savait qu'il allait avoir un entretien houleux avec le président. « Hope, venez avec moi », lui disait-il. Sa présence avait tendance à tempérer le président qui, du coup, lui réservait un traitement un peu moins rude.

Le mardi 6 mars, il alla voir la voir pour qu'ils rédigent ensemble la déclaration du président annonçant sa démission.

« Gary était mon principal conseiller économique et il a parfaitement mené notre agenda : il a imposé des réductions d'impôts et des réformes historiques et il a donné un nouvel élan à l'économie américaine. C'est un talent précieux, et je le remercie pour ses services dévoués au peuple américain. »

Après quelques corrections, ils imprimèrent un exemplaire qu'ils apportèrent dans le Bureau ovale avant de prendre place autour du *Resolute desk*.

« Monsieur le président, dit Cohn, je pense qu'il est temps que je vous remette ma démission. »

« Gary a été formidable, ajouta Hope Hicks pour arrondir les angles. Il va nous manquer, c'est dommage. Il faudrait essayer de le persuader de revenir. »

« Évidemment qu'on va le convaincre de revenir », répondit Trump.

C'était une mascarade grossière. Une fois de plus, Cohn se rappela ce qu'il avait dit à d'autres : « C'est un menteur professionnel. »

« J'ai une brève déclaration que j'ai validée avec Gary, ajouta Hope Hicks. Je voudrais que vous la validiez. »

Trump lut le texte et changea un mot, mais la déclaration lui convenait.

« C'est une perte considérable, dit-il. Mais on s'en sortira. Et puis, il va revenir. »

« Gary Cohn démissionne de son rôle de conseiller de Trump suite à un différend sur les tarifs douaniers[1] », annonça l'agence Bloomberg. « Gary Cohn démissionne à cause de désaccords avec

---

1. Justin Sink, Jennifer Jacobs, Dakin Campbell et Shannon Pettypiece, « Gary Cohn to Resign as Trump Adviser After Dispute over Tariffs », Bloomberg, 6 mars 2018.

Trump sur la politique commerciale[1] », écrivit le *Washington Post*. « Gary Cohn démissionne, apparemment à cause des tarifs[2] », pouvait-on lire dans *The Atlantic*. « Gary Cohn démissionne de son rôle de conseiller économique de la Maison Blanche après avoir perdu la bataille des tarifs[3] », titrait enfin le *Wall Street Journal*.

Démission ou pas, Cohn redoutait que ces droits de douane déstabilisent l'économie américaine et impactent les consommateurs. L'économie américaine repose essentiellement sur le consommateur. Si celui-ci a des doutes sur la santé de l'économie ou sur ses revenus futurs, ces doutes se reflètent aussitôt sur l'économie et le marché boursier.

Les mesures prises par Trump et les menaces qu'elles représentaient étaient terrifiantes. Cohn pensait qu'il fallait qu'il le sache. « Malheureusement il n'est pas assez courageux pour le reconnaître. Il a 71 ans. Il ne reconnaîtra jamais qu'il a tort, jamais. »

Au printemps 2018, Tom Bossert, conseiller du président pour la sécurité intérieure, la cybersécurité et le contre-terrorisme, entra dans Bureau ovale et trouva Trump juste à côté, dans sa salle à manger privée.

« Pardon, Monsieur, auriez-vous une seconde ? » demanda cet avocat de 43 ans, expert en sécurité.

« Je voudrais regarder le Masters », répondit Trump. Il avait

---

1. Damian Paletta et Philip Rucker, « Gary Cohn, Trump's Top Economic Adviser, to Resign Amid Differences on Trade Policy », *The Washington Post*, 7 mars 2018.

2. Derek Thompson, « Gary Cohn Resigns, Apparently over Tariffs », *The Atlantic*, 6 mars 2018.

3. Nick Timiraos, Peter Nicholas et Liz Hoffman, « Gary Cohn Resigns as White House Economic Adviser After Losing Tariffs Fight », *The Wall Street Journal*, 6 mars 2018.

enregistré sur son TiVo le célèbre tournoi annuel du National Golf Club d'Augusta, en Géorgie, et était rivé à son écran.

Bossert faisait partie des conseillers de haut vol qui avaient accès au Bureau ovale, même sous le règne de Kelly. Il s'invita dans la salle à manger et s'installa devant la télévision.

Il savait que les États-Unis vivaient une cyberguerre de basse intensité contre des adversaires aussi puissants que la Chine, la Russie, la Corée du Nord et l'Iran. Ces pays avaient, par exemple, la capacité de couper le réseau électrique de villes américaines. Leur seule force de dissuasion était de faire comprendre qu'en cas de cyberattaque, la riposte américaine ne se contenterait pas d'un symétrique «cyber contre cyber».

C'est toute la puissance de l'armée américaine, y compris les armes nucléaires, qui devait servir de dissuasion. Bossert répétait régulièrement que le recours à n'importe quel élément de leur puissance nationale serait justifié. Les États-Unis avaient trop à perdre en cas de cyberattaque aux conséquences graves. Bossert le répétait si souvent que le président avait l'air de comprendre, mais le cœur de son raisonnement – l'arme nucléaire comme dissuasion de toute cyberattaque – n'était pas encore passé dans le débat public.

«Qu'est-ce qu'il y a?» finit par demander Trump.

«Je me permets de vous déranger parce que je vais passer à la télé, dit-il – il était invité par *This Week*, l'émission dominicale d'ABC. Je sais qu'ils vont m'interroger sur les échanges commerciaux avec la Chine.» Et sur la cybersécurité.

«Vous et vos cybermachins, vous allez finir par m'entraîner dans une vraie guerre – avec toute cette cybermerde.»

«Justement, Monsieur. J'essaie d'exploiter d'autres atouts de notre puissance nationale pour parer à la délinquance en ligne. C'est ce qui me vaut d'être à la croisée de toutes les décisions que vous prenez. C'est pour ça que je suis ici. Vous êtes en train de négocier personnellement avec le président chinois. Vous venez de miser plus de 150 milliards de dollars» pour d'éventuels droits de douane sur les produits chinois[1]. «Soit. Comment voulez-vous que je présente tout ça à la télé? Je n'ai pas envie d'y aller et de tenir des propos qui vous agaceraient.»

Trump sauta aussitôt sur l'occasion de lui prodiguer des conseils sur l'art de se donner en spectacle à la télé.

«Voilà comment vous devez vous y prendre, dit-il en agitant ses mains dans tous les sens. Vous êtes prêt, Tom? Vous arrivez sur le plateau, vous dites…» Il cherchait la formule idéale. «Vous leur dites que vous n'avez jamais vu… Non, attendez. D'abord vous leur dites, "Trump est parfaitement sérieux". Voilà ce que vous leur dites. Vous êtes prêt?»

Il recommença à agiter les mains et les doigts dans les airs. «Vous leur annoncez 150 milliards. Non, attendez! Vous leur dites que 150 milliards, c'est rien. Il est prêt à aller jusqu'à 500 milliards parce qu'il en a marre d'être aussi maltraité. Voilà ce que vous leur dites!»

Il continuait à pianoter dans le vide. «Vous êtes prêt? C'est ce que vous allez leur dire.»

«D'accord, répondit Bossert. Vous voulez que j'y aille franco, c'est ça?»

«Oui, vous y allez carrément, confirma Trump avec enthousiasme. Si c'était pas un dimanche, vous fermeriez les marchés boursiers, c'est ce qu'on appelle y aller franco, bordel, quand faut y aller, faut y aller!»

Il agita à nouveau les mains en l'air. «Attendez! Deux secondes! Ensuite vous dites "Ne vous inquiétez pas". Regardez, là, voilà ce que vous allez faire.» La direction d'acteurs continua, il agitait sa main pour en rajouter dans l'emphase. «Ensuite vous dites,

1. Bob Davis, «Trump Weighs Tariffs on $100 Billion More of Chinese Goods», *The Wall Street Journal*, 5 avril 2018. Bossert et Trump se sont vus le 6 avril 2018.

"ça va très bien se passer parce que Trump a une relation avec Xi Jiping tellement…" » Il fit une pause, le temps d'affiner. « "Idéale." Attendez ! Vous n'avez jamais vu d'aussi bonnes relations entre deux présidents. Jamais de votre vie. »

« Vous êtes prêt ? »

Bossert savait que jamais il n'oublierait les conseils ni le show de Trump : la façon qu'il avait de dire, allez-y franco, je suis prêt à monter au créneau., on est injuste avec nous.

« Et ne vous inquiétez pas pour le soja », ajouta Trump. Les Chinois avaient annoncé qu'ils riposteraient en imposant des droits de douane, notamment sur les produits agricoles américains[1]. Parlant de lui à la troisième personne, il poursuivit : « Il achètera plus de putain de soja s'il le faut, Trump. Il achètera son propre soja à ses agriculteurs à lui avant que les Chinois le manipulent. Mais là, vous leur direz, "Tout va bien. Xi Jiping et lui vont se mettre d'accord. Je suis sûr qu'ils vont signer un deal du feu de Dieu. Le plus beau des deals que vous avez jamais vus." »

« Vous voulez donc que j'y aille franco et ensuite, plus mollo ? » demanda Bossert – franco question détermination, mollo question relation avec Xi Jiping.

« Ouais. »

Bossert revint au problème de la cybersécurité.

« Oh, bon Dieu, s'il faut vraiment que vous abordiez le sujet, OK, d'accord, allons-y. »

Bossert comprit qu'il voulait qu'il s'en tienne aux relations commerciales. « Patron, voilà comment je vois la chose : c'est un différend, pas une guerre commerciale. On a un déficit commercial. Dans les années 1980, on a eu un problème commercial avec le Japon, en même temps les Japonais étaient des alliés proches. »

1. *Ibid.*

« Parfait ! s'exclama Trump. Vous avez tout compris. Vous leur balancez votre salade, ça me paraît bien, ensuite vous répétez ce que je vous ai dit et c'est plié. » Comme s'il voulait le rassurer une dernière fois, il ajouta : « Ne vous inquiétez pas, vous allez y arriver. »

En sortant, Bossert passa la tête dans le bureau de Kelly par politesse. Il lui annonça qu'il avait préparé son passage à la télé avec le président et qu'il n'avait rien de particulier à signaler. Kelly lui dit au revoir. Le chef du cabinet avait l'air abattu, résigné, comme s'il avait renoncé, songea Bossert.

Il avait beau être au point sur ses argumentaires, la journaliste d'ABC, Martha Raddatz, lui posa essentiellement des questions sur la sécurité aux frontières[1]. Trump venait de déclarer qu'il voulait envoyer entre 2 000 et 4 000 hommes de la Garde nationale à la frontière sud. C'était la question qui faisait la une. Elle ne posa aucune question sur la Chine.

Bossert était déçu, lui qui était « prêt » à se faire l'ambassadeur de la détermination du président et de sa relation exceptionnelle avec le président Xi Jiping.

1. Transcription du programme *This Week*, ABC News, 8 avril 2018.

CHAPITRE 42 *

Le mois de février s'écoulait, Dowd n'avait aucun retour. Mueller et Quarles prenaient leur temps, pensait-il. Jusqu'au jour où une réunion fut organisée le lundi 5 mars à 14 heures dans le bureau de Mueller.

Ce dernier était entouré de Quarles et de trois autres procureurs.

Dowd arriva avec Sekulow et un autre avocat. Ils comprirent rapidement qu'ils n'étaient pas sur la même longueur d'onde.

« Bien, dit Mueller, j'imagine qu'on y est. »

« Comment ça ?, demanda Dowd. Où sont les questions ? »

« Figurez-vous que je ne sais pas », répondit Mueller à la manière d'un joueur de poker.

« Jim m'a dit que c'est pour ça qu'on avait rendez-vous. »

« Figurez-vous que je ne sais pas, répéta Mueller. Mon petit doigt me dit que vous ne voulez pas témoigner. »

---

* L'information contenue dans ce chapitre repose essentiellement sur une série d'interviews approfondies avec des sources primaires.

« Pas dans ces conditions, en effet. »

« Figurez-vous que je peux toujours obtenir une assignation à comparaître de la part d'un grand jury. »

« Dans ce cas, allez-y et obtenez-la, bordel !, s'écria Dowd en frappant sur la table. Je serais ravi de remplir une putain de requête en annulation. Mais je veux que vous précisiez au juge de district de quel crime il s'agit. J'exige une explication. »

Mueller avait toutes les preuves dont il avait besoin, ajouta Dowd. « Ma requête en annulation comprendra tout ce que je vous ai donné, y compris les dépositions des trente-sept témoins. Ainsi que les 1 400 000 documents qui contiennent notamment les conversations les plus intimes du président. Je veux que vous expliquiez à ce juge pourquoi vous avez besoin d'une assignation à comparaître devant un grand jury. Sachez que personne, dans l'histoire de ce pays, n'a jamais assigné un président à comparaître. Et sachez aussi que jamais un président, en remontant jusqu'à Thomas Jefferson, n'a été aussi transparent. »

« Vous voulez la guerre ?, poursuivit Dowd. Faisons la guerre. Du reste, je vais dire au président que, maintenant, vous nous menacez d'une assignation à comparaître. "Donc, Monsieur le président, si vous ne témoignez pas, je vous botterai le cul en public et vous serez assigné à comparaître devant un grand jury. On obtiendra une audience." Sachez-le, Bob, aucune de ces preuves ne passe devant un grand jury. Je veux que vous expliquiez au juge fédéral pourquoi rien de tout ça n'est encore passé devant son grand jury. »

Dowd pensait que les principaux éléments de preuve se trouvaient dans les entretiens et les documents remis. Et il existait très peu de cas où ce style de preuves avait été soumis à un grand jury.

« Tout va bien, John », répondit Mueller pour le calmer.

« Bob, vous menacez le président des États-Unis d'une assignation à comparaître alors qu'il n'y a pas lieu qu'il soit une cible.

Il est à peine un sujet. C'est essentiellement un témoin, merde. Et ça, je vais le dire au juge. Donc à compter d'aujourd'hui, 5 mars 2018, j'affirme qu'il n'a aucune responsabilité pénale. Aucune. Je vais aussi dire au juge que je refuse de vous laisser jouer à ce petit jeu. Je ne veux pas que vous vous amusiez à tester ce dont se souvient ce président à propos de quelque chose qui… Il n'y a pas de crime. Bob, je vous l'ai demandé. C'est vous qui vouliez vous engager. Réciprocité, c'est ça ouais… Maintenant, les gars, dites-moi où il y a collusion. Et ne me faites pas chier avec la réunion en juin », ajouta Dowd en faisant référence à un rendez-vous entre Donald Trump Jr. et un avocat russe dans la Trump Tower.

« C'est un non-événement. Il n'y a pas de collusion. Et l'obstruction ? C'est une blague. L'obstruction est une blague. Flynn ? Ni Yates ni Comey ne pensent qu'il a menti. Du reste, il a dit… Dans la note du conseiller juridique de la Maison Blanche, il leur a dit que les agents avaient prévenu qu'ils avaient clos ce dossier. Flynn pensait qu'il n'y avait pas de danger. Ouais. Aucun danger. »

« J'ai hâte de lire vos conclusions, poursuivit Dowd. En tout cas, les miennes seront prioritaires. D'ailleurs, donnez-la moi, cette assignation. Je la prends. »

« John, répondit Mueller, je ne suis pas en train de vous menacer. Je réfléchis à certaines possibilités. »

Dowd changea de tactique et adopta alors la méthode du gentil garçon. « L'autre possibilité, c'est que vous me donniez les questions. Notre relation est fondée sur la confiance mutuelle. Nous vous avons fait confiance, vous nous avez fait confiance. Et jamais nous ne nous sommes dérobés. Bob, le plus important, n'est-ce pas que vous obteniez la vérité, quelle qu'elle soit ? Et vous avez obtenu que nous coopérions avec vous. »

Dowd décida de franchir un grand pas. « Je n'ai aucun secret vis-à-vis de vous, les gars, dit-il. Je vais vous dire quelle a été la teneur de mes échanges avec le président des États-Unis à propos de son témoignage. » Il mentionna trois des questions qu'il avait évoquées avec Trump dans la résidence de la Maison Blanche. À la troisième, Trump était largué. « Il a inventé un truc. C'est dans sa nature. »

Dowd vit que Mueller était tout ouïe.

« Jay, dit-il à Sekulow, vous faites le président et je fais Mueller. D'accord ? » Ils allaient interpréter ce dont Dowd avait été témoin avec le président. « Parlons de Comey. » Dowd posa des questions sur une des conversations de Trump à propos de Comey. La réponse de Sekulow était du Trump tout craché – elle sortait de nulle part et elle était pleine de contradictions, de détails inventés et de colère. Numéro parfait. Trump était plus vrai que nature.

« Je vous ai eu ! Je vous ai eu, 1001 ! » s'écria Dowd en frappant sur la table et faisant référence à l'article sur les fausses déclarations du Code américain. « Je vous ai eu, 1001 ! »

Il posa une autre question très simple à Sekulow, qui jouait toujours Trump.

« Je ne sais pas, répondit Sekulow. Je ne sais pas, Je ne sais pas. »

« Jay, dit Dowd, combien de fois a-t-il répété "je ne sais pas" quand on l'a vu ? »

« Oh, une douzaine, une vingtaine de fois. »

« Bob, demanda Dowd en s'adressant à Mueller, c'est justement ça le problème. Vous me demandez de défendre un président qui va jusqu'à la troisième question, répond n'importe quoi et qui, ensuite – parce que c'est ce que je vais lui conseiller de faire –, ne sait plus rien et ne se souvient plus de rien. Il est capable de répéter "je ne me souviens pas" vingt fois. Le pire c'est que c'est vrai, Bob. Du reste, si vous voulez, je peux demander au général Kelly de venir et il vous dira qu'il ne se rappelle pas. La raison pour laquelle il ne se souvient pas est très simple : aujourd'hui, ces faits et ces événements pèsent peu dans sa vie. » La plupart avaient eu lieu avant qu'il soit président.

« Tout à coup c'est lui le patron. Du jour au lendemain, il est bombardé d'informations de tous les côtés, y compris de la part des médias, tous les jours. C'est une question de tonnage. Le fait est je n'ai pas envie qu'il ait l'air idiot. Je ne vais pas rester assis les bras croisés alors qu'il aurait l'air d'un parfait idiot. Et vous, vous publiez cette transcription, parce qu'à Washington tout fuite, et les mecs à l'autre bout du monde se disent, je t'avais dit que c'était un idiot. Je t'avais dit qu'il était con comme un balai. Pourquoi est-ce qu'on parle avec un imbécile pareil ? Il n'est pas foutu de se souvenir de quoi que ce soit à propos de son directeur du FBI. »

Dowd était conscient de présenter le président comme « clairement handicapé ».

« Je comprends, John. »

« Vous voulez tout savoir, Bob ? Posez-moi une question à laquelle personne n'a jamais répondu. »

« Eh bien, j'aimerais savoir s'il y avait intention de corruption de sa part. »

« Bob, vous pensez honnêtement qu'il répondrait oui ? Parce qu'en son nom je vous réponds non. Et si vous voulez que j'obtienne une déclaration de la part du président comme quoi il n'avait pas l'intention de corrompre, je l'obtiendrai. »

« Je vais y réfléchir, répondit Mueller. L'idée que vous nous manipuliez m'est extrêmement désagréable. »

« Attendez, répondit Dowd. J'en reviens pas, bordel. J'ai un dossier irréprochable. Demandez à Jim Quarles si j'ai essayé de le manipuler. Est-ce que je vous ai déjà dit une seule chose qui n'était pas correcte ? »

Non, répondit Quarles. « John est l'un des meilleurs avocats auxquels nous avons affaire. »

Dowd commençait à se dire que Mueller ne maîtrisait pas tous les éléments du dossier.

Suivant l'accord de défense commune conclu par près de

trente-sept témoins, Dowd avait eu accès aux comptes rendus des avocats de chacun.

« Est-ce que quelqu'un a menti ? » demanda-t-il.

« Non », répondit Mueller.

« Est-ce quelqu'un a fait disparaître des documents ? »

« Non. »

« Ai-je raison de penser que vous voulez avoir des réponses fermes et fiables ? »

« Oui. »

« Donnez-moi les questions, je les emporterai et je vous dirai si on peut y répondre. » Il rédigerait une ou deux lignes pour chacune. « Un prêté pour un rendu. Vous me donnez les questions pour que je sache ce que vous avez en tête. »

Le général Kelly pourrait faire venir Mueller, son équipe et un greffier à la Maison Blanche sans que personne ne le sache. « On aurait un script. » Le président agirait sous serment. « On le reprendra suivant ce qu'on veut, tout en vous assurant que c'est la vérité telle que nous la connaissons. Le président affirmera que c'est la vérité telle qu'il la connaît, avec l'assistance de conseillers juridiques. Donc, soit c'est ça, soit vous serez coincés pendant qu'on passe six heures à l'interrompre ou qu'il nous sert son "je ne sais pas". »

L'équipe de Mueller secouait la tête, signifiant très clairement que jamais ils n'avaient procédé ainsi. La méthode était inédite.

« Permettez-moi de réfléchir avant de vous donner les questions », répondit Mueller.

Dowd lui rappela qu'en juillet ou en août, quand Trump s'en était pris à Mueller et à Sessions, Mueller l'avait contacté pour lui dire : « J'ai un problème, vous pourriez passer ? Vous m'avez dit, j'ai des gens qui refusent de témoigner alors qu'ils n'ont rien à craindre. Ils ne sont absolument pas responsables. Mais j'ai bien peur que vu l'atmosphère, ils aient l'impression de manquer de loyauté en témoignant. »

« Dans ce cas, je fais savoir publiquement qu'on veut que tout le monde coopère, lui avait répondu Dowd. Le président coopère. Nous coopérons à 100 %. Et nous encourageons tout le monde à faire pareil. » La presse avait cité Dowd et Cobb affirmant que Trump et la Maison Blanche « continueraient à coopérer pleinement[1] ».

Comme à chaque réunion, Dowd ajouta : « Ce qui est en jeu, c'est notre pays. » Le président avait du travail, il n'avait pas de temps à consacrer à cette enquête. Des tensions graves, dramatiques même, secouaient le monde – Corée du Nord, Iran, Moyen-Orient, Russie, Chine.

« J'y suis extrêmement sensible, répondit Mueller. Je fais de mon mieux. »

« Pourquoi vous ne nous donnez pas tout simplement les questions ? » le pressa Dowd.

Mueller n'aimait pas l'idée.

Dowd savait qu'il jouait gros et défiait Mueller en le menaçant de s'opposer à une assignation à comparaître. Il voulait que Mueller comprenne que s'il tenait à s'appuyer sur un grand jury, la situation serait la suivante : il remplirait une requête en annulation accompagnée de pièces à conviction. Et le juge de district passerait deux semaines à éplucher le tout.

Il fut extrêmement clair : « Vous serez obligé d'expliquer au juge, face à la cour, pourquoi vous voulez soumettre le président des États-Unis à un grand jury. Bob, je vous rappelle que j'ai déjà eu ce genre de dossier. Si j'étais vous, je ne m'aventurerais pas sur cette voie avec le président des États-Unis. »

Il avait un dernier argument. Le piège du parjure, voilà ce que l'équipe de Mueller leur tendait. « Vous avez fait le coup

1. Michael S. Schmidt, Matt Apuzzo et Maggie Haberman, « Mueller Is Said to Seek Interviews with West Wing in Russia Case », *The New York Times*, 12 août 2017.

à Flynn, vous l'avez fait à Gates, vous l'avez également fait à [Georges] Papadopoulos[1] [un ancien conseiller de campagne]. Voilà le jeu auquel vous avez joué. » Rick Gates, associé de Paul Manafort et directeur adjoint de la campagne de Trump, était défendu par l'un des meilleurs avocats, mais il avait quand même menti. « Vous ne lui avez pas laissé le temps de se préparer. Et il se retrouve avec un crime sur le dos. Bob, c'est exactement ce que j'ai dit au président : voilà à quoi va servir leur entretien. »

Pour Dowd, quelque chose échappait au procureur. « Bob, je vous sens nerveux. Il y a un truc qui ne passe pas. » Peut-être n'admettaient-ils pas le comportement du président. « Votre dossier ne tient pas. » Quel que soit ce qu'ils avaient, leur dit Dowd, « allez le prêcher sur les montagnes. Je m'en fous ».

Mueller restait de marbre, impassible, le visage fermé. Contrôle absolu. La réunion était terminée.

À 17 heures, Dowd et Sekulow retrouvèrent le président dans la salle à manger du Bureau ovale.

« Comment ça s'est passé ? » demanda-t-il.

« C'était grotesque, Monsieur le président », répondit Dowd.

« Mon Dieu », lâcha Trump. La réaction de Dowd était si négative que Trump était franchement inquiet.

« Vous n'avez jamais eu beaucoup d'estime pour Mueller, reprit Dowd. Vous avez une intuition exceptionnelle et je ne m'y suis jamais fié. Mais cette fois-ci, je vais vous dire un truc, je pense que votre instinct dit vrai. Il n'était absolument pas préparé. Sinon, pourquoi on se retrouverait ici avec rien ? »

---

1. Jeremy Herb, Evan Perez, Marshall Cohen, Pamela Brown et Shimon Prokupecz, « Ex-Trump Campaign Adviser Pleads Guilty to Making False Statement », CNN, 31 octobre 2017. Carrie Johnson, « Rick Gates Pleads Guilty and Begins Cooperating with Mueller's Russia Investigation », NPR, 23 février 2018.

Une semaine plus tard, le 12 mars, Dowd et son équipe retournèrent voir Mueller. Il avait beau dire, Dowd espérait que Mueller serait prêt à renoncer aux poursuites et annoncerait avoir simplement besoin que le président témoigne pour pouvoir remettre un rapport à Rod Rosenstein, le procureur général adjoint.

L'équipe de Mueller, Quarles et les trois autres procureurs, dicta quarante-neuf questions tandis que Jay Sekulow prenait des notes[1]. La majorité d'entre elles portaient sur l'attitude, les opinions, les prises de décision et les conclusions de Trump à propos des principaux intéressés, Flynn, Comey et Sessions. Certaines concernaient Donald Trump Jr. et la fameuse réunion dans la Trump Tower au cours de laquelle un avocat russe leur avait proposé de salir la réputation d'Hillary Clinton. D'autres concernaient des projets immobiliers en Russie.

La grande variété des sujets confirmait ce que les médias disaient à propos de l'objet de l'enquête de Mueller.

Foutaises, pensa Dowd. C'étaient des questions dignes d'une deuxième année de droit. Ils avaient déjà répondu à beaucoup d'entre elles. Exiger que Trump y réponde serait catastrophique parce qu'il risquait d'éructer et de balancer n'importe quoi. En revanche, l'étendue des questions prouvait que Mueller n'avait rien et qu'il avait décidé de partir à la pêche en ratissant très large. Tendre un piège de parjure à Trump, qui était si imprévisible, était simple comme bonjour.

« C'est pas un dossier, ça », lança Dowd à Mueller.

« J'ai besoin du témoignage du président, répondit Mueller. Quelle était son intention vis-à-vis de Comey ? »

« Je ne suis pas sûr que d'un point de vue constitutionnel

1. Les questions de Mueller sont consultables grâce au *New York Times*, qui les a obtenues en avril 2018 : www.nytimes.com/2018/04/30/us/politics/questions-mueller-wants-to-ask-trump-russia.html.

vous puissiez poser cette question.» Les pouvoirs du président conférés par l'article II étaient connus depuis longtemps, y compris par Comey.

«Je veux savoir s'il y avait intention de corruption», répéta Mueller. C'était le cœur du problème. La définition de l'obstruction ne permettait pas de déterminer si un acte spécifique était en soi illégal. Il fallait qu'il soit commis «intentionnellement» et «dans un esprit de corruption», avec l'intention de faire obstruction à la justice. L'état d'esprit était donc essentiel. Pourquoi le président avait-il agi comme il l'avait fait? Voilà pourquoi Mueller voulait que le président témoigne, pensa Dowd.

«Avez-vous des éléments prouvant que Comey aurait été payé?» demanda Dowd. En principe, payer pour une action illégale, pour subornation de parjure ou pour la destruction de preuves, est requis pour prouver qu'il y a eu obstruction. Enregistrements, déposition d'un témoin et documents constituent les preuves les plus fiables – à moins que les procureurs obtiennent les preuves directement de la bouche de la personne sur qui porte l'enquête, ou que la personne se torpille elle-même, ce que le président ne manquerait pas de faire, Dowd en était certain.

«Votre procureur général adjoint est témoin pour le président», répondit Dowd. Rosenstein avait rédigé la note qui encourageait fortement à limoger Comey en raison de son comportement dans l'affaire des mails d'Hillary Clinton.

«C'est un fait: il [Rosenstein] a pris la lettre de quatre pages du président et il l'a réécrite. Tout est dit. Ensuite, vous avez le procureur général. Puis le vice-président. Puis McGahn et tout l'entourage du président. Vous avez aussi le comportement de Comey dans l'affaire des mails d'Hillary Clinton, que le procureur général et le procureur général adjoint ont tous les deux condamné.»

« Intention, reprit Dowd. Tous les documents et les témoignages » insistent sur ce point. « Vous avez demandé aux témoins ce qu'il [le président] avait dit, ce qu'il avait fait et quand il l'avait fait. J'ai soumis tout ça dans les temps. » C'est tout ce dont Mueller avait besoin pour savoir quelle était l'intention du président.

Mueller n'était pas convaincu.

Dowd et Sekulow s'en allèrent.

« Qu'est-ce que vous en pensez ? » demanda Sekulow.

« Il ne témoignera pas », répondit Dowd. Ça avait été une erreur de penser que Mueller renoncerait aux poursuites.

Dowd pensait pouvoir exploiter la décision de la cour d'appel dans l'enquête du procureur spécial sur le secrétaire à l'Agriculture de Bill Clinton, Mike Espy, accusé d'avoir tiré profit de largesses indues. La cour avait établi que le privilège de l'exécutif s'appliquait au président et à ses conseillers, privilège qui leur évitait d'avoir à témoigner. Pour abroger ce privilège, les procureurs devaient être en mesure de démontrer que les pièces demandées contenaient des preuves importantes, non disponibles ailleurs.

Les procureurs devaient prouver que l'objet de l'enquête était un crime grave et que personne, à l'exception du témoin assigné à comparaître, ne pouvait répondre.

Dowd et Sekulow firent le compte rendu de leur rendez-vous à Trump.

« J'ai changé d'avis sur Mueller », confia Dowd à Trump. Le président avait raison. « Je ne lui fais plus confiance. »

Les quarante-neuf questions l'intriguaient. Pourquoi pas cinq ?

Et pourquoi Mueller ne montrait-il aucune déférence vis-à-vis du président des États-Unis alors qu'il savait qu'il était débordé et n'avait pas le temps de se préparer pour répondre aux questions ? Cela le confortait dans l'idée que le président ne devait pas témoigner.

« Ouais, répondit Trump. Ils ont déjà la réponse à leurs questions. »

Pendant ce temps-là, Ty Cobb commençait à affirmer publiquement que le président tenait à témoigner et à répondre à plusieurs questions.

« Monsieur le président, reprit Dowd, il n'y a pas que trois ou quatre questions. Il y en a quarante-neuf. Franchement, je vous conseille de ne pas répondre. »

« Mais que vont dire les gens ? Comment la presse va présenter ça ? »

« Monsieur le président, c'est un piège. Ils n'ont aucune raison légale ni constitutionnelle de s'adresser directement à vous. » Il évoqua les avocats qui avaient défendu Trump avant lui. « Si vous ne me croyez pas, appelez-les. »

———

Plus tard, en mars, Trump appela Dowd depuis l'Air Force One.

« Monsieur le président, suivez mes conseils, insista Dowd. Sinon, on va droit à la catastrophe. Vous ne vous en sortirez jamais. Vous vous souvenez de notre rendez-vous, le jour où vous avez lu notre lettre ? Vous vous rappelez que vous étiez rassuré, vous compreniez très bien la stratégie ? Monsieur le président, de ce point de vue là, on a gagné haut la main. Vous êtes d'accord, on y a répondu, à leurs quarante-neuf questions. Vous avez des gens ici qui y ont répondu. Vous avez des avocats qui y ont répondu. Vous avez un cabinet. Priebus, Bannon, tous ont fait des dépositions recevables aux yeux du procureur spécial. Il était satisfait. »

« Monsieur le président, il n'y a pas d'os. Personne n'a menti. Aucun document ne manque. Aucun président n'a jamais fait ce que vous avez fait dans notre histoire. Pourquoi est-ce que vous refusez d'en tirer fierté et de vous asseoir dessus ? »

« Par ailleurs, Monsieur le président, il faudrait le faire savoir publiquement. Nous préviendrons Bob que nous refusons de nous soumettre à ses questions, pour des raisons évidentes mais aussi pour des raisons constitutionnelles, une façon de protéger la fonction présidentielle et d'épargner vos successeurs. Si vous témoignez, vous ouvrez la porte à des décennies de "je vous ai eu" et "obligeons le président à parler sous serment." Ça deviendra le dernier jeu à la mode. Particulièrement s'il n'y a ni crime ni preuves. Vous comprenez ? »

Les trois grandes enquêtes sur ses prédécesseurs – l'Iran-Contra pour Reagan, l'affaire Whitewater-Lewinsky pour Clinton et le Watergate pour Nixon – comprenaient toutes une activité jugée criminelle, dit-il. « Du reste, s'il y avait une activité criminelle impliquant la Maison Blanche, je ne doute pas que vous répondriez. Et que vous… Si on vous interrogeait sur un membre de votre cabinet qui s'était mal comporté et que vous aviez été témoin de quelque chose, vous seriez un bon témoin. Vous témoigneriez. Mais là, ce n'est pas le cas. Des réponses ont été apportées à toutes les questions. »

« Monsieur le président, vous me mettez des bâtons dans les roues. Je tâche d'être un bon avocat. »

« Vous êtes un bon avocat. Vous êtes un super avocat », lui répondit Trump.

« Monsieur le président, je ne peux pas, ni en tant qu'avocat ni en tant qu'auxiliaire de justice, être à vos côtés et accepter que vous répondiez à ces questions alors que je sais très bien que vous n'en êtes pas complètement capable. »

Dowd essayait de présenter les choses comme pour dire : ce n'est pas de votre faute. C'est le poids de la fonction présidentielle. Il savait qu'en cas de confrontation, le président pourrait être injurieux. Il ne pouvait pas prononcer ce qu'il savait être vrai, c'est-à-dire : « Vous êtes un putain de menteur. » Voilà où le bât blessait.

Il lui dit simplement : « Vous avez du mal à vous concentrer sur le sujet. Ça peut vous jouer des tours. Vous essayez de vous rattraper, vous vous trompez sur un détail, et paf ! C'est comme Mike Flynn qui ne se souvenait pas de sa conversation avec Kislyak. »

Toujours depuis l'Air Force One, Trump appela son avocat.

« Vous êtes content ? » lui demanda-t-il.

« Non, je ne suis pas content, Monsieur le président. Ça me fend le cœur. J'ai l'impression d'avoir échoué. En tant qu'avocat qui vous représente, j'ai échoué. Je n'ai pas réussi à vous persuader de suivre mes conseils. Je suis comme un médecin. Je sais de quoi vous souffrez. Je sais quelles sont vos faiblesses. Je vous ai remis une ordonnance destinée à vous éloigner du mal. N'oubliez pas que la première règle, Monsieur le président, c'est d'éviter le mal. Voilà où nous en sommes. Si j'accepte de vous défendre et que je vous laisse faire tout en sachant que ça vous nuit et que ça va aggraver votre cas, je n'ai plus qu'à être radié. Il y a peut-être des avocats que ça ne gêne pas. »

« Je sais, John. Je sais que vous êtes frustré. »

« Je le suis, oui. Je n'ai pas peur de vous le dire, je regrette de vous avoir recommandé Ty Cobb. J'ai du mal à croire qu'il ait osé jouer contre moi. »

« C'est moi qui lui ai demandé » de s'exprimer et de montrer que le président n'avait pas peur de témoigner.

« Il aurait dû refuser. Il est employé par le gouvernement. Par ailleurs, ils peuvent l'appeler à témoigner. Ses relations avec vous ne le protègent pas. »

« Dieu du ciel, lâcha Trump qui semblait s'inquiéter. J'ai beaucoup discuté avec lui. »

« Je regrette qu'il ne vous ait pas persuadé. Ne témoignez pas. Soit c'est ça, soit c'est un uniforme de prisonnier. Si c'est le moment de décider et que vous y allez, sachez que je ne vous suivrai pas. »

« Vous reculez ?, demanda Trump. Comment pouvez-vous me laisser tomber ? »

C'était une question de principe, répondit Dowd : le devoir d'un avocat était de protéger son client.

« J'aimerais que vous restiez, vous êtes un excellent avocat. »

Dowd savait que ce n'était pas sérieux. C'était un des paradoxes de Trump : ils pouvaient avoir une discussion ultratendue mais à la fin, au téléphone ou en personne, Trump disait merci, j'apprécie ce que vous avez fait.

Dowd avait eu peut-être cinq clients capables de le remercier aussi spontanément au cours de sa carrière.

Sekulow et Cobb appelèrent Dowd pour se plaindre que le président ne leur répondait pas et les battait froid. Dowd pouvait-il appeler Trump ?

« Monsieur le président », fit Dowd lorsqu'il lui téléphona le 21 mars vers 22 heures.

« Salut, John », répondit le président sur un ton très aimable et calme.

« Monsieur le président, pardonnez-moi de vous déranger, mais Ty et Jay viennent de m'appeler. » Ils avaient besoin de savoir s'il comptait témoigner.

Trump répondit qu'il avait décidé de témoigner. Il arriverait à maîtriser Mueller. « Voilà ce que je veux, John. Désolé, je sais que vous n'êtes pas d'accord. »

« Mon boulot n'est pas d'être d'accord. Mon boulot, c'est de veiller sur vous. Si vous jouez à être conseiller de vous-même, vous courez vers les ennuis. Même moi, Monsieur le président, je me méfie de mes propres conseils. »

« Vous avez des avocats ? »

« Évidemment. Avec toutes les emmerdes que je me suis tapées ? Bien sûr que j'ai des avocats. »

« John, voilà ce que je veux aujourd'hui, répéta-t-il. Personne ne doit voir le président des États-Unis invoquer le Cinquième amendement [NdT. : amendement permettant à la personne incriminée de refuser de témoigner contre elle-même]. »

« Nous pourrions proposer bien mieux, Monsieur le président. J'ajouterai d'ailleurs une chose : je pense qu'il faudrait prévenir les principaux membres du Congrès avant de l'annoncer publiquement. » Rassemblez tous les documents et les témoignages et argumentez auprès d'eux avant de vous lancer dans une bataille judiciaire. « Dites-leur pourquoi vous ne témoignez pas. Si on leur montre tout ce matériel… »

« C'est pas une mauvaise idée. Sauf que les gens ne seront pas contents si je ne témoigne pas, John. » Il ne précisa pas qui « les gens » désignaient mais Dowd s'en doutait : il parlait de sa base électorale, des foules qui se précipitaient à ses rassemblements, du public de Fox News, de tous ceux qu'Hillary Clinton avait qualifiés de « déplorables » dans un discours de campagne.

« Qu'est-ce qu'ils vont penser si Mueller exige une condamnation pour violations conformément à l'article 1001 ? » demanda Dowd qui songeait à l'article sur les faux témoignages.

« Ne vous inquiétez pas, je suis un bon témoin. Je serai un très bon témoin. »

C'était n'importe quoi, Dowd savait qu'il se berçait d'illusions. Un jour, Dowd avait raconté au président une anecdote à propos d'un de ses amis avocat en Floride qui avait reçu une déposition de Trump. Le jour où l'avocat lui avait demandé comment il gagnait sa vie, Trump avait déblatéré une réponse de seize pages.

« Vous n'êtes pas un bon témoin », répéta Dowd. C'était comme ça, certaines personnes n'étaient pas douées pour témoigner, d'ailleurs il avait un exemple. « Monsieur le président, vous vous souvenez de Raj Rajaratnam ? »

« Oui, le mec du fonds d'investissement », répondit Trump. John Dowd avait effectivement défendu Raj Rajaratnam, milliardaire et fondateur du Galleon Group, accusé de délit d'initié en 2011 et condamné à onze ans de prison[1].

« Un type brillant, poursuivit Dowd. Vous vous asseyez autour d'une table et vous discutez avec lui, vous vous dites, c'est un des types les plus doués et les plus éloquents que j'aie jamais rencontrés. Il est capable de parler de tout. Monsieur le président, le jour où j'ai réussi à le convaincre de témoigner, juste cinq minutes, pour une requête, il a perdu tous ses moyens. Tout à coup il est devenu très agité, je veux dire, il ne pouvait plus... Plus tard, face aux juges, il pouvait à peine dire quel était son nom. Voilà le genre de bête que c'était, et je suis un expert de ce genre de bête. »

« Monsieur le président, j'ai peur de ne plus rien pouvoir faire pour vous. »

Il avoua au président qu'il avait toutes les raisons d'en vouloir à Mueller.

« Mais jamais ils n'iront jusqu'à l'*impeachment*, dit-il. Vous rigolez ? Ils sont tous plus lâches les uns que les autres, tous, toute la ville. Les médias, le Congrès. Ils n'ont rien dans le ventre. Ça ressemblerait à quoi cet *impeachment* pour usage de l'article II de la Constitution ? Hein ? Allô ? Y a quelqu'un ? Je voudrais entendre le représentant de la Chambre Paul Ryan soulever la question devant la commission réglementaire et la commission de la justice. »

C'est la presse, répondit Trump. « C'est eux qui me font chier. »

« Monsieur le président, c'est vous qui avez fini par ne pas donner votre déclaration de revenus. Vous avez déjà gagné la première manche. Ils sont furax. Ils vous détestent. Ils détestent tout ce que représentez. »

Qu'est-ce qu'elle veut, la presse ?, demanda Trump.

1. Peter Lattman, « Galleon Chief Sentenced to 11-Year Term in Insider Case, » *The New York Times*, 13 octobre 2011.

« Si je m'écoutais, répondit Dowd, je leur retirerais toutes leurs accréditations et je les foutrais dehors illico. J'estime qu'ils n'ont pas le droit d'entrer dans la Maison Blanche et de se comporter comme ils le font. »

Trump était d'accord. « Mais je me fais retoquer à tous les coups, John. Ils [Hope Hicks et Kelly] me retoquent systématiquement quand je leur dis que je veux retirer son accréditation à quelqu'un. »

Pour ce qui est de la presse, de Mueller et du Congrès, poursuivit Dowd, « on devrait leur dire d'aller se faire foutre. Revenons aux choses sérieuses, être président des États-Unis. Parce que, comparé à ce que vous abattez chaque jour, c'est de la gnognotte. Mais vous devez faire avec et avancer. » C'était son dernier argument.

« Vous êtes un type bien, répondit Trump. Je vous remercie. Je suis désolé de vous déranger aussi tard. »

« Je m'en vais », annonça le lendemain Dowd à sa femme, Carole. Puis il appela le président pour lui dire qu'il démissionnait. « Ça me désole de démissionner. Je vous apprécie. Je vous soutiens. Et je vous souhaite le meilleur. Mais à partir du moment où vous ne suivez pas mes conseils, je ne peux pas vous représenter. »

« Je comprends votre frustration. Vous avez été génial. »

« Monsieur le président, si je peux faire quelque chose pour vous, appelez-moi. »

« Merci. »

Deux minutes plus tard, le *New York Times* appela Dowd, suivi par le *Washington Post*. Dowd imaginait déjà Trump en train de décrocher son téléphone pour appeler Maggie Haberman, correspondante du *New York Times* à la Maison Blanche : « Maggie ? Ce connard de Dowd vient de démissionner. » Il aimait être le premier à annoncer les nouvelles.

Dowd avait au moins la satisfaction d'avoir pris les devants sans attendre d'être limogé et de se prendre une raclée.

Il était convaincu que Mueller n'avait ni dossier russe ni dossier d'obstruction. Il cherchait à leur tendre le piège du parjure. S'il y réfléchissait franchement, sans chercher à se défausser, Mueller les avait bien eus, lui et le président, afin d'obtenir leur coopération pour les témoignages et les documents.

Il était déçu par Mueller, qui les avait roulés.

En quarante-sept ans de carrière, il avait eu le temps d'apprendre les règles du jeu et de connaître les procureurs. Ces derniers construisaient des dossiers de toutes pièces. Les témoignages et les documents dont disposait Mueller suffisaient pour qu'il bâtisse une histoire qui sente le roussi. Peut-être avait-il un élément nouveau, rédhibitoire, ce qu'il soupçonnait plus ou moins. Peut-être un témoin comme Flynn avait-il modifié sa déposition. Ce genre de chose arrivait et pouvait changer la donne. Un ancien conseiller de haut vol se rachète, reconnaît avoir menti et se retourne contre le président. Dowd n'y croyait pas, mais il ne pouvait pas ne pas envisager la possibilité.

Dans une enquête aussi compliquée, certains éléments étaient clairs, d'autres ne l'étaient pas. Les images et les enregistrements parfaits, ça n'existait pas. Dowd en était convaincu, le président n'était coupable ni de collusion avec la Russie ni d'obstruction.

Mais il avait perçu la faille tragique de l'homme et de son exercice du pouvoir derrière les va-et-vient politiques, les propos évasifs, les dénis, les tweets, la dissimulation, la parade «fake news», l'indignation. Trump avait un problème qui dominait tous les autres, que Dowd connaissait mais ne pouvait se résoudre à avouer au président : «Vous êtes un putain de menteur.»

REMERCIEMENTS

Ce livre est le dix-neuvième que j'édite avec Alice Mayhew, mon éditrice chez Simon & Schuster depuis quarante-six ans. Dès le début du mandat de Trump, pavé de controverses et d'enquêtes, Alice a compris qu'il était important de savoir ce que ce président faisait effectivement en politique étrangère et à l'intérieur. Son implication totale a été essentielle au livre, à sa structure, à son rythme et à son ton.

Jonathan Karp, président et directeur éditorial de Simon & Schuster Adult Publishing, a joué un rôle crucial. Il a consacré du temps et de l'intelligence à cet ouvrage. Il nous a aidés à l'éditer et à réfléchir aux possibilités, aux responsabilités et aux dilemmes liés à la publication d'un livre qui, en ces temps houleux, met en scène le président Trump. Lui qui était un jeune prodige est aujourd'hui un prodige d'âge mûr, mais il a gardé l'énergie de la jeunesse.

Je remercie Carolyn K. Reidy, PDG de Simon & Schuster, qui soutient et promeut mes travaux depuis des années.

Chez Simon & Schuster je remercie particulièrement Stuart Roberts, assistant talentueux, dynamique et réfléchi d'Alice

Mayhew, Richard Rhorer, Cary Goldstein, Stephen Bedford, Irene Kheradi, Kristen Lemire, Lisa Erwin, Lisa Healy, Lewelin Polanco, Joshua Cohen, Laura Tatum, Katie Haigler, Toby Yuen, Kate Mertes et Elisa Rivlin.

Mention spéciale pour Fred Chase, conseiller ailé et correcteur extraordinaire, qui a passé une semaine à Washington avec Evelyn et moi. Fred adore les mots et les idées. Cette semaine-là, il a relu le manuscrit trois fois avec une attention méticuleuse et une grande sagesse. Nous l'appelons « Fred le réparateur », puisqu'il intervient à chaque page ou presque avec son stylo rouge et ses crayons verts.

Je regrette de ne pas avoir conservé les notes que j'ai prises pendant deux ans au cours de mes échanges avec Carl Bernstein, mon compagnon de route du Nixon-Watergate, quand nous parlions de Trump. Nous n'étions pas toujours d'accord mais j'ai adoré ces conversations et ses réflexions sur le rôle de président, sur Washington et sur les médias. Mon amitié et mon affection pour Carl sont une des grandes joies de ma vie.

Le *Washington Post* a eu la générosité de me garder au poste de rédacteur en chef adjoint. Je ne suis plus adjoint de grand-chose puisque je vais rarement au siège du *Washington Post* et que je travaille chez moi. Mon rôle se résume plus ou moins à discuter au téléphone avec tel ou tel journaliste qui a besoin d'informations, souvent sur des événements passés. Rédacteur en chef adjoint est un titre enviable, cela dit, qui me permet de ne pas couper avec mes racines de journaliste. Le *Washington Post* est mon toit et ma famille institutionnels depuis quarante-sept ans. C'est un journal extrêmement bien dirigé, qui publie certains des meilleurs papiers, agressifs et indispensables, en cette ère Trump. Je remercie Marty Baron, rédactrice en chef, Cameron Barr, directrice de la rédaction, Jeff Leen, qui supervise les enquêtes, et Robert Costa, Tom Hamburger, Rosalind Helderman, David Fahrenthold, Karen Tumulty, Philip Rucker, Robert O'Harrow,

Amy Goldstein, Scott Wilson, Steven Ginsberg, Peter Wallsten, Dan Balz, Lucy Shackelford et bien d'autres au *Washington Post*.

Toujours au *Washington Post*, je tire mon chapeau à de nombreux anciens collègues et amis, présents ou partis ailleurs : Don Graham, Sally Quinn, David Maraniss, Rick Atkinson, Christian Williams, Paul Richard, Patrick Tyler, Tom Wilkinson, Leonard Downie Jr., Marcus Brauchli, Steve Coll, Steve Luxenberg, Scott Armstrong, Al Kamen, Ben Weiser, Martha Sherrill, Bill Powers, Carlos Lozada, Fred Hiatt, John Feinstein et Fred Ryan.

Mille mercis à Michael Kranish et Marc Fisher, qui ont réuni un groupe de journalistes du *Washington Post*, dont moi-même, pour suivre Trump avant les élections. Le résultat fut le livre de Michael et Marc, *Trump Revealed*, une des meilleures sources sur le président candidat. Il comprend plus de vingt heures d'entretiens avec Trump. Tous ceux qui sont toujours employés par ou liés au *Washington Post* peuvent remercier Jeff Bezos, PDG d'Amazon, d'avoir racheté le journal. Il y a mis le temps et l'argent qu'il fallait pour que tous aient les moyens d'enquêter et de travailler sur leurs matériaux afin de procéder à des examens en profondeur. La culture du journalisme indépendant entretenue et soutenue avec rigueur par Katharine Graham et Don Graham est bel et bien vivante.

Un livre qui met en scène un président en exercice doit beaucoup aux articles, aux reportages et aux livres déjà écrits. Tant de choses ont été dites sur Trump dans le vortex des infos en continu. Il ne s'agit plus de cycles mais d'un courant permanent. Ce livre est fondé sur mes propres recherches mais il est inévitable que certaines idées ou informations viennent directement ou indirectement d'autres publications et d'autres médias. J'ai une immense dette à l'égard de tous ceux qui ont écrit sur Trump et son temps, en particulier le *Washington Post*, le *New York Times*, le *Wall Street Journal*, *Axios* et *Politico*.

Robert B. Barnett, mon avocat, conseiller et ami, m'a une fois de plus été très précieux. Fidèle à l'idéal de dévouement total à ses clients, il n'a jamais failli dans son soutien. Il connaît les arcanes de la politique à Washington et de l'édition à New York comme personne, et il exploite ce savoir avec ingéniosité et altruisme.

Evelyn et moi savons gré de la présence, de l'attention et de la gentillesse de Rosa Criollo et de Jackie Crowe.

Toutes mes félicitations et mon amour à Tali Woodward, ma fille aînée, directrice du programme « Master of Arts » de l'école de journalisme de Columbia. Elle m'a souvent donné de sages conseils. J'ai autant d'affection pour son mari, Gabe Roth, et leurs deux enfants, Zadie et Theo.

Diana Woodward, notre plus jeune fille, vient de commencer sa dernière année à Yale, en lettres et psychologie. Chaque fois qu'elle revient pour les vacances, c'est une étincelle de joie, et elle nous manque profondément dès qu'elle repart.

Ce livre est dédié à Elsa Walsh, mon épouse, connue sous le nom de Mme Bonté, car elle tâche d'être fidèle aux mots de Henry James sur l'importance d'être bon. Pour elle, il ne s'agit pas simplement d'être généreux mais de respecter chacun et chacune. Ce livre est le quinzième alors que nous vivons ensemble depuis trente-sept ans. Ancienne journaliste au *Washington Post* et rédactrice au *New Yorker*, Elsa aime les gens, les idées et les livres. Cet ouvrage a bénéficié de son savoir-faire éditorial naturel et exigeant. Je lui serai toujours reconnaissant. Je ne la remercierai jamais assez pour son amour et sa solidarité. Avec les années, j'ai appris à toujours respecter son jugement. Souvent je me demande, comment le sait-elle ? D'où lui vient cette intelligence ? Je n'ai jamais pu répondre à cette question de façon satisfaisante mais je profite de sa présence magique tous les jours. Je tiens à elle – elle est ma compagne de toujours et l'amour de ma vie.

Les pages intérieures de ce livre sont imprimées
sur le papier Classic 80 g main de 2,
de la société Stora Enso.
www.storaenso.com

storaenso

RÉALISATION : PAO ÉDITIONS DU SEUIL
IMPRESSION : NORMANDIE ROTO IMPRESSION S.A.S. À LONRAI (61)
DÉPÔT LÉGAL : NOVEMBRE 2018 N° 141772 (1803849)
Imprimé en France